올리버 오도너번의 『부활과 도덕 질서』는 기독교 윤리학을 신학적으로 재정립하려는 탁월한 시도다. 이 책은 창조, 타락, 구속이라는 성경적-신학적 구도를 따라 윤리적 성찰의 기반을 새롭게 구성한다. 오도너번에 따르면 윤리란 자율적인 인간 이성이 구성해 내는 규범 체계가 아니라, 하나님이 창조하신 질서를 인식하고 이에 책임적으로 응답하는 삶의 자세다. 예수 그리스도의 부활이 이 질서를 확증하고 새롭게 드러내는 계시 사건이며, 윤리적 인식과 판단은 이 부활 사건 안에서 새롭게 방향을 잡게 된다. 판넨베르크의 조직신학 중심에 부활이 위치하듯, 오도너번의 도덕 신학 또한 부활을 중심에 둔다. 이런 점에서 그의 도덕 신학은 복음적·그리스도 중심적·종말론적이며, 이 모든 것을 아우르는 의미에서 구속사적 윤리학이라 부를 수 있다.

이 책의 독창성은 세 가지 점에서 특히 주목할 만하다. 첫째, 오도너번은 계몽주의 이후 강조된 자율성의 윤리, 경험주의 계열의 결과 윤리, 공동체 내 러티브에 기초한 덕 윤리와 비판적 대화를 이어 가면서도, 그리스도의 부활을 통해 창조 질서가 회복되었음을 인정하고, 그 회복된 질서 안에서 신실하게 응답하며 살아가는 윤리를 제안한다. 둘째, 그의 윤리 사상은 바르트의 '하나님의 명령' 윤리, 본회퍼와 리처드 니부어의 '책임 윤리', 매킨타이어와 하우어워스의 '덕 윤리'와 비교될 수 있다. 오도너번은 이들과 암묵적으로 대화하면서, 창조와 종말론적 통치라는 관점을 통합하여 더 신학적이고 복음적인 윤리 체계를 제시한다. 특히 도덕 질서는 인간이 새롭게 '발명'하는 것이 아니라 하나님 안에서 '인식'하고 '응답'해야 하는 질서라는 점에서, 그는 현대 윤리학의 해체적 경향과 뚜렷한 선을 긋는다. 셋째, 『부활과 도덕 질서』는 단지 윤리학 이론서에 머물지 않고, 부활 사건 안에서 세상과 인간 존재의 도덕적 구조를 새롭게 조망한다. 윤리학과 신학, 계시와 질서, 공적 삶과 교회적 존재를 긴밀하게 통합하려는 대담한 시도가 드러난다.

이 책은 후속작인 『열방의 갈망』, 『심판의 길들』, "신학으로서의 윤리학" 3부작에 이르기까지 오도너번의 도덕 신학을 이해하는 열쇠이며, 동시에 그리스도의 부활이 어떻게 인간 삶과 창조 세계의 회복을 이끌어 내는지를 알고자 하는 이들에게 필수 고전이다. 부활의 선물을 일상의 삶 속에서 인식하고, 응답하며, 누리며 살고자 하는 모든 이에게 권한다.

강영안 한동대학교 석좌 교수, 『신을 모르는 시대의 하나님』 저자

20세기 후반부터 21세기 초반까지 기독교 신학과 윤리를 논할 때 올리버 오도너번이라는 이름을 빼놓을 수 없다. 그의 대표작『부활과 도덕 질서』는 '복음이 윤리와 무슨 상관이 있는가?'라는 간단하면서도 핵심적인 질문을 근원부터 파헤친다. 오도너번은 복음과 윤리의 관계를 잘못 정의하는 상반되어 보이는, 하지만 심층 논리상으로는 크게 다를 바 없는 두 입장을 이 책을 통해 교정하려 한다. 하나는 복음을 그리스도인의 사회적 삶과 무관한 개인 경건으로 환원하는 경향이고, 다른 하나는 복음을 곧바로 사회 복음으로 해석하려는 시도다. 기독교 역사에서 내려오는 두 입장에 저항하며, 오도너번은 윤리를 삼위일체 하나님의 창조와 구속에 깊이 뿌리내리려 한다. 이를 위해 오도너번은 부활을 통해 우리가 어떻게 도덕 질서를 알게 되고 참여하게 되는지, 그런 의미에서 복음이 어떻게 도덕적 삶을 형성하는지를 섬세한 성경 해석, 깊이 있는 신학적 성찰, 명료한 철학적 논증으로 보여 준다.

사실『부활과 도덕 질서』는 '복음은 곧 사회 참여'라는, 듣기에 좋지만 다소 선동적인 구호에 익숙해진 나머지 우리를 도덕적 행위자로 빚어 주시는 삼위일체 하나님의 은총을 오랫동안 잊고 살았던 나를 뒤흔들어 깨운 책이다. 카프카가 비유로 든 도끼처럼, 우리 안에 꽁꽁 얼어붙어 있던 온갖 선입견과 진영 논리와 허위의식과 억측을 깨부숴 주었다. 이제라도 이 진정한 책이 우리말로 번역된다는 소식이, 그리스도인으로서 책임 있게 살고자 고민하는 시민이자 학생들에게 신학함의 모범을 어떻게 보여 줄지 고심하는 신학 교사에게는 복음처럼 들린다.

김진혁 횃불트리니티신학대학원대학교 조직신학 부교수,『환대의 신학』저자 어떤 기준으로 보더라도, 복음적 윤리에 관해 오도너번 교수가 쓴 오랫동안 기다려 온 이 책은 해당 분야의 이정표가 될 것이다. 서양 세계 윤리 사상사 전체를 꿰뚫으며 독자를 안내하고, 독자에게 그 역사에 대한 사전 지식을 상당히 많이 요구하는, 뛰어난 학식을 지닌 저작이다. 신약성경과 성 아우구스티누스의 저작이 다른 모든 내용을 아우르는 중심 텍스트이며, 도덕법의 목적으로서의 사랑에 관한 결론부 몇 장은 전통적 아우구스티누스주의를 가장 탁월하게 재진술한 내용이라 할 수 있다.

Churchman

오도너번은 제대로 구상하고, 정교하게 집필했으며, 신학적으로나 철학적으로나 통찰력 있고, 목회 상담과 윤리적 의사 결정 모두에 여전히 적실한 탄탄한 역작을 선보였다.…필독서이며, 앞으로 오랫동안 기념비가 될 저작이다.

Christian Scholar's Review

기쁨과 훈육을 동시에 일으키는, 그리스도인의 삶에 대한 탁월한 저술이다. 복음적 윤리를 형성하려는 모든 후속 시도가 배움을 얻을 책이자 그러한 시도들을 평가하는 기준이 될 책으로 계속해서 남을 것이다.

Christianity Today

오도너번은 체계적 범위를 갖춘 기독교적·복음적 윤리를 위한 개요를 제시했다. 이 개요는 기독교 윤리를 현대적이면서도 고전적으로 표현했다는 점에서 주목받아야 한다. 신학자, 윤리학자, 대학원생은 그리스도인의 삶에 대한 자신들의 이해를 체계적으로 사고하도록 도전받는 가운데 큰 유익을 얻을 것이다.

Journal of the American Academy of Religion

부활과 도덕 질서
복음적 윤리를 위한 개요

―

올리버 오도너번

Ivp

IVP(InterVarsity Press)는
캠퍼스와 세상 속의 하나님 나라 운동을 지향하는
IVF(InterVarsity Christian Fellowship)의 출판부로
생각하는 그리스도인을 위한 문서 운동을 실천합니다.

ⓒ Oliver O'Donovan 1994
This translation of *Resurrection and Moral Order: An Outline for Evangelical Ethics*
first published in 1994 is published
by arrangement with Inter-Varsity Press, London, England, UK.
through rMaeng2, Seoul, Republic of Korea.
All rights reserved.

This Korean edition ⓒ 2025 by Korea InterVarsity Press
156-10 Donggyo-ro, Mapo-gu, Seoul 04031, Republic of Korea.

이 한국어판의 저작권은 알맹2 에이전시를 통하여
IVP UK와 독점 계약한 IVP에 있습니다.
신 저작권법에 의하여 한국 내에서 보호받는 저작물이므로
무단 전재와 무단 복제를 금합니다.

Resurrection and Moral Order
An Outline for Evangelical Ethics

—

Oliver O'Donovan

IVP 모던 클래식스를 펴내며

느린 생명의 속도로 가장 먼저 진리에 가닿다

"참다운 정신으로 참다운 책을 읽는 것은 고귀한 수련"이라고 한 헨리 D. 소로우의 말처럼, 그리스도인에게 독서는 그 어느 수련보다도 평생에 걸쳐 쌓아야 할 영성 훈련이다. 경건한 독서는 성경을 대체하거나 방해하는 것이 아니라 하나님의 말씀을 바르게 사용하도록 하며, 그리스도인의 성품을 영적으로 각성시켜 그분의 나라를 세우도록 도전하기 때문이다.

그러나 '21세기 속도에 발맞춘 생각의 속도'라는 명분으로 독서는 정보 획득의 수단으로 전락해 버리고, 눈과 귀를 자극하며 육감만을 작동시키는 이미지, 온라인 지식 정보로 대체된 읽기 습관, 영상으로 치우쳐 가는 관심은 사고의 획일화와 빈약함, 경박함을 낳고 있다. 거기에다, 새로운 것이라면 더 좋고 진실에 가까울 것이라는 근거 없는 생각이 독서 및 고전에 대한 오해와 무관심은 물론 총체적 지적(知的) 부실이라는 결과를 초래했다.

이러한 상황 가운데 출간하게 된 IVP 모던 클래식스는 복음주의라는 신학적 스펙트럼을 통해 문화, 사회, 정치, 경제, 윤리, 공동체, 세계관, 영성 그리고 신학 등 현대 교회가 직면한 광범위한 주제와 이슈를 다룰 것이다. 이에 대해 단순히 정보를 제공하거나 지적 호기심을 자극하는 데 그치지 않고 주체적이고 적극적인 사고 활동의 기초와 방향을 제시하고자 한다. 이 시리즈는 IVP 모던 클래식스 자문 위원회의 선정 작업을 거쳐 19세기 말에서 20세기까지 출판된 기독교 저작 가운데 선별된다. 고전의 본의를 온전히 담아내면서도 주제, 접근, 기술(記述) 방식 등에 유연성을 부여하여 고전의 대중성 또한 최대한 살리고자 한다. 특별히 독자의 이해를 돕고자 저자와 책 내용에 대한 국내외 전문가의 해설 및 추천 도서를 통해, 분명하고 균형 잡힌 성경적 지혜와 현실 적용 가능한 지식을 한국 교회에 제공하고자 한다.

범람하는 정보들을 무분별하게 채택하고 즉각적인 결과를 기대하는 문화적 흐름 속에서, 거듭난 기독교적 지성과 영성 형성을 위해 생명의 속도에 맞추어 고전 읽기에 헌신하는 반(反)시대적 용기가 더욱 절실하다. IVP 모던 클래식스와 함께하는 느리고 진지한 독서를 통해 오히려 가장 먼저 진리에 가닿을 수 있게 되기를 간절히 바란다.

-IVP 모던 클래식스 기획편집팀

차례

서문 13
2판에 붙이는 서언 17

1. 복음과 기독교 윤리 39

1부 객관적 실재

2. 창조된 질서 71
3. 종말론과 역사 111
4. 그리스도 안의 지식 151

2부 주관적 실재

5. 자유와 실재 191
6. 권위 227
7. 그리스도의 권위 261
8. 교회와 신자의 자유 301

3부 도덕적 삶의 형식

9. 도덕 장 329
10. 도덕적 주체 369
11. 도덕적 삶의 이중적 양상 407
12. 도덕적 삶의 목적 441

해설 477
참고 문헌 487
성경 찾아보기 495
저자 찾아보기 499
주제 찾아보기 503
저자 연보 513

서문

이 책의 첫 문장을 통해 윤리에 대한 이 책의 접근 방식이 어떤 의미에서 '복음적'인지가 분명해질 것이다. 의심할 나위 없이 그 부분까지 읽지 않는 사람들도 있을 것이다. 하지만 그 부분까지 읽고 나서도 저자가 이 과제를 이해하는 방식을 이해하기 어렵다고 생각하는 사람들도 있을 수 있으며, 그런 사람들을 위해 짧은 설명을 덧붙이고자 한다.

몇 해 전 '일반적' 기독교 윤리, '근본적' 기독교 윤리, 기독교 '메타윤리'(metaethics), 기독교 윤리의 '정초'—개인적으로는 '기독교의 도덕 개념'이라는 명칭을 선호한다—등 다양한 이름으로 불리는 분야를 다루는 과목을 가르치려던 적이 있다. 그때 학생들이 보인 멍한 얼굴로 인해, 또한 저절로 생겨난 의심으로 인해 현재 이 주제에 접근하려는 방식에 깊은 실망감을 느꼈다.

나는 일부 진영에서 '반정초주의'(anti-foundationalism)라고 불리게 되는 것의 힘을 나도 모르게 발견하고 있었다고 생각한다. 나는 이 분야를 그저 변증학의 한 형태로 다루는 접근 방식을 따르면서 자랐다. 우리는 이렇게 말하곤 했다. 기독교 윤리라는 개념에는 이러저러한, 또한 다른 어려움이 존재하는 것 같다. 하지만 조사해 보면 그런 어려움이 처음에 그래 보였던 것보다 덜 결정적임을 알 수 있다. 그러므로 기독교 윤리는 의심받지 않은 채 계속해서 앞으로 나아갈 수 있다.

그런 변증적 전략을 취하고 유지하는 데 나는 아무런 불만이 없다. 가장 노련하게 이를 수행하는 이들에게 감사함을 느낄 따름이다. 내가 느끼는 불편함은 이런 활동을 기독교의 도덕 개념 연구로 대체하는 데서 기인했다. 나는 토론토에 있는 나의 학생들이 자신들의 교수가, 아무도 자신들에게 설명한 적은 없지만 잘 알려져 있다는 입장에 대해, 들어 보지도 못한 공격을 논박하는 것을 보면서 당혹스러워하는 모습을 보았다. 그들은 충분히 당혹스러워할 만했다. 그리고 이를 돌아보면서, 내가 아는 전통에서는 기독교의 도덕 개념을 한 번도 해설한 적이 **없었음**을 깨닫게 되었다. 전반적으로 변증적 전략에서는 회의적 공격의 대상이 되었던 단순한 신명론(divine-command theory)의 전제하에서 작업하는 게 편리하다고 생각했기 때문이다.

그때 더 심층적인 논점이 떠올랐다. 더 일찍 그것을 이해했어야 하지만 말이다. 나의 스승 폴 램지(Paul Ramsey)는 이렇게 말한 적이 있다. "기독교의 신학적 윤리는 메타윤리이며, 모든 시대의 기독교 공동체는 영속적 담론의 메타윤리 공동체다." 조금만 생각해서 이 명제를 뒤집어 보면, 무엇보다도 기독교의 도덕 개념에 대한 탐구는 언제나 신학의 일이어야 한다는 결론을 내릴 수 있다. 이 책은 이 사실에 대한 나의 뒤늦은 깨달음에서 시작한다. 이 책은 모든 '기독교 윤리' 안에 존재해야 하는 '도덕 신학'에 대한 주장이다.

이런 배경이 이어지는 논의의 방식, 계획, 절차에 대한 주석 기능을 할 수 있다. 방식에 관한 한 형식은 변증법적이기보다는 교훈적이다. 계획은 신학적 윤리의 **개요**를 제시하려는 열망에 의해 규정되며, 형태는 변증적 요인보다는 체계적 요인에 의해 결정된다. 독자들이 설명 형식을 이해할 수 있도록 돕기 위해, 잘 알려진 특정 본보기를 따라 핵심 논지에서 벗어난 내용을 더 작은 글꼴로 표시했다. 절차에 관해 나는 나보다 훌륭한 동시대 및 과거의 사상가들과의 논의에 참여함으로써, 내가 이해하는 기독교 도덕 사상의 형태를 정의하는 합류와 분기의 핵심 논점을 표시하고자 했다.

아무도 내가 이 사상가들의 입장을 충분히 다루었으리라 생각하지 않을 것이며, 누구라도 자신이 그렇게 했다고 여긴다고 생각하지 않기를 바란다. [예를 들어, 동시대 학자 중 스탠리 하우어워스(Stanley Hauerwas)와 존 피니스(John Finnis)가 최근 연구를 통해 했던 기여를 더 충분히 설명하지 못했다는 데 아쉬움을 느낀다.] 나는 성경 주해를 통해 기독교 도덕 개념의 뿌리를 철저히 추적하기 위해 노력했다. 안목 있는 독자는 내가 현대 성서학의 전통에서 배우는 데 얼마나 감사히고 있었는지, 또한 얼마나 배우기를 꺼려했는지 판단할 수 있을 것이다. 나는 성서학 진영에서 제기할 수 있는 도전에 대해 나의 입장을 방어하는 식으로 나의 모든 움직임을 설명하는 것이 필요하지도 않고 바람직하지도 않다고 느꼈다.

인정해야 할 빚이 너무 많고 다양하다. 하지만 엄연한 사실은, 두 친절한 친구 톰 브레이덴설(Tom Breidenthal) 목사와 스티븐 스펜서(Stephen Spencer) 씨의 너그러운 수고가 없었다면 이 책은 참고 문헌이나 찾아보기 없이 출간되었으리라는 것이다. 그리고 신학 출판사가 해야 할 모든 일과 그 이상을 해 준 IVP 편집진이 여러 해에 걸쳐 인내하면서 나를 격려하지 않았다면 이 책은 아예 출간되지 못했을 것이다.

올리버 오도너번

2판에 붙이는 서언

자신의 책을 다시 읽는다는 것은 하나님의 심판과 하나님의 은총을 함께 경험하는 기이한 시간이다. 결점이 너무나도 분명히 자신의 결점이기 때문에 심판이고, 다른 누군가가 이 책을 쓰기라도 한 것처럼 예상하지 못했던 장점을 발견하기 때문에 은총이다. 장-이브 라코스트(Jean-Yves Lacoste)의 명쾌한 프랑스어 번역본(*Résurrection et Expérience Morale*, Paris: Presses Universitaires de France, 1992)을 읽었기 때문에 이 경험이 나에게는 더 은혜로워다 나의 모국어인 영어로 쓴 책이 너무 복잡하게 느껴지는 이들에게 이 번역본을 자신 있게 추천한다. 개정판에 서문을 추가하는 데 망설임을 느꼈다. 이미 쓴 글을 고쳐 쓰거나 변호하는 일은 하나님의 판결에 시비를 거는 것처럼 보인다. 하나님의 선물을 더 나은 것으로 만들거나 그분의 비판을 논박할 수 있는가? 아무 말도 하지 말아야 할 이유에 관해 말해야 할 것 같다. 하지만 이제 처음 『부활과 도덕 질서』를 읽는 독자에게 도움이 될 만한 한 가지가 있다. 그것은 현재의 몇몇 대안과의 관계 속에서 이 책이 차지하는 위치를 설명하는 것이다. 처음부터 내가 이 작업을 거의 하지 않고 서양의 철학·신학 전통과 성경 주해를 더 광범위한 배경으로 삼아 논증을 전개하는 쪽을 선호했다는 합당한 불평이 있었다. 나는 이 선택을 사과하지 않을 것이다. 이런 선택을 통해 동시대 연구자들을 신랄하게 지적하고자 했기 때문이다. 하지만 결핍을 보충할 수 있다면 기꺼이 그렇게 할 것이다. 특히 이 책의 논의가 최종 형태를 갖춘 이후로 10년 동안 기독교 윤리학에서 활발한 활동이 이뤄졌기 때문이다.

1부에서는 이 책의 주요 지향점을 간략히 소개한다. 목적 있는 행동은 우리가 그 안에서 행동하는 세계에 관한 진리에 의해 결정된다. 이것은 '실재론' 원칙이라고 부를 수 있다. 하나님이 예수 그리스도 안에서 그분의 세계와 인류를 위해 하신 일이 이 진리를 이룬다. 이것이 '복음적' 원칙이다. 우리의 행동을 해방하는 하나님의 행동은 예수께서 죽은 자로부터 부활하심에 초점을 맞추며, 이 부활은 지성으로 이해 가능한 창조의 질서를 회복하고 성취했다. 우리는 이를 '부활절' 원칙이라고 부를 수 있다. 기독교 윤리 분야의 최근 문헌에서 이 각각의 주장은 이의를 받거나 어느 정도 수정되었다. 따라서 이 주장들은 이 책에서 주창하는 기독교 윤리 이론에 대한 가장 중요한 대안 중 일부를 이해하기 위한 틀을 제공한다.

실재론 원칙

2장에서 나는 기독교 실재론(realism)과 우리 시대의 철학적·대중적 도덕 문화에서 통용되는 근원적 주의주의(voluntarism)라는 대안이 맞서게 했다. 하지만 기독교 사상가가 이러한 주의주의의 임의성에 굴복하지 않으면서도 내가 주장하는 행동과 실재의 직접적 상응 관계에 제한을 가할 수 있는가? 이 물음이 나의 옥스퍼드 대학교 동료 존 피니스의 연구에 의해 제기되었다. 그는 실천에서는 전통적 형식의 로마 가톨릭 도덕을, 이론에서는 매우 독창적인 개념을 옹호한다. 이 분야에서 그의 작업만큼 강력한 지적 관심을 끌어내며 그런 관심에 부응하는 저작은 거의 없다.

참고 문헌에 실린 그의 책 『자연법과 자연권』(*Natural Law and Natural Rights*) 외에도 『윤리학의 기초』(*Fundamentals of Ethics*, Oxford and Georgetown University Presses, 1983)와 『도덕적 절대: 전통, 수정, 진리』(*Moral Absolutes: tradition, revision and truth*, Catholic University of America Press, 1991)를 보라. 특히 『윤리학의 기초』에서는 여기서 내가 다루는 입장을 옹호하지만, 다른 곳에서도 일관되게 이 입장을 견지한다.

피니스의 글에서 핵심을 이루는 주장은 실천이성(practical reason)이 이론이성(theoretical reason)으로부터 독립적이라는 것이다. 인간 행동의 선은 실천이성에 의해서 성찰 이전에(pre-reflectively) 즉각적으로 파악된다. 그것은 인간 본성이나 세계에 대한 설명에서 유래하지 않는다. 이 주장을 뒷받침하기 위해 피니스는 먼저 20세기 철학의 경험주의 전통의 특징을 이루는 '존재-당위'(is-ought) 이분법에 호소했다. 하지만 그 후로 그는 이 사상 학파와 보조를 맞추는 데 더 조심스러운 태도를 보이게 되었다. 계속해서 '설명'과 '평가'의 차이를 주장하지만, '사실'과 '가치'에 관해서는 이야기하지 않으려고 한다. "객관적이고 참되다는 말이 아니라 '사실에 입각해 있다'(factual)는 말에는 명확한 의미를 부여할 수 없기 때문이다"(*Fundamentals of Ethics*, p.

66). 분명히 그는 주의주의자가 아니다. [아리스토텔레스(Aristotle), 토마스(Thomas Aquinas)와 더불어] 그가 하려는 구별은 이성과 의지의 구별이 아니라 추론 유형의 구별이다. 그는 올바른 실천적 판단이 실재와 일치함을 부인하지 않는다. 하지만 실천이성은 그러한 일치를 알 수 없고, 따라서 그러한 일치는 올바른 실천적 판단을 형성할 수 없다. 이런 방식으로 실재론 원칙 자체가 부정되지는 않지만, 실천적으로 무효한 것이 된다. 우리가 세계에 관한 진리를 안다고 해서 그것이 어떻게 살고 행동할지에 관한 우리의 합리적 결정을 위한 내용을 제공하지는 못할 것이다.

이것을 '기독교적' 윤리라고 말할 수는 있지만, 내가 생각하기에 신학적 윤리라고 말할 수는 없다. 신약성경 서신서의 도덕적 논증은 복음의 선포와 도덕적 결론을 연결하는 '그러므로'라는 단어를 중심축으로 삼는 경우가 많다. 피니스가 신약성경 서신서의 도덕적 논증을 따를 수 있는지 나로서는 확신할 수 없다. 그가 "구체적으로 기독교적이며 복음적인 도덕"에 대해 설명하는 것은—그가 사적으로 쓴 편지를 인용할 수 있도록 허락해 준 것에 감사드린다—"자연법의 첫째 원리를 대체할 수 있는 구체적으로 기독교적인 첫째 원리들이 존재하기 때문이 아니라, 그리스도인이 세계와 그 잠재력을 더 정확히 이해하고, 그것이 가지고 있는 바를 드러내며…그것이 가지고 있는 바를 확정하고 해명하는, 그리스도 안에서 완성된 계시를 알고 있기 때문이다." 이 "더 정확한" 인식은 구별되는 첫째 원리들로 전환될 수 없지만 신자로 하여금 강화된 이해 가능성이라는 맥락 안에서 도덕적 판단을 내릴 수 있게 해 준다. 그의 성찰적 이성은 도덕이 (그 자체로) 매우 타당한 이유를 명확히 이해할 수 있다. 하지만 거기에 도덕적 추론과 관련한 복음적 내용은 없다. 따라서 피니스와 나의 차이를 이렇게 설명할 수 있겠다. 나는 예수의 부활이 독특한 행동을 요구한다고 믿는 반면, 그는 무엇이 어떻든 요구되었던 똑같은 행동이 여전히 요구되지만 부활 덕분에 그 요구가 더 분명해지고 그 요구를 더 타당한 방식으로 이해할 수 있게 된다고 믿는다.

피니스는 인간 본성이나 세계에 관한 설명으로부터 실천적 판단을 도출할 수 있는 것처럼 주장하는 것은 건전한 논리에 의해 금지되어 있다고 여긴다. 하지만 이 금지는 한 방향으로만 작동한다. 실천 이성의 적용은 성찰의 문제가 될 수 있으며, 따라서 실재에 대한 이론적 관점에 기여할 수 있다. 그는 "인간 본성에 대한 합당한 이론적 조사와 설명이 존재하는데, 아리스토텔레스가 윤리라고 부른 실천적 추구를 제외한다면 얻을 수 없는 결과를 포함하지 않는다면 그것은 만족스러운 설명일 수 없다"라고 말한다(*Fundamentals of Ethics*, p. 21). 따라서 우정이라는 선을 실천적으로 파악함으로써 우리는 인간이 사회적 동물이라는 일반 이론에 이를 수 있다. 하지만 반대 방향으로 나아갈 수는 없다. 즉, 인간의 사회성이라는 진리는 우리가 우정이 선이라고 확신하게 만들 수 없다. 우리는 피니스가 '이론적'—전통적으로 '실천적'의 반대말인—이라는 용어를 사용하는 방식 때문에 오해해서는 안 된다. 그는 도덕적 판단에 대한 주지주의적 **심리학**만 공격하는 게 아니다. 그는 성향이 합리화보다 선행하는지 혹은 합리적 예단(prejudgment)에 의해 형성되는지 하는 엄격히 심리학적인 질문에는 관심이 없다. 그가 부인하는 바(그리고 내가 주장하는 바)는 인간 본성의 사회성이 우리가 우정을 추구할 **이유**를 제공한다는 것이다. 그리고 우리 두 사람 다 확실히 인정하는 바는 우리의 우정이 인간 본성의 사회성에 대한 **증거**를 제공한다는 것이다.

우리가 우리 자신이 하는 행동의 관찰자일 뿐이라면, 우리는 우리가 다른 이들에 관해 아는 것과 같은 차원에서 우리 자신에 관해 알 수 있다. 즉 우리가 **실제로** 우정을 형성했고, 따라서 사회적 동물이었음을 알 수 있다. 이 엄밀하게 기술적인(descriptive) 지식은 우리의 논의와 무관할지도 모른다. 만약 그것이 나의 본성이라면, 그것에 관해 생각한다고 해서 내가 그것에 무슨 영향을 미칠 수 있겠는가? 하지만 피니스는 우리의 사회성에 대한 이론적 지식이 그런 식이 아님을 알고 있다. 그것은 "윤리가 얻어낸 결과", 즉 단순히 우리 자신이나 다른 사람의 행동에 대한 관찰이 아니라 실천이성의 활동인, 우정을 선으로 파악하는 결과를 포함한다. 따라서 그것은 실천이성이 파악하는 그 선에 대한 지식을 포함한다. (그 자체로서 이론이성의 활동인 피니스의 책에서는 실천이성의 선이 무엇인지를 알고 있다고 명백하게 주장한다.) 그 지식은 어떻게 살아야 하는지에 관한 우리의 숙고와 무관할 수 없다. 유일한 혹은 가장 중요한 선은 감각적 쾌락이라는 개념 같은 실천이성의 그릇된 활동에 도전하기 때문이다. 하지만 이론이성이 잘못된 실천적 판단을 바로잡을 수 있다면—심지어 거짓을 승인함으로써 실천적 판단을 타락시킬 수 있다면—논리적 차단봉은 전적으로 그 효력을 상실한 것처럼 보인다.

복음적 원칙

피니스가 복음적 도덕을 제대로 이해하지 못하고 있다면, 이는 그가 실재론 원칙을 포기한 데 따른 의도하지 않은 결과일 뿐이다. 독일

신학자인 마르틴 호네커(Martin Honecker)의 경우는 정반대다. 그에게 실재론 원칙 자체는 아무런 문제가 되지 않는다. 하지만 모든 실재가 복음적 실재는 아니다. 더 구체적으로는, 윤리가 반응하는 실재는 복음적 실재가 아니다. 그것은 구속이 변증법적 대조를 이루는 것처럼 보일 수 있는 배경이 된다. 이는 전통적인 루터교 관점에서 도덕을 율법으로 묘사하는 방식으로 표현된다. "율법은 신학적으로 파악된 실재의 경험이다." 하지만 루터교에서 이 개념을 강조하기는 해도, 다른 전통에서도 유사성을 확인할 수 있는 견해가 드러난다. 윤리적인 것이란 믿음과의 관계에서 그 나름의 자율성을 지닌 사회적 가치의 영역, 교회와 국가에 관한 신학에서 이 용어가 사용되었던 의미에서 '세속적' 영역이라는 것이다. 복음에 대한 믿음은 윤리적인 것에 도전하고 그것을 혼란스럽게 하여 지속적인 변화와 변형을 일으키지만, 그 자체의 대안을 제공하지는 않는다.

이어지는 글에서 나는 호네커의 책 『신학윤리학』(*Einführung in die Theologische Ethik*, Berlin: de Gruyter, 1990, 종문하사) pp. 80-82에 집중한다. 그 책에서는 율법-복음이라는 주제를 길고 유익하게 논의하여 체계적 결론을 도출한다. 여기서 호네커의 윤리학 전체를 해석하는 열쇠를 제시한다고 주장할 수 없으며, 이 루터교적 접근 방식을 그것과 견줄 수 있는 다른 접근 방식과 비교하는 의미 있는 작업을 감히 시도할 수도 없다. 하지만 최근 로마 가톨릭의 논쟁에서 '자율주의자들'(autonomists)이 유익한 비교를 제시한 바 있다. 대표적으로 요제프 푹스(Josef Fuchs)를 들 수 있다(그의 *Christian Morality: The Word Becomes Flesh*, Georgetown University Press and Dublin: Gill & Macmillan, 1987를 보라).

호네커는 율법에 관한 그의 첫 번째 주장을 여섯 명제로 설명한다. 첫째 명제는 다음과 같다. "인간은 역사적으로 율법의 주장을 발견한다." 이 말은 **하나의** 율법, "하나님의 뜻에 대한 무시간적·초자연적·내세적 선포"가 존재함을 부인하는 말이라고 설명된다. 많은 '율법'이 존재했고, 각각은 특수한(particular) 역사적 순간이라는 맥락 안에서 나타났다. 바울에게는 유대교 토라, 루터(Martin Luther)에게는 행위를 강조하는 후기 중세 경건, 바르트(Karl Barth)에게는 강제적인 국가 정체성 이데올로기라는 맥락이 있었다. (세 번째 명제에 따르면) 각 순간은 "가치와 규범이라는 역사적 매개를 통해 표현된다. 각 시대의 규범은 특수한 역사적 관점에 기초한다. 도덕적 지향만이 인간론에 따라 규정된다."

호네커는 율법의 "무시간적"이며 "내세적인" 성격을 부인하는 데 집중한 나머지 모든 시대의 도덕적 주장이 지닌 **무공간적**(placeless) 성격을 부인하는 것을 잊어버린 듯 보인다. 다른 역사적 상대주의자들과 마찬가지로 그는 각 시대에 **일군의** 지배적인 도덕 원칙들이 존재한다고 주장하는 문화적 절대주의는 경계하지 않는다. 이로써 모든 시대에 가장 영속적으로 명백한 도덕의 특징, 즉 '도덕의 판단에는 언제나 논쟁이 있다'는 사실을 간과한다. 도덕이 심층적 불일치의 형태를 취하지 않는다면 역사 안에서 아무런 형태도 취하지 않는다. 도덕은 실재에 대한 문명의 이해가 지닌 분열적 속성을 드러낼 수밖에 없다. 아마도 이것이 누락되어 있음을 생각할 때 호네커의 설명에서 가장 당혹스러운 두 단어, 첫째 명제와 둘째 명제를 연결하는 두 단어를 이해할 수 있을 것이다. 둘째 명제는 다음과 같다. "계시라는 특수한 개념을 토대로 철학적·일반적·신학적 윤리를 구별하려고 해서는 안 된다." 그리고 당혹스러운 연결어는 "Daraus folgt", 즉 "따라서…"다. 물론 이어지는 내용은 논리적 귀결이 아니다. 각 시대가 그 나름의 특징적인 도덕 개념과 우선성을 가지고 있다는 사실이 계시에 대한 서로 다른 관념에 의해 서로 다른 유형의 윤리가 구별됨을 암시**할 수 없다**. 모든 시대에 논쟁 대상이 되지 않으며 동질적인 도덕적 신념, 기독교 계시를 믿는 사람과 다른 계시를 믿거나 계시를 전혀 믿지 않는 사람 모두에게 공통적인 도덕적 신념이 존재할 때만 그런 추론이 가능하다. 하지만 모든 시대마다 (그 시대의 관점에서) 충분히 합리적인 논증이 모순적 입장을 지지하기 위해 활용되었기 때문에 정확히 그 반대의 결론을 내리는 편이 낫다. 즉, 어떤 종류의 계시가 갈등을 해소해야 하거나, 도덕에 관한 어떠한 이해 가능성도 있을 수 없다.

하지만 호네커가 동질적 도덕이라는 이 이상(ideal)을 제시한 것은 그것이 야기하는 소란을 두드러져 보이게 하고 복음이 곤란을 야기할 독점적 특권을 지니고 있다고 주장하기 위함일 뿐이다. 그는 넷째 명제에서 "실재에 대한 인간의 모든 경험이 갖는 모호성과 양가성은 복음을 통해서만 밝히 드러난다"라고 말한다. 그리고 다섯째 명제에서는 "복음은 율법 안에서 만나는 실재 경험의 궁극성에 의문을 제기한다"라고 덧붙인다. 복음의 역할은 지배적인 도덕관념에 대한 우리의 확신을 뒤흔들고, 자기 긍정과 자기 정당화를 위한 도덕적 행동의 '오용'을 폭로하는 것이다. 그것은 그 자체로 "진정제가 아니라"(kein Quietiv) 실천적 참여를 위한 동인이다. 분명히 실천적이지만, 실재 인식에 관한 첫 주장을 전적으로 진지하게 받아들인다면 단연코 반사회적이다. 실재에 대한 한 사회의 (동질적!) 인식을 뒤흔든다는 것이 더 나은 실재 인식을 공식화하는 데 기여할 수 없다면 이는 아무런 기여도 하지 않는 것이다. 그 나름의 사회적 프로그램이 없다면 복음의 삶은 순수한 불만 표현일 뿐이다.

아마도 호네커는 마지막 명제를 통해 이런 생각의 흐름이 지닌 파괴성에 맞서고자 했을 것이다. "율법과 복음의 실재-변증법은 세계의 실재와 조응한다." 즉, 그것은 실재-이상 변증법의 한 형식이 아니다. 세계는 그 안에 이러한 동학을 포함하며, 이로써 지배적인 실재-인식으로부터 배태된 억압이 가까이 오시겠다는 하나님의 약속에 의해 극복된다. 우리는 복음을 세계사의 변증법 안에서 영속적으로 해방하는 힘으로 세우고자 하는 이 바람을 진지하게 받아들여야 한다. 하지만 그것은 **부정하는** 힘으로서만 해방한다. 실천적·도덕적 이성이 **구성하는** 행동 안에서 성취되리라는 희망을 전혀 제공하지 못한다. 우리는 신문의 사설이나 국제면을 읽을 때 하나님이 자기만족에 빠져 있는 자들을 뒤흔드실 것임을 알고 위로를 받는다. 하지만 신문에서 우리의 업무로 시선을 돌릴 때 복음은 우리에게 무엇을 말하는가? 그분이 우리도 흔들어 놓으실 것임을 깨달을 뿐이다. 우리는 율법 '아래서가 아니라' 율법과 '함께' 살아간다. 신문을 읽을 때는 희망에 찬 급진주의자가 되지만, 책상에 앉아 있을 때는 체념하고서 자기를 속이지 않으며 현실에 순응하는 사람일 뿐이다.

호네커는 "반성적이고 자의식적인 신학적 출발점은 자의식적으로 합리적이고 현실주의적이며 지적 논증을 갖춘 윤리로 귀결된다"라고 결론 내린다. 하지만 우리는 이 윤리를 형성한 것이 복음의 합리성이나 실재가 아님을 알고 있다. 변증법적 반대를 통하지 않으면 복음은 어떤 공적 합리성도 갖지 못하기 때문이다. 존 밀뱅크(John Milbank)

의 인상적 표현을 빌리자면 복음은 어떤 '사회적 공간'도 가지고 있지 않다. 존재하는 유일한 사회적 공간은 복음이 의문을 제기해야 하는 공간이다. 우리는 1930년대에 나치 이데올로기가 이 공간을 합법적으로 차지했을지도 모른다는 우려스러운 암시를 간과하지 말아야 한다. 물론 호네커는 나치에 동조한 사람이 아니다. 하지만 그에게는 한 사회적·도덕적 질서를 다른 질서보다 더 낫다고 여길 수 있는 방법이 전혀 남아 있지 않다. 나치 이데올로기, 인권, 유대교 토라, 초기 기독교의 반유대주의, 행위에 초점을 맞추는 중세의 경건, 르네상스 자본주의 모두가 그 시대에 **거기 존재했을** 뿐이며, 모두 뒤흔들리고 거부되었다. 복음은 언제나 공을 던질 뿐 결코 타석에 들어서지 않는다.

역사주의를 논할 때 나는 호네커가 대변하는 역사적 상대주의가 역사를 이데올로기적 힘이 아니라 회의적 힘으로 활용하는 역사적 상대주의임을 알아차리지 못했다. 이 상대주의에는 필연적 진보가 존재하지 않고, 마지막 심판의 대상이 되지 않는 일련의 변동하는 이미지만 있을 뿐이다. 이에 대해 나는 이제 이 책에서 제시하는 주장, 즉 역사는 하나님이 우리의 실천적 노력의 성취를 드러내신 무대라는 주장보다 더 강력한 주장을 공식화할 것이다. 죽은 자 가운데서 다시 살아나신 예수의 부활을 통해 우리가 돌려받은 우리의 삶은 하나님 보좌 오른편이라는 자리를 부여받았다. 그리스도 이후 역사는 기독교 문명 안에서 그 표시를 지니고 있다. 물론 그렇다고 해서 우리가 필연적 진보라는 교리로 돌아가야 한다는 말은 아니다. 그리스도의 승천이라는 표시를 물려받은 질서가 최악으로 부패한 질서일 수도 있고, 복음의 사회적 공간을 위한 투쟁은 각 세대마다 다른 형식으로 갱신되어야 한다. 하지만 모든 사회적 질서를 무차별적으로 '율법'

으로, 혹은 다른 세속주의 전통처럼 '자연법'으로 분류하는 것으로는 충분하지 않다. 이는 시대의 표적을 분별하라는 복음의 명령을 거부하는 것과 다름없다. 역사주의는 모든 시대가 다르지만 어떤 시대도 다른 모든 시대보다 더 다르지 않다고 주장함으로써 이를 거부한다.

부활절 원칙

『부활과 도덕 질서』를 쓸 때 나는 '창조 윤리'를 주창하는 이들과 '하나님 나라 윤리'를 주창하는 이들의 대결을 극복하는 데 관심을 기울였으며, 창조가 회복되고 성취가 약속된 그리스도의 부활 안에서 윤리가 두 관점의 부분적 진리를 아우르는 토대를 갖게 되었다고 주장했다. 이 주장이 모든 사람을 납득시키지는 못했다. 내가 부활과 창조된 질서를 연결했기 때문에 일부 비평가들, 특히 전혀 적대적이지 않은 비평가들조차도 내가 부활을 창조 윤리로 돌아가는 길로 사용했다고 결론 내렸다. 스탠리 하우어워스는 "내가 생각하기에 오도너번은 그리스도의 부활에 대한 종말론적 증언에 통제받지 않는 자연법 이론을 제시하려고 한다"라고 썼다. "우리는 부활과 도덕 질서에 관해 쓸 수 없다. 그리스도인으로서 우리가 아는 모든 질서가 부활이기 때문이다."

 이에 관해 나는 하우어워스의 자기 정의가 갖는 왜곡 효과를 보여 주고자 한다. 여기에는 두 측면이 있다. 하나는 하우어워스의 모든 독자에게 익숙한 교회론적 측면이다. 다음 문장에서 그는 이렇게 쓴다. **"그리스도의 부활과 상호 관계가 있는 세례와 성만찬의 구체적 실천을 통해** 우리가 아는 새로운 질서와 분리된 창조가 무엇을 뜻하는지 우리는 전혀 알지 못한다." 내가 강조 표시한 단어들을 제외한다면 나 역시 그렇게 말했을 것이다. 우리는 창조 질서의 비자증성에 의견을 같이한다. 하지만 내가 그리스도 사건과 사도적 증언으로 시선을 돌릴 때, 그는 먼저 교회의 실천으로 시선을 돌린다. 이는 개신교와 가톨릭이 갈라지는 전통적 방식을 암시한다. 그의 최근 글에서 점점 더 두드러지게 나타나는 다른 측면은 그리스도 사건의 다른 순간보다 십자가 죽음을 더 중시하는 경향으로, 순교와 죽음을 그리스도인이 하는 증언의 규범적 표현으로 강조하는 것과도 맥을 같이한다. 이는 가는 길이 나뉘는 서로 다른 방식을 암시한다. 즉, 서방 전통을 따라 하우어워스와 함께 성 금요일에 초점을 맞추는 태도와, 동방 전통을 따라 나와 함께 부활절에 초점을 맞추는 태도가 있다. 그런 의미에서 나는 그리스도인으로서 우리가 아는 **모든** 질서가 '부활'이라는 주장 안에 담긴 십자가 일원론(crucimonism)의 흔적에 당혹스러움을 느낀다. 그리스도인이 부활을 통해 확립된 참된 세계 질서를 대체하여 받아들일 수 있는 대용물이 존재하지 않는가? 그리고 그중 하나는 하나님의 확증(vindication)에 대한 확신과 무관하게 금욕 실천과 순교를 그 자체로 가치 있다고 여기는 질서가 아닐까? 나는 하우어워스가 불트만(Bultmann)처럼 부활을 휘발시키는 결과를 피할 수 없을지도 모른다고 우려한다. 죽음을 기꺼이 받아들이는 경건의 프로그램을 당혹스럽게 여긴 사람이 그가 처음은 아니다. 부활절은 성 금요일이 그 자체로 충분했다는 확신에 불과한가?

이 인용문이 내가 다른 글에서, 의료계 안에서 긍휼의 자리에 관해 했던 주장을 우호적으로 평가하는 맥락(곧 출간될 그의 책 *Dispatches from the Front*에 실린 "Killing Compassion")에서 했던 말임을 언급하지 않는다면 하우어워스의 너그러운 성품을 부당하게 대하는 일일 것이다. 교회론을 중시하는 저자의 관점은 그의 최근 글 어디에서나 분명히 드러나지만 특히 『제사장 나라』(*The Priestly Kingdom*, Notre Dame, 1983)에 주목하라. 순교라는 주제는 『교회의 정치학』(*After Christendom?*, Nashville: Abingdon, 1991. IVP)의 첫 논문에서 선명하게 부각되며, 『전선에서 보내온 편지』(*Dispatches from the Front*)에 실린 "창조, 우연성, 비폭력"(Creation, Contingency and Non-Violence)도 눈여겨보라.

하지만 하우어워스의 자기 정의와 별개로 나는 부활이 다른 기독론적 순간(강림, 십자가, 승천)과 어떤 관계가 있는지 충분히 다루지 않았다. 1931년에 나온 카를 바르트의 『윤리학』(*Ethics*, ed. D. Braun, tr. G. Bromiley, New York: Seabury and Edinburgh: T. & T. Clark, 1981)이 50년 만에 번역, 출간되었을 때 나는 이 주제를 충분히 다루지 않았음을 깨달았다. 나는 이 책의 출간이 1980년대 출판계에서 가장 중요한 사건이었다고 생각한다. 이 책에서 바르트는 기독교 윤리가 구원사의 형태와 일치해야 하며, 따라서 창조, 화해, 구속(즉, 종말론)에 상응하는 삼중 형태, 즉 생명의 윤리, 법의 윤리, 약속의 윤리를 갖는다는 지배적 원칙을 채택한다. 바르트의 책이 나올 무렵 쓴 글에서 제임스 매클렌던(James McClendon)도 비슷한 주장을 했다. 윤리는 "유기적인 것의 영역", "공동체적인 것의 영역", "부활의 영역"을 다루며, 이는 우리가 "자연 질서의 일부", "사회적 세계의 일부", "종말론적 영역의 일부"임을 의미한다(*Ethics*, Nashville: Abingdon, 1986).

분명히 이 접근 방식은 창조나 하나님 나라(kingdom), 심지어 부활에 기초한 어떠한 단일 주제 프로그램보다 신학적 윤리에 대한 더 온전한 설명을 약속한다. 하지만 이 체계의 세부 사항을 다루기 시작할 때 몇몇 교육적 난점에 직면한다. 윤리의 구체적 주제 영역을 세 가지 제목으로 나누어 분류하는 방식이 매우 자의적으로 보일 수 있다. 예를 들어, 바르트와 매클렌던 모두 두 번째 부분에서 정치적 삶을 다루지만, 두 사람 중 누구도 거기서 전쟁을 논하지는 않는다. 평화주의자인 매클렌던은 세 번째 부분에서 "평화를 위한 미래?"라는 제목으로 이 문제를 다룬다. 평화주의자가 아닌 바르트는 첫 번째 부분에서 "생명의 명령"이라는 제목으로 전쟁에 관해 논한다. 바르트에게서는 또 다른 긴장의 징후가 나타난다. 즉, 구속의 윤리를 다루는 세 번째 부분에는 구체적인 내용이 거의 없다(하지만 이 부분에는 양심과 유머에 관한 탁월한 통찰이 포함되어 있다). 그리고 그는 '이웃'이라는 개념이 어디에 속하는지 결정하지 못했다. 『윤리학』에서 이 주제는 다른 사회적 개념과 함께 두 번째 부분에 등장하지만, 이로 인해 바르트는 동료 인간과의 공존이 하나님이 행하신 화해 사역의 결과일 뿐이라고 암시하게 된다. 따라서 창조를 전적으로 루소적인(Rousseauian) 일로 만들어 버리고, 이로 인해 『교회 교의학』(*Dogmatics*, 대한기독교서회)에서는 이 주제를 다시 창조를 다루는 부분으로 옮겨 놓게 된다.

우리는 윤리를 창조, 화해, 종말로 체계화할 때 윤리가 관심을 갖는 **구체적인** 주제 영역을 배치하기 위한 자명한 원칙을 얻을 수 없다는 결론에 이른다. 인간 사회에 관해 말해야 하는 모든 것이 화해 교리 안에 포함될 수 있다고 생각하는 것은 착각이다. 각 영역에 그 나름의 구원사가 주어져야 한다. 결혼은 창조의 선물이고, 화해를 이루시는 그리스도의 사귐 안에 포함되어야 하며, 종말론적 왕국의 도전에 직면한다. 진리를 말하는 것은 아담이 동물의 이름을 지을 때 부여받은 책무였고, 예수 안에서 인류에 관한 진리를 들었던 구속받은 인류의 책임이며, 진리의 온전한 드러남이 하나님이 장차 행하실 심판의 내용이다. 일은 창조의 선물이고, 그리스도의 사귐 안에서 서로를 섬기는 일로 격상되며, 최종적 안식에 자리를 내어 준다. 다른 주제 역시 마찬가지다.

창조-화해-구속이라는 삼각 구조와 관계있는 두 번째 어려움이 존재한다. 삼각 구조에는 형식적 아름다움이 있으며, 시작, 중간, 마지막이라는 전통적 관점에서 구원사에 관해 이야기할 수 있다는 것은 즐거운 일이다. 하지만 그것은 인습에 불과할 수 있으며, 그리스도께서 친히 행하시는 일을 잣대로 삼아 그런 인습을 시험해 보아야 한다. 예수의 부활을 통해 하나님이 피조 세계를 돌려주셨기 때문에 우리는 창조에 관해 이야기해야 한다. 예수께서 하나님 우편에 앉아 계시며 성령을 보증으로 우리에게 주셨기 때문에 우리는 최종적 구속에 관해 이야기해야 한다. 그리스도께서 십자가 위에서 하신 일 때문에 우리는 확신을 가지고 화해에 관해 이야기할 수 있다. 하지만 그것으로는 삼각 구조가 적절함을 입증하기에 충분하지 않다. 복음서에서는 그리스도의 죽음, 부활, 높이 들리심에 관해 말할 뿐만 아니라 그분이 이 땅에 나타나시고 일하심에 관해서도 말한다. 우리에게는 (이스라엘이 가지고 있던 소망의 성취로서의 예수의 성육신, 나타나심, 사역을 포함하는) 강림의 순간이 필요하다. 그렇지 않으면 우리의 복음은 엉망으로 잘려 있는 메시지가 되고 말 것이다. 여기서 바르트의 체계는 그를 실망시키고 침묵할 수밖에 없게 만든다.

기독교 사상이 그리스도 사건의 **모든** 순간에 관심을 기울여야 하며 **모든** 순간이 그리스도인의 삶을 형성할 것이라는 이 공리를 받아들인다면, 부활의 **특수한** 의미에 관해 무엇을 말할 수 있는가? 그리스도인의 삶은 믿음이라는 행동, 다른 모든 행동을 상대적으로 덜 중요하게 만드는 행동을 통해 시작된다. 이것은 강림의 순간과 짝을 이룬다. 그리스도인의 삶에는 그리스도의 고통을 본으로 삼는 순종의 고통이 포함된다. 그것이 그리스도의 영원한 보좌라는 권위 아래서 기도와 예언의 능력을 부여한다. 우리가 그리스도를 '닮음'에 관해 말할 때 이 모든 것이 포함된다. 하지만 구체적으로 그리스도인의 **행동**에 관해 우리는 창조를 확증하여 우리가 이해 가능성을 가지고 담대하게 행동할 수 있게 하는 부활의 순간을 따로 떼어서 이야기해야 한다. 행동을 통해 세계 질서의 통일성이 전제되며, 빈 무덤이 이 통일성을 보증한다. 빈 무덤을 통해 하나님이 만드신 생명을 지지하셨고 그것이 무(nothing)로 돌아가도록 내버려두시지 않았기 때문이다.

윤리가 해방된 행동에 관해 이야기하기 위해 부활의 순간을 추출한다면, 이는 그 순간이 실제로 이 맥락에 속함을 부인하고자 함이 아니다. 이신칭의나 '근본적 결단'(fundamental option)을 윤리의 토대로 삼기 원하는 루터교인이나 로마 가톨릭교인을 대할 때, 십자가가 그리스도인의 삶의 모체라고 생각하는 하우어워스 및 다른 이들을 대할 때, 우리가 지닌 희망과 상상력의 한계를 형성하는 지평을 가리키는 관념론자들을 대할 때, 나는 이들의 접근 방식이 그리스도인의 삶을 설명하는 방식으로서 정당성을 가짐을 부인할 수 없다. 나는 나의 순간과 마찬가지로 그들의 순간을 다른 순간에 맞서 절대화한다면 그리스도 닮기를 이끌어 낼 수 없으리라고 경고할 수 있을 뿐이다. 하지만 **신학자**라면 그중 어떤 지점에서도 출발할 수 있지만 **신학**

적 윤리학자에게는 해방된 행동이 보증되는 순간에서 시작할 특별한 이유가 있다고 덧붙일 수 있다. 이른바 '기독교 윤리'에서는 결코 인간 행동을 다루지 않는다. 심지어 일부에서는 그렇게 하지 않는 것을 자랑스러워한다. 이를테면 믿음이나 순교에 관해 성찰하는 것보다 인간 행동에 관해 성찰하는 것이 더 고귀한 일이라고 생각할 이유는 없다고 생각한다. 하지만 결국 지켜야 할 지적 적합성이라는 것이 존재하며, 적절한 순서에 따라 적절한 방식으로 모든 질문을 다루어야 합당하다.

교회 원칙?

하우어워스가 말하는 가장 중요한 것, 즉 교회는 도덕 형성의 공동체이며 교회 안에서 도덕적 실천과 개념이 가르침, 본보기, (가장 중요하게는) 성례전에 의해 전해진다는 내용으로 돌아가 보자. 『부활과 도덕 질서』의 복음적 실재론은 이러한 고교회적 도덕 프로그램과의 접촉점을 발견할 수 있는가? 내가 보기에 교회-세계 경계를 대결이라는 관점에서만 묘사하는 경향성과 관련해 불일치하는 점이 있다. 이와 관련해서는 기독교 정치사상 분야에서의 논의가 필요하며 여기서는 다룰 수 없다. 하지만 더 광범위한 논제는 나도 흔쾌히 받아들일 수 있다고 생각한다.

    이 책에서 내가 가장 많이 공들인 부분이며, 여전히 가장 불완전하게 느껴지지만 충분히 시도할 가치가 있다고 생각하는 부분은 2부(5-8장)다. 여기서 나는 성령론을 경유하여 기독교 도덕의 객관적 토대에서 주관적 토대로 넘어간다. 여기서 나는 하우어워스의 주장 중 일부가 안착할 수 있는 영역을 구별했다고 생각한다. 그의 주장에 대한 나의 주저함은 대부분 맥락의 결여 때문이다. 교회가 자리를 잡아야 하는 신학적 공간이 충분히 명료하게 구별되지 않았다. 성품에 관한 그의 초기 저술에 대한 나의 비판(pp. 380-393)은 그의 교회론에도 적용될 수 있다. 도덕 공동체에 스스로 전제하고 스스로 정당화하는 인식론적 우선성을 부여한다. 하지만 하나님이 그리스도 안에서 우리를 위해 행하신 바를 기초로 그 필요성을 논증할 수 있고, 논증해야 한다. 이것이 윤리의 객관적 실재를 다루는 장을 뒤따라 나오는(그리고 **그래야 하는**), 윤리의 주관적 실재를 다루는 장에서 다루는 내용이다. 개신교 윤리학자 중 가장 가톨릭적인 하우어워스가 이 점에 더 많은 관심을 기울였다면 그가 우리를 속여 종파 공동체에 넣으려고 한다는 불평을 덜 들었을지도 모른다.

또한 내가 노력해 왔듯 그가 자유와 권위의 교리라는 관점에서 이 공간을 통합했다면 내적 정합성을 획득했을지도 모른다. 하우어워스는 권위의 중요성을 자주 지적한다. 하지만 권위에 대한 일반적 설명을 요구할 때 그는 국가의 권위에 대한 논의가 포함되는 이 과제에서 뒷걸음친다. 나는 그의 관점에서 나의 사례가 그다지 고무적으로 보이지 않으리라는 점을 이해할 수 있다. 그는 왜 내가 교회의 권위를 마지막에 두고 양심의 권위를 첫 부분 가까이에 배치했는지 의아해할지도 모른다(해체의 방식으로 그렇게 하기는 했지만 말이다. 그때 나는 바르트의 『윤리학』을 아직 읽지 못했다!). 그는 왜 국가의 권위를 상대적으로 그렇게 일찍 다뤘는지 의아해할지도 모른다. 이에 대해 나는 그 순서가 만족스럽지 않음을 인정했다고 변명할 수밖에 없다. 교회의 권위가 그리스도의 권위 다음으로 가장 먼저 등장하는 설명을 내가 실제로 실행할 수는 없어도 상상할 수는 있다. 다른 모든 권위와 자유는 그로부터 뒤따른다고 간주될 것이다. 확실히 그것이 문제를 다루는 더 나은 방식일 것이다.

하지만 그렇게 하더라도 고교회적 관심을 충족하기에는 아마도 충분하지 않을 것이다. 로마 가톨릭 독자들은 이 책에서 교회의 권위를 다루는 장(8장)이 그 지향에서 뚜렷하게 개신교적이라고 지적했다. 그들도 나도 이를 놀라워하지 않을 것이다. 다만 나는 일종의 교회일치적(ecumenical) 가능성을 마련하기를 바랐지만 그렇게 하지 못했음을 깨닫고 실망했을 뿐이다! (그러나 교회의 도덕적 권위라는 관념을 공격할 수 없다면 얼마나 많은 개신교 신학자가 이 주제를 다루려고 하겠는가?) 사실 논의의 출발점은 독특하게 개신교적이다. 즉, 교육적 권위와 정치적 권위의 예리한 구별이다. 교회법학자들이 처음 주창한 이 구별은 14세기에 프란치스코회의 대의를 옹호하는 신학자들에 의해 널리 사용되었고, 이후로 초기 종교개혁 에라스투스주의(Reformation Erastianism)의 핵심 강령이 되었다. 교육적 권위, 말씀의 권위를 교회와 배타적으로 연결했고, 정치적 권위, 칼의 권위를 시민 정부와 배타적으로 연결했다. 그 결과 교회 정치의 모든 행정적 문제가 국가의 관할권 아래로 들어갔다. 나의 응답은, 이 프란치스코회의 틀 안에서 바로잡는 움직임을 취하고, 교회에 가르치는 권위와 명령하는 권위 **둘 다**를 부여함으로써 교회가 자체적인 도덕적 권징에 대한 권위를 행사할 수 있게 하는 것이었다. 물론 그러한 바로잡는 움직임은 새롭지 않다. 칼뱅(Calvin)은 이런 시도를 한 가장 영향력 있는 종교개혁자였고, 이후로 내가 속한 성공회 공동체 안에서도 이런 시도가 꾸준히 이뤄졌다. 초기의 에라스투스주의적 성향 때문에 성공회에서는 이런 시도를 전혀 전적으로 편안하게 받아들일 수 없었다.

    나를 변호하기 위해 이렇게 말한 다음에는 나로서도 이 논의가 매우 불만족스럽다고 생각한다는 점을 인정할 수밖에 없다. 문제는 서로 다른 두 구별, 즉 조언과 교훈의 구별, 교육적 권위와 정치적 권위의 구별을 동시에 다루고자 했던 지나치게 야심만만한 시도에서 기인했다. 후자를 예증하기 위해 전자를 사용함으로써 나는 교회의 교육적 권위가 그래야 하는 것보다 덜 **권위 있는** 것으로 만들었다. 그 결과 출교의 시행을 다룰 때 나는 그것을 말씀의 권위를 적절하게 표현한 것으로 보기보다는 "혼합된 형식"(p. 320)이라는 말로 얼버무렸다. 나는 바로잡는 움직임을 실행하는 칼뱅의 더 나은 방식으로부터, 즉 교회에 두 가지 다른 종류의 권위를 부여하는 방식이 아니라 교회의 복음적 권위를 목회와 권징의 구조로 확장하는 방식으로부터 중요한 것을 배웠을 수도 있다. 이는 프란치스코회에서 제시한 원래의 방식을 수정하는 것을 의미할 것이다. 내가 제안한 원리, 즉 정치적 권위를 무력, 권리, 전통(p. 240, 이제 나는 '무력'보다는 '권력'이라고 말하는 편을 선호한다)으로 이해하는 방식은 내가 더 따라갔을 수도 있는 방향을 가리킨다. 순수하게 실증적인 무력의 권위와 순수하게 진리에 기초한 말씀의 권위를 대조하는 대신, 우리는 진리의 권위를 전통의 권위 **및 권력**의 권위와 결합하는 구조와 전통의 권위를 통해서만 진리의 권위를 매개하는 구조를 대조해야 한다. 전통의 권위를 포함하는 교회 권위에 대한 더 온전한 이론에서는 출교와 같은 실천을 설명할 뿐만 아니라 교회의 권위가 어떻게, 왜 하나님의 말씀으로부터 직접 발언하는 예언자의 권위에 의해 수정될 수 있는지 보여 줄 수 있을 것이다.

하지만 나는 책을 고쳐 쓰거나 옛 표지 안에 새로운 글을 쓰려는 유혹에 굴복하지 않았다. 어쩌면 지금까지 내가 한 말로도 이 책의 2부가 1부와 3부만큼 진지하게 읽을 가치가 있을지도 모른다고 일부 독자들을 설득하기 충분했을지도 모른다. 나는 여기서 탐구한 생각들과 그 후로 내가 이에 관심을 쏟으면서 했던 연구에 일정한 잠재력이 있다고 믿는다. 이 작업이 더 심층적인 대화를 위한 자극을 제공할 수도 있다. 비록 대화하면서 내가 어떤 대답을 생각했거나 말했는지 대부분은 기억할 수 없지만, 이 책을 통해 나와 대화했고 앞으로도 대화할 사람들이 있다는 사실로 인해 늘 감사드린다. 하나님이 뜻하신다면, 이를 통해 우리가 나누는 대화는 우리 모두가 함께 듣고 참여해야 할, 더 고귀하고 더 중요한 대화를 나눌 기회가 될 수 있을 것이다.

1 • 복음과 기독교 윤리

기독교 윤리의 토대는 복음적 토대여야 한다. 혹은 더 간단히 말해 기독교 윤리는 예수 그리스도의 복음으로부터 기원해야 한다. 그렇지 않다면 그것은 **기독교** 윤리일 수 없을 것이다.

물론 기독교 신자가 예수에 대한 그들의 믿음으로부터 기원하지 않은 윤리적 신념을 가질 수도 있다. 사실 그런 경우가 많았고 지금도 그런 경우가 많다. 기독교 윤리 없이도 윤리적인 그리스도인들이 있을 수 있다. 또한 그런 신자들이 그들의 신앙과 그들의 윤리적 신념을 분리해야 한다는 신학적 논증을 실제로 만들어 낼 수도 있다. 자연법 혹은 율법과 복음의 대립에 대한 믿음의 특정 형식은 엄밀한 의미에서 '기독교 윤리'가 존재할 수 있음을 사실상 부인한다. 그러한 이론에서도 기독교 영성이 삶의 도덕적 차원에 대한 고양된 관심과 삶에 대처하는 강화된 능력을 증진하므로 기독교 윤리가 윤리에 간접적 영향을 미침을 인정할 수 있다. 하지만 그러한 이론에서는 윤리적 물음의 본질이 복음으로부터 오는 특별한 조명을 받을 수 없다고 주장한다. 선과 악의 차이를 구별하는 데서 신자가 불신자보다 더 유리한 위치에 있지 않다는 것이다. 하지만 우리는 이런 식으로 신앙과 도덕을 구별할 때 어떤 결과가 빚어지는지 눈여겨보아야 한다. 우리는 도덕주의자가 되거나 반율법주의자가 된다. '도덕주의'(moralism)란 복음적이지 않은 방식으로 도덕적 신념을 지니는 것을 의미한다. 그 결과 도덕적 신념은 더 이상 기독교 복음의 일부가 아니게 되고, 따라서 도덕적 신념은 복음을 위한 준비(praeparatio evangelica)로서든, (성 바울이 고후 3:9에서 모세 율법에 관해 말했듯) "정죄의 직분"으로서든, 그리스도께서 관여하거나 변화시키지 않으신 삶의 영역을 지배해야 하는 규칙으로서든, 한정하는 효과만 갖게 된다. '반율법주의'(antinomianism)란 도덕적 물음에 대한 무관심 혹은 불충분한 관심을 드러내는 방식으로 기독교 신앙을 지니는 것을 의미한다. 일단 도덕이 그리스도인이 환영하고 선포하는 복음의 일부가 아니라고 판단하고서, 신자들은 철저히 복음적인 태도를 취하며 도덕을 무시할지 아니면 도덕을 존중하는 대가로 절반만 복음적인 태도를 취할지 선택해야 한다. 기독교 윤리에 대한 믿음은 특정한 윤리적·도덕적 판단이 복음 자체에 속한다는 믿음이다. 다시 말해, 교회가 복된 소식을 전하는 자로서 그 목소리의 어조를 약화하지 않고서도 윤리에 전념할 수 있다는 믿음이다.

이미 성 바울이 갈라디아와 로마에 보낸 편지에서 반율법주의와 도덕주의라는 쌍둥이 유혹의 위험성을 지적한 바 있다. 바울은 이 둘이 그가 '육체'라고 부르는 하나의 동일한 유혹의 두 측면일 뿐임을 꿰뚫어 보았다. 이처럼 율법과 방종을 연관시키는 관점은 시사하는 바가 크며 특정한 현대의 심리학적 연구 결과를 예상하게 한다. 이런 관점은 바울이 성령 안에서의 삶으로 제시한 복음적 윤리에 대한 모든 대안이 근본적으로 공통된 무언가를 지니고 있다는 깨달음에서 기원했다. 하나님의 성령을 따라 살아가지 않는 모든 삶의 방식은 '육체'를 따라 살아가는 삶, 즉 자유방임주의적 방식이든 율법주의적 방식이든 하나님이 인간을 책임지셨다는 복된 소식 없이 인간이 자신을 책임지려고 하는 삶이다. 따라서 우리는 기독교 윤리가 율법과 방종이라는 양극단 사이에서 중도를 걸어야 한다는 주장을 받아들일 수 없다. 그런 접근 방식은 결국 그것의 출발점, 즉 기독교에 미치지 못하는 두 삶의 형식 사이를 오락가락하는 것으로 귀결되고 말 것이다. 일관된 기독교는 전혀 다른 길, 즉 하나님이 예수 그리스도 안에서 인류에게 주시는 선물에서 기원했기에 마음을 기쁘게 하며 눈에 빛을 주는 온전히 복음적인 윤리의 길을 걸어야 한다.

우리는 갈라디아서에서 육체의 삶이 "하나님의 아들을 믿는 믿음 안에서 사는"(갈 2:20) 삶을 위한 자연적 맥락이기는 하지만 그 자체의 칭의를 이룰 능력이 없는(2:16) 인간과 관련해 '육체'[사르크스(sarx)]라는 용어를 처음 만난다. 하지만 육체를 성령을 대신하는 힘의 원천으로 생각할 때 육체는 위험해진다(3:3). 그리스도인의 삶에서는 복음을 듣고 그것을 통해 살게 하는 복음의 능력과 육체의 약함 사이의 역설적 긴장(4:13-14)을 항상 유지해야 한다. 반역적인 사람으로 타락하고자 하는 자연적 인간의 경향은 이스마엘과 이삭 이야기를 통해 예증된다. "육체를 따라"[카타 사르카(kata sarka)] 난 사람은 하나님의 약속으로 말미암아 난 사람을 대적하게 되며(4:23), 후자는 대안적 능력의 원천, 즉 성령을 표상한다(4:29). 이 시점까지 둘의 경쟁 관계는 전적으로 도덕적인 능력, 즉 '율법의 행위'를 통해 인간을 의롭게 하고자 하는 육체의 자만이라는 관점에서 이해된다. 그러나 필연적으로 자율적 인간의 능력은 그 자체의 자기표현을 추구하며, 따라서 우리는 육체가 율법뿐만 아니라 자유를 통해서도 성령에 맞서 자신을 내세우려 함을 알게 된다(5:13). 성령과 육체의 상호 적대감(5:17)이 "소욕"[에피튀미아(*epithymia*)]으로서의 육체와 "율법"[노모스(*nomos*)]으로서의 육체를 연합시킨다(5:16, 18). 성 바울은 '죄는 복수다(multiple)'라는 아리스토텔레스의 가르침에 대한 적어도 하나의 해석을 거부할 것이다. 성령을 따라 사는 삶이라는 원칙의 통일성은 다양한 양태의 반역 사이에 존재하는 일종의 그림자-통일성(shadow-unity)을 떠올리게 한다. 율법으로 나타나든 방종으로 나타나든 육체를 따라 살아가는 삶에 관한 궁극적 사실은 그것이 성령 안에서의 삶을 거부한다는 점이다. 결국 율법주의는 율법을 즐거워하는 것으로 특징지어지지 않으며, 그리스도의 십자가라는 하나님의 일이 아니라 육체, 즉 단순히 인간적인 것, 오직 인간적인 것만을 "자랑" 대상으로 삼는 것으로 특징지어질 뿐이다(6:13-14).

부활과 창조

그러나 기독교 윤리가 하나님이 예수 그리스도를 통해 주신 선물로부터 '기원'한다고만 말하는 것은 너무 모호하다. 이러한 '기원'의 논리는 무엇인가? 하나님이 주신 선물의 어떤 요소에 윤리적 조명이라는 약속이 담겨 있는가? 우리는 기독교 윤리가 죽은 자 가운데서 다시 살아나신 예수 그리스도의 부활에 기초한다는 신학적 명제를 논증할 것이다.

신약성경 본문을 직접 인용해서 이것을 입증할 수는 없기 때문에 우리는 이것을 '신학적 명제'라고 부른다. 물론 우리는 골로새서 3:1을 언급할 수 있다. "그러므로 너희가 그리스도와 함께 다시 살리심을 받았으면 위의 것을 찾으라. 거기는 그리스도께서 하나님 우편에 앉아 계시느니라." 하지만 누군가는 이에 대응해 2:20을 인용할 것이다. "너희가 세상의 초등학문에서 그리스도와 함께 죽었거든…." 또한 골로새서 3장과 그에 상응하는 에베소서 4장의 단락을 읽을 때 우리는 사도의 사상에 관해 그리스도의 부활만큼이나 승천도 핵심이라는 인상을 받지 않는가? 다른 본문, 예를 들어 빌립보서 2:1을 보면 도덕적 삶에 대한 우리의 헌신을 강화하는 다른 '가정들'(ifs)을 발견할 수 있다. 신약성경의 윤리적 가르침에서는, 우리에게 그리스도인의 순종을 위한 동기를 부여하는 기독교 케리그마의 양상들을 포착해 내고자 할 때 대단히 자유로운 태도를 취한다. 그리스도의 강림, 그분의 죽음, 부활, 승천, 그분이 성령을 보내심, 심판을 위한 그분의 재림, 이 모두가 신자로 하여금 윤리에 진지한 태도를 취하도록 고무할 수 있으며 실제로 고무한다. 그리스도라는 본보기조차도 우리가 그분을 모방하도록 고무할 수 있다(빌 2:5, 이 절에서 그런 사상을 배제하고자 주석가, 신학자, 번역가 들이 부단히 노력했음에도 그렇다). 우리는 신약성경에 윤리적 호소가 풍부하게 담겨 있음을 부인하려는 게 아니다. 그러나 신학의 책무는 그런 호소에 힘을 부여하는 요수들의 숨겨진 관계를 드러내는 것이다. 우리는 우리의 출발점인 부활에 집중하려고 한다. 부활은 우리에게 그분의 창조에 대한, 따라서 창조된 우리의 삶에 대한 하나님의 확증에 관해 이야기하기 때문이다. 그러므로 윤리에 관해 가장 일관되게 신학적인 신약성경 본문인 베드로전서는 윤리의 가능성 자체가 그 기초로 삼고 있는 새로운 삶의 실체를 선포함으로써 시작된다. "그의 많으신 긍휼대로 예수 그리스도를 죽은 자 가운데서 부활하게 하심으로 말미암아 우리를 거듭나게 하사 산 소망이 있게 하시며"(1:3).

부활의 의미는 하나님의 피조물인 아담의 삶에 대한 하나님의 최종적이며 결정적인 말씀이라고 성 바울은 지적한다. 첫째로 부활은 하나님이 죄와 죽음을 택한 아담의 선택을 뒤집으신 사건이다. "아담 안에서 모든 사람이 죽은 것같이 그리스도 안에서 모든 사람이 삶을 얻으리라"(고전 15:22). 둘째로, 그리스도의 부활은 죽음을 택한 아담의 결정을 뒤집은 것이기 때문에, 아담이 살아야 한다는 하나님의 최초 결정에 대한 새 확언, 죽음을 넘어서며 생명이라는 첫 선물을 변화시키는 확언이다. "첫 사람 아담은 생령이 되었다 함과 같이 마지막 아담은 살려 주는 영이 되었나니"(15:45). 아담을 만드시고 인류가 그 안에 자리 잡은 사물들의 질서를 존재하게 하신 창조주의 사역이 이 결론에 의해 단번에 영원히 인정된다. 그리스도께서 죽은 자 가운데서 다시 살아나시기 전에 누군가는 창조가 실패한 기획이 아닌지 생각했을 수도 있다고 말할 수 있다. 피조물인 인간이 한결같이 자신을 파괴하고(uncreate) 자신과 더불어 나머지 피조물마저 파괴하는 방식으로 행동한다면, 이는 하나님이 손수 지으신 작품에는 고칠 수 있다는 희망을 품을 수 없을 정도로 결함이 있음을 의미하는 것 아닌가? 그리스도께서 죽은 자 가운데서 부활하시기 전에는 정직하게 이 물음에 '그렇다'라고 답하는 것이 가능했을지도 모른다. 하나님이 예수를 죽은 자 가운데서 다시 살리시기 전에는 우리가 '영지주의적'이라고 부르는 희망, 피조물**을** 구속하는 것보다는 피조물**로부터** 구속받는 것에 대한 희망이 유일하게 품을 수 있는 희망처럼 보였을 것이다. "그러나 이제 그리스도께서 죽은 자 가운데서 다시 살아나사…"(15:20). 이 사실로 인해 다른 가능성들이 배제된다. 둘째 아담 안에서 첫째 아담이 구해졌기 때문이다. 그 의지의 일탈과, 죽음을 향해 내달리는 그 의지의 운명적 성향 때문에 하나님이 창조하신 것이 파괴되도록 허용되지 않았다.

부활을 우리의 출발점으로 삼을 때 우리는 복음서 이야기가 선포하는 다른 구원 사건에서, 특히 그보다 먼저 일어난 그리스도의 죽음과 그 이후에 일어난 승천에서 부활을 분리하려고 하지 않는다. 그리스도의 죽음과 승천은 서로를 이해할 수 있게 하는 매듭으로 부활과 함께 묶여 있기 때문이다. 만약 성 바울이 가르친 대로 거꾸로 부활주일에서 성 금요일로 첫 번째 생각 가닥을 따라간다면 이미 대표로서 죽으신 그리스도의 죽음에서 하나님이 아담의 선택을 뒤집으시는 것을 볼 수 있을 것이다. 그분의 죽음을 통해 "[하나님이] 죄로 말미암아 자기 아들을 죄 있는 육신의 모양으로 보내어 육신에 죄를 정하셨기" 때문이다(롬 8:3). 그분의 죽음에서 육체 안의 삶에 대한 하나님의 '아니다'(No)가 선포되었으며, 이는 성령 안에서의 삶에 대한 그분의 '그렇다'(Yes)를 위한 선결 조건이었다. 복음의 윤리도 정죄의 측면을 가지고 있으며, 이는 인간 삶을 가로막는 모든 것을 심판하고 죽게 한다. 그리고 우리가 부활절에서 승천일에 이르는 두 번째 생각 가닥을 따라간다면, 그리스도께서 역사 속 실존이라는 조건과 가능성을 초월하신 것을 통해 인간 삶의 변화가 가시화되지는 않더라도 명시화되는 것을 볼 수 있을 것이다. 복음의 윤리는 세상을 초월하는 측면도 가지고 있으며, 따라서 우리는 "위의 것을 찾아야" 한다. "거기는 그리스도께서 하나님 우편에 앉아 계시기" 때문이다(골 3:1). 그러나 개인 윤리의 포기와 초월, 사회 윤리의 비판과 혁명이라는 이런 양상이 하나님이 만드신 세계 질서의 확정이라는 핵심에 기초해 해석된다는 사실 때문에 이런 양상은 부정적이며 파괴적인 것이 될 수 없다. 이 땅에서 인간의 삶은 하나님께 중요하다. 그분이 그 삶에 질서를 부여하셨다. 그 삶이 그분이 부여하신 질서를 따르는 것은 중요하다. 일단 이를 이해한다면 이 질서가, 무질서해지겠다고 위협하는 모든 것에 대한 부인과 이 질서를 부인하지 않으면서도 이 질서를 넘어서는 삶을 향한 진보를 우리에게 동시에 요구한다는 것도 이해할 수 있을 것이다. 그러나 (19세기 내내 낭만주의 관념론자들이 그랬듯) 부활 없이 복음이 선포될 때 십자가와 승천은 그 핵심 없이 한데 뭉쳐져 영지주의적 타계성(other-worldliness)을 표상하는 상징이 되고 만다.

부활에는 "모든 사람이 삶을 얻으리라"라는 약속이 담겨 있다(고전 15:22). 그리스도의 부활은 대표적이다. 상징이 독립적이며 선행하는 지위를 갖는 실체를 표현함으로써 대표하는 방식으로 대표적인 게 아니라, 국가 지도자가 전쟁할 때든 평화로울 때든 국민을 대신해 실행하는 모든 것을 국민 전체를 위해 성취할 때 국민을 대표하는 방식으로 대표적이다. 따라서 이 핵심 선언은 다시 우리를 성육신의 메시지로 이끈다. 성육신을 통해 우리는, 하나님의 창조 세계에 그분이 독특하게 임재하심으로써 창조된 질서(created order) 전체가 역사의 이 특별한 순간에 이 특별한 대표적 인간의 운명에 참여하게 되고 만물의 구속이 바로 그분의 운명에 달려 있음을 알게 된다. 그리고 그것은 이 특별하며 대표적인 운명이 죽은 자 가운데서 다시 살아나는 인류의 부활을 통해 보편화되는 역사의 종말로 우리를 이끈다. "각각 자기 차례대로 되리니 먼저는 첫 열매인 그리스도요 다음에는 그가 강림하실 때에 그리스도에게 속한 자요"(15:23). 하나님이 그분의 창조된 질서를 끝까지 지키셨다는 사실은, 인류가 그 안에서 적절한 위치를 차지하고 있는 이 질서가 결국에는 온전히 회복될 것임을 암시한다.

이는 지나친 관심을 받아온 논쟁, 즉 이른바 '하나님 나라(kingdom) 윤리'와 '창조 윤리' 사이의 논쟁에 대해 논평을 요청한다. 이런 식으로 양자를 대안으로 제시하는 태도는 받아들일 수 없다. 그분의 나라를 이끌어 들이는 하나님의 활동이 곧 죽은 자로부터의 그리스도의 부활, 창조의 확증이기 때문이다. 창조에 대항하는 하나님 나라 윤리는 신약성경에서 선포하는 것과 동일한 종말론적 왕국에 관심을 기울일 수 없다. 완성을 향한 역사의 진보를 성취가 아니라 그 시작을 부인하는 것으로 해석하는 은폐된 이원론이 그 근원에 존재할 수밖에 없다. 반면에 하나님 나라에 대항하는 창조 윤리는 하나님이 만드신 모든 것을 성취에 이르게 하기 위해 일하셨다는 복된 소식을 알아차리지 못하기 때문에 복음적 윤리일 수 없다. 그리스도의 부활을 통해 창조가 회복되며 하나님의 나라(kingdom of God)가 시작된다. 이 시점에서 출발하는 윤리는 때로는 새로움을 강조하고 때로는 확언된 질서의 시원성(primitiveness)을 강조할 것이다. 그러나 한쪽의 이름으로 다른 한쪽을 전복하거나 부인하려는 유혹에 빠지지 않을 것이다.

자연 윤리

부활을 통해 창조가 확증되고 그와 더불어 인간 본성이 확증되었기 때문에, 우리는 기독교 윤리가 난해하고, 이를 선택한 사람들에게만 적용되며, 선택하지 않은 사람들에게는 무관하다는 생각을 단호히 거부해야 한다.

어떻게 이런 잘못된 생각이 지지받게 되었는지는 쉽게 이해할 수 있다. 계몽주의 이후 서양의 도덕 사상은 그 전제에서 압도적으로 '주의주의적'이었다. 즉, 도덕을 인간 의지의 산물로 이해했다. 개인적으로나 사회적으로나 인간은 자신의 의지로 자신의 삶에 질서를 부과한다는 것이다. 도덕적 추론은 의지의 헌신에 종속된다. 실천성이나 내적 정합성에서 아무리 '합리적'일지라도 모든 윤리는 본원적으로 의지에 따라 놓인 것, 즉 개인이나 사회가 자유로운 자기 결정을 통해 헌신하기로 작정한 선택이다. 따라서 도덕적 이견은 해소될 수 없는, 헌신의 궁극적 충돌을 드러낼 것이다. 도덕에 관한 이런 설명은, 한편으로는 신앙과 분리된 율법의 도덕에 반대하며 다른 한편으로는 신앙에 주로 비합리적 내용을 부여하는 기독교 사상의 전통에서 강한 매력을 느꼈다. 아마도 키르케고르(Kierkegaard)는 신앙도 도덕도 이성이라는 토대에 의존하지 않으며 그저 선택해야 할 뿐이라고 말하는 현대의 기독교 주의주의를 위한 본보기를 제공했을 것이다. (또한 키르케고르는 신앙과 도덕을 매우 날카롭게 **구별했지만**, 그를 따라 신앙과 도덕 모두에 주의주의적 토대를 부여하는 현대의 그리스도인들에게는 이런 구별이 덜 중요하다.) 이 근대적 '신앙-윤리'에서 기독교의 도덕적 의무는 신자의 결정에 의한 기능, 즉 그가 받아들이기로 선택한 것이 된다. 그것은 비의적이며, ('**회개하고 믿으라**'는 권고가 너무나도 강력하여!) 도덕적 자각이 아무런 역할을 하지 못하는 것처럼 보이는 과정을 통해 스스로 폐쇄적인 집단 안에서만, 또한 참여한 이들에게만 의미가 있다. 따라서 기독교의 모든 도덕적 의무는 목회자에 대한 존경이나 교회에 바치는 헌금처럼 교회 안에서 통용되는 집단 내 규칙과 비슷해진다. 이런 의무는 교회 공동체의 구성원을 전제하며 교회 밖 사람들에게는 아무런 구속력도 주장하지 않는다. 간음과 살인 금지조차도 이런 종류의 집단 내 규칙인 것처럼 보인다. 비신자가 자신의 결혼이나 이웃의 생명을 존중하지 않는 것도 전혀 특별하지 않다. 그에게는 그리스도인이 지니는 신앙-헌신이 없으므로 자신의 결혼이나 이웃의 생명을 존중할 이유가 전혀 없다!

이런 관점은 명백히 잘못되었다. 정말 많은 비신자가 자신의 결혼과 이웃의 생명을 존중하며, 더 중요하게는 정말 많은 비기독교 문화가 그렇게 해야 한다고 요구하기 때문이다. 그러한 결과를 초래한 신학적 약점은 창조를 고려하지 못한 잘못, 따라서 인간 본성이 자리해 있는, 하나님이 주신 사물의 질서라는 현실을 고려하지 못한 잘못에서 기인한다. 실로 인간은 이 질서를 거부하고 무시하며 경멸해 왔다. 그리스도인이 믿는 바에 의하면 인간 본성은 실례뿐 아니라 원형에서도 결함을 지니고 있으며, 따라서 우리가 인간이라는 사실 자체가 이 사물의 질서를 문제로 여기며 이를 거부하는 성향을 가지고 있음을 의미한다. 하지만 이 질서는 여전히 우리에게 맞서 유지되고 있으며 우리에 대한 구속력을 주장한다. 하나님을 가장 덜 경계할 때 인간은 자신의 자연적 질서가 영향력을 발휘하며 그의 자기 의지가 저항하는 방향으로 그를 이끌고 있음을 깨닫는다.

하나님이 만드신 사물의 질서가 **존재한다**. 이는 객관적이며 인류는 그 안에 자리 잡고 있다. 그러므로 기독교 윤리는 객관적 지시체를 지닌다. 이 질서를 따르는 인간의 삶을 다루기 때문이다. 그 질서 안에서 살아가라는 권고는 인류 전체에게 적용된다. 우리가 그 안에서 살 **수 있다**는 복된 소식이 인류 전체에 적용되기 때문이다. 따라서 원칙적으로 기독교의 도덕적 판단은 모든 사람에게 적용된다. 그 판단은 그리스도인이 받아들이기로 선택한 것도 아니며, 똑같이 의식적 판단에 따라 받아들이지 않기로 선택한 것도 아니다. 그것은 하나님이 주신 현실에 기초해 있다. 이런 주장 속에서 우리는 윤리학을

1. 복음과 기독교 윤리

형이상학과 밀접하게 연관된 것으로 다뤘던 플라톤(Plato), 아리스토텔레스, 스토아주의자들의 고전 윤리학과의 일치점을 발견할 수 있다. 우주가 **존재하는** 방식이 그 안에서 인간이 어떻게 행동**해야 하는지**를 결정한다. 그리고 그리스도인들은 어떻게 기독교의 영향을 전혀 받지 않은 사회와 문화 속에 참된 도덕 원리에 대한 인식이 존재할 수 있는지를 이해하는 데 아무런 문제가 없다. 그런 문화가 창조된 사물의 질서 안에서 서 있으며 다양한 방식으로 이 사실을 예증하리라고 기대할 수 있음을 그들은 알고 있기 때문이다.

윤리를 '인간 본성'과 연관지어 이해하는 것이 고전적 기독교 사상의 특징이었다. 예를 들어, 동방교회에 속했던 고백자 막시모스의 『퓌로스와의 논쟁』(*Disputation with Pyrrhus*, PG 91:309)에 실린 이 대화를 생각해 보라. "**퓌로스**: 그렇다면 무슨 말입니까? 덕이 자연적입니까? **막시모스**: 당연히 덕은 자연적입니다. **퓌로스**: 하지만 덕이 자연적이라면 왜 같은 본성을 공유하는 모든 사람 안에 똑같이 나타나지 않습니까? **막시모스**: 덕은 같은 본성을 공유하는 모든 사람 안에 똑같이 나타납니다. **퓌로스**: 하지만 왜 우리 사이에 이토록 큰 도덕적 불균등이 존재합니까? **막시모스**: 우리 모두가 자연적인 것을 행하는 것은 아니기 때문입니다. 만약 우리 모두가 인간적 기원에 따라 자연적인 것을 똑같이 행한다면, 우리 사이에 하나의 인간 본성뿐 아니라 '더' 허용하지도 않고 '덜' 허용하지도 않는 하나의 인간적 덕이 명백히 존재할 것입니다." 펠라기우스주의의 흔적을 감지하도록 훈련된 서방의 기독교 독자는 이런 이야기를 들으면 아우구스티누스(Augustine)가 펠라기우스(Pelagius)를 반박한 것처럼 대응하려는 마음이 들 수도 있다. "인간 본성의 구성에 관해서는 그것으로 충분하다! 우리의 관심사는 인간 본성의 회복이다!"[*De sanandis non de instituendis naturis agitur* (*De natura* *et gratia* 11.12)]. 그리고 막시모스는 죄가 무작위적인 개인의 결함 이상임을 암시하는 말을 전혀 하지 않으며, 따라서 펠라기우스주의적 해석의 여지를 남긴다는 것도 사실이다. 하지만 이런 약점 때문에 고유한 덕과 탁월성을 지닌 인간 본성이라는 실체를 강조하는 동방과 서방의 공통된 전통을 무시해서는 안 된다. 이 전통에 따르면 아담의 후손인 우리는 창조 때 주어진 이 본성을 제대로 구현하지 못하고 있으며, 따라서 이 본성이 우리를 심판한다. 아우구스티누스 자신도 계속해서 이러한 본성에 관해 이야기했으며, 그렇지 않았다면 이 본성의 회복에 관해 진지하게 생각할 수 없었을 것이다. "모든 불의한 사람은 그의 불의함에 관해서는 우리가 증오해야 할 대상이자 그의 인간성에 관해서는 우리가 사랑해야 할 대상이다. 우리의 증오를 받아 마땅한 그 사람 안의 잘못을 책망함으로써 우리는 그의 안에 있는, 우리의 사랑을 받아 마땅한 것, 즉 인간 본성 자체를 해방하고 그 안에 있는 모든 잘못을 바로잡을 수 있다"(*Contra Faustum* XIX.24). 물론 '인간 본성'에 관해 이렇게 말하는 것과 인간이 그 안에 자리 잡은 '창조된 질서'에 관해 지금까지처럼 말하는 것 사이에는 차이가 있다. 전자는 인간에 더 초점을 맞추며, 후자는 창조된 존재들의 우주에 더 초점을 맞춘다. 그러나 이 차이는 보기보다 크지 않다. 인간 본성이라는 개념은 사실 자연이라는 개념과 분리될 수 없기 때문이다. '인간 본성'이 그 안에서 자리 잡을 수 있으며 인간 본성을 둘러싼 '자연'(nature)이 없다면 '인간 본성'(human nature)은 '근원적 자유'처럼 일종의 심령술(ectoplasmic formula)을 통해서만 볼 수 있는 실체 없는 환영에 불과할 것이다.

이렇게 주장함으로써 우리는 알래스데어 매킨타이어(Alasdair MacIntyre)의 영향력 있는 책 『덕의 상실』(*After Virtue*, 문예출판사)의 핵심 논제에 맞선다. "만약 근대성에 맞서 도덕과 정치에 관한 전근대적 관점을 정당화하고자 한다면, 아리스토텔레스의 용어와 비슷한 용어로 정당화되거나 그렇지 않다면 전혀 정당화되지 않을 것이다"(p. 111). 우리는 [레오 스트라우스(Leo Strauss)를 비롯한 하이데거의 미국인 제자들 사이에서 공통적으로 나타나는 태도와 많은 것을 공유하는] 주의주의적 '근대성'에 대한 매킨타이어의 비판에 크게 공감하지만, 이런 식으로 선택지를 극단적으로 대립시키는 그의 태도는 고집스러우며 역사적으로 정당화될 수 없다. 매킨타이어는 스토아주의를 최선의 고전적 목적론 전통으로부터의 일탈이자 이상하게도 근대성을 예상하게 하는 사상으로만 이해할 수 있을 뿐이다. 그저 넌지시 말할 수 있을 뿐인 이유로 그는 "자연을 따르는 삶"[토 카타 퓌신 젠(to kata physin zēn)]이라는 관념을, 인간을 위한 선에 대한 목적론적 믿음을 보완하는 관념이 아니라 그런 믿음에 반대하는 주장이라고 생각한다(pp. 157-158). 기독교는 스토아-아리스토텔레스주의의 대안과 모호하게 연결되며, 어떤 때는 스토아적 율법 도덕의 '유대교적' 동맹자로(p. 159), 다른 때는 아리스토텔레스적 목적론의 동료 여행자로 간주된다. 후자의 역할에서 기독교의 유용성은 12세기부터 시작되었고 그 이전에는 그런 유용성이 존재하지 않았던 것처럼 보인다(pp. 159 이하).

이에 맞서 우리는 기독교 도덕 사상의 가장 초기 전통이 상대적으로 아리스토텔레스에게는 거의 빚지지 않았음에도 실재론적 틀 속에서 형성되었다고 주장해야 한다. 영향을 미친 고전 사상은 플라톤주의와 스토아주의였으며, 그중에서도 플라톤주의의 영향력이 더 컸다. 하지만 이런 원천에 진 빚의 중요성을 과대평가함으로써 명백한 사실, 즉 그 내용이 주로 성경 해석에서 유래했다는 사실을 무시하기가 쉽다. 그리고 성경은 기독교 도덕 사상에 일련의 적나라한 명령보다 훨씬 더 많은 것을 제공했다. 근대성은 유대교 토라가 일련의 적나라한 명령에 불과하다고 이해하며, 이 점에 관해서는 매킨타이어도 자유롭지 못하다. 이어지는 글에서 나는 아우구스티누스를 매우 자주 언급할 텐데, 이는 개인적 선호 때문이기도 하지만 도덕 사상의 이 참된 기독교 전통이 존재한다는 것을 강조하기 위함이기도 하다. 다른 한편으로 내가 중세 저자들을 인용하는 목적은 주로 **근대적** 사유의 근원을 추적하기 위해서일 것이다. [이는 **내가** 하이데거주의자들에게 진 빚이다. 그들은 항상 중세를 근대 정신이 흘러나온 분수령이라고 지적해 왔다. 예를 들어, 한스 요나스(Hans Jonas)의 *Philosophical Essays*, pp. 21-44에 실린 "Jewish and Christian Elements in Philosophy"를 보라.] 그러나 토마스 아퀴나스의 사상이 교부 전통의 연장이었으며, 부차적으로만 교부 전통의 아리스토텔레스주의적 수정이었고, 매우 부차적으로만 주의주의와 실재론의 전쟁 무대였다고 이해하는 것이 최선이라고 주장할 수 있다.

하지만 똑같이 강하게 주장해야 할 이 문제의 다른 측면이 존재한다. 인간의 타락에 관해 말할 때 우리는 창조된 질서에 대한 인간의 끈질긴 거부뿐만 아니라 창조된 질서의 지각에서의 불가피한 혼란도 지적한다. 이 때문에 우리는 '자연과 조화를 이루는 삶'을 위한 스토아주의의 처방을 어느 정도의 인식론적 신중함 없이 따를 수 없다. 몇몇 중요한 도덕 원리를 존중하는 태도로 우리에게 깊은 인상을 남기는 사회가 몇몇 다른 중요한 도덕 원리를 무시하는 태도로 우리를 경악하게 할 것이다. 창조된 질서에 대한 인간의 필수적 참여, 그 질서에 대한 인간의 반역적 불만족과 더불어 우리는 그 창조주에 대한 지식을 거부해 온 인간 정신에 그 질서가 불명료하고 모호하게 인식된다는 점도 고려해야 한다. 우리는 인간의 반역에도 불구하고 그것이 인간이 속한 자연 질서를 파괴하지는 못했다고 말한다. 하지만 이런 말은, 예수 그리스도의 부활을 통해 주어진 하나님의 계시에 기초하지 않고서는 신학적 권위를 가지고 할 수 없다. 우리는 이러저러한, 혹은 다른 문화적 명령이나 금지(예를 들어, 근친상간이나 인종 차별 금지)

가 하나님이 창조하신 질서를 충실히 반영한다고 말한다. 그러나 이런 말 역시 우리가 그리스도 안에서 우리에게 주어진 그 질서에 대한 계시 안에서 우리의 자리를 찾음으로써만 알 수 있다. 회의론자나 상대주의자들이 우리에게 올바르게 일깨워 주듯, 무엇이 자연이며 무엇이 관습인지는 자명하지 않다. 근친상간 금지가 또 하나의 원시적 미신이 아니라고 어떻게 확신할 수 있는가? 반투족과 코카서스인이 똑같이 한 인류에 속하며, 따라서 그들 사이의 문화적·생물학적 차이가 도덕과는 무관하다고 우리는 어떻게 대담하게 주장할 수 있는가? 그 내용이 모두에게 알려져 있다는 의미에서 '자연적'인 윤리를 주창하는 **인식론적** 기획은 엄청나게 높은 장벽에 직면하고 만다. 하지만 그렇다고 해서 '자연의 윤리'를 위한 **존재론적** 근거가 존재하지 않으며 도덕적 삶에 상응하는 객관적 질서가 존재하지 않는다고 결론 내려서는 안 된다. 하나님이 만드신 질서에 관해 우리가 가질 수 있는 모든 확실성은 하나님 자신과 그분이 하시는 일에 대한 하나님의 직접 계시에 의존한다고 결론 내릴 수 있을 뿐이다.

창조와 구속에는 각각 존재론적 양상과 인식론적 양상이 존재한다. 창조된 질서가 존재하며 자연적 지식이 존재한다. 새 창조가 존재하며 그리스도 안에 주어진 계시가 존재한다. 이는 많은 근대 신학 안에서 존재론적인 것과 인식론적인 것을 혼동하는 태도를 부추겼으며, 그 결과 계시되었으며 존재론적 근거가 없는 윤리와, 창조에 기초해 있고 따라서 자연적으로 알 수 있는 윤리 사이에서 하나를 고르라는, 용납할 수 없을 정도로 양극화된 선택이 우리에게 끊임없이 제시된다. 이런 양극화는 구속과 계시로부터 창조된 질서에 대한 하나님의 확증이라는 그 합당한 신학적 의미를 박탈한다. 그와 달리 만약 하나님이 만드신 세상의 안정성과 영속성을 우리가 확신할 수 있게 하는 것이 바로 부활의 복음이라면, 양극화된 선택지 중 어느 쪽도 옳지 않다. 우리는 계시의 영역에서, 그리고 오직 그 영역에서만 자연 질서의 참모습을 볼 수 있으며 자연을 따르는 윤리에 이르지 못하게 하는 인식론적 장벽을 극복할 수 있다고 결론 내릴 것이다. 이 자연은 모든 인간을 포함하며, 뒤에서 보게 되듯 그 역시 인간에게 부여된 창조된 자질의 일부인 특정한 '자연적 지식'을 배제하지 않는다. 하지만 우리는 오직 그리스도 안에서 우리가 그 안에 서 있는 그 질서를 파악할 수 있고, 우리에게 주어진 그 질서에 대한 지식을 포착할 수 있다.

우리가 불만을 제기하는 거짓 양극화를 보여 주는 가장 최근의 사례는 '신앙-윤리'(*Glaubensethik*) 지지자들과, 선의를 지닌 모든 인간이 동의할 수 있는 자율적 도덕을 주창하는 이들 사이에 벌어진 로마 가톨릭 내의 논쟁이다. [유익하지 못한 이런 의견 차이에 관한 유익한 설명으로는 J. V. 맥나마라(MacNamara)의 *Faith and Ethics*를 보라.] 한편에는 기독교적 독특성을 강조하면서 보편적 인간 본성에 존재하는 근원을 인정하지 않고, 따라서 그 토대에서 암묵적으로 주의주의적인 윤리가 있다. 다른 한편에는 계시에 담긴 권위 있는 관점을 받아들이기를 거부하기 때문에 우리 문화의 진부한 도덕에 어떠한 비판적 거리두기도 허용하지 않는 윤리가 있다. 신앙-윤리를 주창하는 가톨릭교인들이 기도, 순결, 공동체 권징과 같은 기독교적 에토스의 특징적 고유성으로부터 끌어낸 도덕적 독특성에 호소할 수 있는가? 자율주의를 주창하는 가톨릭교인들이 우리의 근대 문명이 선의를 지닌 사람들 사이의 유쾌한 합의가 아니라 가장 깊은 차원의 도덕적 의견 불일치에 의해 특징지어지고 있다는 것을 기꺼이 간과하려

하겠는가? 두 학파에서는 교황청이 (기독교 내의 다른 목소리와 더불어) 임신 중지—모든 인간이 공유하는 인간됨(*humanum*)의 의미 자체와 관계있는 문제—에 관한 서양의 자유주의적 문화에 정면으로 반대한다는 사실이 어떤 함의를 갖는지 진지하게 성찰해 보았는가?

나는 머지않아 로마 가톨릭의 윤리학자들이 교회의 관습과 집단 내 규칙으로 이뤄진 주의주의적 신앙-윤리와 계시에 대한 의무를 결여한 자율적 자연 윤리가 서로 경쟁하기는커녕 오히려 매우 편한 동료 사이임을 깨닫게 되리라고 생각한다. 이런 긴장이 적절히 '극복'되었을 때 공적 논쟁에 대한 로마 가톨릭의 기여는 이 문제에 관해 잉글랜드 국교회의 철학—즉, 잉글랜드 국교회가 이혼 법률의 개혁에 관한 교회의 문서인 *Putting Asunder* (1966)에서 표현한 원칙을 대체로 받아들여 왔다면—과 일치하게 될 것이다. 간단히 말해, 그 원칙은 이러하다. 세속 사회 전반이 관심을 기울이는 문제에 관한 공적 논쟁에 기여하고자 할 때, 교회는 자신이 예수 그리스도의 교회임을 잊어버려야 하며 모든 참가자에게 공통된 용어를 사용해 사회를 향해 발언해야 한다. 독특하게 기독교적인 자세를 취하려는 시도는 신자들 사이의 내적 권징을 추구할 때만 적용된다. 모티머 위원회(Mortimer Commission)에서 어떻게 이런 결론에 이르게 되었는지 살펴볼 필요가 있다. 진지하게 받아들인다면 이 결론은 교회의 예언자적 사역을 단번에 영원히 종식할 것이기 때문이다. 매우 적절하게도 이는 "너희 마음의 완악함 때문에" 주어진 모세의 이혼 율법에 대한 예수의 말씀에 기초한 세속법 신학으로부터 시작되었으며, 모세와 마찬가지로 의회가 여왕의 완악한 신민이 이혼하고 재혼하는 것을 허용하는 게 적절하다고 결론 내렸다. "비록 불가능하겠지만 오늘날 기독교 소수파가 스스로 만족하는 결혼법을 국가에 강요할 능력을 가지고 있다면, 그런 능력을 사용하는 것은 사회에 파괴적일 뿐 아니라 분명 불의할 것이다"(14). 여기까지는 좋다. 하지만 이것은 계시에 담긴 **신학적** 전제에 근거한, 법에 관한 **신학적** 결론이다. 기독교 교회는 이혼법이 기독교의 결혼 윤리와 일치하는 이혼법을 원하지 않을 독특하게 기독교적인 이유를 가지고 있다. 그러나 이 위원회는 이러한 신학적 논증을 다른 신학적 논증과 혼동했다. 위원회는 "완악한 마음"에 **입법자들 사이에 존재하는** "양심에 따른 불신"이 포함된다고 생각했다. 그리스도인은 "선의를 지닌 모든 사람이 분명히 알고 있는 자연법의 명령과 다른 이들에게는 명확하지 않지만 자신에게는 명확해 보이는 명령"을 구별해야 한다(13). 그들은 또한 "입법자들이 형이상학에 회의적이며, 법률이 사람들의 다양한 종교나 철학과 무관하게 동의할 수 있는 것만을 다룬다고 생각해 왔다"고 지적한다(15). 그들은 교회도 양심에 따라 법을 이런 식으로 이해할 수 있는지 묻지 않는다. 자명한 도덕적 진리와 그리스도인들만 알고 있는 도덕적 진리의 구별이 진리 자체에 들어 있는 실재적 구별에 상응하는지, 변하는 형태의 도덕적 맹목성이 드리운 그림자에 불과한 것인지 묻지 않는다. 이런 세속적 관점에 귀를 기울이기 위해 그런 관점에 맞춰 스스로 적응하겠다고 제안할 뿐이다. "그리스도인들이…이혼법을 최대한 공정하게 만들기 위해…세속적 인본주의자들과 협력하는 것은…옳다. 가정상 (*ex hypothesi*) 국가의 결혼법은 예수의 가르침을 법률 용어로 번역하려는 게 아니며…분명히 그 법의 판단 기준은 교회법과 교회의 목회적 권징이 아니다. 교회가 국가에 제공할 수 있는 조언은 그리스도인들만 받아들이는 교리가 아니라 국가 전반에서 광범위하게 인정받는 전제에 기초해야 한다"(17). 위원회가 두 주장을 혼동한 것은 이 인용문의 세 번째 문장이 두 번째 문장의 논리적 귀결이 되지 못하기 때문인 것처럼 보인다. 이혼법이 결혼에 관한 예수의 가르침을 단순히 번역한 것일 수 없다고 해서 이 주제에 관한 교회의 모든 논의가 비신학적 전제에 기초해야 하는 것은 아니다. 누구든 이 점을 의심한다면, 이 문제가 군비 축소와 억지력에는 어떻게 적용될 수 있는지 생각해 보라. 예수께서는 우리에게 악으로 악을 갚지 말고 다른 쪽 뺨도 돌려 대라고 가르치셨다. 하지만 악한 세상에는 정의를 위한 제도와 징벌이 필요하며, 우리는 단순히 예수의 가르침을 국제 정책으로 변환할 수 없다. 여기서 모든 전제는 신학적이며, 이 주제에 관한 모든 기독교적 논의에서 마땅한 자리를 가질 것이다. 하지만 우리나라 국민 대다수가 국제 정의에는 관심이 없고 자국의 이익에만 관심이 있음을 우리가 알게 되었다고 생각해 보라. 그렇다면 우리는 그리스도인들이 하는 모든 주장이 오직 국가의 이익에 근거해야 하며 다른 나라의 이익을 돌보아야 할 나라의 의무 같은 난해한 신학적 가르침을 피하려 할 것이라고 결론 내려도 되는가? 이 두 번째 주장은 수사적 효율성을 위한 매우 냉소적인 충고일 뿐이라고 이해할 수 있다. 즉, 사람들이 교회의 말에 귀 기울이기를 원한다면 듣는 이들이 환영할 만한 말만 하라는 것이다! 그렇게 한다면 우리는 그런 정책이 틀림없이 초래할 도덕적 재앙을 막아 줄 자연법 교리에 결코 호소할 수 없을 것이다.

성령과 그리스도인의 자유

기독교 도덕의 복음적 성격은 죽은 자 가운데서 다시 살아나신 그리스도의 부활과 관련해서 드러난다. 하지만 이것은 성 바울을 직접적으로 따랐다면 우리가 가장 먼저 했어야 할 말을 덧붙일 때까지는 온전히 드러나지 않을 것이다. 부활로부터 우리는 확증된 창조된 질서를 돌아볼 뿐만 아니라 우리가 그 질서에 참여할 종말의 때를 기대하며 내다본다. 우리는 오순절에 받은 성령의 선물을 통해 그 최종적 향유를 지금 기대한다.

갈라디아서로 돌아가면, "율법"(3:2; 5:18), "육체"(3:3; 4:29; 5:16-26)에 맞서 "성

령"이 기독교 윤리의 참된 기초로 제시되고 있음을 알 수 있다. 앞서 살펴보았듯 율법은 주체, 즉 "육체"의 내재적 능력에 호소할 뿐이므로 부적합하며, 주체가 그 선한 질서에 참여할 수 있다는 복음을 전혀 제시하지 못한다. 비록 율법의 수여를 복된 소식으로, 하나님의 은총의 발현으로 보는 게 가능하더라도(그리고 바울은 거리낌 없이 그렇다고 인정한다, 2:21), 그것은 나와 별개로 객관의 영역에 확고히 남아 있는 복된 소식이다. 따라서 내가 당당하고 적극적으로 율법을 대하든 절망적 자세로 부담감을 가지고 대하든 나는 "율법 아래" 있다. 이는 사람을 바리새주의에 빠지게 할 수도 있고 그렇지 않을 수도 있는 그저 우연적인 거짓 동기가 아니다. 하나님의 행위, 심지어 하나님의 은혜로운 행위에 대해서도 자신이 가진 자원만을 활용해 반응하는 모든 사람에게 적용되는 불가피한 사실이다. 인간과 자연적 도덕 질서의 거짓 관계는 무지의 문제일 뿐 아니라 무능의 문제이기도 하기 때문이다. "이와 같이 우리도 어렸을 때에 이 세상의 초등학문 아래에 있어서 종노릇하였더니"(4:3). 여기서 "초등학문"[스토이케이아(*stoicheia*)]을 가리켜 시내산에서 천사의 손을 통해 주어진 율법이라고 말하지만(3:19-25), 동시에 그것은 이교도였던 갈라디아인들이 종노릇했던 "본질상 하나님이 아닌 자들"이기도 하다!(4:8-9) 어떻게 바울은 이토록 과감하게 구약 신앙의 계시된 도덕과 이교의 미신적 우상숭배를 연결할 수 있었는가? 창조의 질서는 순수한 형태든 불순한 형태든 우리에게 위협으로 다가올 뿐이기 때문이다. 창조의 질서는 반역하는 인간을 그 질서 자체와 화해시킬 수 없고, 인간의 혼란스러운 이성을 위해 질서 자체를 해석해 줄 수도 없다. 따라서 창조의 질서는 폭군 같고 임의적이며 때로는 노골적으로 오해를 야기하는 특징을 갖는다. 인간은 하나님의 능력으로 하나님께 응답할 때만 "율법 아래에 있지 않으며", 따라서 그것을 이룰 수 있다(5:14, 18). 그렇기에 바울은 기독교 윤리를 하나님의 일하심, 즉 "성령의 열매"라고 규정한다(5:22-24).

따로 떼어 놓고 보면 그리스도의 부활은 윤리와 두 단계나 떨어져 있는 것처럼 보일 수도 있다. 첫째, 그것은 아직 완성되지 않은 세계-구속의 약속일 뿐 성취가 아니다. 원칙상 갱신되고 확증된 질서는 여전히 그 보편적 현현을 기다리고 있다. 둘째, 그것은 '세계-질서'와 '인류'의 문제이며, 따라서 이를 도덕과 무관한(non-moral) 방식으로 바라보기가 너무나도 쉽다. 신학적 진술 속에서 너무나도 거대해 보이는 이 '인류'만큼이나 나를 닮지 않은 것이 있겠는가? 비록 내가 이 '인류'의 일부이기는 하지만 나에게는 이 '인류'가 나 자신과 동떨어져 보인다. 그리고 내가 나 자신을 이 인류의 일부로 볼 때도 나는 나 자신을 객체화하고 그렇게 하기 위해 '나 자신'을 나 자신이 아닌 무언가로 만든다. 하지만 구원은 그저 나 자신과 상관없이 사물들의 갱신된 질서라는 객관적 실체가 아니다. 구원은 그 실체에 대한 나의 '지식'도 아니다. 만약 이 지식을 그 대상과의 소외된 분리로 한정한다면 말이다. 오순절의 선물은, 내가 도덕적 행위자가 되고, '나'로서 행동하고 선택하고 나 자신을 표현하는 시점에 우주의 갱신이 나를 만진다는 것을 의미한다. 그것은 세상의 구속을 통해 나와 다른 모든 '내'가 나 자신을 하나님의 질서에 복종시키고 자유롭게 그 안에서 내 자리를 차지함을 의미한다. 객관적 양태에서 주관적 양태로의 전환이 일어난다. 그리고 신자의 '자유'에 관한 언급으로 특징지어지는 이런 전환 속에서 종말론적으로 고대하는 세계-구속은 이미 나타난 실체에 대한 기대가 된다.

첫째로 우리는 이러한 그리스도인의 자유를 전통적 용어로 설명하면서 우리가 하나님의 행위라는 도전에 응답하지 못하게 막는 심리적 장벽이 제거된 것에 관해 이야기할 수 있다. 고전적 종교개혁의 용어에 따르면, 이는 '의지의 노예 상태'로부터의 해방이다. 신약 성경에서, 특히 성 바울의 글에서 복음이 순종하지 못하는 상태로부터 주체를 해방한다는 이유로 율법과 대조되는 것을 확인할 수 있다(예를 들어, 롬 8:3). 율법의 요구는 주체의 무능을 강화할 뿐이다(롬 7:7-13). 하나님의 명령 앞에서 인간의 의지는 맥없이 마비되고 말았다. 하지만 성령께서는 내주하시는 하나님의 능력이며, 우리 안에서 하나님의 선한 목적과 일치하는 의지와 행동을 불러일으키신다(빌 2:13). 인간에게는 도덕적 행위자로서 하나님이 그를 위해 행하신 일에 반응할 수 있는 자유가 주어진다. 따라서 하나님의 개입은 그의 자유 의지의 범위를 결코 축소하지 않으며, 적어도 그 의지가 감당할 수 있다고 느끼는 편리하게 축소된 요구가 아니라 하나님의 창조된 질서의 실재적 도전을 정면으로 마주해야 하는 한 이를 위한 전제 조건이 된다. "너희에게 소원을 두고 행하게 하시는" 하나님의 능력 안에서만 우리는 "너희 구원을 이루라"라는 명령에 응답할 수 있다.

하지만 이런 전통적 설명은 참되기는 해도 불충분하다. 구원의 주관적 양상과 객관적 양상을 통합하지 못하며, 그 결과 마치 예수 그리스도께서도 모세만큼이나 우리의 자유에 기여하는 일은 하지 못하셨던 것처럼 보일 수 있다. 차이는 성령께서 모세가 아니라 예수의 발자취를 따라 순종을 실제적 제안으로 만드신다는 것뿐이다. 성 바울은 갈라디아인들에게 이제 성령의 능력으로 그들이 구약의 할례와 음식법이 주는 부담감에 압도되지 않고 이를 지킬 수 있게 되었다고 말하지 않았다. 성 바울은 이방인 그리스도인들이 성령의 능력으로 "우리 조상과 우리도 능히 메지 못하던" 멍에를 완벽히 감당할 수 있게 되었다고 결론 내리지도 않았다(행 15:10). 그들이 그럴 수 있었다면 그들의 복음은 성령만의 복음이었을 것이다. 몬타누스주의자들 이래로 계속 이어진 부흥 운동들이 비기독론적으로 성령의 내적인 도덕적 능력을 강조함으로써 가장 무시무시한 율법주의로 귀결되고 말았으리라고 보는 것은 완벽히 논리적이다. 성령께서 우리에게 예수 그리스도의 능력이나 자유가 아닌 어떤 능력이나 자유를 주신다고 말하자마자 우리는 똑같은 길을 걷게 될 것이다. 이런 오해를 극복하기 위해 우리는 성령에 의해 **우리의** 주체성 안에서 실현된 자유가 예수께서 먼저 **그분의** 주체성 안에서—우리의 관점에서는 '객관적'으로—성취하신 것과 동일한 자유임을 보여 주어야 한다. 주체적 자유라는 선물 자체가 이미 우리가 그리스도 안에 존재함(being-in-Christ)의 한 양상이며, 그것의 전제 조건이나 결과에 그치지 않는다. 성령께서 우리에게 이 자유를 주시기 전에 그것은 그리스도의 자유다. 둘째로, 따라서 우리는 그리스도인의 자유를 창조된 질서 안에서 그리스도의 권위에 참여하는 것이라고 특징지어야 한다. 성 바울에 따르면 우리는 이 권위 덕분에 더 이상 종이 아니라 아들이다. 이는 우리가 전에는 할 수 없었던 것을 이제는 할 수 있을 뿐 아니라 전에는 우리에게 허용되지 않았던 것을 이제는 해도 된다는 것을 의미한다. 그리스도께서 "인자는 안식일에도 주인이니라"라고 말씀하셨을 때, 혹은 그분이 "모든 음식물이 깨끗하다"라고 선언하셨을 때 그분이 어떤 종류의 권위를 행하셨는지 사도들은 매우 잘 이해했다(막 2:28; 7:19).

따라서 기독교 윤리는 주체의 도덕적 능력뿐 아니라 그 내용에 의해서도 옛 언약의 율법에 대한 순종과 구별된다. 신자는 그리스도께서 친히 역사 안에서 실현하신 권위에 동참하기 때문이다. 성 바울이 갈라디아인들에게 말하듯, 모세 율법의 금지 명령을 통해 인류의 유아기 내내 인류를 인도했던 초등교사(*paidagogos*)는 이제 은퇴했다. 그리스도께서 오심으로써 인간은 성인 자녀가 되었고, 이로써 자연적 질서와 다른 관계를 맺게 되었다. 더 이상 굴종하지 않고 겸손하면서도 당당하게 명령할 수 있게 되었다(갈 3:23-4:7). 창조된 질서가 바뀌었거나 하나님이 만드신 것이 아닌 다른 어떤 것이 되었다는 말이 아니라 그리스도 안에서 인간이 최초로 그 질서 안에서 적합한 지위, 즉 하나님이 아담에게 부여하신 지배하는 지위를 차지할 수 있게 되었다는 말이다. 따라서 성령께서 주신 그리스도인의 자유 덕분에 인간은 도덕에 창조적으로 반응할 수 있게 되었다. 그는 단순히 이미 자신을 위해 만들어진 특정한 명칭을 고수하는 게 아니라 자신이 마주하는 실체의 특징을 명명할 권위를 지닌다. 도덕적 행위자로서 인간은 도덕 질서에 비추어 어떤 상황의 본질이 무엇이며 그 상황이 무엇을 요구하는지 판단하는 일에 참여한다. 역사 안의 도덕적 행위자로서 인간은 **새로운** 상황을 해석하여 그 의미를 가늠하고 자신의 판단에 따라 그 의미를 선포해야 한다. 이런 종류의 권위는 하나님의 권위에 대한 도전이 아니다. 이는 자연적 질서 안에서 아담의 통치권(lordship), 그 권위에 의해 그가 사물의 이름을 지어 불렀던 통치권의 회복이다(창 2:19). '율법' 아래서 그는 이름이 무엇인지 들었고, 율법 자체에 관해서든 그것이 다루는 상황에 관해서든 더 깊이 이해할 가능성이 그에게 허락되지 않았다. 이제는 성령에 의해 창조적 분별의 가능성, "그리스도의 마음"이 주어졌다(고전 2:16).

하지만 자유를 이렇게 특징짓는 것 역시 그 자체로만 남겨 둔다면 부적절하다. 사실, 위험할 정도로 오해를 야기한다. 성령께서 인간에게 그런 권위를 부여하시면서 인간이 마주하는 나머지 자연 질서로부터 권위를 철회하셨으며 인간이 그것을 원하는 대로 만들어 가도록 내버려두셨다는 의미로 받아들여질 수 있기 때문이다. 이것은 '상황 윤리'라는 이름으로, 혹은 그것이 무엇이든 다른 명칭을 내세우며 규칙 없는 기독교 도덕을 주창하는 이들의 관심사다. 그들은 도덕적 삶의 창조성이 확증되어야 한다고 주장한다. 하지만 이런 식으로 이해한 창조적 자유는 단순한 즉흥성, 압제로 변질된 지배가 되고 만다. 인간이 그 안에서 존재하며 다스리는 질서에 대한 존중이 인간의 권위에 동반되지 않을 때 그 즉시 이러한 타락이 뒤따른다. 우주에 대해 눈을 닫은 채 어떻게 창조성이 제대로 작동할 수 있겠는가? 인간은 실재를 자신이 원하는 대로 어떤 모양이든 강요할 수 있는 미분화된 원재료로서 마주하지 않는다. 인간의 자유가 종류적(generic) 규칙에 의해 질서 잡힌다는 것을 받아들이기를 거부하면서 '규범 없는' 윤리는 사실상 인간이 마주하는 세상의 질서 잡힌 실재에 인간의 자유를 적용하기를 거부해 왔으며, 우주가 여전히 공허하며 '…이 있으라'라는 인간의 목소리—물론 우리는 그 후에 무엇이 뒤따를지를 전혀 알 수 없다!—를 기다리고 있다고 가정하기를 선호해 왔다. 그런 창조성은 분명히 인간적인 사랑의 창조성이 아니다. 오직 하나님만이 절대적인 무질서에 질서를 부여하심으로써 사랑을 표현하시며, 단 한 번만 그렇게 하시는 것에 만족하셨다.

이런 파괴적인 생각의 흐름의 배후에서 기독교의 아가페(*agapē*)를 신적인 것에 대한 모방, 사실상 무로부터의 창조(*creatio ex nihilo*)라는 전체주의적 활동으로 특징지었던 안데르스 니그렌(Anders Nygren)의 유명한 주장이 지닌 영향력을 감지할 수 있다. "아가페는 그 대상 안에 가치를 창조한다"[*Agape and Eros*,

p. 210. 『아가페와 에로스』(CH북스)]. 그러나 아가페는 하나님의 창조성과 무관하게 그 자신의 창조성을 발휘할 수 없다. 하나님의 창조성이 아가페의 창조성보다 선행했고, 우주가 따르는 질서를 우주에 부여했다. 다르게 상상한다면 이는 '육체'로의 회귀의 새로운 형태가 될 것이며, 이는 해방이 아니라 구속일 뿐이다. 자율적 고립이라는 족쇄는 그것이 자유의 도구가 되리라는 그릇된 확신에서 만들어졌기 때문이다.

따라서 우리는 성령께서 **객관적 실재에 대한 자유로운 반응의 적절한 본보기**를 만들어 내고 표현하신다고 말함으로써 그리스도인의 자유에 대한 우리의 설명을 마무리해야 한다. 성 바울은 이런 반응을 '사랑'이라는 일반적 용어로 명명한다(갈 5:6). 할례를 요구하는 율법주의와, 그와 똑같이 사람을 구속하는 즉 무할례로 할례에 반대하는 율법주의 거부, 둘 모두 "사랑으로써 역사하는 믿음"에 의해 극복된다(갈 5:6). 사랑은 기독교 윤리의 전반적 형태, 창조된 질서에 인간이 참여하는 형식이다. 사랑은 그 자체가 그 대상 안에서 발견하는 질서와 조화를 이루도록 질서 잡혀 있으며 그렇게 형성되었다. 그리고 이렇게 사랑의 질서를 잡는 것이 실질적인 기독교 윤리가 추적해야 할 책무다. 다시 한번 성령께서 가능하게 하시는 사랑은 그리스도의 인성 안에서 역사적으로 실현된 것과 같은 사랑이라고 덧붙일 필요가 있다. 그것은 그리스도의 주 되심(Lordship) 안에 있는 사랑의 표지였고, 따라서 그분은 주어진 사물의 질서를 전복하신 것이 아니라 오히려 사물의 질서가 굴복하고 만 "허무"로부터 그 질서를 구해 내셨다(롬 8:20-21). 이로써 그분의 구속적 사랑이 아담의 창조적 책무, 즉 사물을 그것들의 적절한 이름으로 불러야 할 책무를 성취했다. 자연에 대한 그분의 권위와 자연의 참된 본질을 구원하고자 하시는 그분의 관심은 분리될 수 없도록 함께 묶여 있다. 그렇기에 성령께서 인간에게 그리스도의 권위를 공유하게 하실 때, 인간은 사랑 없이, 즉 일반적으로 창조된 질서에 대한 사랑과 그 질서 안에서 다양한 문제적 관계 안에 자리 잡고 있는 특수한 존재, 인간과 인간이 아닌 존재에 대한 사랑 없이 그분의 권위를 공유할 수 없다. 사랑은 기독교 윤리를 특징짓고자 하는 몇몇 시도에서 기독교 윤리에 부여하는 지배와 조작이라는 특징을 지니지 않는다. 사랑은 예리한 지각을 통해 그 창조성을 획득한다. 사랑은 오직 그 존재**에 대한** 이해에 기초해 모든 존재**를 위해** 일하고자 한다. 따라서 사랑에 대한 고전적 기독교의 설명에서는 이 의미를 해설하는 두 개의 다른 용어를 자주 사용한다. 첫째는 '지혜'로, 각 존재가 서로와 어떤 관계를 맺고 있는지 드러내는 사물의 질서에 대한 지적 이해를 말한다. 둘째는 '기쁨'으로, 무언가에 대해 그저 그것의 **본질**과 그것이 **존재**한다는 사실 때문에 그것에 정서적 관심을 기울이는 것을 말한다. 그런 사랑은 우리 안에 있는 하나님 임재의 열매이며, 성부 하나님이 만들고 생각하셨던 모든 것을 소중히 여기고 보호하시는 그리스도 안에 있는 하나님의 인성과 우리를 연합시킨다.

    이 책의 목적은 기독교 도덕 사상의 형태를 신학적으로 묘사하고, 그것이 기독교 복음에 대한 반응이며 그 자체가 기독교 복음의 필수 요소임을 보여 주는 것이다. 그 과정에서 우리는 서론에 해당하는 이번 장에서 우리가 따라갔던 길을 더 천천히 거슬러 가 볼 것이다. 1부에서 우리는 복음 안에 선포된 객관적 실재, 그리스도의 죽음과 부활 안에서 성취된 구원에 관해 논할 것이다. 그리고 이 핵심적인 복음적 준거점으로부터 거기서 확증된 바 즉 창조의 질서를 뒤돌아볼 것이며, 거기서 기대되는 바 즉 하나님의 나라를 내다볼 것이다(2, 3장). 그런 다음 우리는 이런 선포에 기초한 윤리 안에 내포된 도덕적 인식론에 관해 성찰할 것이다(4장). 2부에서 우리의 관심은 복음 안에 선포된 주관적 실재, 즉 신자와 교회 안에 계시는 성령의 임재로 전환될 것이다. 여기서 우리는 먼저 도덕적 자유의 의미를(5장), 그다음에는 그와 상보 관계에 있는 권위라는 관념을 더 자세히 논할 것이다. 불행히도 이때 우리는 성령께서 증언하시는 그리스도의 도덕적 권위에 관해 명시적으로 이야기하기에 앞서 일반적 차원에서 권위라는 개념을 설명하지 않을 수 없을 것이다(6, 7장). 2부는 기독교 공동체 내에서의 자유와 권위의 변증법에 관한 간략한 논의로 마무리할 것이다(8장). 3부에서 우리는 이번 장의 마지막 부분에서 소개한 주제, 즉 그리스도인의 도덕적 삶의 형식으로서의 사랑을 더 자세히 논할 것이다. 1, 2부를 특징짓는 사고의 연역적 움직임과 대조적으로 3부에서 우리는 '아래에서' 위로 움직일 것이다. 도덕적 규칙에 표현된 실재에 대한 파편화되고 분화된 도덕적 반응에서 시작해 개인의 수많은 도덕적 선택을 통합하지만 여전히 분화되어 있는 도덕적 성품이라는 관념으로 나아간다(9, 10장). 그로부터 우리는 도덕적 성품의 다양성에 통일성을 부여하는 요소, 즉 사랑이 하나님 및 인간과 맺는 근본적 관계로 나아간다(11장). 그리고 종말론을 다루는 마지막 장에서 우리는 하나님의 심판과 칭의에 관해 이야기한다. 하나님의 심판과 칭의는 모든 도덕을 강조하지만, 동시에 하나님의 용서라는 빛으로 도덕의 오만함을 상대화한다(12장).

1부 객관적 실재

2 • 창조된 질서

사도들은 그리스도의 부활을 선포할 때 그리스도 안에서 인류의 부활도 선포했다. 또한 인류의 부활을 선포할 때 그들은 그분과 함께하는 모든 피조물의 갱신을 선포했다. 인류와 분리된 그리스도의 부활은 복음의 메시지가 아닐 것이다. 피조물과 무관한 인류의 부활은 일종의 복음일 수는 있겠지만, 사도들이 실제로 선포한 복음이 아닌 순전히 영지주의적인 복음, 세상을 부인하는 복음일 것이다. 따라서 그리스도의 부활은 우리의 관심을 부활이 확증하는 창조로 다시 향하게 한다. 그러나 우리는 '창조'를 단순히 우리가 아는 세계를 구성하는 원재료로 이해해서는 안 되고 그 **안에서** 세계가 구성되는 질서와 통일성(coherence)으로 이해해야 한다. 피조물이 미분화된 에너지일 뿐이라면 피조물의 부활에 관해 이야기하는 것은 무의미할 것이다. 그런 선포는 하나님이 만드신 것이 지속되고 번영할 것임을 우리가 확신할 수 있게 할 때만 의의가 있다. 그리스도의 부활 안에서 확증된 것은 창조된 에너지 자체가 아니라 창조된 에너지가 창조주의 손에 의해 배치되는 질서다.

물론 '창조된' 이 세계에 관해 이야기한다는 것 자체가 이미 하나의 질서에 관해 이야기하는 것이라고 말해야 옳다. 우리는 사도신경에서 "천지"라는 구절로 창조된 질서를 요약하려고 하기 전에 먼저 "나는 창조주 하나님을 믿습니다"라고 말하며, 이로써 세계가 질서 잡힌 총체임을 천명한다. 창조주가 존재한다는 사실 덕분에 그 창조주를 향해 질서 잡힌 창조, 즉 오직 그분의 창조로서 존재하며, 따라서 그 실존에 의해 하나님을 가리키는 세계가 존재한다. 하지만 창조는 이렇게 수직적으로 질서 잡혀 있기 때문에 동시에 [그것이 나뉘지 않는 단자(monad)가 아니라고 가정하면] 그것을 이루는 부분들 사이에는 내적이며 수평적인 질서가 존재한다. 그것은 창조주와 대비되어 '피조물'이라는 총체를 형성한다. 그리고 그 안에 피조물들의 다원성이 존재한다면, 이 피조물들은 그들 실존의 공유된 결정 요인, 즉 서로가 서로에게 동료 피조물로서 존재한다는 것에 의해 지배된다.

창조된 질서의 이 두 근본적 지향성으로부터 우리는 '목적'(end)으로서의 질서와 '종류'(kind)로서의 질서라는 개념, '목적론적'(teleological) 질서와 '종류적'(generic) 질서라는 개념을 형성한다. (만약 하나님의 존재 자체가 금지하는 무언가를 상상하는 것이 우리에게 허용된다면) 절대적 무질서란 완전히 무관한 실체들의 다원성일 것이며, 그 결과 그 실체들이 함께 존재하는 '세계'도 없을 것이며, 그 실체들을 함께 묶어 생각할 수 있게 해 주는 관계도 존재하지 않을 것이다. 무언가가 존재할 것이고, 또 다른 무언가가 존재하겠지만, 이것들은 서로 연결되지 않은 우주들일 것이다. 목적과 종류라는 질서의 두 층위에서 우리는 다른 것들이 함께 존재할 수 있으며 그것들을 함께 묶어 생각할 수 있게 하는 두 관계를 식별할 수 있다. 그것들은 하나로부터 다른 하나를 **지향**하는 관계를 맺을 수도 있다. A는 B를 '섬기도록 질서 잡혀' 있으며, (일단 목적론적 관계를 표현하는 플라톤주의의 형식을 사용하자면) B는 A의 '목적'이다. 혹은 각각이 서로를 향해 **상호성**의 관계를 맺을 수도 있다. A는 B와 '비슷하며' B는 A와 '비슷한' 어떤 양상이 존재하며, 그 결과 이 둘은 하나의 '종'(kind)을 이루는 구성원으로서 서로 나란히 서 있다. 이런 관계들은 아직 시간 안에서의 연장을 전제하지 않는다. 예를 들면, 원인과 결과의 관계처럼 일어난 일 사이의 관계가 아직은 아니다. 이런 관계들은 마치 궤도에 가만히 멈춰 서 있는 것처럼 세상에 속해 있으며, 창조라는 사실 자체 안에 주어져 있다. 이 두 쌍둥이 개념이 없다면 우리는 '우주'에 관해 생각할 수 없다. 어떤 A와 어떤 B가 목적론적으로 연결되어 있지도 않고 종류에 따라 연결되어 있지도 않다면, 연결되지 않은 두 우주가 존재할 것이며, 이는 곧 어떤 우주도 존재하지 않는 것과 다름없다.

우리는 '타 판타'(*ta panta*), 즉 우주 전체에 관해 말할 수 있다. 우주 안에 존재하는 위계적 등급의 다원성, 하늘과 땅, 영적 실재와 물질적 실재의 구별은 통제받고 있다. 모든 본성의 공동체가 폭발하여 파편화되도록 내버려두지 않는다. 따라서 성 바울은 골로새서 1:15-20에서 거대하며 우주적인 기독론을 제시하면서 '쉬네스테켄'(*Synestēken*), 즉 "함께 섰느니라"라고 말한다. 두 동사와 세 전치사구는 이 우주의 구조와 통일성을 표현한다. 두 동사는 "창조되었고"와 "화목하게 되기를"이다. 우주의 통일성은 그것이 창조된 우주이며 그 후에는 창조의 질서 안으로 회복되어 화목하게 되었다는 사실에 의존한다. 창조와 화해는 근본적인 우주적 사건이며 우주 역사의 틀이다. 그리고 여기에 첫 번째 전치사구 '디 아우투'(*di' autou*), 즉 "그로 말미암아"가 덧붙는다. 우리는 하나님의 아들의 사랑 안에서 속량을 누리며, 이 사랑**에 의해** 이 우주적 사건, 즉 만물의 창조와 화해가 일어난다. 두 사건 모두? 그래서 사도적 교회는 의심할 나위 없이 둘째 사건으로부터 첫째 사건을 뒤돌아보면서, 첫째 사건이 둘째 사건을 위해 필수적이었다고 망설임 없이 주장했다. 따라서 "그로 말미암아"라는 구절은 인과적이며 시간적인 순서를 표현하며, 이 순서 때문에 우주적 질서는 단순한 개념이 아니라 일어난 일이 된다. 이 사건은 "그의 십자가의 피로", 그리고 그분이 "죽은 자들 가운데서 먼저 나신 이"가 되심으로써 일어났다. 그러나 성자는 우주적 질서의 **시간적** 실현을 이루시는 데 그치지 않았다. 질서 자체가 '엔 아우토'(*en autō*) 그리고 '에이스 아우톤'(*eis auton*), 즉 "그 안에" 그리고 "그를 위하여" 함께 서 있다. "그를 위하여"라는 구절은 창조의 목적론적 질서를 표현한다. 이 질서는 그 목적인 "그분을 위하여" 존재한다. 하지만 20절에서 이 구절은 분명 성부를 가리키는 반면, 16절에서는 똑같이 분명 성자를 가리킨다. 하나님은 모든 창조의 목적이다. 하지만 "보이지 아니하는 하나님의 형상"인 성자 역시 모든 창조의 목적이다. 반면에 "그 안에"라는 구절은 성부를 가리키지 않는다. 성자에 관해서만 "만물이 그 안에 함께 섰느니라"라고 말할 수 있다. 이 구절은 성자가 성부의 형상으로서뿐 아니라 피조물(creature)로서 창조(creation)와 동일시하심을 암시하기 때문이다. 그렇다면 그분은 다른 피조물 가운데 있는 하나의 피조물에 불과한가? 물론 그렇지 않다. 구원자로서, 창조의 목적인 보이지 않는 하나님의 가시적 임재로서 그분은 피조물로서도 "가장 높으신 분", [따라서 다른 모든 '아르카이'(*archai*, 개역개정에서 "통치자들"로 번역됨―옮긴이)를 평등하게 만드는, 16절] '아르케'(*archē*), 교회 안에서 모습을 갖추는 갱신된 창조의 "머리", "먼저 나신 이"다. 이 표현들은 창조 **안에서** 그분의 수위성을 나타낸다. 창조 안에도 '에이스 아우톤'이라는 목적론적 질서, 즉 만물로 하여금 그 머리이며 우두머리인 분을 지향하게 하는 질서가 존재하기 때문이다. 그리고 이 "그를 위하여"는 다른 "그를 위하여", "그 안에"가 동반되지 않는 "그를 위하여", 즉 모든 창조가 하나님을 지향하게 하는 질서에 의존한다. 그러나 이 "그를 위하여"는 "그 안에"와 연결되어 있다. "그 안에"가 수위성을 암시하는 한, 그것은 대표의 수위성, 유사성에 근거한 수위성이다. 그분은 피조물로서 창조와 나란히 서 계시는 한 창조의 머리다. 죽은 자 가운데서 먼저 나신 이인 그분은 창조를 죽음으로부터 생명에 이르는 길로 이끄시며, 창조는 그 머리인 그분과 함께일 때만 이 길을 걸을 수 있다.

종류적 동등성에 의해 제한되지 않는 유일하게 순수한 목적론적 관계는 피조물과 그 창조주의 관계다. 그 관계에서만 함께 질서 잡힘(ordering-alongside)의 요소가 전혀 없는, 무언가를 향해 질서 잡힘(ordering-to)이 존재한다. 그러나 창조된 질서 안에는 목적론적 관계와 종류적 관계의 복잡한 관계망이 존재한다. 피조물로서 종류적 동등성을 갖는 피조물들은 목적론적으로 서로를 향해 질서 잡힐 수 있다. 채소와 인간은 모두 피조물이지만, 채소는 영양분 때문에 음식으로서 인간을 향해 질서 잡혀 있다. 바위와 채소는 모두 피조물이지만, 바위는 채소가 자랄 수 있는 토양을 제공하는 토대로서 채소를 향해 질서 잡혀 있다. 반면에 어떤 형태의 종류적 동등성은 그 안에서 어떠한 자연적인 목적론적 질서도 허용하지 않는다. 기독교는 인간이 서로와 맺는 관계를 언제나 이런 관점에서 바라보았으며, 인간 사이에 자연적 위계질서가 있다는 주장, 예를 들어 지배 인종을 섬기도록 창조된 노예 인종이나 (비록 불행히도 모호함이 없지는 않았지만) 남성을 섬기도록 창조된 여성이라는 관념을 거부해 왔다. 그러나 두 존재 사이에 목적론적 질서가 없다고 해서 두 존재가 인류를 연합시킬 정도로 강력한 종류적 동등성 속에서 관계를 맺고 있는 것은 아니다. 몇몇 창조된 존재 사이에는 그것이 함께 질서 잡히는 것이든 무언가를 향해 질서 잡히는 것이든 어떤 의미 있는 질서에도 포함되지 않은, 단순히 우연적인 관계가 존재한다. 예를 들어, 불과 물고기 사이에는 어떤 방향으로든 아무런 목적론적 질서도 없으며, 이 둘은 공통된 종에 속한 구성원도 아니다. 그러나 둘 모두가 피조물이라는 사실에 기인하는, 느슨한 종류적 유대가 여전히 존재하며, 둘이 다른 존재들과 맺는 관계에 의해 종류적 질서와 목적론적 질서라는 그물망 안에 묶여 들어가 있다.

바위와 채소, 물고기와 불 같은 물질적 실체뿐 아니라 실재의 다른 범주도 종과 목적에 의해 질서 잡혀 있다. 작용(operations)은 그 나름의 종의 관계와 목적론적 관계를 지니며, 그렇기 때문에 이 주제가 윤리학자들에게 중요하다. 말은 진리를 향해 질서 잡혀 있으며, 결혼은 정결을 향해 질서 잡혀 있다. 하지만 작용에 관해 생각할 때, 종류(kind)를 위계적으로 분류하는, 즉 종(species) 안의 하위 종(sub-species)과 유(genus) 안의 종으로 분류하는 아리스토텔레스 전통은 좋지 않은 길잡이다. 도덕에서 개별자가 하나 이상의 무관한 종에 속하며 유사성을 지닌 여러 다른 집단 안에서 동시에 질서 잡혀 있다는 것은 예외라기보다는 규칙이다. 이것은 훌륭한 도덕적 사유에 '열려 있음'(open-textured)이라는 특징을 부여한다. 우리가 숙고하거나 성찰하는 상황에 의해 종류적 특징들의 어떤 조합이 드러나게 될지 우리는 결코 미리 알 수 없다. 이로 인해 아슬아슬한 도덕적 딜레마가 발생한다. 어떤 관점에서는 긍휼처럼 보이는 태도가 다른 관점에서는 불성실처럼 보인다. 정의를 표현하는 행동이 인간 생명에 대한 경멸을 암시하기도 한다. 종류에 대한 논의를 지배하는 경우가 많은 분류법의 범례가 도덕에서는 종류적 관계가 뜻하는 바에 대한 고도로 단순화되고 정형화된 표현에 불과한 것일 수도 있다.

논의를 계속 진행하기 전에 이 중요한 개념들에 대한 추가 해명이 필요하다. 전통적으로 목적론적 질서를 제시하는 두 가지 방법이 존재해 왔다. 플라톤적 공식은 A가 B를 섬기도록 질서 잡혀 있다는 것이다. 식물은 동물을 섬기도록 질서 잡혀 있고, 동물은 이성적 존재를 섬기도록 질서 잡혀 있으며, 이성은 신적 진리를 섬기도록 질서 잡혀 있다. 각 존재의 목적에 관한 물음은 존재론적 위계에서 다른 어떤 존재가 그것을 초월하는지에 관한 물음이기도 하다. 이와 대조적으로 아리스토텔레스적 공식에서는 초월에 관한 물음을 전혀 제기하지 않으면서도 각 존재의 목적에 관해 이야기할 수 있다. A는 A로서 번성하도록 질서 잡혀 있다. 식물은 울창하게 자라도록, 동물은 힘차고 활력 있게 움직이도록, 합리적 존재는 생각하도록 질서 잡혀 있다. 아리스토텔레스적 관념의 장점은, 우리가 목적론적 질서를 순수하게 **자연적인** 질서로 생각할 수 있게 해 준다는 것이다. 즉, 창조된 세계 안의 질서에 관해 이야기할 때 창조된 세계 외부에 무엇이 존재하는지는 물을 필요가 없다. 플라톤이 인간 정신은 신적 진리를 섬기도록 질서 잡혀 있다고 말할 때, 그는 우주론이 신학과 구원론을 포함하는 것을 분명히 허용한다. 이것은 창조주와 피조물을 분리하는 단단한 모서리를 서서히 파괴하고, 우주론에 지나치게 단순화된 피라미드 모양을 강요하는 위험을 감수한다. 아리스토텔레스의 영향을 받은 스콜라주의 기독교에서는 인간의 '자연적' 목적과 '초자연적' 목적을 예리하게 구별함으로써 이런 위험을 피하려고 노력했다. 하지만 그렇게 하면서도 플라톤적 관념 안에서 참된 것을 보호하고자 했다. 한 종 안에서의 번영과 실패가 무엇인지를 결정할 더 광범위한 질서에 대해 암묵적으로 말하지 않고서는 그 종의 번영에 관해 말할 수 없다. 도토리는 참나무가 됨으로써 번영한다. 하지만 왜 도토리가 참나무가 되는 것이 돼지 여물이 되는 것보다 더 성공적이라고 보아야 하는가? 모든 종 사이의 궁극적 경쟁에 기초한 순전히 무정부적인 대답과 단지 도토리만이 아니라 참나무가 존재하는 것이 **다른** 존재들에게 더 가치 있다고 지적하는 대답 사이에서 우리는 선택해야 한다. 따라서 인간의 번영에 관해 말할 때 우리는 그 안에서 인간 번영의 내용이 결정되는 더 광범위한 질서에 관한 물음을 제기한다. 그리고 여기에서 그 대답이 '초자연적 목적', 즉 자연 안에 있는 종류와 목적의 관계망 바깥에 있는 준거점, 자연 전체가 섬기도록 질서 잡혀 있으며 자연적 질서의 번영이란 무엇인지를 결정하는 준거점을 가리킬 가능성이 대두된다.

도덕에 관해 생각하려는 모든 시도는 그 과정 초기에 우리가 세상 안에서 식별하는 것처럼 보이는 이런 질서의 형태에 관해 명시적 혹은 암묵적 결정을 내려야 한다. 이런 형태가 존재하는지 존재하지 않는지 결정해야 한다. 도덕철학의 기획 전체의 성격을 규정할 이 결정은 기독교 사상만큼이나 세속 사상에도 영향을 미친다. 세속적 인간도 다른 모든 사람과 똑같이 도덕의 증거를 알아볼 수 있다. 그는 식물이 음식으로서 동물의 삶을 섬기도록 질서 잡혀 있음을 알 수 있으며, 인간들이 서로와 더불어 종류적 동등성을 지니고 있음을 알 수 있다. 따라서 세속적 인간이 사상가가 된다면 그 역시 똑같은 결정을 내려야 한다. 한편으로 그는 이런 질서의 관계를 보편적 세계-질서, 즉 인간 역시 그 일부를 이루는 하나의 전체를 형성하는 상호 관계 연결망의 일부로 해석할 수 있다. 그렇게 한다면 그는 세속적 인간임에도 신학의 장에 발을 들이는 셈이며, 우주적 질서가 그 안에 존재하는 정신 및 이성과 어떤 관계를 맺고 있다고 이해하는지를 대단히 주의 깊게 설명해야 할 것이다. 다른 한편으로 그가 '형이상학'의 주장을 거부하면서 질서의 객관성을 전적으로 거부할 수도 있다. 그는 질서를 '지각'할 수 있다는 즉각적이며 비판 이전의 전제를 거부하고, 그 대신 질서는 관찰하는 정신 안에 존재하는 질서 잡으려는 의지(will-to-order)에 의해 경험의 원재료에 '부과'되었다고 주장할 것이다. 도덕철학에서 이는 모든 인간이 다른 모든 인간과 동등한 존재라는 신념 같은 우리의 모든 도덕적 신념은 전혀 '신념'(beliefs)이 아니며, 실재와 대응한다고 주장할 수 없는 '다짐'(commitment)에 불과함을 뜻한다. 도덕적 신념이란 의지가 질서 잡히지 않은 세계라는 빈 화면 위에 정신의 경향성을 투사하는 방식일 뿐이다.

한편에는 신학적 함의를 갖는 전통적인 관념론이라는 옛길이 있으며, 이 길은 우리를 유신론과 범신론의 고전적 논쟁으로 이끈다. 다른 한편에는 영어권의 경험주의라는 새롭고 익숙한 길이 있으며, 이 길은 여행자가 활기 넘치고 결연하다면 우주 안의 모든 질서 잡힌 관계를 상실하는 것으로 귀결된다. 흄(Hume)이 회의주의를 통해 인과의 집합체와 귀납적 추론을 해체했던 것은 반형이상학적 선택이라는 경향성을 표상한다. 하지만 이런 대안을 극복했다는 헤겔 관념론의 주장은 어떠한가? 헤겔(Hegel)에 의한 인식론의 존재론화를 통해, 종류와 목적이라는 우리의 범주가 비록 인간 정신 안에 자리 잡고 있음에도 세계사적 총체에 기여하기 때문에 실재적이라고 말할 수 있는 방법을 갖게 된 것인가? 아니다. 이러한 역사주의적 개관에 의해 이런 범주에 부여된 실재는 우리가 판별해 낸다고 생각했던 종류와 목적인 실재가 아니라 **다른** 무언가인 실재다. 한 개념의 실재가 그에 관한 생각의 역사라는 교리에 사로잡힐 때 종류는 더 이상 종류가 아니라 세계 지성사의 특수한 단계가 되고 만다. 목적은 더 이상 응답의 자유를 유도하며 허용하는 이미 주어진, 무언가를 향한 질서 잡힘이 아니라, 역사적 필연성이라는 불가항력적 추력의 발현이다. 따라서 사실상 헤겔의 관념론 역시 질서의 원칙을 폐기한다. 다만 세계사적 관점을 유지하는 한 이런 폐기가 즉각적으로 분명해지지는 않는다. 이런 원칙들이 지적 사건으로 변환되었을 때 이런 사건은 영속성이라는 환영을 만들어 낼 만큼 충분히 규모가 큰 사건이기 때문이다. 일단 영국 관념론의 보수적 경향성을 따라 세계사적인 것을 개별 사상의 역사로 변환해 보라. 그러면 그 운동의 실증주의적 가능성이 즉각 분명해질 것이다. 반세기 전에 모두를 놀라게 했던 영어권 철학의 실증주의 혁명은, 흄의 사상이 버클리(Berkeley) 사상의 변형이었던 것과 마찬가지로 헤겔 관념론 전통의 변형이었다.

기독교 신자에게는 이런 결정을 주저할 이유가 거의 있을 수 없는 것처럼 보일 수도 있다. 우리가 본다고 생각하는 질서, 혹은 그와 비슷한 것이 세상 속에 실제로 존재해야만 '복음적' 윤리가 있을 수 있기 때문이다. 그래야만 영지주의적 복음이 아니라 기독교 복음이 존재할 수 있다. 우리를 위한 하나님의 행동에 적절히 응답하기를 촉구하는 기독교 신앙의 역학에서는 인간의 반응을 하나님의 행동에 적절히 일치시킬 수 있다고 전제한다. 하나님의 주도적 행동과 인간의 순종이 독립적이지 않지만 구별되는 두 움직임이며 두 움직임 모두가 자유롭다고 전제한다. 즉, 한편으로 자유로운 인간의 반응은 하나님 행동의 필연성에 의해 압도되지 않고, 다른 한편으로 하나님의 행동은 인간의 결정을 실행하는 것으로 환원되지 않는다. 도덕적 사실과 도덕적 반응은 둘이다. 신적 행위자와 인간 행위자 모두 실재를 지니며, 둘 모두에게 자유가 있다. 다만 인간의 실재 및 자유가 신적인 실재 및 자유와 존재론적으로 동등하지는 않으며, 처음부터 끝까지 신적인 실재 및 자유에 의존한다. 따라서 창조주이며 구속주인 하나님이 우주 안에 세워 놓으신 질서에 관해 말할 때 우리는 그저 우리가 그 안에서 보는 것에 질서를 부과할 수 있는 우리 자신의 능력에 관해 말하는 게 아니다. 물론 우리는 우리가 보는 것에 질서를 부과할 수 있으며 부과한다. 우리는 자유로운 행위자이며 우리가 직면하는 세계를 창의적으로 해석할 수 있기 때문이다. 하지만 우리의 질서 잡기는 그 자유를 위한 조건을 제공하는 하나님의 질서 잡기에 의존한다. 주의를 기울이거나 무시하면서, 일치하거나 불일치하면서, 순종하거나 반역하면서 반응할 수 있는 주어진 질서가 존재하기 때문에 우리의 질서 잡기가 자유롭다.

성 바실레이오스(Saint Basil)는 두 종류의 질서, 즉 '자연적'[퓌시케(*physikē*)] 질서와 '숙고적'[카트 에피테데우신(*kat' epitēdeusin*)] 혹은 '인위적'[테크니케(*technikē*)] 질서를 구별했다. 전자는 "창조 원리에 따라 확립된 피조물들의 질서이며", 후자는 "인공물, 과학, 사회적 관습, 목록 등에 존재하는 질서"다. 아리우스주의자 에우노미오스(Eunomius the Arian)는 "질서란 그것을 부과한 이의 명령에 따른 것"이기 때문에 신성 안에 있는 질서에 관해 말하기를 거부했다. 하지만 이런 주장은 "우리의 성향에 기인하지 않고 사물의 자연적 순서와 일치하는 질서의 형태가 존재한다는 사실을 그가 깨닫지 못했거나 의도적으로 은폐해 왔음"을 보여 준다(*Adversus Eunomium* I.20). 아우구스티누스는 이에 영감을 받아 같은 식으로 생각했을지도 모른다. 그는 자연의 질서(ordo naturae)와 "각자가 그 쓸모에 따라 사물을 평가하는 또 다른 방식"(alius pro suo cuiusque usu asestimationis modus)을 대조했다. 자유롭게 판단할 수 있는 상황에서 필요나 욕망과 분리되어 행동하는 "이성"은 "실재의 척도에 따라 각 사물의 본질"을 가늠할 수 있다. "필연성"은 "어떤 목적에 따라 어떤 수단을 채택해야 하는지"에 관해 생각한다(De civitate Dei XI.16). 아우구스티누스의 논의로부터 매우 분명히 떠오르는 바는 인간 성향의 질서가 자연 질서에 의해 필연적으로 요구되는 게 아니라 그것과 의문스러운, 심지어 모순되는 관계를 맺고 있을 수도 있다는 것이다. 인간은 초연한 판단의 자유가 주어졌을 때 이성이 관찰한 사태의 본질에 대해 행동으로 '그렇다' 혹은 '아니다'라고 자유롭게 말할 수 있다. 이런 관념은, 자연 질서라는 교리가 일반적으로는 역사적 우연성(contingency)과, 특별히 진화론과 양립 불가능하다는 진부한 반론으로 쉽게 무너지지 않을 것이다. 비현실적이라고 말하기도 어려운 공상과학 소설의 상황을 가정하여, 생물학 기술이 진화 과정을 '통제'하는 데 성공하여 인간의 생각이 전적으로 그리고 보편적으로 체외에서(in vitro) 관리되고, 임신은 인간 사이에서 구시대의 유물이 되며, 성적 결합은 정서를 굳게 다지는 것 외에 다른 어떤 목적에도 기여하지 않게 되었다고 상상해 보자. 이제 우리가 성적 사랑이 생식을 향해 '자연적으로 질서 잡혀 있다'고 말할 때, 우리는 인간의 인공물이 그런 것을 절대로 성취할 수 없다고 예상하면서 그렇게 말하는가? 아니다. 자연적 질서는 인간이 절대로 침범할 수 없는 난공불락의 장벽을 형성하지 않는다. 그런 침범이 이뤄질 수 있는 조건을 확립할 뿐이다. 비록 우리가 다른 경로를 통해 생식을 우회하는 데 성공할지라도 여전히 인간의 성적 사랑은 생식을 향해 질서 잡혀 있을 것이다. 이것은 인간이 아기 낳기를 거부할 때조차도, 심지어 인간이 그 장면 전체를 통과한 후에도 변함없는 질서의 원칙일 것이다. 그렇다고 해서 생식이 절대로 성적 사랑과 분리될 수 없다고 말할 자격이 우리에게 주어지는 것은 아니다. 만약 분리된다면 성적 사랑이 그 자연적 목적을 성취하는 데 실패하게 되리라고 말할 수 있을 뿐이다. 그 시대의 부모는 그들의 생물학적 생식 능력이 어떠하든, 구약성경에서 그토록 연민의 대상이 되었던 불임인 사람들에 속하게 될 것이다.

하지만 정합성을 갖춘 기독교를 지지하거나 반대하는 결정과 밀접하게 연관된, 인본주의를 지지하거나 반대하는 결정이 존재한다. '인류'라는 용어에 어떤 내용을 부여하고자 한다면, 우리가 인류를 하나의 종류로 이해하고, 인류의 목적과 다른 존재들의 목적이라는 관점에서의 더 광범위한 질서와 인류를 연결할 수 있는 맥락 안에서 그렇게 해야 하기 때문이다. 인본주의는 그런 맥락에 의존한다. 인본주의는 개혁파 교리문답에서 제시하는 강력한 답, 즉 "즉 인간의 제일 되는, 가장 높은 목적은 하나님께 영광을 돌리고 영원히 그분으로 말미암아 온전한 기쁨을 누리는 것이다"라는 답을 거부할 수 있다. 창조는 **분명** 우연적이며, 그 안에서의 인간의 위치는 인간의 '초자연적' 목적이 아니라 '자연적' 목적이라는 관점에서만 이해할 수 있기 때문이다. 하지만 인본주의가 "인간의 제일 되는, 가장 높은 목적이 무엇인가?"라는 **물음**을 거부하기는 불가능하다. 이 물음에 답하지 못한 인본주의는 이 인간 종을 존중하기 위한 근거를 상실했을(따라서 인류가 무의미한 자기 숭배에 몰두하게 만들었을) 뿐만 아니라 인류를 존재의 우연한 객체화나 '비극적 던져짐'으로서가 아니라 단일한 종으로 이해할 만한 이유 자체를 상실하고 말았기 때문이다.

시편 8편에서 지극히 시적이며 장엄하게 표현된 신학적 인간론에서는 인간이 인간에 의해 만들어지지 않은 질서 안에 자리 잡고 있으며 그 안에서 자신의 특권적 위치를 기쁘게 받아들이는 모습을 묘사한다. 그는 하나님이 손수 지으신 모든 작품 위에 자리 잡고 있으며 "하나님이 되기에는 아주 조금 모자라다." 하지만 통치자인 그의 위치는 창조주인 하나님의 지위와 구별된다. 인간이 그 머리가 되는 우주는 인간이 아니라 하나님을 그 창조주로 인정한다. 천상에서는 인간의 위엄이 아니라 하나님의 위엄을 찬양한다. 하나님을 자신의 주권자(자신이 섬기도록 질서 잡으심)로 인정하는 인간의 태도는 인간의 통치가 왕권 찬탈이 아니라 순종임을 보여 준다. (함께 질서 잡힌) 우주 안으로부터 이 하찮고 죽을 수밖에 없는 피조물은 하나님이 그를 '기억'하심으로 인해 우주 안에서 고귀한 역할을 성취하도록 부름받는다(번영하도록 질서 잡힘). 이런 그림은 나머지 창조된 질서가 **인간**을 섬김으로써 그것의 목적론적 성취 전부를 이룬다는 것을 결코 암시하지 않는다. 창조된 질서 역시 인간처럼 일차적으로 '초자연적인' 질서에 따라 하나님을 찬양하도록 질서 잡혀 있다. 하지만 인간이 그 통치자로서 번영하도록 질서 잡혀 있다는 것은 나머지 피조물이 그 자체의 질서를 성취하기 위한 필수 조건이다. 인간의 통치는 다른 존재들이 존재하도록, 그 자체로 존재하도록, 다른 존재들을 위한 존재가 되도록, 하나님을 위한 존재가 되도록 해방하는 통치다. 그리고 인간은 피조물 전체가 드려야 할 하나님 찬양을 명료하게 표현하는 합리적 언어를 사용함으로써 이런 통치를 행한다. 혼돈에 맞서는 보루는 "어린아이들과 젖먹이들의 입으로" 세워진다.

종류에 대한 공격: 하나님의 자유

하지만 도덕적 의무를 자연적인 종류적-목적론적 질서와 연결하는 것에 신학적으로 주저하는 목소리를 내는 사람들도 있다. 우리가 설명한 자연적 질서 안에서 목적과 종류는 상호의존적이며, 어떤 특수한 존재가 무언가를 향해 질서 잡혀 있다는 것은 한 종류에 속한 구성원으로서 그것이 함께 질서 잡혀 있다는 것의 기능이다. 자연적 목적은 종류에 따라 구별되며, 따라서 그 목적에 상응하는 도덕도 종류에 따라 구별될 것이다. 다시 말해, 그것의 판단은 사물과 상황의 종류에 관해, 한 종류의 사례로만 간주되는 개별자에 대해 이뤄질 것이다. 종류는 시간과 공간의 특수화하는 특징에 영향을 받지 않는다. 종류는 한 시간과 공간 안의 존재를 다른 시간과 공간 안의 존재들과 나란히 질서 잡히게 하며, 어떤 시간과 공간 안에서도 똑같이 잘 표상될 수 있는 존재들 사이의 유사성을 식별해 낸다. 따라서 도덕이 자연적 목적론과 결부되어 있으며 목적론이 종류적 질서와 결부되어 있다면, 도덕 역시 시공간의 특수화를 초월해야 한다. X라는 종류의 행동은 그것을 누가 언제 어디에서 행하든지 모든 시간이나 공간에서 선해야 한다. 물론 X라는 종류를 매우 세심하게 특정할 수 있다. 환경의 사소한 차이 때문에 X^1, X^2, X^3 등의 사이에 있는 도덕적 차이를 구별할 수도 있으며, 이 경우에는 매우 섬세한 구별이 필요할 것이다. 하지만 여전히 필수적 구별이 이뤄졌을 때 도덕적 판단은 개별자가 아니라 종류에 적용된다. 그리고 이것은 도덕이란 자유로우며 아무런 제약이 없는 하나님 의지의 명령이라는 기독교 신앙과 종의 도덕이 원칙적으로 화해할 수 없다고 생각하는 일부 기독교 사상가에게 큰 어려움을 야기한다. 그들이 보기에 종류적 도덕은 하나님의 의지를 그분이 더 이상 명령할 권한을 행사할 수 없는 영원하며 필연적인 구조에 묶어 놓는다. 반면에 기독교의 이해에 따르면 하나님은 자유로우며 그분의 행위는 필연적이지 않다(contingent). 즉, 자유로운 하나님이 하시는 일은 다르게 할 수도 있는 일이다. 하나님은 그 일을 행하셨던 대로 행하셔야 할 필요가 없었기 때문이다.

우선 반대자는 우리가 세계 **전체**를 필연적이지 않은 것으로 생각해야 한다고 강조한다. 하나님이 반드시 세상을 지금의 모습으로 창조하셔야 했다고 생각하는 것은 받아들일 수 없으며, 심지어 그분의 존재 자체에서 기인하는 필연성 때문에 그렇게 하셔야 했다고 생각하는 것도 받아들일 수 없다. 비유의 방식으로, 또한 주저하는 태도로 우리가 하나님의 사랑이 창조를 통해 표현되어야 했다고 말한다고 하더라도, 거기서 더 나아가 하나님의 사랑이 다른 어떤 세상이 아니라 바로 이 세상을 창조해야 했다고 말하자마자 우리는 사실상 '창조'는 창조가 아니라 유출(emanation), 즉 하나님 존재의 내적 법칙의 반영이며, 그 법칙의 필연성을 공유하고, 따라서 어떤 의미에서 그 법칙의 신성을 공유한다고 말하는 셈이다. 이미 우리는 범신론을 향해 첫걸음을 내디뎠고 창조 교리의 모서리를 무디게 만들었다. 하지만 이 적절한 신학적 염려가, 창조된 질서에 대한 목적론적 이해와 종류적 이해 안에서 완전히 수용되지 않아야 할 이유는 없다. 종류가 시공간적 특수성으로부터 독립적이지 않다고 말할 때 종류가 하나님이 지니신 영원한 초월성을 가지고 있다고 생각할 필요는 없다. 종류는 시공간적 우주로부터 독립적이지 않다. '창조 이전'에 그것들이 존재했다고 주장하지 않는다. 종류는 그저 시공간적 우주 안에서 질서 잡는 원리로서의 역할 덕분에 **특수한** 시공간적 결정으로부터 독립적이다. 종류는 특수자가 아니라 보편자다. 물론 우리가 알다시피 보편자에 관한 플라톤적 사상 전통 안에는 보편자를 신적인 것으로 간주하는 경향이 존재한다. 이런 경향성은 보편자에 신적 생각이라는 지위를 부여했고, 따라서 우주의 질서와 신적 지성 사이에 종류적 등가성이 존재한다고 보는 일부 기독교 해석에 반영되었다. 하지만 종류에 관한 이런 형태의 교리를 거부할 때 아예 종류를 거부해야 하는 것은 아니다. 창조와 창조주의 관계가 목적론적이고 결코 종류적이지 않다는 우리의 주장은 피조물의 절대적 우연성과 창조주의 자유를 적절히 보호해 왔다.

개신교 사상가들은, 종교개혁 이전의 기독교 사상에서는 하나님의 자유를 제대로 존중하지 못했다고 주장하는 특징이 있다. 다음과 같이 불평한 T. F. 토런스(Torrance)를 전형적 예로 들 수 있다. "하나님은 고난 받으실 수 없으며 변함이 없다는 사상, 창조된 모든 것이 하나님의 영원한 앎과 의지의 대상으로만 존재하고, 따라서 피조물의 실존은 하나님의 영원성에 직접 기초해 있다는 사상이 중세 성기의(high mediaeval) 신학 안에 확고히 자리 잡고 있었다." 또한 중세 신학이 세상을 하나님의 유출로 생각하는 입장을 피하기는 했지만, "가장 저등한 존재와 가장 고등한 존재 모두를 아우르는 존재의 위계라는 (수정된) 관념을 여전히 고수했다. 이런 관념은 창조주와 피조물의 성경적 구별을 심각할 정도로 희미하게 만들었으며 이로써 불행한 모호성이 신론 안에 자리 잡게 되었다"(*Theological Science*, p. 59). 이렇게 온건하게 표현된 판단을 두고 우리는 논쟁을 벌일 필요가 없다. 의심할 나위 없이 중세 신학은 우리의 신학만큼이나 모호성을 띠기 쉬웠으며, 의심할 나위 없이 존재의 유비(*analogia entis*) 교리는 창조주와 피조물의 구별을 모호하게 만드는 위험한 오해를 불러일으킬 가능성이 있다. 하지만 중세 성기 신학을 이런 식으로 묘사한다면, 둔스 스코투스(Duns Scotus)와 오컴의 윌리엄(William of Ockham)의 중세 후기 주의주의뿐 아니라 페트루스 롬바르두스(Peter Lombard)에게서 시작된 스콜라주의 전통 전체를 특징지었던, 하나님의 자유를 놀라울 정도로 강조하는 태도를 제대로 평가하지 못하게 될 것이다. 롬바르두스는 하나님의 전능하심이 그분의 이성에 의해 제한된다는 아우구스티누스의 논제를 단호히 거부한다. 세상은 하나님의 이성이 아니라 그분의 의지에 의해 제한된다. 그리고 하나님의 의지는 그 무엇에 의해서도 제한되지 않는다. *Potest aliud velle quam vult*. 즉, "그분의 의지는 그것이 아닌 다른 무엇일 수 없다." *potuit*(can)가 아니라 *potest*(could)라는 단어를 사용함에 주목하라! 하나님은 그저 이 세상이 아닌 다른 세상을 만들고자 **하셨을 수**도 있을 뿐 아니라(*could have* willed) **그러실 수** 있다!(*can* will) 하나님은 선하고 의로운 것이 아닌 무언가를 행하실 수 없으므로 그분이 실제로 행하시는 것이 아닌 다른 것을 행하실 수 없다고 주장함으로써 하나님의 능력을 제한하려는 사람들은, 하나님이 행하시는 모든 것이 선하고 의로울 것임을 이해하지 못하고 있다. 선하고 의롭지 않은 많은 것은 단지 하나님이 그것을 뜻하시지 않았기 때문에 선하고 의롭지 않다(I d.42, 43).

보나벤투라(Bonaventure)는 하나님의 합리적 일관성을 유지하기 위해 롬바르두스의 주장 일부에 제한을 가하는 경향을 띠지만 그럼에도 이 입장의 주된 요지, 즉 하나님이 이 세상보다 더 나은 또 다른 세상을 만드실 수도 있다는 것을 기꺼이 지지한다. 그런 개선이 그저 우유의(accidental) 속성을 띠는 문제(예컨대 크기)가 아니라면 그것은 **이** 세상이 아닐 것이며, 하나님은 그런 세상을 만드실 수 있고 만드셨을 수도 있다. 하나님이 처음부터 가능한 최선의 상태로 무언가를 만드셨을 것이라는 주장, 즉 아우구스티누스가 실제로 믿었던 주장은 신속히 기각된다. 물론 모든 세상에는 한계가 존재하겠지만, 이는 창조 능력에 한계가 있음을 암시하지 않는다. **왜** 하나님이 더 나은 무언가를 행하시지 않았느냐고 묻는 것은 말이 안 된다. 유일한 답은 "그분이 그렇게 하고자 하셨기 때문이다"이기 때문이다(I d.44에 대한 주석). 그리고 성 토마스 아퀴나스는 세상이 영원할지도 모른다는 생각을 검토함으로써 토런스의 분노를 자아냈지만, 그럼에도 전적으로 같은 입장을 견지했다. 하나님은 비모순율의 논리에 제한받을 뿐 다른 어떤 것에도 제한받지 않는다. 우리는 절대로 하나님의 지혜가 사물이 지금과 같은 모습일 것을 '요구'한다고 말할 수 없다. 하나님의 지혜와 하나님의 능력은 하나이기 때문이다. 하나님이 하신 일은 무엇이든 하나님이 그것을 하셨다면 적절하고 정의로웠을(*conveniens et iustum*) 것이다. 하나님은 자신이 하지 않을 것이라고 미리 아셨으며 미리 정해 두신 일조차도 하실 수 있는 '절대적 능력'을 가지고 계신다. 이런 일들은 하나님이 하지 않겠다고 작정하셨기 때문에 이뤄질 수 없지만, 그렇다고 해서 하나님이 이런 일을 하실 수 없다는 뜻은 아니다[*Summa Theologiae* I.25.3, 5. 『신학대전』(바오로딸)]. 다시 말해, 전능은 행할 수도 있었던 바를 행할 수 능력이며, 실제 결정에 의해 배제되지 않는다. 하나님은 그분의 능력을 다른 방식이 아니라 어떤 한 방식으로 사용하심으로써 '자신을 구속하시지' 않는다. 따라서 우리는 토마스 아퀴나스가 하나님의 의지와 이성을 동일시한 것조차도 하나님의 전능하심에 대한 근본적으로 주의주의적인 이해에 기여할 수 있음을 알 수 있다.

하지만 하나님의 자유에 관한 신학적 반대자의 관심은 창조된 세계 전체의 우연성에 대한 관심에 국한되지 않는다. 하나님이 만드신 시공간적 우주 **안에서** 하나의 행위 주체로서 행동하고 명령하시는 하나님의 자유를 유지하려는 의도도 있다. 우리는 하나님이 이 세상에 관한 한 종류와 목적의 질서를 창조하실 때 그분의 성향을 단번에 영원히 만들어 두셨으며, 그분이 이 성향을 자유롭게 만드셨고, 언제든지 그분이 선택하시는 때에 이 세상과 다른 세상을 만드실 자유가 있다고 말하는 데서 만족할 수 없다. 그분이 이 세상 안에서 일단 주어진 종의 질서의 변함없는 명령을 단순히 되풀이해서 말하는 것 이상을 하실 수 있는 자유를 가지고 있다고도 주장해야 한다. 따라서 신학적 반대자는, 도덕이 역사 안에서 이뤄진 하나님의 행동(agency)에 대한 반응이어야 하며 역사와 별개로 존재하는 통일된 구조에만 의존해서는 안 된다고 계속해서 주장한다. 그러나 이렇게 말하자마자 그는 도덕이 지닌 종의 성격을 단호히 부인하는 것처럼 보인다. 역사 안에서 변화하는 모든 명령이나 원칙은 특수자, 즉 사상의 역사 안의 한 항목이 되기 때문이다. 그러므로 도덕이 역사 안에서 이뤄지는 하나님의 행동에 따라 변해야 한다는 주장은 도덕이 종에 따라 규정된다는 교리의 뿌리에 도끼를 들이댄다.

따라서 이 반론은 전통적으로 중세 후기 사상가 스코투스와 오컴까지 거슬러 올라간다고 간주되는 더 근원적인 주의주의를 지지한다. 나는 오컴과 더 오래된 중세 전통 사이에 더 큰 연속성이 존재했다고 보는 최근의 해석(예를 들어, H. Junghans, *Ockham im Lichte der Neueren Forschung*을 보라)이 지닌 장점을 판단하거나 이 점에 관해 그의 사상을 일관된 것으로 만들 수 있는지 여부를 논할 만한 위치에 있지 않다. 하지만 일단 자연법을 하나님의 의지와, 그리고 순종을 인간의 의지와 배타적으로 연결하는 결정적 발걸음을 내딛고 나면 자연적 질서조차 (스코투스가 롬바르두스의 마흔네 번째 구별에 관해 논의하면서 제시한 용어를 사용하자면 – *Ordinatio* I d.44) 하나님의 "법"(statute)의 문제가 되고 만다는 것은 분명해 보인다. 오컴에게 자연법과 모순되는 행동이 지닌 결함(deformity)은 그런 행동이 "하나님의 계율(precept)"에 대한 "상황적" 반대에 기인하는 것처럼 보였다(II *Comm. in Sent.* q.15). 일단 이런 입장에 도달하면, 오컴이 아마도 추상적 가능성일 뿐이라고 보았던, 구원의 역사가 펼쳐지는 과정에서 신적 계율의 변화가 실제로 일어났다고 결론 내리는 것은 시간문제일 뿐이다. 하나님의 절대적 능력(*potentia absoluta*)과 규정된 능력(*potentia ordinaria*)의 구별이 그분이 이 세계 질서 외부에서 일하시는 것과 그 안에서 일하시는 것의 구별에 상응한다고 오컴이 계속해서 주장한다면 이는 신학적 보수주의에 불과하다. 도덕적 의무가 순전히 의지에 대한 의지의 관계, 계율에 대한 순종일 뿐이라는 주장에 의해 세계 질서와 규정된 능력의 압도적 성향 사이의 논리적 결합이 끊어지고 말았다.

어떤 신학도 기독교적이라는 주장을 상실하지 않고서는 무시할 수 없는 요소가 이 입장 안에 존재함을 처음부터 분명히 밝혀 두자. 첫째, 기독교는 하나님의 섭리가 '자의적으로'(arbitrarily) 행동하시리라고 기대하는 섭리관을 고수한다. 우리는 이런 용어를 당혹스러워해서는 안 된다. 이 용어는 하나님이 선택(*arbitrium*, '의지'로 번역하기도 함—옮긴이), 즉 하나님이 다른 것이 아니라 무언가를 행하셔야 할 이유가 없는 문제에 관해 결정하실 수 있는 권리를 행사하신다는 뜻일 뿐이다. 예를 들어, 특정한 때에 누군가가 죽거나 다른 누군가가 태어나야 한다는 결정을 생각해 볼 수 있다. 이런 결정은 우리가 하나님께 그에 대한 정당화를 요구할 수 있는 결정이 아니다. '그것은 공평하지 않다'라고 말하는 것은 무의미하다. 그리고 이는 하나님이 공평한 행동의 규범으로부터 자신을 거칠게 면제하시기 때문이 아니라 그런 규범이 이런 사건의 본질을 판단하는 데 부적합하기 때문이다. 둘째, 기독교에서는 개인에 대한 부르심에서 이런 신적 자유의 특수한 행사를 인정해야 한다고 주장한다. 하나님의 결정이 자의적일 때만 특수한 개인에 대한 특수한 요구가 그 결정에 포함될 수 있다. 인류 전체를 대상으로 말씀하셔야 한다는 제한을 받지 않으실 때만 그분은 독특하게 나에게만 적용되는 방식으로 나를 부르실 수 있다. 하나님께 이렇게 할 자유가 없다면, 한 개인의 전기와 다른 개인의 전기 사이의 차이는 순전히 우연의 문제에 불과해지고 말 것이다. 그러나 부르심이라는 기독교 교리에서는 특수한 부르심을 하나님이 주시는 개인적 선물로 이해하라고 가르친다. 물론 부르심은 하나님이 개인들을 대하시는 방식의 한 양상일 뿐이다. 선택, 은총, 회심 모두가 하나님이 특수한 방식으로 명령하실 수 있는 권리, 보편화가 불가능한 방식으로 개인에게 말씀하실 수 있는 권리에 의존한다.

셋째, 기독교에서는 역사가 인류의 구원이 이루어지는 무대로서 중요한 의미를 갖는다고 주장한다. '구속사'는 변화와 혁신을 의미한다. 그것은 하나님이 '새로운 일'을 하실 수 있음을 의미한다. 따라서 우리는 모든 시대에 적용되는 신적 행동의 통일된 경향성이 존재한다고 전제해서는 안 된다. 그리스도의 오심 이전과 이후의 하나님의 자기 현시에는 차이가 존재한다는 것이 기독교 신앙의 핵심이기 때문이다. 하나님이 족장들에게 하신 명령들의 도덕성에 관해 교부들은 그토록 당혹스러워했지만 그런 어려움조차도 한쪽으로 제쳐 둘 수 있는 것처럼 보인다. 구속사가 하나님이 우리 시대에 우리에게 그분 자신을 알리시는 방식과 다른 방식으로 아브라함 시대에 아브라함에게 그분 자신을 알리셨음을 뜻하지 않는다면 구속사는 아무것도 뜻하지 않을 것이다. 하지만 바로 이 예에서 이런 사고방식의 문제점을 확인할 수 있다. 정말로 도덕이 특수한 개인을 위한 하나님의 특수한 명령에 전적으로 의존한다면, 처음부터 그 누구도 족장들에게 주어진 명령에 어려움이 있다고 생각하지 않았을 것이다. 하지만 구약성경을 섬세하게 읽는 모든 사람이 그런 어려움을 감지한다. 구속사라는 개념에 도움을 받더라도 족장들의 도덕에 문제가 있다는 느낌을 완전히 지울 수는 없으며, 하나님이 도덕적으로 양보하는 방식으로, 따라서 문제가 있는 방식으로 고대인들을 대하셔야 했던 이유를 이해할 수 있는 하나의 방법을 얻을 수 있을 뿐이다. 우리는 아브라함이 하갈을 첩으로 삼았던 것이 지금 우리가 축첩을 비판하는 것과 같은 정도로 옳았다고 보지 않는다. 우리가 이 문제에 관해 도덕적 판단을 할 수 있다면, 우리가 믿는 바는 역사에 비춰 볼 때 아브라함이 첩을 둔 것을 용인할 수 있다는 것이다. 하지만 이것이 바로 종류적 도덕 기준을 옹호하는 태도다. '용인한다'는 것은 어떤 환경으로 인해 우리의 상황과 아브라함의 상황이 달라지는지를 더 정확히 명시하는 것과 다름없기 때문이며, 아브라함과 우리가 도덕적 판단의 동일한 장 안에 들어갈 수 없다면 이런 구별은 무의미하다.

그뿐만 아니라 개인에 대한 부르심의 가능성을 아무리 강하게 주장해도 우리는 일반적으로 부르심과 도덕적 의무를 혼동하지 않는다. 물론 우리가 부르심을 따라야 한다는 도덕적 의무가 존재한다. 하지만 이것은 특수한 의무가 아니라 **종류적** 의무다! 내가 그것을 행하도록 '부름받았다'고 생각하는 행동에 대해 그 행동이 '도덕적 의무'가 된다고 말하는 것은 그릇된 일일 것이다. 예를 들어, 내가 토론토에서 사는 것은 도덕적 의무가 아니다. 내 생애 어느 시점에 그곳에서 살도록 하나님이 나를 부르셨을 수도 있으며, 물론 나는 하나님의 부르심에 순종할 의무가 있다. 그때 그것이 내 소명이었다는 사실 때문에 그것은 우연히 나에게 의무가 되었다. 하지만 그것은 그 자체로 의무가 아니었으며 지금도 의무가 아니다. 하지만 내가 토론토에서 살아야 했던 것과 똑같은 방식으로 단지 그렇게 하도록 부름받았다는 이유로―'그것이 내가 받은 부르심이다. 다른 사람에 관해서는 뭐라고 말할 수 없다!'―이웃을 사랑해야 한다고 생각하는 사람은 정언적인 도덕적 의무가 무엇인지 전혀 알지 못한다고 볼 수밖에 없다. 도덕이란 한 사람이 행하도록 부름받은 무언가다. 하지만 그것은 사제가 되거나 특정한 사람과 결혼하라는 부르심이 아니라 하나님의 세상 안에서 인류의 일원이 되었기 때문에 받게 된 부르심이다. 키르케고르가 잊을 수 없는 방식으로 논증했듯, 부르심과 윤리 사이에, 하나님이 이삭을 제물로 바치도록 아브라함을 부르신 것과 그것을 금지하는 도덕적 원칙 사이에 충돌이 발생할 수도 있다. 도덕과 부르심 사이에 원칙상 아무런 차이가 없다면 이런 종류의 충돌이 발생할 수 없을 것이다. 그렇다면 이 충돌은 한 사람의 부르심이 무엇인지에 관한 불확실성에 불과할 것이다. 하지만 우리는 사실상 그런 충돌이 발생할 수 있음을 부인하는 것과 다름없는 해법에 만족할 수 없다.

놀랍게도 그런 충돌이 예수로부터 기인한다고 볼 수 있다. 열두 살 때 그분이 성전을 방문하신 사건에 관한 성 누가의 기록(2:41-52)에서 그분의 부르심은 가족에 대한 그분의 의무와 역설적 긴장 관계에 있는 것처럼 보인다. 성 마가가 묘사한 갈등(3:21, 31-35)에서는 예수의 가족들이 주제넘어 보이지만, 그와 달리 누가가 기록한 이 사건을 통해 우리는 그 긴장을 이해할 수 있다.

우리는 마리아의 이의 제기에 충분히 공감할 수 있으며, 예수께서 그분의 부모와 함께 나사렛으로 돌아가 부모에게 "순종하여 받드셨다"는 설명을 통해 이 사건에서 마리아의 주장이 지닌 정당성이 암묵적으로 인정된다고 볼 수 있다. 부르심에 따른 요구와 종류적 요구 사이의 '긴장'에 관해 말한다고 해서 키르케고르가 (*Fear and Trembling*에서) 주장한 관점, 즉 도덕적 사고의 영역 안에 가능한 해법은 존재하지 않는다는—소명의 차원에서 요구된 바가 '윤리적인 것의 종교적 중지(suspension)'라는—관점에 동의할 필요는 없다. 부르심에 따른 요구는 종류적 요구가 아니지만 한 사람이 자신에 대한 부르심에 귀를 기울여야 한다는 종류적 원칙에 의해 용인되기 때문에, 이 충돌은 자명한 (*prima facie*) 도덕적 주장 사이의 충돌과 마찬가지로 해소된다. 갈등으로서, 또한 해법으로서, 이 문제는 말하자면 일정한 액수의 돈을 굶주린 사람들의 구호를 위해 기부할지 죄수들의 사회 복귀를 돕는 일을 위해 기부할지를 결정하는 일과 다르지 않다. 그러나 이 문제의 독특한 특징은, 그런 주장 중 하나가 어떤 성격을 갖는지를 사적 판단을 통해서만 결정할 수 있기 때문에 행위 주체를 제외한 그 누구도 이 충돌을 온전히 이해할 수 없다는 것이다.

마지막으로, 하나님이 섭리 안에서 자의적으로 일하신다는 관점에서 선을 완벽히 설명할 수 있다면 우리를 괴롭힐 '악의 문제'가 전혀 존재하지 않을 것이다. '공평함'이라는 개념을 누군가의 죽음처럼 섭리에 의해 결정된 사건에 적용하는 것은 부적절하다는 데 우리는 동의할 수 있을 것이다. 하지만 그렇다고 해서 우리가 도덕의 질서와 역사 전체의 우연성 사이의 긴장을 느끼지 않는 것은 아니다. 역사를 다스리시는 하나님이 선하시냐는 물음을 던질 수 있으며, 실제로 사람들은 그런 물음을 던지고 있다. 그리고 그리스도의 십자가와 부활이 그 문제에 대한 해결책이라고 대답할 때 그리스도인들은 해결책을 요구하는 긴장이 존재함을 인정하는 셈이다. '악의 문제'란 도덕 질서에 비춰 볼 때 섭리가 불가해함에 관한 문제다. 십자가는 아직까지 우리가 그 안에서 명료하게 선을 알아볼 수 있게 해 줄 수는 없지만 궁극적으로는 볼 수 있으리라고 확신할 수 있게 해 주는 섭리 해석을 제공한다. 하지만 (비록 불완전하지만) 선에 대한 우리의 앎과 (비록 불완전하지만) 섭리에 대한 우리의 지각이 하나가 아니라 둘이기 때문에 문제가 발생한다. 우리는 하나님의 자의적인 작정에서, 이 사람의 죽음과 이 다른 사람의 탄생에서 선을 읽어 냄으로써 선의 의미를 이해하는 법을 배우지 못했다. 우리는 창조된 질서의 규칙성을 통해 선의 의미를 배웠을 뿐이다. 하나님의 확증이란 역사의 신비로운 과정에 직면하여 이 규칙성을 확증하시는 것이다. 그것은 세상을 다스리시는 하나님이 세상을 만드신 바로 그 하나님이시며, 역사의 결말이 세상을 만들어 낼 때 적용된 질서를 부인하지 않고 확언할 것임을 증명하시는 일이다.

따라서 역사 안에서 특수하게 행동하시는 하나님의 자유와, 도덕 안에 반영된, 세상의 종류적 질서 사이에 환원 불가능한 이원성이 존재한다. 역사가 의미 있는 역사이기 위해서는, 또한 하나님의 자유가 은혜로운 자유이기 위해서는 역사적 변화에 영향을 받지 않는 질서가 존재해야 한다. 그렇지 않으면 역사는 해석할 수 없는 움직임일 수밖에 없고, 마땅히 존재해야 하는 바를 택하기 위해 실제로 존재했던 바를 부인하는 것일 수밖에 없다. 시간 안에서 이뤄진 움직임을 '역사'로 이해할 수 있다는 사실은, 시간 안에서 이뤄진 움직임이 하나님의 일을 유일하게 표현하는 것이 아니라는 선행하는 사실을 가리킨다. "변함도 없으시고 회전하는 그림자도 없으신" 그분(약 1:17)은 변화 자체를 만드시는 분일 뿐 아니라 그 변화를 선으로 만드는 질서를 만드신 분이기도 하다.

목적에 대한 공격: 의지와 자연의 양극성

지금까지 우리는 도덕이 **종류적** 질서를 다룬다는 관념에 대한 반론을 살펴보았다. 그런 반론에서는, 하나님의 의지에 따라 이뤄지는 목적론적인 '지향적 질서 잡힘'(ordering-to)이 종류적인 '함께 질서 잡힘'(ordering-alongside)과의 관련성으로부터 해방되어야 하며, 이는 역사적으로, 특수하게 행동하실 수 있는 하나님의 자유를 보호하기 위함이라고 주장한다. 이에 대해 우리는 이러한 하나님의 선택(*arbitrium*)의 자유가 섭리의 신학에 본질적이기는 하지만 우리가 도덕법의 배후에서 분별해 낼 수 있는 바와 동일한 하나님의 의지의 작용은 아니며, 후자는 역사가 아니라 창조에 속하고 종류적 질서의 규칙성을 표현한다고 답했다. 이제 우리는 반대쪽의 반론을 고찰해 보아야 하는데, 이 반론은 도덕 사상의 종류적 질서 부여를, 지지할 수 없는 목적론적 함의라고 느껴지는 바와 분리하는 것을 목표로 삼는다.

수렴되는 두 가지 관심사가 목적에 대한 이런 공격을 부추긴다. 한편에는 과학적 사고를 장려하기 위한 목적으로 종들이 '목적인'(final causes)에 의해 결정된다는 관념에 반대하는 오랜 전통이 존재한다. 프랜시스 베이컨(Francis Bacon) 이래로 목적인에 대한 믿음이 자연 현상 사이의 관계에 대한 과학적 이해를 추구하는 데 심각한 장애물이 된다는 주장이 제기되어 왔다. 사고가 목적론적 철학의 억압적 영향력에서 벗어날 수 있을 때 비로소 관계의 우연성에 개방적인 태도로, 즉 통일시키는 목적성을 찾을 수 있으리라고 전제하지 않고 정확히 찾는 바를 찾겠다는 마음가짐으로 우주를 연구할 수 있다. 다른 한편에는 도덕적 의지가 자연 안에서 분별해 낼 수 있는 목적론적 질서에 의해 결정될 수 있다는 관념에 대해 계몽주의 사상가들이 제기한 반론이 존재한다. 이 반론에서는, 목적성이 자유롭고 제한되지 않는 의지에 의해 자연에 부과될 때만 목적성이 도덕적일 수 있다고 주장했다. 서로 다른 관심사를 지닌 이런 반론들은 '의지와 자연의 양극성'이라고 부를 수 있는 해석 프로그램으로 수렴된다. 한편으로, 과학적 사고는 자연을 내재적 목적성으로부터 해방하기를 간절히 바란다. 다른 한편으로, 도덕철학은 의지를 자연 안의 목적성으로부터 해방하기를 원한다. 양쪽 모두 목적성을 인간 의지에 배타적으로 귀속하고 그것을 자연으로부터 분리해 내기를 바란다. 하지만 양쪽 모두 자연 안에서 종류적 질서를 분별해 내는 것에 강한 관심을 유지한다. 과학의 경우는 관찰 가능한 규칙성에 관심을 기울이기 때문이고, 윤리의 경우는 정의의 기준인 일관성에 대한 믿음 때문이다.

(1) 18세기에 '주의주의적' 도덕을 옹호했던 이들이 (먼저 그들의 견해에 주의를 기울이자면) 도덕적 판단이 자연 안의 목적론적 질서와 독립적일지라도 종류적 관계를 존중해야 한다고 고집스럽게 주장했다는 점은 매우 놀랍다. 흄은 '도덕 감정'(moral sentiment)의 도움을 받는다면 "자연 안에 결코 존재한 적이 없는 불가해한 관계나 속성"에 관해 이야기할 필요가 없기를 바랐지만, "우리의 특수한 관점과 무관하게 일반적으로 한 성품을 고찰할 때만" 도덕 감정을 환기할 수 있

다고 보았다[*Treatise of Human Nature* III.1.2. 『인간 본성에 관한 논고 제3권: 도덕에 관하여』(서광사)]. 칸트(Kant)는 "정언 명령"이라는 유명한 교리를 주창했다. "당신 자신도 그것이 보편적 법칙이 되기를 바라는 그 준칙에 입각해서만 행동하라"[*Groundwork* 421. 『도덕형이상학 정초』(한길사)]. 이 원칙은 주의주의적 도덕 사상 프로그램에 핵심적으로 중요했다. 도덕적 정서가 모든 비슷한 것에 비슷한 방식으로 반응하게 되어 있지 않다면, 즉 일관되고, 따라서 정당한 방식으로 반응하게 되어 있지 않다면, 감정과 욕망 같은 다른 정서적 충동과 도덕적 정서를 구별할 방법이 없을 것이기 때문이다.

흄이 '일반적'(general)이라는 단어를 사용했다는 사실은 도덕 사상이 종류(*genera*)의 문제와 연관되어 있음을 보여 준다. 그의 시대에 영국 철학에서는 '일반적 관념'(general ideas)라는 명칭하에 종류의 문제를 다뤘다. 우리가 사용하는 '종류적'(generic)이라는 형용사는 ─ 현대 언어에서 '일반적'이라는 말이 '특정되지 않은' 혹은 '분화되지 않은'이라는 뜻을 갖게 되었기 때문에 적당하지 않다는 사실을 감안하면 ─ 그의 입장을 최대한 가깝게 따른다. 최근의 도덕철학자들[특히 R. M. 헤어(Hare)]은 칸트의 '보편적'이라는 개념을 근거로 같은 주장을 제기하려 한다. 즉, 이 개념이 종류를 보편(*universalia*)으로 보는 중세의 관점을 암시한다고 이해한다. 최근의 논의에서도 종류적 질서가 계속 살아 있는 문제가 될 수 있게 한 공로를 인정받아 마땅한 이 '보편화 가능성'(universalizability)의 옹호자들과 더불어 우리는 용어의 차이 외에 다른 차이가 없다고 단언한다. '보편'이라는 개념이 지닌 어려움은, '보편 법칙'에 관해 말할 때 칸트가 단순히 그것의 특수한 적용으로부터 종류적 규칙을 추출해 내는 것보다 훨씬 더 많은 것을 의도했다는 점이다. '보편적인' 이 법칙은 동시에 객관적이고 필연적이며 선험적(*a priori*)이다. 그것은 모든 종류의 경험적 분화로부터 추출된다. 따라서 보편 법칙을 그에 대한 순종을 요구하는 정언 명령과 구별하기가 어려워진다. 단 하나의 법칙만 존재하며, 그것은 완전한 형식적 단순성을 지닌 법칙이다. 그것이 실천적 합리성의 토대를 이루며, 따라서 사회성의 토대를 이룬다. 그 결과 '보편적인' 이 법칙은 이차적인 정치적 힘을 성취하며, "모든 합리적 존재에 대해 유효할"(*Groundwork* 413) 뿐만 아니라 '목적의 왕국' 안에서 주권적인 입법 의지를 가질 수 있다. 따라서 이 법칙은 "합리적 존재의 인격적 차이로부터, 이 존재들의 사적 목적의 내용으로부터" 추출된 것이기도 하다(433).

헤겔은 '추상적' 형식과 '구체적' 형식을 구별함으로써 칸트의 보편 개념이 지닌 형식주의를 바로잡고자 했다. 전자는 '내용 없는' 개인적 자의식의 벌거벗은 토대를 이루는 반면, 후자는 사회적 질서의 분화된 유기적 복잡성을 이루며, 이는 주체에게 그의 행동을 위한 공적 이해 가능성의 맥락을 제공한다(*Philosophy of Right* 34-40, 119-128). 헤겔적 보편의 양극 중 어느 쪽도 사회 구조와의 일치와 관계없이 분화된 행동의 종에 따른 이해 가능성을 표현하지는 않는다. 이는 분화된 질서를 국가의 보편성, 세계사의 절대적 보편성과 연결함으로써, 사회적 규범이라는 법 관념과 비합리적 주관주의의 무익한 대립이라는 결과를 근대 사상에 물려줬다. 그러나 종류적 질서의 독특한 성격을 명백히 규명한다면, 윤리와 관련해 '보편성'을 이야기할 여지가 여전히 존재한다. 윤리는 '우주', 즉 모든 시대의 창조된 존재들이 공통으로 지니며 그들의 질서와 이해 가능성을 위한 모판을 제공하는 의미의 세계에 의존한다.

그러나 목적론적 결정을 인정하지 않으면서도 자연 안에서 종류적 결정을 인정하는 것이 가능한가? 칸트가 정언 명령에 부여했던 세 형식 중 첫 두 형식을 비교함으로써 이 둘을 분리하기가 어려움을 예증할 수 있다. 우리가 우리의 준칙이 보편적 자연법칙이 될 수 있는 방식으로만 행동해야 한다고 말하는 첫 번째 형식은 우리를 두 번째 형식으로 이끈다. 이 형식에서는 "당신 자신의 인격 안의 인간성이든 다른 모든 사람의 인격 안의 인간성이든, 인간성을 절대로 수단으로 대하지 말고 언제나 목적으로 대하도록 행동하라"라고 말한다(Groundwork 429). 많은 비판자가 물었듯, 우리는 이 두 번째 공리가 정말로 첫 번째 공리와 같은 형식인지 물을 것이다. 왜 칸트는 이 보편적 양상을 위해 "인간성"이라는 종류를 골라냈는가? 그가 제시한 답은 이렇다. "합리적 본성은 그 자체로 목적으로 존재한다. 인간은 필연적으로 자신의 존재가 그렇게 존재한다고 인식한다." 하지만 인간이 필연적으로 자신의 합리적 본성이 자신을 **인류**(humanity)의 일부로 만든다고 인식하지는 않는다. 칸트 스스로도 다른 곳에서 재빨리 이를 구별한 바 있다. 그리고 한 개인이 자신의 합리적 자의식에 맡겨졌을 때 자신이 다른 존재들과 같은 종임을 인식할 수 있는 선을 어디에 그을 것이라고 말하기란 불가능하다. 그는 자신의 합리적 본성 때문에 자신이 계몽된 소수의 계급에 속한다고 판단할 수도 있고, 그 본성 때문에 자신이 통치하도록 태어난 사람 중 하나라고 생각할 수도 있고, 심지어 그 본성 때문에 자신이 독특한 주체성을 유일하게 지닌 자가 될 자격을 갖추고 있다고 여길 수도 있다. "오직 이성으로 규정되는 한", '인류'라는 종(genus)이든 다른 어떤 종이든 "의지가 의지 자체와 맺는 관계"(427)의 필연적 전제는 아니다. 계몽된 사람들이라는 의미나 통치하도록 태어난 사람들이라는 의미나 독특한 주체성의 계급이라는 의미가 아닌 다른 의미에서 인간성이 '객관적 목적'이라는 주장을 방어하고자 한다면, 합리적 의지 자체의 외부에 자리한 어떤 목적론적 결정 요인에 호소해야 한다.

정의(justice)라는 개념이 종류적 일관성의 형식적 규칙으로 환원될 수 있다고 생각하는 것은 실수다. 우리가 관습적으로 단어를 사용하는 도덕적 의미에서 '정의'는 이미 종류 사이의 특정한 선호를 전제하기 때문이다. 예를 들어, 그것이 아무리 일관되더라도 인류 중에서 덜 합리적인 사람들이 더 합리적인 사람들의 이익을 위해 봉사하게 만들어야 한다는 것은 정의의 정책과 양립할 수 없다. 완벽히 일관된 방식으로 그런 정책을 실행할 수 없다는 말이 아니라, 그것이 정의가 암시하는 바에 대항하며 그것과 양립할 수 없는 목적론에 근거하고 있다는 말이다. 비슷한 것들을 비슷한 방식으로 대해야 한다고 요구할 때, 그 요구는 어떤 비슷한 것들이 도덕에 중요하며 어떤 비슷한 것들이 도덕과 무관한지에 관해 이미 일정한 판단을 내리고 있다. 그런 판단이 없다면 종류적 일관성은 임의적으로 선택한 계급이나 집단에 대한 충성에 불과하다. 하지만 정의의 원칙으로 표현된 도덕은 무한하게 교환 가능한 집단 이상을 필요로 한다. 그것은 상대적 중요성이라는 관점에서 이런 집단들의 조직화를 필요로 한다. 어떠한 종류적 관계가 '자연적 종류'라는 존재론적 지위를 누린다는 전통적 교리의 배후에는 이러한 조직화가 자리 잡고 있다.

(2) 물론 이런 대답은 유사한 반론, 즉 과학계에서 제기하는 반론에 제대로 대처하지 못한다. 과학계에서는 목적론적-종류적으로 결정된 자연적 종류가 무한하게 다양한 일련의 가능한 종의 대응물로 해체되는 것을 분명히 환영할 것이다. 과학적 사유는 자의식적 추상을 통해 진행되며, 이 과정에서 종류와 목적이 더 명백한 결정 요인

들을 망각함으로써 연구 대상이 다른 덜 명백한 부류 안에 가설적으로 포함될 수 있게 할 것이기 때문이다. 예를 들어 보자. 경제학이라는 과학에서는 채소 재배와 자동차 제작을 '산업'이라는 단일한 범주하에서 논하고 이런 노동의 결과물을 '상품'이라는 범주하에서 논하기 위해 채소가 식량이며 자동차가 인공물임을 의도적으로 망각한다. 채소가 동물이 먹을 수 있도록 목적론적으로 결정되어 있음을 망각함으로써 경제학에서는 식량이라는 채소의 '종류'도 망각한다. 경제학에서는 채소를 덜 명백한 방식으로 바라보고 채소에 관한 명백하지 않은 지식을 성취하기 위해 채소를 덜 명백한 범주로 억지로 분류한다. 이런 추상화가 완벽하게 정당한 사유 전략임은 말할 나위도 없다. 어떤 과학적 가설들이 실험 결과라는 차원에서 효과적임이 입증된다는 사실 자체가, 의심받지 않는 종류적 관계에 관해 획득할 수 있는 의심받지 않는 지식이 존재했음을 보여 준다. 과학 문명 전체를 환영이라고 무시하지 않으려면, 또한 실용주의자들의 회의주의에 의지해 효과를 발휘하기 때문에 그것이 참되다고 말하지 않으려면, 하나의 가설이 일관되게 작동할 때 이는 그것이 혹은 그것과 다르지 않은 어떤 것이 참되기 때문이라고 결론 내릴 수 있어야 한다. 하지만 문제는 새로운 종류적 관계를 발견하도록 이끈 '목적인'의 거부가 실제로 이를 위해 필수였는지 여부다. 중세 말 아리스토텔레스적 목적론을 불편하게 여기는 주의주의적 태도가 새로운 유형의 실험적 정신을 배태했다는 역사적 선후 관계를 고려한다면, 이는 자연적 목적론이 틀렸음을 의미하는가? 아니면 그저 그것을 배제한 것이 과학적 정신을 위한 유익한 자기 단련의 과정이었음을 의미하는가?

이 물음을 유명론(nominalism)의 역할에 관한 비슷한 물음과 나란히 배치해 볼 수 있다. 의심할 나위 없이 오컴 같은 인물들의 유명론은 그가 둔스 스코투스와 공유했던 주의주의만큼이나 실험적 정신의 탄생에 중요한 역할을 했다. 종의 등가성이 아무런 객관적인 존재론적 지위를 갖지 못하며 정신이 특수성의 우주에 강요한 개념일 뿐이라는 이론은 분명히 새로운 종류적 질서를 실험하려는 욕망을 자극했다. 그러나 결국 과학은 유명론을 과학의 기획에 대항하는 적으로 보았다. 과학은 규칙성이 아니라면 아무것에도 관심을 기울이지 않으며, 유명론은 관찰할 수 있다고 주장하는 규칙성이 실재적임을 부인해야 하기 때문이다. 과학적 시도는, 위험을 무릅쓰고 세계의 질서에 관해 새로운 생각을 할 수 있다는 의식뿐만 아니라(이 역시 중요하기는 하지만) 그 생각이 실험적으로 뒷받침될 때 (아무리 제한적이라고 하더라도) 객관적 실재의 성격에 관해 무언가를 실제로 선언할 수 있다는 확신에 의해서도 유지되고 있다. 실재하는 규칙성을 부인하는 것은 더 큰 복잡성을 지닌 은폐된 구조를 찾기 위해 명백하고 직접적인 관계를 포기하도록 추동하는 자극 이상의 무언가가 될 수 없다. 그렇게 부인하는 것을 절대적으로 심각하게 받아들인다면, 과학은 그 고유의 존재 이유(raison d'être)를 상실하고 다시 한번 그 시발점이었던 단순한 추론의 범주로 흡수되고 말 것이다. 아마도 우리 시대를 특징짓는 과학적 자기 이해의 위기는 역사주의적 관념론의 맥락 안에서 매우 근원적인(radical) 유명론이 다시 부상했기 때문일 것이다. 과학은 청년기에 용기를 내기 위해 유명론과 사귈 필요가 있었겠지만, 이 둘은 결혼 상대로 전혀 어울리지 않는다.

목적 없는 실재를 생각하자는 제안인 '주의주의'는 종류 없는 실재를 생각하자는 제안인 '유명론'과 같은 관점에서 바라보아야 한다.

그것은 사유의 전략이다. 유명론의 전략과 마찬가지로 주의주의의 전략도 냉정한 진리의 진술로 착각한다면 사악한 결과를 낳을 뿐이다. 첫째로, 목적론을 배제(abstraction)하면 우주 전체를 아는 것이 불가능해진다. 기껏해야 전체에 대한 지식은 신비에 대한 지식이 되고 만다. 우리는 우주 안에 존재하며 하나님이 우주를 바라보시듯이 우주 밖에서 그것을 바라볼 수 없기 때문에 그 전체적 지식, 마치 우리의 정신이 지향하고자 애쓰는 한계와 같은 그 지식을 향해 나아갈 수 있을 뿐이다. 하지만 지식이 지식이고자 한다면 그렇게 정신적으로 애쓰는 시간이 꼭 필요하다. 불연속성을 극복해야 할 도전이 아닌 다른 어떤 것으로 받아들이는 지식은 원칙상 지식으로서의 책무, 즉 서로 다른 시야들을 하나의 우주로 지각하는 것을 포기한 셈이다. 그러나 목적론을 포기함으로써 이런 파편화를 적극적으로 수용하게 된다. 목적론을 포기한다는 것은 종류들 사이의 관계를 분별하려는 욕망을 포기하는 것을 뜻하기 때문이다. 여기서 문제는 단순히 '과학적 세계관'과 신앙 사이에, 혹은 과학과 인문학 사이에 존재한다고 가정하는 불일치가 아니다. 파편화는 과학적 지식의 특징이다. 과학적 지식은 동일한 경험의 영역에 대해 상충되는 주장을 하는 수많은 '과학들'로 분할되었다. 과학이 통일된 기획이라는 개념을 구원하기 위해 제출되는 '실재의 양상'에 대한 다양한 이론은 이 사실을 부각할 뿐이다. 목적 없는 세계에 대한 지식은 결코 통일된 지식이 될 수 없다.

카를 라너(Karl Rahner)는 과학의 복수성이 제기하는 문제에 관해 중요한 지적을 한 바 있다. 그는 이를 토마스주의적 심리학에서 말하는 영혼의 의지적 충동들 사이의 갈등에 빗대어 "인식론적 욕망"(gnoseological concupiscence)의 문제라고 설명한다(*Theological Investigations*, XIII, p. 90). 과학의 다원주의는 "결코 제거되거나 더 고차원적인 종합을 통해 극복될 수 없다"(p. 101). 그럼에도 각각의 과학은 "인간 지식의 총체성을 지향하도록 그것을 압박하는" 다른 학문들에 대한 "공격성"을 지닌다(p. 84). 그러므로 "각각의 특수한 과학은 자기 소외의 상태에 있다." 어떤 지식도 다원주의라는 사실에 안주할 수 없으며, 다른 형태의 지식 안에서 자신과 공통된 요소—"인간적 요소"—를 확인해야 한다. 이 공통된 요소가 학제 간 대화라는 사실을 통해 표현되는 애증 관계를 입증한다. 그런 대화에 참여할 때 신학의 책무는 각각의 과학에 속해 있지만 그것을 초월하는 이 "인간적 요소"에 명시적으로 주의를 환기하는 것이다(p. 88). 신학은 "인간의 초월"에 관심을 기울이기 때문이다(p. 96). 그러므로 신학은 "각각의 학문이 그 자체에 절대적 가치를 부여하며…마치 모든 문에 맞는 열쇠를 가지고 있다고 생각하는 치명적인 위험"에 맞서 "'인식론적 욕망'을 지켜 내는…보호자" 역할을 한다(p. 90). 애석하게도 이 개념의 많은 부분은 여전히 명확하지 않은 채로 남아 있다. "정욕"(concupiscence)이라는 용어의 배경이 원죄 교리라는 점을 우리는 얼마나 진지하게 받아들여야 하는가? 과학이 다원주의로 타락하게 된 것이 역사 이전에 아담을 통해 일어난 일인가? 아니면 최근인 19세기 말 신스콜라주의의 붕괴와 더불어 일어난 일인가?(참조. XIV, pp. 99 이하) 새로운 과학들의 끊임없는 대두와 옛 과학들의 자기 변형은 역사적 필연성에 의해 통제되는가? 아니면 실험 정신의 미결정된 자유 활동의 결과인가? 라너 특유의 '기습적인' 논의 방식 때문에 우리는 이런 물음에 답할 수가 없다.

이와 관련해 우리는 특별한 관심을 가지고 네덜란드의 철학자 헤르만 도이어베르트(Herman Dooyeweerd)의 사상을 살펴볼 수 있다. 과학의 복수성에 대한 그의 성찰은 결코 간헐적 관찰에 그치지 않으며, 그가 아브라함 카이퍼(Abraham Kuyper)에게서 물려받아서 이론적으로 체계화하고 용어를 정교화했던 "우주법 이념 철학"(Philosophy of the Cosmonomic Idea)의 구조 안에 철저히 통합되어 있다. (이어지는 내용과 관련해서는 특히 그의 책 *New Critique of Theoretical Thought*, I, pp. 545-566를 보라.) 그는 특수한 과학들이 철학에 대해 독립적일 수 있다는 "편견"을 단호하게 공격하며, 모든 과학이 수행되는 방식은 특정한 철학적 전제의 지배적 모티프를 반영할 수밖에 없다고 주장한다. 실제로는 불가능하겠지만, 어떤 특수한 과학이 "현세의 실재가 지닌 특수한 양상을, 다른 양상들과의 정합성을 이론적으로 고려하지 않고서 정말로 연구할 수 있다면" 철학에 대해 독립적일 수 있을 것이다(p. 548). 하지만 이것이 가능하다는 상상은 사실상 유명론에 지나지 않는다. 특수한 "양상의 법 영역"(modal law-sphere) 안에서 "보편적인 기능적 정합성"에 관한 물음을 추상화하고(abstracting) 구체적 실재를 통해 드러나는 "전형적인 구조적 차이"를 무시함으로써 과학적 사유가 이뤄진다. 실험적 방법은 "본질적으로 고립과 추상화의 방법"으로서 과학자 자신이 공식화한 이론적 질문에 대한 해답을 지향한다(p. 561). 예를 들어, 이론적 법학에서는 국가, 교회, 노동조합, 국제 관계 등 다양한 종류의 제도를 지배하는 다양한 종류의 법을 논한다. 그러나 이론적 법학이 우리에게 국가와 교회의 차이가 무엇인지 말할 수는 없다. 그 법들의 체계가 다양한 제도의 공통된 기능을 통해 공통적으로 무엇을 가지고 있는지 말할 수 있을 뿐이다(pp. 552-553). "인본주의적 과학이라는 이상"(humanistic science-ideal)의 영향하에 이런 기능적 추상화(abstraction)가 절대화되고 말았다. 경험적 현상 자체가 이런 추상화를 정당화하지는 못한다. 논리적 사고가 경험의 비논리적 양상들과 이루는 대립을 통해서만 이런 연구 분야의 분할이 발생할 수 있기 때문이다(p. 565).

과학적 연구 절차에 관한 이런 관찰을 근거로 우리는, 도이어베르트가 라너와 마찬가지로 과학의 복수성을 지식의 핵심에 자리 잡고 있는 일종의 불가피한 상처로 볼 것이라고 예상할지도 모른다. 그러나 그와 반대로 도이어베르트는 얼마나 많은 과학이 존재해야 하는지 우리에게 말할 수 있다. 우주법 철학이 판별할 수 있는 실재의 "양상들"(modal aspects) 각각에 대응하는 하나의 과학이 있어야 한다. 즉, 수, 공간, 움직임, 에너지, 유기적 생명, 감정, 논리적 사고, 역사 발전, 언어, 사회적 소통, 경제, 예술, 정의, 도덕, 신앙이라는 열다섯 양상이 있다. [하지만 *The Christian Idea of the State*, p. 35에서는 열세 양상, *Roots of Western Culture*, p. 41에서는 열네 양상만 열거한다. 『서양문화의 뿌리』(크리스챤다이제스트)] 도이어베르트는 골로새서 2:18에서 가져온 "육신의 생각"(carnal mind)이라는 구절을 "인식론적 욕망"에 상응하는 말로 사용하는데, 이는 복수성 자체만이 아니라 어느 한 양상의 기능을 절대화하는 태도, 즉 모든 의미의 '아르케'(*archē*, 근원, 원리)를 확보하고 있다는 어떤 과학의 자만에도 적용된다. 도이어베르트는 모든 과학이 다른 과학과의 올바른 관계 속에서, 따라서 회복된 실재의 근원이신 그리스도와 맺는 관계 속에서 자신을 철학적으로 생각해야 할 책임이 있다고 주장할 뿐 아니라 각각의 과학이 그 자체의 영역 안에서 주권적이라고 주장한다("양상의 환원 불가능성"). 이 원리는 고도의 과학적 다원주의를 **정당화하며** 우주법 사상의 전반적 체계화에 의해서만 그 다원주의를 규제한다. 공통의 '아르케'이신 그리스도에 대한 복종에 의해 암시되는 경우를 제외하고 각각의 과학이 다른 과학에 개방되어 있어야 한다는 것이 도이어베르트가 정말로 의도한 바인지 의심할 수도 있다(II, pp. 331-337). 도이어베르트가 보기에는, 육신의 생각 때문에 다른 양상들이 드러나는 것을 가로막는 "긴장과 대립"을 제외하더라도 각각의 양상 사이에는 필수적인 침투 불가능성이 여전히 남아 있다. 즉, 이 양상들의 관계 안에 형식적 거리가 존재하며, 이로 인해 각각의 특수한 과학이 우주법 철학을 포괄하는 동시에 우주법 철학에 의해 포괄되면서도 어떠한 특수한 과학도 다른 과학을 포괄할 수는 없다(II, p. 76). 우리는 이런 의문을 갖게 된다. 이는 도이어베르트가 양상들 간의 목적론적 관계를 순전히 시간

적인 연쇄의 질서로 환원하기 때문인가?(I, pp. 28-30)

둘째, 목적론의 분리는 우주 안에서 인간이 차지하는 위치에 대한 위험한 오해를 야기한다. 그것은 관찰하는 정신이 자력으로 운동할 수 없는 피조물―즉, 움직임이 없는 피조물이 아니라 그 움직임에 지향점이 없는 피조물―을 만난다고 가정하기 때문이다. 따라서 정신은 모든 것에도 불구하고 생명을 위해 필수적인 목적론적 질서를 인식하게 되는 것이 정신 자체의 관념적 창의성 덕분이라고 생각한다. 모든 질서는 의도적 질서가 되며, 과학적 관찰은 자연 안에 존재하는 주어진 목적론적 질서를 보고하지 못하며 '테크네'(techne, 기술)의 종이 된다. 물론 인간은 계속해서 채소를 먹는다. 하지만 채소가 식물이기 때문에 채소를 먹는다는 것을 더 이상 알지 못하며, 자신이 채소를 음식으로 먹는 **사용법을 고안했다**고 상상하게 된다. 따라서 인간은 채소의 다른 사용법을 찾을 것이며, 그에게는 새로운 사용법이 자연을 통해 주어진―그가 기억할 수만 있다면―사용법만큼이나 정당성을 갖는 것처럼 보일 것이다. 채소가 자신이 아닌 다른 동물을 위한 음식으로도 존재한다는 사실은 그에게 깊은 인상을 남기지 못할 것이다. 물론 다른 동물들의 지속적 존재가 그가 고안해낸 세상의 목적에 포함된다면, 그 경우에 식물과 동물은 인간으로부터 부여된 봉토(feoff)로서 그 가치를 계속 보유할 것이다. 따라서 우리 시대의 아이러니가 발생하는데, 바로 자연 보호조차도 자신의 '환경'을 보호하는 것에 대한 인간의 '관심'이라는 관점에서 논해야 한다는 것이다. 그런 철학은 인간에 의한 자연 착취를 막는 안정적 보호장치를 전혀 제공하지 못한다. 인간은 사물의 관계 속에서 자신이 존중해야 할 만한 것을 전혀 찾아낼 수 없기 때문이다. 물론 이러한 무원칙적 지배는 인간 자신의 심신까지, 즉 고안하는 정신이 아닌 인간의 모든 것까지 확장될 것이며, 그 결과 인간성은 해체되고 기술적 의지와 그것이 다루는 원재료로 양극화되고 말 것이다. 자연에 대한 인간의 왕노릇은 인간이 자연을 사물의 본질 안에서 주어진 무언가로, 따라서 사물의 본질에 의해 제한되는 무언가로 인식할 때만 건전할 수 있다. 인간이 외부로부터 자연에 자신의 지배를 강요한다면 거기에는 아무런 제한도 없을 것이기 때문이다. 처음부터 그것은 인간이 자력으로 운동할 수 없으며 형상이 없는 자연에 자신의 의지라는 도장을 찍으려는 어설픈 시도였을 것이다. 기독교적 형이상학의 규율에서 해방된 과학주의에서 배태한 철학이 그러했다. 그것은 시편 저자가 말했던 인간의 다스림, 즉 예배와 존중의 태도로 이뤄지는 통치, 인간이 분별하는 동시에 사랑하는 자연 질서에 기꺼이 책임을 다하는 다스림이 아니다.

3 • 종말론과 역사

"지금 우리가 만물이 아직 그에게 복종하고 있는 것을 보지 못하고." 그래서 히브리서 저자는 시편 8편의 위대한 전망, 즉 하나님보다 조금 못할 뿐인 인간에게 영화와 존귀로 관을 씌워 나머지 피조물을 다스리는 권세를 누리게 하시리라는 전망을 돌연 거부하는 것처럼 보인다. 히브리서 저자는 시편 저자가 자신 주변의 세상에서 목격하고 있다고 믿었던 질서가 "장차 올 세상"에 속한다고 선언한다. 그 일은 실현되지 않았다. 아직은. 그것은 우리가 벌써 인지할 수 있는 무언가가 아니다. 그는 계속해서 "오직 우리가 천사들보다 잠시 동안 못하게 하심을 입은 자 곧 죽음의 고난 받으심으로 말미암아 영광과 존귀로 관을 쓰신 예수를 보니"라고 말한다(히 2:5-9).

히브리서 저자는 시편 8편을 "장차 올 세상"에 관한 예언으로 해석하면서도 이 시편이 명백히 가지고 있는 우주론으로서의 의미를 무시하는 잘못을 범하지는 않는다. 그는 시편 저자의 창조 교리를 자신의 기독론적 관심에 더 잘 어울리는 종말론으로 **대체**하려고 하지 않는다. 오히려 그는 그리스도 안에서, 또한 장차 올 세상의 질서 안에서 언제나 존재했지만 한 번도 온전히 표현되지 않은 창조된 질서의 확증과 완벽한 현시를 본다. 우리의 경험에서 그 질서를 파악하기 어렵다고 해서 그것이 어떤 종류의 존재도 갖지 못하는 것은 아니다. 이 질서는 하나님의 창조 계획 안에서 태초부터 존재했다. "많은 아들들을 이끌어 영광에 들어가게 하시는 일에 그들의 구원의 창시자를 고난을 통하여 온전하게 하시는" 하나님이 바로 "만물이 그를 위하고 또한 그로 말미암은" 분, 즉 질서 잡힌 우주의 첫째이자 마지막 원인이시다(2:10). 낮아지심과 높이 들리심을 통해 인류를 마땅히 있어야 할 자리로 이끄시는 "[인간] 구원의 창시자"께서는 "[하나님이] 그로 말미암아 모든 세계를 지으신" 분이자 창조주의 창조에 대한 그분의 영원한 초월을 공유하시는 분이다(1:2, 10절 이하). "사람이 무엇이기에 주께서 그를 생각하시며 인자가 무엇이기에 주께서 그를 돌보시나이까?"라는 물음, 즉 창조된 질서에 관한 물음에 대한 답은 "인자"라는 호칭을 지니신 분의 승리를 통해 주어진다. 그분이 죽음을 이기심을 통해, 또한 그분이 성부의 오른편에 가시고 영화로워지심을 통해, 우리는 창조의 목적에 부합하는 인간, 즉 지금 인간을 억압하는 죄와 필멸성이라는 천사의 힘에 굴복하지 않고 최초로 우주 안에서 우주의 주로서 자기 자리를 차지할 수 있는 인간을 본다. 인자의 승리는 장차 그의 '형제들', 곧 인류 전체가 거둘 승리를 위한 길을 예비한다. 하지만 인류의 이 종말론적 승리는 최초에 인간이 피조물로서 그의 창조주와 관계를 맺게 했던 질서와 전혀 무관한 혁신적 질서가 아니다. 그것은 언제나 암시되었지만 인간과 우주의 타락한 상태 안에서 실현될 수 없었던 방식으로 최초의 질서를 성취하고 확증한다.

물론 "그를 하나님보다 조금 못하게 하시고"라는 구절로 인해 히브리서의 사상과 시편의 사상 사이의 관계가 복잡해진다. 여기서 히브리서 저자가 인용한 칠십인역에서는 '엘로힘'(하나님)을 '앙겔로스'(*aggelous*, 천사들)로 번역한다. 시편의 의도는 인간이 천사보다 못한 존재로 창조되었다고 말하려는 것이 아니었다고 히브리서 저자는 확신했다. "하나님이…장차 올 세상을 천사들에게 복종하게 하심이 아니니라.…만물로 그에게 복종하게 하셨은즉 복종하지 않은 것이 하나도 없어야 하겠으나"(2:5, 8). 그러므로 그는 천사에 관한 구절을 다룰 때 "조금"이라는 표현을 시간적 의미로 해석한다. "잠시 동안." 이렇게 함으로써 그는 그리스도의 성육신과 영화를 인류가 천사보다 못한 상태가 잠정적이며 일시적임을 보여 주는 표징으로 이해할 수 있게 된다. "오직 우리가 천사들보다 잠시 동안 못하게 하심을 입은 자…영광과 존귀로 관을 쓰신 예수를 보니."

만약 지금 우리가 받아들이는 '엘로힘'의 번역어가 시편 8:5의 의미를 제대로 전달할 수 있다면, 분명 히브리서 저자는 자신에게 주어진 번역어 때문에 이 본문을 정확히 이해할 수 없었을 것이다. 그럼에도 그는 이 말의 의도를 명확히 이해했고, "조금"이라는 단어에 시간적 의미를 부여하는 해석적 자유를 행사함으로써 번역자가 파괴한 균형을 회복했다. 그는 시편을 비틀어서 기독론적 예언을 끄집어내지 않았다. 8절 마지막 부분("지금 우리가 만물이 아직 그에게 복종하고 있는 것을 보지 못하고")에 이르기까지 그는 본문의 의도를 따르며 인류 전체에 관해 말한다. 인류가 일시적으로 천사보다 못한 상태는 랍비의 '현재 시대', 죄와 고통의 시대에 속했다. '미래 시대'에는 창조된 질서가 하나님이 의도하신 대로 갱신되는 것을 볼 것이다. 비록 우리는 인류의 영광을 보지 못하지만 예수의 수난과 높이 들리심을 통해 그분의 영광을 볼 수 있다. 이것이 보증이다. 구원의 창시자께서 고통을 통해 완전해지셨으며, 그분은 나머지 인류를 그분의 "형제"와 그분의 "자녀"로 부르신다(2:11-13).

그리스도의 구원 사역을 '구속'이라는 용어로 묘사할 때 우리는 그것이 창조된 질서를 전제한다는 사실을 강조한다. '구속'은 주어졌으며 상실된 무언가의 회복을 암시한다. 주어졌고 상실되었으며 이제 회복되어야 하는 것이 무엇인지 묻는다면, 그 답은 단지 '인류'가 아니라 하나님이 만드신 질서 잡힌 피조물의 통치자로서의 인류다. 인간이 창조된 질서에 부여해야 할 권위 있고 유익한 통치가 결여되어 있을 때 창조된 질서 역시 그 자체일 수 없기 때문이다. 물론 피조물 전체의 구속에 관해 말할 때, 그 관념이 "하나님의 아들들이 나타나는 것"과 독립적으로 자유롭게 떠다니도록 허용해서는 안 된다. 바울은 피조물이 하나님의 아들이 나타나는 것을 기다리고 있다고 말하기 때문이다(롬 8:19 이하). 우리는 인간이 아닌 피조물에게 '구속'이 무엇을 뜻하는지 추측할 수 없다. 하지만 성경에서는 그런 구속에 관해 이야기한다. 구속은 하나님이 만드신 것 중 일부만을 위한 것이 아니라 그분이 만드신 것 전체를 위해 행하신 바이기 때문이다.

하지만 동시에 우리는 구속을 **단순한** 회복, 이전 상태(*status quo ante*)로의 회귀로 이해하는 것을 넘어서야 한다. 세상과 인류의 구속은 우리를 우리가 시작된 에덴동산으로 돌아가게 하는 데서 그치지 않는다. 구속은 우리를 그보다 더 멀리 나아가는 운명으로 이끌며, 우리는 에덴동산에서부터 이미 그 운명을 향해 이끌려 가고 있었다. 피조물은 그 자체의 목표와 목적을 지닌 채 우리에게 주어졌으며, 따라서 세상 이야기의 결말은 시작으로의 순환론적 회귀일 리 없고 피조물을 그 '허무'로부터 자유케 함으로써 그 목적을 성취하는 것이어야 하기 때문이다(롬 8:20). 이 성취가 창조된 질서의 '변화'에 관해 말할 때 암시하는 바다. 따라서 기독교 사상 안에는 '역사'라는 관념을 위한 중요한 자리가 존재한다. 여기서 역사란 철학과 신학에서 널리 사용되는 의미로 사용되는데, 한편으로는 단순한 사건들을 의미하지 않고, 다른 한편으로는 이해할 수 있는 이야기로 그 사건들을 서술하는 것을 의미하지도 않으며, 오히려 사건들을 이해할 수 있고 서술할 수 있게 하는 내재적 의미와 방향을 뜻한다. 물론 이 관념에 대한 기독교적 이해는 사건들이 가리키는 종말에 대한 기독교적 이해를 통해서만, 종말론을 통해서만 성취될 수 있다.

세상의 종말론적 변화는 창조된 세계의 단순한 반복도, 그것의 부정도 아니다. 그것의 성취, 그것이 '텔로스'(*telos*) 혹은 종말(end, 목적)이다. 그것은 기원의 역사적 '텔로스', 피조물이 창조된 **의도**, 그것이 가리키고 **지향하는** 바다. 종말론적 변화는 피조물에게 닥칠 수 있는 다른 모든 가능성, 하나님이 예정하지 않으신 모든 종말을 배제한다. 무엇보다도 먼저 타락에 의해 암시된 만물의 종말, 즉 타락과 붕괴를 배제한다. 또한 더 높은 선이라는 이름으로 피조물이 거부되거나 극복될 수 있는 영지주의적 가능성도 배제한다. 피조물의 시간적 연장은 무작위적이며 무의미한 변화를 형성할 가능성을 배제한다. 종말론적 변화는 답하지 않은 피조물의 물음, 그것의 시간적 연장이 무엇을 의미하는지에 관한 물음을 해결한다. 타락하지 않은 세상에서도, 타락하지 않은 지성에 대해서도 이 물음에 대한 답은 주어지지 않을 것이다. 경건하면서도 기쁨에 넘쳐 온전한 모습의 창조의 질서를 응시해 온 사람조차도 봉인된 역사의 두루마리를 이해할 수 없다. 하지만 세상이 타락했으며 타락한 지성만이 세상을 지각할 수 있다는 사실을 고려하면, 그것을 구속하시는 분이 그 두루마리를 펼쳐 '곧 무슨 일이 일어날지'를 계시하실 것임이 분명하다.

요한계시록의 중심부를 시작하는 두 환상만큼 창조된 자연과 역사의 관계가 명쾌하게 표현된 곳은 아마도 없을 것이다. 4장에서는 창조에 관한 고전적인 구약의 환상을 우리에게 보여 준다. 하나님의 보좌 주위에는 우주적 질서의 언약을 표상하는 무지개가 있다. 또한 천사들의 회의, 번개, 천둥, 다른 "음성"과 같은 자연의 힘, 네 생물의 형상이 있으며, 모두가 그치지 않는 찬양에 동참한다. 하나님은 세상을 향해 임재해 계신다. 선견자 요한에게 소중한 그분 임재의 상징은 수많은 눈의 상징이다. 스가랴에 따르면 이 눈들은 온 땅을 두루 살핀다(4:10). 하지만 여기서 하나님의 임재는 그분의 신적인 영 안에 있지 않다. 그분의 영은 불타는 일곱 횃불로서 보좌 앞에 남아 있다. 이는 피조물의 생명력 안에 있는 순전히 내재적인 임재다. 천상의 찬송가는 우리에게 하나님의 창조적인 의지 행위의 최종성과 완전성에 관해 말한다. 하지만 5장에서 우리는 창조주께서 그분의 오른손에 봉인된 두루마리를 들고 계시는 것을 본다. 이 두루마리는 역사의 수수께끼, 너무나도 무시무시해서 기뻐하던 예언자가 눈물을 흘릴 수밖에 없게 만드는 수수께끼다. 창조 역사의 의미를 알지 못한 상태에서 우리는 어떻게 창조의 기쁨 안으로 들어갈 수 있는가? 죽임당하신 어린양이시기도 한 유다의 사자가 봉인을 열어 그 의미를 드러내실 때까지 그것은 우리에게서 숨겨져 있다. 그분 안에서 세상 속 하나님의 임재 즉 눈들이 인격적으로 몸을 입게 되며, 그분 안에서 그 임재는 또한 더 이상 숨겨 두지 않는 하나님의 영의 임재가 된다. 따라서 그분 안에서 역사는 그 예정된 목적지를 향해 가는 역사의 예정된 경로에 진입할 수 있게 된다.

    요한의 위대한 환상이 마무리될 때 우리는 다시 한번 창조로 되돌아간다. 그것은 "새 하늘과 새 땅", 변화된 피조물의 환상이다. 처음에 혼돈의 바다가 정복되어 하나님의 보좌 앞에서 유리 바다가 되었지만, 이제 바다는 더 이상 존재하지 않는다(21:1). 한때는 창조하시고자 하는 하나님의 작정에 의해 제어되었던 붕괴의 가능성이 이제는 아예 사라져 버렸다. **단지** 회복일 뿐인 구속은 그런 변화를 볼 수 없다. 그렇기 때문에 그의 종말론이 플라톤주의의 순환론적 관념에 영향을 받았던 오리게네스(Origen)는 장차 올 영겁의 시간 동안 추가적인 타락과 구속에 관한 질문으로 고민했고, 이는 그의 평판에 너무나도 큰 타격을 입혔다. 오리게네스는 알렉산드리아의 클레멘스(Clement of Alexandria)와 리옹의 이레나이우스(Irenaeus of Lyons)를 따르면서 구속이 '신화'(divination)라는 사상을 대중화시킬 때 더 확고한 기반 위에 서 있었다. 인간의 '탈인간화'(dehominization)나 창조 세계의 '비창조'(uncreation)를 포함한다는 주장을 배제하면서 이 사상을 바르게 이해해야 한다. 하지만 이 사상은 인간이 창조될 바로 그때 부여받지 못한 운명, 아타나시우스(Athanasius)의 말처럼 "그리스도와 함께 하늘에서 영원히 다스릴" "더 고귀한 은총"으로 부름받았다는 진리를 성공적으로 전달한다(*Contra Arianos* II.67).

기독교 윤리의 토대인 그리스도의 부활은 창조된 질서를 이중적 의미에서 확증한다. 즉, 부활은 창조된 질서를 구속하고 변화시킨다. 복음서에서 부활은 이중적 양상으로, 즉 예수께서 죽은 자로부터 회복되심으로, 또한 그분이 하나님의 우편에서 영광을 받으심으로 나타나기 때문이다. (성 누가에 의해 그러했듯, 또한 성 요한에 의해 간접적으로 그러했듯—참조. 20:17) 승천과 구별될 때 그것은 뒤를 돌아본다. 그것은 잃어버린 것의 회복이다. 인간 예수께서 그분의 친구들에게 돌아가셔서 그들의 마음을 기쁘게 하신다. 인류의 원수인 죽음이 정복당했다. 하나님은 아담의 후손에게 마지막 아담, '생명을 주시는 영'을 보내심으로써 그들을 '살아 있는 영혼'으로 회복시키셨다. 이 양상에 관해 부활 서사는 회복된 몸의 물리적 실체를 강조한다. 예수께서는 먹고 마셨으며 그 몸이 만져졌다. 이로써 그분이 단순한 영적 현상이 아님을 보이셨다. 그분이 나타나실 때 신비의 요소는 참된 인간성이 상실했던 능력으로부터 나온다. 그런 요소는 통상적인 인간의 한계를 벗어난다. 처음에는 그런 한계가 인간에게 낯선 것이었기 때문이다. 하지만 (성 마가와 성 마태에 의해 그리되었듯) 승천 없이 부활만 제시될 때 부활은 앞을 내다본다. 그리스도께서 이미 변화되셨다. 영적인 것이 영적인 것을, 천상의 인간이 흙의 인간을 취했다. 부활의 나타남은 신적 능력 및 권위와 만나는 것이다. 인간성이 전에는 한 번도 누린 적 없었던 것으로, 즉 성자께 속한 하나님 우편의 자리로 높이 들렸다. 중요한 것은, 우리가 부활의 두 양상 중 어느 쪽을 강조하는지가 아니라 부활이 두 양상 모두를 지닌다는 사실이다. 기원과 마지막이 그 안에서 분리될 수 없도록 연합되어 있다. 아담의 인간성이 죄와 죽음에 대한 노예 상태라는 '자연보다 못한'(sub-natural) 상태로부터 구출되었듯이 그 인간성의 '초자연적'(supernatural) 운명으로 옮겨졌다. 그리스도의 부활을 통한 인간성의 확증은 그 구속과 변화 모두를 포함한다.

현대 신학은 그리스도의 승천을 무시하는 경향으로 인해 어려움을 겪어 왔다. 이는 성 마가의 증언을 선호하면서 성 누가와 성 요한의 증언을 깎아내리는, 한때 유행이었던 경향뿐만 아니라 이 신학이 제기하는 우주론적 질문에 기인했다. 그 결과 부활이 '앞을 내다보며' 그리스도의 높이 들리심을 강조하는 무게 전체를 짊어졌고, 따라서 그리스도께서 죽은 자들 가운데서 다시 돌아오심이라는 '뒤를 돌아봄'으로써의 의미를 놓쳐 버리고 말았다. 이는 자세히 살펴볼 만한 발전 과정이며 우리는 곧 이 문제를 다룰 것이다. 카를 바르트조차도 이렇게 말한 적이 있다. "동정녀 탄생이 성탄의 표지일 뿐인 것처럼, 빈 무덤과 승천도 부활절 사건의 표지일 뿐이다"(*Church Dogmatics*, III/2, p. 453). 다행히 그는 아마도 불트만과의 논쟁에 자극을 받아 나중에 이를 바로잡았고, 부활과 승천을 "하나의 동일한 사건 안에 있는 두 개의 구별되지만 분리될 수 없는 순간"으로 구별했다. 부활은 예수께서 파멸과 죽음"으로부터 오심"이며, 승천은 그분이 하늘과 성부께"로 가심"이다(IV/2, pp. 150 이하). 바르트가 이 두 순간이 한 사건, 즉 인간의 '칭의' 사건의 순간으로서(롬 4:25) **통일성**을 지님을 강조한 것은 매우 옳았다. 또한 이 이중적 사건을 하나로 이해하고자 할 때 일차적으로 부활에 초점을 맞추는 것이 옳은데—사실 그렇게 해야만 성 바울이 쓴 몇몇 본문과 성 마가와 성 마태의 글을 책임감 있게 다룬다고 말할 수 있다—승천이란 부활의 의미가 펼쳐짐이며, 말하자면 그 범위 안에 포함되어 있기 때문이다. 하지만 이는 승천이 빈 무덤처럼 '단지' 표지일 뿐이라고 말하는 것과 전혀 다르다. 빈 무덤과 달리 승천은 신조 안에서 마땅히 우리 신앙 고백의 한 부분을 이룬다.

따라서 기독교 윤리 역시 창조된 질서의 기원을 뒤돌아보는 동시에 그 마지막을 내다본다. 기독교 윤리는 세상 안에 있는 삶의 자연적 구조를 존중하는 동시에 그 구조의 변화를 고대한다. 이는 예를 들어 베드로전서에서 확인할 수 있다. 베드로전서는 "예수 그리스도께서 나타나실 때에 너희에게 가져다주실 은혜를 온전히 바라는" 소망이라는 관점에서 그리스도인의 삶을 일반적으로 특징지으면서 시작한 다음, "주를 위해" 인간 삶의 모든 제도, 특히 정부, 노동, 결혼이라는 제도를 존중하는 마음으로 순종해야 한다는 관점에서 특수한 윤리를 상세히 설명한다(벧전 1:13; 2:13 이하). 여기에는 일반적 전망의 '근원적' 성격과 특수한 권고의 '보수주의'라고 생각할 수도 있는 것 사이의 충돌이 전혀 없다. 현존하는 자연적 구조의 변화를 마음에 그리는 소망은 그런 구조를 일관되게 공격하거나 거부할 수 없다. 하지만 '보수주의'(이 단어를 사용하는 것이 적절하다면)는 거리감을 포함한다. 이 거리감은 제도들의 구속이 얼마나 절실하게 필요하며 현재 그 제도들의 현재 형태가 얼마나 덧없는 것인지 예리하게 인식하는 데서 유래한다.

자연적 목적과 역사

창조된 질서의 변화에 비추어 보아도 창조된 질서가 완전하다는 이 주장은 우리에게 중요한 논쟁의 영역을 정의하기를 강요한다. 흔히 '역사주의'(historicism)라고 부르는 것을 향한 현대 사상의 전회가 이제 모든 영역에 영향을 미치고 있다. 서양 신학에서 역사주의는 불균등한 영향을 미쳤다. 역사주의는 헤겔의 제자들을 통해 19세기 말엽에 첫 번째 충격을 가했지만 제1차 세계대전 이후에 발생한 그 유명한 신학적 혁명을 통해 심각한 반대에 직면했다. 하지만 최근 몇십 년 동안, 부분적으로는 기독교가 마르크스주의 범주를 정면으로 맞닥뜨리고자 한 결과로, 부분적으로는 그와 연관된 테이야르 드 샤르뎅(Teilhard de Chardin)의 진화론적 우주론의 영향력을 통해, 다시 한번 지배적 사조가 되었다. 역사주의의 핵심은 모든 목적론이 역사적 목적론이라는 논제를 통해 표현될 수 있다. 역사주의에서는 '목적'이라는 개념이 본질적으로 시간 안에서의 변화라는 개념이라고 주장한다. 그것이 역사적 의미(point)가 아니라면 아무것도 '의미'를 가질 수 없다. 자연 자체의 규칙성 안에는 어떤 의미도 존재하지 않는다. 우리가 자연의 규칙성 안에서 자연적으로 섬기도록 질서 잡혀 있다고(orderings-to-serve) 받아들이는 것과 번영하도록 질서 잡혀 있다고(orderings-to-flourish) 받아들이는 것은 사실 전혀 다르다. 그것들은 변화하도록 질서 잡혀 있는 것(orderings-to-transformation)이며, 따라서 자연의 질서와 철저히 분리된다. 자연적인 것은 대체되기 위해 존재할 뿐이다. 그 안의 모든 것은 초자연적 목적, 역사의 목적에 기여할 뿐이다. 그 목적을 천국으로 이해할 수도 있다. 공산주의의 낙원으로 이해할 수도 있다. 혹은 (특히 자유주의적 역사주의에서처럼) 우리가 다가갈수록 지평선처럼 무한히 물러나는, 자기를 정당화하는 변화라는 정의되지 않은 용어일 뿐일지도 모른다. 그러나 이 모든 경우에 자연적 질서와 자연적 의미는 역사의 과정 속 순간으로만 이해된다. 자연적 질서와 자연적 의미는 이 과정에 의해 해체되고 재구성되어야 하며, 이것들이 가치를 갖는 것은 그 자체의 완결성(integrity) 때문이 아니라 변화를 위한 원재료가 되기 때문이다.

소크라테스(Socrates)와 아리스토텔레스 사상의 특정한 흐름 안에서 역사적 목적론을 발견하고자 했던 볼프하르트 판넨베르크(Wolfhart Pannenberg)의 논리정연한 시도[*Theology and the Kingdom of God*(『신학과 하나님 나라』, 대한기독교서회)에 실린 "Appearance as the Arrival of the Future"]를 전형적인 역사주의적 기획으로 볼 수 있다. 판넨베르크는 일차적으로 나타남과 실재 사이의 관계에 관심을 기울이며, 그는 이 관계가 본질적으로 현재와 미래의 관계라고 주장하기를 원한다. 그의 주장 한가운데에 우리가 관심을 집중하는 짧은 단락이 있다(pp. 137-138). '형상'이라는 플라톤적 개념은 파르메니데스의 '아르케'(근원, 원리)뿐만 아니라 소크라테스의 '아레테'(*aretē*, 탁월함)까지 포함한다. 하지만 "미래성의 요소가 선이라는 개념 안에 포함되어 있다. 모든 사람이 선한 것과 유용한 것을 추구하는 한…아무도 자신이 그것을 소유하고 있음을 아는 사람이 없음이 자명하다. 오히려 그는 그것에 이르기를 바란다. 따라서, 추구되는 바로서 선의 본질 안에는 미래적인 무언가가 존재한다." 매우 핵심적이지만 너무나도 빈약하게 상술된 이 주장은 사실 기획으로서의 선(good-as-project)이라는 역사주의적 개념을, 그런 개념에 관해 아무것도 알지 못하는 고전적 범주에 강요한다. '선'은 추구의 대상이며 시간 안에서 추구가 발생하기 때문에 역사주의적 범주라고 일컬어진다. 하지만 시간 안에서 살아가는 우리는, 다른 모든 것을 시간 안에서 하듯 시간 안에서 추구를 함에도, 추구가 시간 안에서 이뤄진다는 사실은 추구라는 개념에 전혀 본질적이지 않다. 그림 속의 해바라기는 화가가 캔버스 위에서 포착해 낸 그 무시간적 순간에도 태양을 추구한다. '추구'는 단순한 목적론적 지향 속에서 주어진다. 미래성이라는 요소를 포함하는 플라톤의 '선이라는 이데아'와 달리 그 요소는 그것과 조화를 이루도록 역사 안에서 하나의 기획을 공식화함으로써 그것에 반응할 때만 도입된다.

    자연적 목적론과 역사적 목적론의 차이를 두고 관찰해야 할 핵심 내용은, 자연적 목적은 종류적인 반면 역사적 목적은 특수하다는 것이다. 창조된 질서 안에서 한 사람은 어떤 성취를 이루도록 운명 지어져 있다. 그것이 그 사람과 같은 종에 속한 존재들을 위한 적합한 성취이기 때문이다. 하지만 역사적 운명 지음이란 사건들을 단일한 목표를 향해 독특하고 반복될 수 없는 방식으로 운명 짓는 것이다. 판넨베르크는 '선'을 역사적 범주로 설명하면서 그것에 관한 우리의 사고를 특징짓는 '보편성'(즉, 종류적 성격)을 극복해야 함을 알고 있다. 그는 보편성이 **반복**이라는 현상을 제외하면 실재 안에 아무런 토대도 가지고 있지 않은, 순전히 인간 정신이 만들어 낸 개념(construction)이라고 주장한다(pp. 141-142). "무수한 새로운 사건들은 비록 언제나 새로운 무언가를 일으킴에도 이전 사건들을 '반복한다.' 압도적인 다수의 사건에서 변화의 요소는 관찰할 수 없는 것으로 남아 있다. 따라서 충분히 폭넓은 관점에서 우리는 불특정 다수의 사건 안에서의 **동일한** 구조의 반복에 관해 이야기할 수 있다." 판넨베르크는 그런 동일성이 환영일 뿐이라고 말하기를 정말로 원한다. 하지만 어떻게 우리가 종류적 등가성에 관해 생각할 수 있게 되는지를 설명하기 위해 그는 그런 동일성에 일정한 실체를 허용할 수밖에 없다. 결국 새로운 사건이 이전의 사건과 일정한 종류적 관계를 지닌 채 발생하는 것이 반복이 아니라면 반복이 **대체** 무엇이겠는가? 무언가가 다른 무언가와 일정한 '유사성'을 지니지 않는다면 어떻게 무언가가 다른 무언가와 '같을' 수 있겠는가? 또한 바로 이런 유사성을 근거로 우리는 자연적 목적과 역사적 목적, 어떤 것들이 다른 것들과 공유하는 목적과 그것들 고유의 목적을 판별할 수 있다.

역사주의에 대한 주된 반론은 그것이 잠재적으로 혁명적인 함의를 지닌다는 것이라고 생각할지도 모른다. 이는 실수다. 역사주의는 혁명적 형태를 띨 수 있으며, 근대적 혁명 관념을 만들어 내는 데 중대한 역할을 했다. 하지만 (*Natural Right and History*에서 제시한 탁월한 역사주의 비판에 우리가 빚지고 있는) 레오 스트라우스는 프랑스 혁명기 보수주의적 반동이 역사주의의 발전에서 중요한 역할을 했음을 언제나 강조했다[pp. 13-14. 『자연권과 역사』(인간사랑)]. 도덕 사상이 전통이라는 '구체적' 실재를 피난처 삼았을 때는 바로 보편적 원리라는 혁명적 가능성으로부터 뒷걸음칠 때였다. 영원한 진리는 확립된 전통을 비판하고 전복할 수 있다. 이를 대신해 내재적 진리와 모든 살아 있는 역사적 전통의 자기비판 능력을 주장해야 한다. 기존 제도가 정의의 일정한 보편적 기준을 충족했음을 근거로 그 제도를 옹호해서는 안 되었다(그런 식의 주장은 너무 위험했다). 기존 제도는 역사의 산물로 옹호되어야 했다. 역사의 과정으로부터 생겨난 그 제도는 중재하는 선을 구성했으며, 그 선은 역사가 제공해야 할 어떠한 추가적 선으로든 나아가는 길을 그 내재적 동력을 통해 마련할 수 있었다.

역사를 진지하게 받아들여야 한다는 관념에는 이의를 제기할 수 없다. 역사주의에 대한 기독교의 대응은 정확히 반대 주장을 하려 할 것이다. 즉, 역사를 모든 의미와 가치를 위한 범주적 모판으로 만들 때, 그것은 **역사로서** 진지하게 받아들여질 수 없다는 것이다. 이야기는 무언가에 관한 이야기여야 한다. 하지만 모든 것이 이야기일 때 그 이야기가 다룰 대상은 존재하지 않는다. 한 이야기의 주제는 내재적 가치를 지닌 무언가 혹은 누군가여야 한다. 그렇지 않으면 그 이야기는 이야기로서 그 흥미와 중요성을 상실하고 만다. 하나님의 선한 섭리 안에서 하나님이 만드신 선한 세상에 무슨 일이 일어났는지에 관한 이야기가 가장 온전한 의미의 '역사'다. 하지만 조이스(Joyce)의 『피네간의 경야』(*Finnegan's Wake*) 속 등장인물들이 산문 속에서 녹아서 사라지듯이 그런 세상이 역사 속에서 녹아서 사라질 때, 역사는 주제 없이 남겨지고, 그 결과 우리에게 더 이상 역사는 없으며 (그 관념의 빈약함을 가장 완벽히 표현하는 단어를 사용하자면) '과정'만 있을 뿐이다. 그런 다음 다시 그리스도인이 들려주는 세상의 이야기는 예수 그리스도 안에서 행하시는 하나님의 구원 행위 안에서 그 전환점을 맞는다. 그 위기를 통해 세상의 이야기는 독특하게 그 이야기의 목적을 지향하게 된다. 하지만 모든 목적에 대한 모든 지향을 똑같이 역사의 목적에 대한 지향으로 이해할 때 그 이야기의 중대한 순간이 상실되며 전환점도 잊히고 만다. 이 두 비판을 차례로 설명하고자 한다.

(1) 창조 관념의 가장 특징적인 점은 그것이 완성되었다는 것이다. 창조는 역사적 실존이라는 전제를 형성하는 주어진 질서의 총합이다. '창조된 질서'는 역사의 경로 안에서 타협할 수 없는 것, 우연의 공포도 예술의 창의성도 전복할 수 없는 것이다. 그것은 우리가 누리는 자유의 범위와 우리가 느끼는 두려움의 한계를 규정한다. 창조의 완성을 기리는 안식에 관해 노래하는 시편의 확언이 인간의 활동과 인간의 소망을 위한 근거를 제공한다. "세계가 굳게 서고 흔들리지 않으리라." "여호와께서 다스리시는" 이런 세상에서 우리는 자유롭게 행동할 수 있으며 하나님이 일하실 것임을 확신할 수 있다. 창조된 질서가 주어져 있으며 흔들리지 않고 확고하기 때문에 우리는 하나님이 역사 안에서 그것을 확증하실 것임을 감히 확신한다. "그가 임하시되 땅을 심판하러 임하실 것임이라. 그가 의로 세계를 심판하시며 그의 진실하심으로 백성을 심판하시리로다"(시 96:10, 13).

고전적인 기독교 신학에서는 '창조' 사상과 '섭리' '사상'을 구별하려고 노력했다. 역사의 위험한 우연성 안에서, 또한 그것을 통해 지속되는 하나님의 주권은 창조 안에 주어진 하나님의 주요한 선물인 질서에 의해 보증되었다. '지속적 창조'에 대한 현대의 믿음은 이 질서와 우연성의 변증법에 대한 망각을 보여 주는 최신의 형식일 뿐이다. 현대의 믿음을 기리는 동시대의 찬송가책에 수록된 찬송가들은 시편 96편보다 믿음을 세우는 데 훨씬 덜 유익하다.

창조의 주님, 우리는 주님께 감사드립니다.
주님이 지으신 이 세계가 미완성이기 때문입니다.

하나님이 마무리하지 않은 일이 인간에게 기회가 되는 것처럼 보인다! 하지만 저자는 자유주의적 진보의 정신에 충실하면서 완성에 대한 관심을 철저히 거부한다.

> 우리가 선택하는 것이 우리의 본질이며
> 우리는 우리가 사랑하는 것이 될 것이기에
> 그 목표는 언제나 저 멀리에서 빛날 것입니다.
> 그것을 이루고자 하는 의지가 우리를 자유롭게 합니다.

[이 찬송가의 가사는 역사주의 신학의 첫 전성기였던 20세기 초에 쓰였다. 하지만 나는 1971년에 출간된 Hymn Book of the Anglican and United Churches of Canada에서 이 곡을 인용했다. 이 사실 자체가 흥미로운 징후다. 판넨베르크가 학문적 신학 안에서 트뢸치(Troeltsch)를 복원하고 있는 시점에 우리의 대중적 경건이라는 차원에서도 그에 상응하는 복원이 이뤄지고 있다!]

안식을 올바르게 이해한다면 우리는 이런 오류에 빠지지 않을 것이다. 창조의 완성을 기리는 표지는 동시에 역사의 성취를 고대한다. 종말론적 의미가 창조의 의미를 대체하거나 무효화하는가? 시편 95:11("그들은 내 안식에 들어오지 못하리라")과 창세기 2:2("하나님이 그가 하시던 일을…마치시니")을 함께 인용하는 히브리서 4:3-11에서는 바로 이 문제를 다룬다. 하나님의 일은 세상이 시작된 이후 줄곧 완료된 상태였다고 히브리서 저자는 우리에게 말한다. 남아 있는 것은 이 모든 시간 동안, 말하자면 점유되지 않은 채로 우리를 기다려 온 안식에 우리가 **들어가는** 것이다. "복음 전함을 먼저 받은 자들"(옛 언약의 유대인들)은 순종하지 않았기에 안식에 들어가지 못했고, 따라서 하나님은 안식에 들어갈 또 다른 날을 정해 두셨다. 하나님이 그분의 일을 쉬신 것처럼, 들어가는 사람은 누구든지 자기의 일을 쉰다(히 4:10). 따라서 히브리서 저자는 아직 완성되지 않은 역사에 관한 생각 때문에 창조의 완성을 의심하기는커녕, 오히려 우리가 아직 완성되지 않은 역사를 진지하게 받아들일 수 있는 유일한 근거가 창조의 완성이라고 생각한다. 역사의 성취란 이미 우주 안에 존재하는 완결성 안으로 우리가 진입하는 것을 의미한다. 말하자면 우리의 안식은 하나님의 안식을 따라잡는 것을 뜻한다. 나는 윌리엄 블레이크(William Blake)의 수채화 "하나님이 일곱째 날을 복되게 하시다"(God Blessing the Seventh Day)가 창조의 완성을 시각적으로 완벽하게 표현한 사례라고 생각한다. 하나님에 해당하는 인물이 손을 뻗어 복을 내리는 자세로 가운데 앉아 있다. 그분의 보좌 뒤쪽으로부터 창조의 능력인 천사들이 나타나며, 천사들이 뻗은 손은 창조주와 그들 자신을 둘러싸고 있으며, 창조주의 아래와 위에서 대략적으로 왕관과 발판을 형성하는 것을 제외하면 그 자체로 완결된 하나의 원을 이룬다. 하지만 창조의 원으로부터 빛이 퍼져 나오고, 이 빛은 보는 사람을 **향해** 흘러나오는 것처럼 보인다. 그 결과 창조의 완전함이 또 다른 차원으로 발산될 때 역사가 형성되는 것처럼 보인다.

만약 우리가 하나님의 창조 사역의 완결성에 관해 말할 수 있으며 말해야 한다면, 역사를 섭리적으로 통치하고 구속하는 그분 사역의 미완결성에 관해서도 똑같이 말할 수 있으며 말해야 한다. 성 요한은 예수께서 안식일에 행하신 기적에 관해 "내 아버지께서 이제까지 일하시니 나도 일한다"라고 말하셨다고 기록한다(5:17). 하지만 예수께서 안식일에 행하신 기적이 증언하는 아버지의 일이란 무엇인가? 그것은 죽음으로부터 창조를 확증하는 일, 창조의 온전함을 드러내는 일이다. 아버지께서 "죽은 자들을 일으켜 살리심같이" 성자께서도 그렇게 하신다(21절). 또한 성자께서는 다른 어떤 것도 하실 수 없으며 자신의 일도 전혀 하실 수 없고, 아버지께서 하시는 일을 보고 그 일만을 하실 수 있다(19절). 예수께서 안식일에 행하신 기적의 문제는 그분이 "사람의 전신을 건전하게 하실" 수 있는지 여부다(7:23). 다시 말해, 역사가 안식일의 참된 의미, 즉 하나님의 창조의 완결성과 장차 이뤄질 창조의 확증을 드러낼 수 있는지 여부다.

창조를 역사의 '전제'라고 부를 때 우리는 역사의 '기원' 혹은 '시작'인 역사에 관해 말함으로써 형이상학적으로 진술된 바를 논리적으로 표현하는 셈이다. 시내(stream)의 기원이라는 개념에는 관념적 내용을 부여할 수 있지만 역사의 기원이라는 개념에는 관념적 내용을 부여할 수 없다. 그럼에도 우리는 어떤 식으로든 역사에 관해 생각해야 하며, 역사를 일종의 시내로 생각하고자 한다면(역사의 '방향'이나 '움직임'이나 '종말'에 관해 말할 때마다 우리는 그렇게 하는 셈이다), 똑같이 생각할 수 없는 두 방식 중 하나로 우리의 형이상학적 이해를 공식화해야 한다. 즉, 그것은 원천이 있는 시내이거나 영원으로부터 흘러나온 시내다. 둘 중 하나를 선택할 때 우리는 역사적 가능성의 범위를 어떻게 이해할지를 결정해야 한다. 교부 시대의 교회는, 세계가 시간 안에서 무한히 확장된다는 생각은 역사가 모든 가능성을 역사 안에 내재적으로 포함한다는 이단적 함의를 지닌다고 바르게 판단했다. [고전 세계에 널리 퍼져 있던 순환적 관념에도 이런 함의가 내포되어 있었다. 그런 순환적 관념은 시간의 움직임으로부터 동일성과 규칙성이 만들어질 수 있음을 암시하며, 니체(Nietzsche)가 역사주의를 한계까지 밀어붙이면서 이런 생각으로 돌아간 것은 실수가 아니었다.] 초기 교부들은 창조를 위한 하나님의 작정으로서의 역사의 유한성을 주창하기 위해 절대적 기원으로서의 창조, 즉 무로부터의(*ex nihilo*) 창조에 관해 이야기했다. 역사의 가능성은 하나님이 세계에 부여하신 존재라는 선물이라는 용어에 의해 규정되었다. 다른 신학 시대의 언어로 같은 주장을 표현하자면 창조는 '언약'이다.

창조를 역사적 과정의 첫 단계로 설명하려고 하는 신학자들의 반복된, 또한 오해에서 비롯된 시도에 맞서 지금도 역사적 가능성의 유한성을 옹호해야 한다. (이런 종류의 시도 중에서 가장 최근의 것들이 모두 진화론에 의해 촉발되었다면, 역설적이게도 가장 초기의 시도들은 창세기의 '날'을 문자적 24시간 기간으로 해석함으로써 최근의 시도들에 반대한다.) 과학 연구자들이 우주의 초기 단계(prehistory)에 관해 무엇을 말할 수 있다고 믿든지, 그들은 신학적 의미의 '창조'에 관해서는 아무것도 말할 수 없다. 창조는 다른 과정을 거꾸로 추론함으로써 이해할 수 있는 과정이 아니기 때문이다. 시간 안에서 이뤄지는 **모든** 움직임은 완결된 계획으로서의 창조를 전제한다. 역사의 규칙적 경향성으로 표현된 목적론적 질서는 역사적 과정의 산물이 아니며, 따라서 역사가 그 목표를 향해 나아갈 때 그 질서는 초월되거나 추월된다. 그것은 역사의 움직임을 위한 조건, 즉 역사가 하나의 형태 혹은 다른 형태로 언제나 증언하는 조건이다.

역사주의는 자연적 목적론과 역사적 목적론을 구별할 수 없으므로 언제나 자연적 구조의 선을 죄나 무질서와 혼동하는 경향을 띨 것이다. 모든 목적론이 역사적 목적론이고, 자연적 구조가 그 안에 총체성으로서의 온전성(integrity)을 가지지 못한다면, 실제적 선과 악이 역사적 성취에 의해 똑같이 '불완전하다'는 심판을 받을 것이기 때문이다. 창조가 그 시작으로부터 단절되어 그저 역사를 지칭하는 다른 이름 취급을 받을 때, 그 시작은 긍정적으로 특징지어지지 않은 채로 남겨진다. 시작은 단지 마지막이 우리를 미래로 향하도록 불러내는 미완성일 뿐이다. 그리고 더 이상 선한 자연적 질서를 기준으로 삼아 죄를 정의하지 않을 때, 미래만이 죄의 심판자가 될 때, 악도 명확하게 특징짓지 못하게 된다. 악 역시 우리가 그것으로부터 벗어나 진보해야 하는 역사적 불완전함일 뿐이다. 그러나 한 유형의 불완전함은 다른 유형의 불완전함과 대단히 비슷하다. 따라서 역사주의는 창조를 악으로 불렀던 오래된 영지주의 이원론과도 비슷하고, 악의 실재를 아예 부인했던 관념론과도 비슷하다. 역사를 과정으로 묘사한다면 선과 악이라는 범주를 과거와 미래라는 범주로 대체하게 된다. 선한 창조, 악한 타락, 악을 무효화하고 창조된 선을 초월하는 역사의 종말이라는 기독교의 삼중적 형이상학을 대신해 역사주의에서는 역사적 '시작점'(from)과 '지향점'(towards)의 이원론적 대립을 주창하며, 선과 악에 대한 모든 전통적 언어는 이러한 이원론적 대립에 따라 재해석된다.

(2) 2세기에 이레나이우스가 사용한 이후, 인간 역사를 두고 여러 시대의 기독교 작가들 사이에서 인기를 누린 직유가 있다. 하나님이 인류를 다루신 과정을 유아였던 아이가 자라 어른이 되는 과정에 비유하는 것이다. 이 직유는 과거의 역사를 성장에 빗대어 설명함으로써 이해할 수 있게 만들 뿐만 아니라 미래의 역사를 지금까지 상황이 진행된 과정의 발전과 강화로 보아 본질적으로 예측 가능한 것으로 만드는 효과를 낳는다. 따라서 이 직유는 변증의 목적에 기여한다. 합리적 인간이라면 누구든 인간의 가장 고귀한 노력이라고 인정할 수 있는 자연스러운 진보 추구라는 관점에서 하나님의 종말론

적 개입을 칭송하려고 한다. 그 '낙관적' 어조가 아니라 바로 이것 때문에 그 직유는 고대 사상 안에서 현대의 역사주의를 부추겼던 요소 중 하나로 규정된다. 낙관적 형태의 역사주의뿐만 아니라 비관적 형태의 역사주의도 존재하기 때문이다. 하지만 양자의 공통점은 역사가 그 자체의 의미를 선언할 것이라는 확신이다. 레오 스트라우스의 말처럼, "충분히 계몽된 인간은 역사의 길을 이해할 수 있다"(*Natural Right and History*, p. 317). 자연적 목적론을 역사적인 것으로 이해하는 태도가 이를 암시한다. 사물의 자연적 목적은 확실히 이해할 수 있는 것이기 때문이다. 그리고 만약 무언가가 존재하는 목적을 분별함으로써 역사의 방향을 분별한다고 정말로 믿는다면, 어느 정도만이라도 계몽된 인류라면 역사의 방향에 관해 아주 많은 것을 알고 있다고 결론 내려야 한다.

그렇다면 하나님이 인류를 다루시는 방식의 신비, 즉 예언자가 눈물을 흘릴 수밖에 없도록 만들었던 역사적 사건의 불가해성은 사라지고 만다. 그리고 "측량할 수 없는 그리스도의 풍성함"을 전하는 데서(8절) "영원부터 만물을 창조하신 하나님 속에 감추어졌던 비밀의 경륜이 어떠한 것을 드러내게 하려 하심"이라는 그리스도인의 선포의 결정적 역할도 사라지고 만다(엡 3:9). '오직 은총으로'(*sola gratia*)와 '오직 그리스도로'(*solo Christo*)를 기독교의 구속 교리에 대한 기준으로 제시할 때 종교개혁자들은 역사주의 안에서 상실된 바로 그 핵심 논점, 즉 역사의 성취는 역사 안으로부터 내재적으로 생성되지 않는다는 논점을 지켜 내고자 했다. '오직 은총'에 관해 말한다는 것은 하나님이 역사 안에서 일하신다는 것보다 더 많은 것을 말함을 뜻하기 때문이다. 그것은 '밖으로부터' 이뤄지는 일에 관해 말함을 뜻한다.

이는 곧 하나님이 만드신 세상을 변화시키실 때 그분은 그저 그 세상의 내재적 필요에 응답하실 뿐만 아니라 새로운 무언가를 행하신다고 주장하는 것을 뜻한다. 변화는 창조를 다루지만 절대로 창조에 의해 결정되지 않는다. 바로 이런 의미에서 기독교의 역사관이 단순히 '목적론적'이지 않고 '종말론적'이라고 설명한다. 정해진 목적은 태초에 혹은 시간을 통해 이뤄지는 움직임의 과정 안에 내재적으로 존재하는 것이 아니라 '더 고귀한 은총'이다. 그 은총은 처음과 같은 하나님에게서 나오고 그 성취로서 처음을 참된 총체로 만들지만, 그럼에도 하나님의 자유로운 행위로서 그 자체의 통일성과 독특성을 지닌다. "보라! 내가 새 일을 행하리니!" 그리스 전통에서 인간의 구원을 설명할 때 사용하는, '신화'(divinization)라는 위험하지만 감동적인 용어는 인간의 운명이 그의 존재가 지닌 내재적 가능성 안에서 이해할 수 있는 모든 것을 넘어선다는 이 진리를 표현한다. 생각할 수 없는 것을 생각하는 데 너무나도 몰두하는 것처럼 보이는 이 역설적 용어가 자기 초월을 향한 인간의 전진을 통해 얻으리라 **예상되는** 결과를 표현하는 데 활용되고 있다는 사실은 묵시론적 역사주의가 이 분야를 얼마나 광범위하게 휩쓸었는지를 가늠하게 한다!

이레나이우스(*Adversus Haereses* IV.38)에게서 자신의 입장을 지지하는 내용을 찾으려는 현대의 역사주의 신학자들은 착각하고 있는 게 아니다. 그럼에도 이레나이우스의 사상 안에도 오해를 야기하는 이 본문의 경향성을 이레나이우스 자신도 경계하고 있음을 보여 주는 요소가 존재한다. 특히 구속이 창조를 "총괄갱신"(recapitulate)한다는 사상(III.18), 하나님의 "형상"(image)과 그분과의 "비슷함"(similitude)을 구별하는 태도(V.6), IV.38의 핵심에 자리한, 인간이 "신이 된다"는 개념이다. 이후의 교부 전통에서는 확고한 근거를 가지고, 아동이었던 인류가 성숙해 가는 과정에 관한 그의 고찰보다 이 마지막 개념을 더 진지하게 받아들였다. 바실레이오스의 글(*De Spiritu Sancto* 16.38)에 포함된 중요한 한 단락에서는 "완전"[텔레이오시스(*teleiōsis*)]이 "밖으로부터"[엑소텐(*exōthen*)] 옴을 강조하는 것이 니케아 신학자들에게 얼마나 중요해졌는지를 예증한다. 물론 바실레이오스는 천사들, 즉 우리와 달리 구원의 역사가 없고 따라서 오순절도 없지만 "처음부터 창조의 결과물"에 속했던 존재들의 창조에 관해 논하고 있다. 그들 역시 자신의 존재를 성부와 성자뿐만 아니라 성령께 의존한다. 그들은 그들의 "제일 원인"인 성부, 그들의 "창시자"(artificer)인 성자, 그들을 "완전하게 하시는 분"인 성령에 의해 창조되었다. 그리고 거룩함에서 그들의 "안정성"은 성령께 할당되었다[텔레이오테스(*teleiōtēs*), 스테레오시스(*stereōsis*)]. 하지만 이런 식으로 거룩함을 천사 창조의 일부로 이야기하는 것은 완전함이 천사의 자연적 구성에 내재적임을 암시하는 것처럼 보일 수도 있다. 바실레이오스는 무슨 수를 써서라도 이런 인상을 바로잡아야 했다. "하늘의 권세는 자연적으로 거룩하지 않다. 그렇지 않다면 그들은 성령과 전혀 다르지 않을 것이기 때문이다. 거룩함은 그들의 존재 외부에서 오며, 성령의 교통(communion)을 통해 그들에게 완전함을 수여한다[에파게이(*epagei*)]." 우리가 어떻게 "역사"를 부여할지 거의 알지 못하는 존재인 천사에 관해서조차도 완전함은 거룩하게 하시는 성령의 사역에 의존하며 그들의 창조된 본성 외부에서 와서 그 본성에 "수여된다"고 말해야 한다.

역사의 목적을 이렇게 종말론적으로 이해해야 '오직 그리스도께서' 세계 질서를 성취로 이끄신다는 주장도 이해할 수 있다. 세계의 운명이 세계의 자연적 질서 안에 내재적으로 존재한다면, 그 운명은 세계의 자연적 질서 안에 보편적으로 존재해야 하기 때문이다. 그런 경우 그리스도에 관해, 그분이 중심이 되는 구원의 역사에 관해 기껏해야 그분이 이미 세계사 전체 안에 존재하는 내재적 경향성을 표상하시며, 세계사 전체의 만개를 예상하심으로써 그 경향성을 계시하신다고 말할 수 있을 뿐이다. 하지만 이는 사도적 신앙을 적합하게 고백하는 게 아니다. 물론 우리는 '구원 역사'를 너무 열렬히 옹호한 나머지 하나님의 나라가 더 이상 **모든** 역사의 운명이자 목적이 아닌 것처럼, 그 안에서 이뤄지는 특수한 행동의 협소한 부분과만 관련된 것처럼 보이게 해서는 안 된다. 하지만 기독교의 보편주의에서는 전체에 운명과 목적을 부여하는 역사 속 지점을, 운명과 목적이 부여된 그 전체와 여전히 구별해야 한다. 하나님은 그리스도의 탄생과 존 스미스의 탄생 모두 천국 안에서 그 목적을 성취하도록 작정하셨다. 하지만 존 스미스의 탄생은 그 자체의 본질적 경향성에 의하지 않고 그리스도의 탄생을 통해 그렇게 작정되었다. 존 스미스의 탄생은 그 탄생의 역사적 '텔로스'를 지니지 않고, 그 하나의 구원 사건으로부터 역사적 '텔로스'를 받는다. 전통적으로는 이를 두고 하나님이 섭리에서 존 스미스의 탄생을 위해 일하시며, 구원에서 그리스도의 탄생을 위해 일하신다고 말해 왔다. 역사주의에 대한 우리의 불만은 그것이 모든 섭리 행위를 정의상 구원 행위로 만들었다는 것이다. 일어난 모든 일이 메시아적 성격을 띠게 되었다.

새로운 기독교 역사주의의 몇몇 대표자가 그들 스스로도 우리가 제기해 온 우려를 경계하는 태도를 보인다는 점을 인정해야 한다. 특히 위르겐 몰트만(Jürgen Moltmann)은 이에 관해 상당히 만족스러운 답변을 제시한다. 『신학의 미래』(*Hope and Planning*, 대한기독교서회)에서 그는 이렇게 말한다. "(기독교의 소망은) 폭풍처럼 사나운 역사의 하나님에게서, 운명과 우연의 하나님에게서 가능한 한 멀리 떨어져 있어야 한다. 신학적으로 이는 우리가 하나님의 약속과 하나님의 섭리를 구별하는 법을 다시 배워야 함을 의미한다. 하나님의 약속은 하나님의 섭리에 기초하지 않으며, 오히려 하나님의 섭리가 하나님의 약속의 성취에 기여한다. 역사를 만드시는 하나님의 약속을 해체하여 역사를 다스리시는 하나님의 일반적 섭리로 환원시켰을 때…기독교의 소망이 쇠락하기 시작했다.…하나님의 약속은 역사를 위한 계획을 세우시는 하나님의 정신적 활동의 표현이자 계시에 불과한 것이 되고 말았다. 따라서 계획하는 인간 정신을 신적인 것의 형상으로 이해하게 되었고, 이는 '섭리'를 아직 덜 계발된, 예상하여 계획하는 인간 능력의 실체화된 이상으로 만들어 버리는 자연적 역전으로 귀결되었다"(*Hope and Planning*, p. 184). 고백하건대, 이처럼 예리한 주장을 펼칠 수 있는 사상가가 어떻게 같은 글에서 다음과 같이 주장할 수 있는지 나로서는 도무지 이해할 수 없다. "소망과 계획 모두 고통과 현재에 대한 불만족을 그 기초로 삼는다"(p. 178). 심지어 "소망은 현재의 현실에 대한 발전적 모순(evolutionary contradiction) 안에서 소망 자체를 환기한다"(p. 194). 이런 문장들이 여전히 그리스도의 부활만을 그 토대로 삼는 '기독교의 소망'에 관해 말하는가? 아니면 그 소망은 결국 '소망'이라는 더 광범위한 유(genus)의 한 종(species)에 불과한 것으로서, 우리는 언제나 그 소망을 더 일반적인 현상에 종속시키면서 종교적 충성이라는 이유 때문에 특별히 그 소망에 관해 말하는가?

그리스도의 부활을 우리 소망의 근거로 삼는다면, 그 소망이 '불만족'에 기초해 있다고 말하기란 불가능하다. 현재에 대한 우리의 불만족은 하나님이 그리스도 안에서 성취하신, 창조의 영광스러운 확증에 압도되기 때문이다. 하지만 소망이 불만족에 기초한다고 생각한다면, 우리는 또한 소망이 역사의 내재적 가능성에 기초한다고 생각할 것이다. 우리는 '소망'이 **예상할 수** 없는 가능성, 모든 것을 계산했을 때 '불가능해' 보이는 가능성과 관계있음을 인정할 것이다. "소망은 역사적 가능성에 맞서 더 뻗어 나오며, 심지어 '불가능을 향한 열정'이라고 특징지을 수도 있다"라고 몰트만은 말한다(p. 194). 하지만 그런 다음 그는 곧바로 그 마지막 구절을 설명한다. "아직 가능하지 않음"(the not yet possible). **아직은** 가능하지 않다! 이는 "예상하여 계획하는 인간 능력"이 아직 덜 개발되었다고 보는 참으로 헌신된 계획자의 말이다! 급격하고 혁명적인 변화의 가능성 — "발전적 모순" — 조차 내재적으로 역사에 포함된 가능성이기 때문이다. 멀리 내다보는 사람들은 이를 고려할 것이며, 따라서 '소망'은 정도에 있어서만 '계획'과 구별될 것이다.

한나 아렌트(Hannah Arendt)는 "역사 개념"[*Between Past and Future*, p. 68.『과거와 미래 사이』(한길사)]이라는 에세이에서 역사주의의 핵심을 설명한다. 그는 모든 연대를 기원후(AD)와 기원전(BC)으로 구별하는 우리의 근대적 습관에 관해 논평한다. "우리 체계의 결정적인 점은 이제 그리스도의 탄생이 세계사의 전환점처럼 보인다는 것이 아니라…이제 처음으로 인류의 역사가 뒤로는 우리 마음대로 더할 수 있고 더 많이 연구할 수 있는 무한한 과거까지 확장되고, 앞으로는 무한한 미래까지 확장된다는 것이다. 과거와 미래라는 이 이중적 무한성은 처음과 끝의 모든 개념을 제거하며, 잠재적인 지상적 불멸성 안에 인류를 확립한다. 얼핏 세계사의 기독교화처럼 보이는 것이 실제로는 세속 역사로부터 모든 종교적 시간관을 제거한다." 이 문제를 이해하는 데서 나는 이 글과 조지 그랜트(George Grant)의 『역사로서의 시간』(*Time as History*)에 특별히 빚지고 있음을 인정한다.

역사주의 윤리

기독교 윤리를 다룰 때 이 논쟁이 중요함을 간단히 설명할 수 있다. 고전적 기독교 사상은 의미와 가치의 보편적 질서, 즉 창조를 통해 주어졌으며 하나님의 나라에서 성취된 질서, 따라서 모든 행동과 역사를 위한 틀을 이루며 행동이 역사를 이룰 때 행동을 그것과 일치시키라는 명령을 받는 질서로부터 시작되었다. 역사주의에서는 그런 보편적 질서가 존재함을 부인한다. 역사주의에서는 고전적 윤리에서 역사를 초월하는 질서(transhistorical order)라고 생각했던 것이 그 자체로 하나의 역사적 현상이라고 주장한다. 행동은 역사를 초월하는 가치와 일치될 수 없다. 그런 가치가 존재하지 않기 때문이다. 그 대신 행동은 행동이 기여하는 역사의 내재적 동학에 반응해야 한다.

이러한 부인과 앞 장의 물음에 대한 주관적 대답 사이에는 강한 공감이 존재한다. 세상 안에 우주적 질서가 실제로 존재하는가? 아니면 그것은 인간의 정신에 의해 실재에 부과되었을 뿐인가? 물론 역사주의자가 엄격히 진화론적인 자연사를 근거로 삼고 도덕을 인류가 지금 도달한 생물학적 진화 단계와 연관시키면서 이 물음에 대해 정합성을 갖춘 실재론적인 답을 제시하는 것이 불가능하지는 않다. 하지만 그러기 위해서는 엄청난 자기 규율이 필요할 것이다. 자연적 진화는 너무나도 느리게 이뤄지므로 도덕에 관한 논의에 긍정적으로 기여하기 원하는 사상가는 그로부터 유래할 수 있는 도덕의 변화가 달팽이 속도처럼 느리게 이뤄지는 것을 참기 어렵다고 느낄 수밖에 없다. 그러므로 우리는 진화론적 도덕주의자들이 자연사에서 사회 인류학으로 넘어가는 것을 흔히 볼 수 있다. 그렇게 함으로써 도덕적 가치를 역사주의 사상과 매우 잘 어울리는 방식으로 인간의 **문화**와 연결한다. 그런 결정은, 합리주의적이든 주의주의적이든 이 물음에 주관적 대답을 암시한다. 개별 행위자의 관점에서는 그의 문화가 그에게 객관적인 한 문화적인 도덕적 가치가 객관적일 수도 있지만 그럼에도 그런 가치는 인간 사고의 산물로서 인류의 문화적 가공물 중 하나이기 때문이다. 그 자체로 '역사를 가진' 도덕은 역사적 변화에 상응하는 역사의 한 양상일 수밖에 없다. 그리고 (진화에도 불구하고) 우리가 흔히 듣는 것처럼 '자연'은 '역사를 가지고 있지 않다.' 역사주의는 다양한 형태를 취하여 일부는 확정적 경향을 띠고 일부는 인간의 문화가 이바지하는 목적에 대해 불가지론적 태도를 갖는다. 하지만 역사주의 사상 안에는 압도적으로 관념론적인 흐름이 존재하며, 그 결과 역사가 '그 자체를 의식하게' 되는 것이 역사의 목적이라는 관념이 상당히 널리 통용되고 있다. 다시 말해, 역사주의 철학의 출현 자체가 역사가 기여하는 목적이다. 인류는 자신이 역사적 존재임을 알아야 하고, 역사의 과정을 의식적으로 통제해야 한다. 일부 신학계에서 널리 쓰이게 된 용어를 사용하자면, 역사의 목적은 세계의 '인간화'(hominization)다. 즉, 모든 사건이 인간 문화의 의식적 감독 아래로 들어가야 하며, 그 결과 세계 자체가 말하자면 인간이 만든 가공물이 되어야 한다.

이로부터 특히 두 영역, 즉 인류와 자연의 관계 및 개인과 사회의 관계에서 도덕 사상에 근원적 변화가 생겨났다.

(1) 인간이 자연을 대하는 데서 역사주의에서는 개입하고 조작하는 강한 경향성을 예외 없이 장려한다. 더 이상 인간의 행동이 존중

해야 할 자연적 삶의 목적이 자연 안에 객관적으로 주어진다고 이해하지 않고, 한 인간 문화의 해석에 의해 자연에 부여된다고 이해한다. 하지만 그 문화는 그 자체의 역사적 목적에 기여한다. 그 목적이 의식적으로 지배하는 것이 되는 한 개입은 필수적인 것이 된다. 하지만 내버려두는 것이 절대로 옳을 수 없다는 말은 아니다. 오히려 '내버려두기' 자체를 특수한 형태의 '개입'으로 이해하게 되며, 다른 형태의 개입이 아니라 이러한 형태의 개입을 주장해야 한다. 입증 책임이 이전되어, 개입하려는 사람들이 아니라 내버려두려는 사람들이 그 책임을 져야 한다. 그리고 개입하려는 사람들은 매우 낯선 방식으로, 이 경우에 내버려두기가 가장 효과적인 **형태**의 개입일 것이라고 주장함으로써 그 책임에서 벗어나야 한다. 내버려두기도 개입의 한 형태가 될 수 있음을 이해하기 위해, 지난 세기에 인간 문명의 급속한 확장이 이뤄진 대륙에서 널리 알려진 '야생 공원'(wilderness park) 현상을 생각해 보라. 이전에 파괴되지 않은 야생 지대를 지도상에 표시한다. 그 주위로 담장을 세우고, 그곳으로 들어가는 문을 만들며, 그 문까지 이르는 도로와 주차 시설을 마련한다. 그 안에서 전문적인 동물 관리인들이 야생 동물을 '관리하고' 적절하게 균형을 갖춘 야생 생태계를 유지한다. 이렇게 야생조차 인간화된다. 물론, 이전과 마찬가지로 여전히 수풀이 우거져 있으며 곰은 여전히 야생에서 살아간다. 하지만 이제 우거짐과 야생은 더 이상 독립적 선으로서 인간과 마주하지 않는다. 우거짐과 야생은 인간의 예술 작품으로서 번성하며, 인간이 자신을 위해 계획한 문화적 성취의 경로에 기여하기 위해 존재할 뿐이다.

하지만 역사주의가 체계적으로 개입주의적임을 증명하는 것은 비

인간의 자연만이 아니다. 역사주의적 관점은 인간이 인간 자신의 자연적 구성과 맺는 관계에도 근원적인 영향을 미친다. 그리고 여기서 우리는 신약성경이 그것에 관해 많은 것을 말하는 자연적 제도, 즉 결혼 제도를 우리의 패러다임으로 삼고자 한다. (성 마태가 기록하듯) 예수께서는 "사람을 지으신 이가 본래 그들을 남자와 여자로 지으시고 말씀하시기를 '그러므로 사람이 그 부모를 떠나서 아내에게 합하여 그 둘이 한 몸이 될지니라' 하셨다"고 가르치셨다(마 19:4-5). 그리스도인들은 그분의 말씀을 이해하려고 노력하면서 결혼이라는 규례를 통해 인간관계의 목적, 즉 창조의 사실이며 따라서 협상 불가능한 목적론적 구조인 것이 주어졌다고 고전적으로 믿어 왔다. 인간 성의 이형(dimorphic) 구조, 반대 성을 가지며 부모가 다른 두 성인의 특별한 끌림, 부모의 가정과 구별되는 가정의 형성, 공유된 삶 안에서 연합되는 그들의 삶(이를 근거로 예수께서는 이혼이 부자연스러운 것이라고 결론 내리셨다)과 같은 요소들은 애정과 성실이라는 맥락 안에서 생식이 일어날 수 있게 한다는 더 광범위한 목적에 기여하는 인간 성취의 형태를 이룬다. 역사 안에서 무슨 일이 일어나더라도 그리스도인들은 이것이 결혼의 참된 본질이라고 말하기를 바라 왔다. 특정 문화가 그 본질을 왜곡했을지도 모른다. 개인들이 그 본질에 미치지 못할지도 모른다. 두 경우 모두 그 문화와 개인에게 피해를 입힌다. 그 본질은 그 자체가 이 땅에서 인간관계를 위한 하나님의 창조 의도임을 재천명하기 때문이다. 또한 하나님의 나라가 나타날 때까지 그 본질은 한 형태 혹은 다른 형태로, 우리의 자연적 선으로서 우리와 함께 있을 것이다(하지만 그 후에는 그렇지 않을 것이다).

반면에 역사주의에서는 이러한 '자연적 선'이 역사를 초월해 자연 안에 주어진 것이 아니라 특정한 시간과 장소에서 이뤄진 문화적 발전의 산물이라고 주장해야 한다. (역사주의에서는 이런 주장을 펼치면서 고전적 기독교가 아닌 다른 문화적 환경에서 유지되어 온 성애적 관계의 다양한 형태를 강조할 것이다. 모든 변이형이 이 논의와 관련 있는 것은 아니라는 점은 주목할 만한 가치가 있다. 결혼의 기본 구조에 영향을 미치지 않는 수많은 문화적 변이형이 존재한다. 또한 영향을 미치지만 인간의 성취를 위해 부적합함을 충분히 드러낼 정도로 문화에 문제를 제기하는 다른 변이형들도 있다.) 역사주의는 이런 식으로 결혼을 문화사의 한 요소로 만듦으로써 반드시 결혼에 대해 질문을 제기한다. 오늘날 아무리 번성하더라도 결혼은 어떤 종류의 변형(metamorphosis)을 향해 움직이고 있다. 역사주의는 모든 창조된 선이 시대에 뒤처진 것처럼 보이게 만든다. 따라서 높은 이혼율이나 두드러진 동성애 문화가 암시하는 바와 같이 불만족하는 흐름이 한 사회의 결혼 관행에 분명히 나타난다면, 그런 흐름은 그 제도가 반드시 도달하게 될 진화 단계에 대한 징조로 대단히 심각하게 다뤄질 것이다. 그런 흐름이 진화가 궁극적으로 움직이는 방향을 나타내지 않는다 하더라도 환영할 것이다. 그것은 결혼과 결혼에 대한 대안이라는 문제를 의식적 선택의 차원으로 이끌고, 이로써 역사가 '스스로를 의식하게 됨'에 따라 자연적 관계를 문화적 기획으로 변형하는 데 기여하기 때문이다.

하지만 고전적 기독교 사상에서도 결혼의 변화를 믿었다. 또한 이 사상은 우리에게 역사주의적 관념과 더 온전한 의미에서의 '종말론적인' 관념을 대조할 기회를 제공한다. 예수께서는 (다시 한번 성 마태에 따르면) "부활 때에는 장가도 아니 가고 시집도 아니 가고 하늘에 있는 천사들과 같으니라"라고 가르치셨다(마 22:30). 하나님 앞에서 인류는 결혼이 가능하게 만든 사랑의 신의가 결혼의 한계를 넘어서 확장될 공동체를 경험하게 될 것이다. 신약 교회는 독신 생활에 대한 소명을 뒷받침할 수 있는 사회적 조건을 길러 냄으로서 이러한 종말론적 소망을 증언했다. 신약 교회에서는 결혼과 독신을 선택 가능한 소명으로 이해했으며, 둘 다 가치 있는 삶의 형식이고 둘이 함께 사랑이 넘치는 공동체의 본질에 대한 온전한 기독교의 증언을 이룬다고 보았다. 결혼은 하나님이 창조의 질서를 확증하셨음을 선언했고, 독신은 이를 넘어 그 질서의 종말론적 변형을 가리켰다. 하지만 기독교 교회 안에 이 둘이 공존했다는 사실은 결혼이나 독신의 완전성이 결여됨을 뜻하지 않았다. 각각은 그 자체의 고유한 구조에 따라 그 본질 그대로 기능해야 했다. 기혼자는 결혼의 방식대로, 독신자는 독신의 방식대로 살아야 했다. 어느 쪽도 그 자체 안에 진화적 변화를 수용하거나 다른 쪽 안에서 그런 변화를 불러일으키려고 하지 않았다. 결혼이 아닌 결혼은 창조된 질서의 선함을 증언할 수 없고, 독신이 아닌 독신은 그 질서가 결국 도달하게 될 성취에 관해 우리에게 아무것도 말해 줄 수 없을 것이다.

고린도전서 7장에 기록된 바울의 유명한 논의에서 핵심은 그가 금욕적 결혼 관념, 즉 결혼과 독신 사이의 타협이라고 할 수 있는 관념을 거부한다는 것이다. "남편은 그 아내에 대한 의무를 다하고 아내도 그 남편에게 그렇게 할지라"(3절). 그는 자신처럼 독신 상태를 유지하는 것을 기꺼이 권하겠지만 그것은 개인이 받은 은사[카리스마(*charisma*), 7절]의 문제다. 경솔하고 무분별한 금욕주의는 성적인 죄[포르네이아(*porneia*, 음행), 2절]로 이어질 뿐이다. 이어지는 본문에서 바울이 독신을 권하는 것은 첫머리의 이 진술에 비추어 이해해야 한다

(1-7절). 여기서 바울은 자신들의 은사에 대해 의심하는 이들에게 말하고 있다. 즉, 독신에 찬성하는 전제가 존재하지만, 개인의 정서적 상황이 결정 요인이 되어야 한다. ['불같이 타다'라는 은유(퓌루스타이[*pyrousthai*], 9절)는 사랑에서 좌절하게 됨을 의미한다. 즉, 현대의 주석가들이 외설적으로 암시하듯이 단순히 성욕이 지나치다는 뜻이 아니라 고전적인 에로스 문학에서 일반적으로 묘사하듯이 누군가**를** 사랑하는 데서(in love *with* somebody) 좌절을 느끼는 것을 의미한다.] 바울은 기혼자들을 향해 이혼 상황에 관해 이야기한 다음(10-16절) 소명의 일반적 원리를 설명한다(17-24절). 한 사람의 소명은 그 사람이 부름을 받은(즉, 그리스도를 따르도록 부름받은) 상황이다. 소명이 순종을 위한 조건을 제공한다는 점에서 소명은 중립적이다. 그러므로 소명을 바꾸는 것에 반대하는 전제가 존재한다. 따라서 이 조언은 미혼자들에게 다음과 같이 적용된다(25-35절). 첫째, 어느 방향이든 상태의 변화에 반대하는 전제가 존재하기 때문에 독신에 찬성하는 전제가 존재한다(26-28절). 둘째, 종말("임박한 환난")이 모든 자연적 구조에 제약을 가할 것이므로 독신에 찬성하는 종말론적 전제가 존재한다(29-31절). 방해받지 않고 주의 오심을 기다릴 수 있는 독신자의 자유는 부러워할 만하다 하지만 이것은 도덕적 원칙이 아니며, 일반적 지향 삼아 '제약을 가하고자 함', 즉 '목에 굴레를 씌우고자 함'이 아니다(35절, 개역개정에서는 "올무를 놓으려 함"으로 번역함-옮긴이).

선택 가능한 은사라는 개념은 덜 명시적이기는 하지만 성 마태가 기록한 예수의 가르침(19:10-12)에도 분명히 나타난다. "장가들지 않는 것이 좋겠나이다"라는 말은 모두를 위한 것이 아니라 그 말이 주어진 사람들을 위한 것이다. [RSV에서는 이 절을 "말"(*logos*)이 앞에서 다룬 이혼을 금하는 '교훈'(precept)을 가리키는 것으로 번역하는데 이는 오해를 불러일으킨다.] 그런 삶의 경로가 주어진 사람들은 우연이나 폭력으로 인해 결혼할 수 없게 된 사람들만이 아니다. 종말론적 왕국을 바라보며 이런 형태의 자기 부인을 자처한 사람들도 포함된다. 이런 절에서는 바울의 본문보다 독신의 금욕주의적 함의를 더 많이 의식하고 있으며, 독신의 우월성을 훨씬 덜 강조한다. 하지만 사고 구조는 전적으로 조화를 이룬다. '에스카톤'(eschaton, 종말) 때문에 독신을 소명으로 이해할 수 있으며, 독신과 결혼 사이에서 결정하는 일은 개인이 받은 은사를 기초로 이뤄진다.

교부와 중세 전통에서 독신에 관한 가르침이 타락하게 된 원인은 한 사람의 상태가 은사라는 이런 이해를 잃어버리고 말았기 때문이다. 따라서 결혼과 독신 사이에서의 선택을, 바울의 단서 조항에도 불구하고 도덕적 선택으로 취급하게 되었다. 서방 교회에서는 미심쩍지만 이해할 수 있는 방식으로 교훈과 충고를 구별함으로써 "그것은 죄짓는 것이 아니니"라는 바울의 말을 계속해서 참고하기는 했지만 이는 결혼을 경시하는 태도를 불가피하게 암시했다. 결국 4-5세기에 영적 부흥의 힘으로서 수도원주의가 발전한 결과로 독신을 더 고귀한 영성과 연결하게 되었고, 이는 곧 독신이 교회 안에서 특정한 형태의 사역을 위한 전제 조건임을 의미하게 되었다.

(2) 역사주의가 창조 관념을 결여함으로써 자연을 다루는 데 실패한다면, 역사주의의 사회사상은 강력한 종말론을 결여함으로써 똑같이 실패한다. 종말론은 (근대에 이르러 '자유주의' 전통이 된) 서양의 정치 전통 형성에 대단히 중요했다. 서양 신학에서 하나님의 도성과 지상 도성의 대립은 정치사상이 신정주의적 정부관을 피할 수 있게 했다. 신정주의적 정부관에서는 지상에서 하늘의 통치를 표현한다고 주장함으로써 지상적인 것과 천상적인 것을 단 하나의 전체주의적인 정치적 주장으로 통합해야 한다. 서방 신학은 이 세상의 나라들이 우리 하나님과 그분의 그리스도의 나라가 **아니라는** 주장, 하나님이 마지막 때에 개입하셔서 그렇게 만드실 때까지 세상의 나라들은 그러하다는

주장에서 출발한다. 그 이유를 묻는다면, 세상 나라들의 심판이 세상을 화해시킬 수 없고, 따라서 완벽히 참될 수도, 완벽히 자비로울 수도 없기 때문이라고 답해야 한다. 세상 나라들의 주권은 상대적 주권일 수밖에 없다. 그리고 화해를 이루는 하나님의 심판이라는 절대적 주권의 다스림을 받고 있음을 아는 신자는 자신만의 특정한 '공간'이 하나님의 심판과 계속해서 관계를 맺게 하듯이 자신의 영적 '공간'이 세상 나라들과 계속해서 관계를 맺게 한다. 이는 (타락한 형태의 전통에서 주장하듯) 세속 국가가 하나님과 그분의 주장으로부터 독립적일 수 있다거나 경건한 개인이 그가 속한 사회의 주장과 상관없이 사적 실존을 계발할 수 있다는 뜻이 아니다. 지상의 정치가 세상을 화해시킬 **필요가** 없기 때문에 하나님의 정의를 증언하는 잠정적 책무를 계속 수행할 수 있음을 뜻할 뿐이다. 그리고 개인은 그가 속한 지상의 공동체의 주장에 동화되지 않기 때문에 그가 자신의 천상적 소명으로부터 배운 인간 선에 대한 지식을 그 공동체의 선을 위해 제공할 수 있음을 뜻하는 것이다.

폴 램지의 (논문집 *The Just War*에 실린) 글 "권력 사용법"(The Uses of Power)에서는 초월이 상실된 후 뒤따라 고전적 서양 정치가 상실된 것을 안타까워한다. 천상적 시민권을 얻게 되었음을 알게 됨으로써 인류는 "제사의 모호성"과 "궁극적 화해"를 이룰 수 있게 되었다. 그 궁극적 화해를 생각할 때 인간은 "화해에 가까운 것", 즉 불멸의 인간이 목숨을 바칠 만한 가치가 있는 정의라는 지상적 선만을 제공할 수 있는 자신의 나라를 위해 자신의 생명을 바칠 수 있다. 하지만 모든 가치가 내재적인 세상에서, 지상의 정치를 향해 개인의 삶에 의미와 정당화를 제공하라는 지나치게 무거운 요구가 가해진다. 이 세상의 도성은 한 사람의 죽음을 위한 궁극적 화해를 절대로 제공할 수 없다. "따라서 근대적인 세속적 인간은 모든 지상 제사의 비극적 모호성의 핵심, 모든 정치적 성취의 빈약함과 인간이 정치권력을 사용해 기여할 수 있는 공동선의 덧없음을 더 이상 들여다볼 수 없다"(p. 17). 그것을 위해 살 가치가 있는 천상의 선이 존재하지 않는다면 그것을 위해 죽을 가치가 있는 지상적 선도 있을 수 없다. 따라서 문화적·경제적 활동과 "정치적 변화의 다른 모든 비폭력적 원천"이 정치를, 권력의 토대에 기초한 정의, 법, 질서에 대한 정치의 관심과 더불어 대신한다. 무력은 금지되고, 자유주의적 인간은 지상적 정의라는 유일한 무기를 사용하기를 거부하는 '탈정치적'(post-political) 인간이 되었다.

역사주의가 하나님의 나라와 인간의 나라 사이의 거리를 보지 못하고 있다는 우리의 비판이 역설적으로 보일 수도 있다. 흔히들 역사주의적 접근 방식을 통해 하나님의 나라가 정치사상 안에서 중요한 지위를 회복하게 되었다고 말하기 때문이다. 하지만 역사주의에서 종말론적 범주를 사용할 때 역사의 내재적 경향성을 **비판**하기보다 **정당화**하는 경우가 많다. 역사 밖에 가치의 좌소가 존재하지 않는다면 역사는 내부로부터 그 자체의 비판적 운동을 제공해야 하고, 그 결과 하나님의 나라는 내용 없는 형식, 즉 거기까지 이른 역사로부터 그 의미(definition)를 제공받는 공허한 '목적'이 되고 만다. 따라서 역사주의는 전체주의적 사고로의 회귀를 뜻하고, 그런 사고에서 선을 주장하는 모든 내용은 인간에 의한 사회 문화의 개발을 통해 인간에게 매개된다. 물론 이는 역사주의가 정부의 기관들을 문화적 가치의 전달자와 동일시하는 **국가**-전체주의로 반드시 귀결된다는 주장이 아니다. 마르크스주의든 자유주의든 현대 사상은 이러한 동일시가 초래한 재앙으로부터 많은 교훈을 얻었다. 하지만 그런 동일시가 없더라도, 또한 더 다양화된 변증법과 혁명적 기획의 증식을 허용하더라도, 우리는 여전히 비판자가 '운동'의 목소리가 아니라면 비판자에게 합리성의 토대를 전혀 허용하지 않는 전체주의에 직면하게 된다. 문화 전체를 비판하는 것은 생각조차 할 수 없다. 우리는 그 자체의 미래를 만들어 가는 문화 안의 한 흐름을 대변하는 사람으로서 문화**에 맞서 문화를 옹호하는** 방식으로 말할 수 있을 뿐이다. 근대 자유주의 사회 안에서 도덕적 비판은 이렇게 미심쩍은 변장을 하고서 부분적으로는 사회학적 예측으로, 부분적으로는 위협으로 자신을 제시한다. 비판자는 자신의 관심사를 정당화하는 방식으로 문화의 미래를 묘사해야 한다. 그리고 그는 충분히 많은 사람을 대변하고 있음을, 혹은 그가 하는 예측을 실현하겠다고 결심한 사람들을 대변하고 있음을 보여 주어야 한다!

자유주의적 역사주의는 자유주의적으로 남아 있기 위해 사회적으로 이의를 제기하는 운동을 촉진해야 한다. 여기서 부분적으로는 기독교적이며 부분적으로는 합리주의적인, 서양의 자유주의 정치사상의 지적 뿌리에 관해, 혹은 그 사상이 역사주의적 형태를 띠게 만들었던 논리적·역사적 필연성에 관해 논할 수는 없다. 일단 자유주의가 역사주의라는 옷을 입은 다음에는 아직 살아 있는지를 알아보기 위해, 말하자면 자신을 꼬집어 보아야 했음을 지적해 두는 것으로 충분하다. 분노와 거부라는 열정적 대립항만 남아 결국 문화사가, 모든 것을 아우르는 국가의 의기양양한 진보 이상의 것임을 설득하려고 한다. 행정의 진보가 아니라 항의가 역사를 그 길로 나아가게 하는 엔진, 우리가 과거와 현재의 경험이라는 원재료를 가공하여 우리 자신의 미래라는 인공물을 만들어 내는 도구여야 한다. 이런 개념이 기독론적 토대를 지닌다고 주장하려는 많은 신학자의 진심 어린 결단에도 불구하고, 브라이도리온(*praetorium*, 총독 관저) 앞의 군중이 그랬듯 여기서 실제로 일어나는 일은 그리스도를 바라바로 대체하는 것이라는 느낌을 지울 수 없다. 그리스도께서 "사로잡혔던 자들을 사로잡으신" 것은 인간의 좌절된 반역에 연대하심으로써 이루어진 게 아니었다. 정치적 격동에 대한 열심당의 요구에는 일정한 인간중심적 자기 확신이 담겨 있었으며, 이는 그 자체로 부인되고 십자가로 옮겨져야 했다. 더 이른 시기의 국가-전체주의적 역사주의도, 더 최근의 자유주의적인 문화-전체주의도, 행정에 의해서든 항의에 의해서든 정의를 추구하는 일이 어느 정도까지 당파성 및 점증하는 파괴성과 얽혀 있는지 이해하지 못했다. 사회적 운동이라는 내재적 소요 안에서는 소망을 찾을 수 없고, 오직 갈보리에서 드러난 하나님의 정의의 계시 안에서 소망을 찾을 수 있다. 그리스도의 십자가에 의한 비판 아래서만 불의한 질서와 무질서한 분노의 파괴적 변증법이 드러날 수 있으며, 잠정적이며 겸손한 정의의 섬김이 유지될 수 있다.

히브리서 저자는 아벨의 피가 "땅에서부터…호소"한다는 창세기 4:10을 넌지시 암시하면서 "믿음으로 아벨은…죽었으나…지금도 말하느니라"라고 말했다(11:4). 그가 아직도 말하는 것은 하나님이 그 울부짖음에 귀를 기울이지 않으셨기 때문이다. 그분은 자연이 요구하는 온전한 [공의의] 만족을 가인에게서 요구하지 않으셨다. 오히려 그분은 그를 보내서 "땅에서 피하여 유리하는 자"로서, 즉 자연으로부터 소외되고 자연의 심판으로부터 보호받는 문명 속에서 살게 하셨다. 그를 보호하는 "표"는 그의 문명화된 기술의 인공성이다. 여기에서는 특히 정의의 기술이 포함된다. 가인의 도시에서 판결이 내려질 때마다 아벨이 여전히 부르짖을 것이기 때문이다. 사회의 정의는 절대로 참된 정의가 아닐 것이며, 언제나 상해와 배상이라는 자기 갱신의 순환 안에서 서로 얽혀 있는 정의와 죄책일 것이다. 범죄를 당한 사회는 만족을 요구하며 울부짖고, 그것을 취할 때 죄책으로 뒤덮인다. 나무에 달린 사람(신 21:22-23)은 그의 죽음으로 만족이 이뤄진 그의 죄책 때문이 아니라 만족이 주어진 사람들의 죄책 때문에 부정해진다. 가인 이야기의 단순한 심오함 속에는 인간의 문명과 그 문명의 폭력 의존에 대해 인간이 느끼는 항구적 불안함이 예리하게 표현되어 있다. 우리는 문명이 자연의 주장을 만족시키리라고 기대할 수 없다. 문명은 언제나 정의를 행할 때 불의도 행하기 때문이다. 이를 그 누구보다도 분명히 이해하고 오랫동안 서양의 정치 전통에 논리적 근거를 제공한 신학적 진리를 근대 자유주의 사회를 위해 재진술했다는 것이 20세기 전반 라인홀드 니부어(Reinhold Niebuhr)의 위대한 공헌이었다.

하지만 "뿌린 [예수의] 피"가 "아벨의 피보다 더 나은 것을 말한다"(히 12:24). 그것은 가인의 문명이 결코 침묵하게 만들 수 없었던 분노한 무고함의 울부짖음을 멈추게 한다. 아벨은 신원되지 않았지만 예수는 신원되셨다(vindicated). 예수는 그분의 신원을 통해 자연의 정의가 마무리하지 못한 일을 종식하셨다. 아벨의 신원은 가인의 인류가 파괴됨을 의미했겠지만, 예수의 신원은 그 인류의 새로운 시작을 의미했다. 아벨은 죄책과 맞서 논쟁하는 무고함이었지만, 예수는 죄책과 동일시하는 무고함이었다. "하나님은…죄로 말미암아 자기 아들을 죄 있는 육신의 모양으로 보내어 육신에 죄를 정하사"(롬 8:3). 그분은 처형 집행자의 자리이기도 한 나무에 달린 사람의 자리를 정죄하셨고, 아벨의 자리를 신원하셨다. 그분은 무고한 아벨과 죄인인 가인 둘 모두를 대표하셨고, 그들이 서로 그리고 하나님과 화해하게 하셨다. 그분의 부활이 무고한 이들에 대한 자연의 주장을 만족시켰고, 죄인들에 대한 하나님의 주장을 만족시켰다. 그렇기 때문에 기독교 신학에서는 그리스도의 죽음과 부활이 의로운 행위[디카이오마(*dikaiōma*), 롬 5:18]였다고 말한다. 그것이 세상을 화해시키는 하나님의 정의의 참된 성취이기 때문이다. 그것은 자연적 정의가 기대하거나 요구할 수 있는 성취가 아니지만, 자연적 정의를 부인하거나 전복하는 성취도 아니다. "아버지, 저들을 사하여 주옵소서"라고 기도하실 때(눅 23:34) 예수께서는 하나님의 정의에 **반하는** 호소를 하시지 않았다. 그분은 눈으로 보거나 귀로 들을 수 있는 그 어떤 정의보다 더 완전하고 만족스러운 하나님의 정의를 입증하셨다. 그런 정의가 다른 모든 정의를 대체할 그날에 관해 말하는 것이 기독교 종말론의 책무다.

4 • 그리스도 안의 지식

도덕이란 창조된 질서에 인간이 참여하는 것이다. 기독교 도덕은 그 질서를 회복, 입증, 성취하여 인간이 자유롭게 그 질서를 따를 수 있게 하시는 하나님의 행위를 기뻐하는 인간의 반응이다. 앞 장에서 우리는 창조된 질서와 그 질서의 성취에 관해 이야기했다. 이어지는 절에서는 인간이 그 질서에 참여하는 것에 관해 이야기하겠다. 이번 장은 멈추어 성찰하는 기회를 제공한다. 우리는 이런 식으로 '창조된 질서'에 관해 이야기할 때 제기되는 인식론적 물음에 관해 생각해 볼 것이다. 이는 다음 절을 기대하게 한다. 도덕적 지식은 우리가 하나님이 하시는 일에 반응하는 **주관적** 성향의 일부이며, 그 지식이 우리에게 명하는 자유와 순종으로부터 분리될 수 없기 때문이다. 하지만 지식은 어쩌면 더 중요한 의미에서 그 대상의 기능이기도 하다. 그리고 우리의 인식론적 멈춤은 인간의 도덕이 반응하는 **객관적** 현실에 관해 우리가 배웠던 바의 논리적 귀결이다. 창조된 질서에 관해 생각해 보고자 한다면, 우리는 우리에 관해서가 아니라 창조된 질서에 관해 인식론적 질문을 하게 될 것이다. 우리가 창조된 우주의 질서에 속해 있으며 하나님처럼 그 질서를 초월해 둘러볼 수 없음을 고려할 때,

우리는 어떻게 창조된 우주의 질서에 관해 알 수 있는가? 창조의 질서를 그 대상으로 삼는 이 지식은 어떤 종류의 지식일 수 있는가?

우리의 인식론적 멈춤이 창조된 질서와 그 질서의 성취에 관해 우리가 배웠던 바의 논리적 귀결이라고 덧붙일 수 있다. 인식론은 절대적이지 않고 반성적인 지적 작용이기 때문이다. 우리는 윤리를 다루는 많은 책에서 추상적 방식으로 윤리가 무엇인지를 말하는 것으로 시작하는 첫 장들에 매력을 느끼지 못하며, 윤리 안에 지식이 차지할 공간이 존재하는지 궁금해한다. 그 책들은 그런 공간이 존재함을 논증하고서, 어떤 종류의 지식이 윤리와 관계가 있는지를 묻는다. 그런 절차를 따를 때 결론이 이론적 출발점을 규정하도록 허용한다는 비판을 피할 수 없다. 도덕 사상이 무엇인지에 대한 **중립적** 설명, 즉 신앙이나 불신앙 없이 순수한 탐구 정신으로 회의적 질문을 성공적으로 제기하고 답할 수 있는 그런 설명은 존재하지 않기 때문이다. 그리고 그 결과가 결국 **신학적** 통찰이 도덕 사상과 밀접한 관계가 있다는 대단히 만족스러운 결론이라면, 우리는 이것이 변증학의 승리일 뿐이라는 인상을 받을 수도 있다. 다시 말해, 불신앙의 주장을 논박하기 위해 사물의 논리적 질서를 정당하지만 본질적으로 수사적인 방식으로 뒤집어 놓는 것이다. 결론이 출발점 안에 존재하는 한 그것은 출발점의 원천이었다. 출발점이 윤리의 비신학적 개념에 진정으로 양보하는 한 그 양보가 결론 안에서도 재생산될 것이며, 그 신학적 야심과 맞서 싸우고 어쩌면 그 야심을 좌절시킬 것이다. 이른바 중립적 출발점, 즉 도덕 사상이 무엇인지에 대한 단순한 주장은 삶 속에서 이뤄진 도덕적 사유의 경험에서만 이끌어 낼 수 있다. 하지만 그것은 신앙의 것이든 불신앙의 것이든 더 광범위한 교의적 신념의 집합체에 영향을 받았을 것이다.

우리는 이 점에 관한 T. F. 토런스의 논증에서, 특히 그의 책 『신학적 과학』

(*Theological Science*)의 정교한 첫 장에서 많은 것을 배웠다. 그는 이렇게 말한다. "과학적 신학에서 우리는 하나님에 대한 실질적 지식으로 시작하며, 우리가 하나님을 아는 것과 그 존재와 본질에서의 하나님 사이의 관계를 자세히 탐구함으로써 이 지식을 시험하고 해명하려고 노력한다.…바로 이 탐구 과정을 통해 우리는 하나님에 대한 지식의 가능성이라는 문제를 제기한다. 다시 말해, 어떻게 하나님을 실제로 알 수 있는지를 탐구하면서 우리는 또한 얼마나 많이 그분을 알 수 있는지를 탐구한다. 이 과정에서 우리는 '어떻게 하나님을 알 수 있는가?'라는 물음에서 시작하고 그다음에 '이것이 어느 정도까지 실질적인가?'라는 물음으로 넘어가는 모든 시도를 비과학적인 것으로 여기며 거부해야 한다" (p. 9). 우리는 토런스가 "과학적"이라는 형용사를 인식론에 대한 반성적 접근 방식을 재가하는 용어로 사용하는 것에 대해서만 유보적 입장을 표명할 필요가 있다. 이것은 어떤 종류의 추천을 의도하는가? 자연 과학이 모든 학문적 지식의 규범임을 전제하는가? 아인슈타인(Einstein)에 의한 발견의 철학적 양상에 대해 토런스가 무한한 열정을 표현했음을 고려할 때 그런 의심을 품을 만하다. 하지만 그는 이를 거부했으며, 우리는 그의 거부를 진지하게 받아들여야 한다. 그렇다면 우리는 모든 형태의 탐구 방법을 규정하는 어떤 보편적 과학(Wissenschaft)이 존재한다고 생각해야 하는가? 하지만 그것은 그가 추방하려고 그토록 열심히 노력했던 절대적 인식론을 회복시키는 것과 다름없다! '과학적'(scientific)이라는 수식어는 '실재론적'(realist)이라는 용어로 대체하는 편이 더 나을 것이다. 그리고 그다음에도, 마치 이 후험적(*a posteriori*) 인식론이 선험적(*a priori*) 이유로 정당화될 수 있기라도 한 것처럼 이 말을 추천하는 용어로 사용하기를 피하는 편이 더 나을 것이다.

먼저 이 지식이 어떤 모습이어야 하는지를 간략히 설명해 보자.

첫째로, 그것은 **사물의 총체성과의 관계 안에서의** 사물에 대한 지식이어야 한다. 어떤 의미에서 우주의 질서를 아는 것은 사물의 총체성을 아는 것이다. 즉, 존재하는 모든 것을 아는 것—이는 하나님만이 가지신 특권이다—이 아니라 우리가 아는 바를 의미 있는 총체성의 일부로 아는 것이다. 전체가 우리 지식의 특수한 대상에 의미를 부여하는 한 우리는 전체의 '모습'을 파악해야 한다. 하지만 이처럼 총체성을 '파악하는'(apprehensive) 지식은 지식의 독특한 형식이며, 이전에는 '철학'이라 불렸고 지금은 '형이상학'이라 불리곤 한다.

고대에 서양 문화는 이런 의미의 '철학'에 의한 일반적 감독 아래 모든 지식을 체계화했다. 우주 전체의 모습을 파악하고 지식의 특수한 대상을 전체적 그림 안에 배치한다고 주장했다. 하지만 아직 지식을 경험적 '과학'과 '종교'로 나누지는 않았다. 이런 분류에 관해, 또한 현대에 이 둘을 중재하려는 빈약한 철학에 대해 우리는 뒤섞인 감정을 느낄 것이다. 우리는 고전적 형이상학을 낭만화하거나, 성 바울이 우상 숭배적 세계관에 제기했던 "진리를 막는다"는 비판을 고전적 형이상학이 면하게 해서는 안 된다(롬 1:18). 우리는 경험 영역과 선험 영역의 분리가 미신이라는 교착 상태(*impasse*)에서 벗어날 수 있는 유일한 방법을 제공한다고 합리적으로 생각할지도 모른다. 그러나 탐구적 과학을 추구하기 위해 지식을 파편화하는 것은 사물을 그 모든 양상 속에서, 그리고 다른 사물과의 관계 속에서 알 수 있는 가능성에 관한 회의적 절망을 암시한다. 반면에 종교를 경험적 실재로부터 제거하는 것은 신앙이 주관적인 것과 비합리적인 것으로 도피함을 상징한다.

'전체에 대한 감각' 혹은 '우주에 대한 감각'을 분석적 이성의 파편화로부터 회복시키는 것은 낭만주의자들이, 신학에서는 특히 슐라이어마허(Schleiermacher)가 몰두했던 가장 가치 있는 일 중 하나였다. "이 감각은 온전한 무언가의 나뉘지 않는 인상을 이해하려고 노력한다. 그것은 각 사물이 무엇이며 그것이 어떻게 그러한지를 지각할 것이다. 그것은 모든 것을 그 특유의 속성으로 알 것이다. 하지만 그것은 그들이 이해(understanding)라는 말로 의미하는 바가 아니다.…그들은 아무것도 그 자체로, 그 자체를 위해 파악하려고 하지 않고, 오직 그 특수한 양상 안에서, 따라서 전체로서가 아니라 단편으로서만 파악하려고 한다.…사실 그들은 참되고 실재적인 세계를 가지고 있으며, 그들이 모든 것을 그 참된 연결 속에서 파악하고 다루는 사람들이라고 생각한다. 무언가를 전체의 한 요소로 알기 위해서는 반드시 그 특징적 본성 안에서, 또한 그 온전한 완전성 안에서 그것을 응시해야 함을 그들이 한 번만이라도 깨달을 수 있다면 좋으련만!"[셋째 강연, *Speeches on Religion*, pp. 127-130에서. 『종교론』(대한기독교서회)] 하지만 낭만주의의 경향성은 **감정**이라는 전체에 대한 감각을 너무 고양시킨 나머지, **지식**을 표상한다는 경험주의의 주장에 대해 그 주장만큼 강하게 이의를 제기하는 경우가 거의 없었다. 전체에 대한 감각은 '얼핏 보기', '꿰뚫는 한 줄기 빛', '기적'이어야 한다. 따라서 낭만주의의 비판은 너무나도 쉽게 상대방과 화해했고, 감정으로서의 종교를 이론이성, 실천이성 모두와 분리하는 것을 받아들였다.

그러므로 낭만주의 신학은 믿음과 봄이라는 신약성경의 대조 대신에 믿음과 이성이라는 전적으로 비성경적인 대조를 우리에게 물려주었다. "믿음은 바라는 것들의 실상[휘포스타시스(*hypostasis*)]이요 보이지 않는 것들의 증거[엘렌코스(*elenchos*)]니"라고 말할 때(11:1) 히브리서 저자는 아무것도 근대적 비합리주의에 넘겨주지 않았다. "믿음으로 우리는 창조된 질서가 하나님의 말씀에 의해 형성되었으며, 따라서 보이는 것이 겉으로 보이는 것들의 세상에서 기원하지 않았음을 이해한다[노우멘(*nooumen*)]." 히브리서 저자는 세상의 구성을 지배하는 원리가 역사의 과정을 지배하는 원리이기도 하다고 보았으며, 이 원리는 이해할 수 있는 것이다. 자기해석적이지 않은 겉모습 배후에 도달할 수 있고 보이지 않는 것의 영역에서 사물의 기원을 분별해 낼 수 있는 믿음으로 그 원리를 이해할 수 있다. 따라서 믿음은 세계 기원이라는 신비 및 역사 안의 새로움이라는 신비 앞에서 이성이 취해야 할 **적합한** 자세다. 그렇다면 우리가 "당신은 하나님 없이 자연을 이해할 수 없다고 주장하겠지만, 나는 여전히 종교가 이런 지식과 아무런 관계가 없다고 주장할 것이다"라는 슐라이어마허의 말에 편안히 귀를 기울일 수 있을까?(둘째 강연, *Speeches*, p. 35)

둘째로, 이 지식은 전체에 대한 지식이기 때문에 **안으로부터 나와야** 한다. 그것은, 과도하게 사용되는 용어이기는 하지만 엄밀한 의미로 사용하자면, '실존적' 지식이어야 한다. 즉, 주체가 자신이 아는 바에 참여할 때만 발생할 수 있는 지식이어야 한다. 우주에 대한 지식은 절대로 관찰자의 거리에서 형성되지 않는다. 그것은 초월에 의한 지식(knowledge-by-transcendence)이 아니다. 물론 특수한 대상의 경우 우리는 거리를 두고 그것을 알 수 있다. 그렇기 때문에 자연 과학이 가능하다. 하지만 관찰 대상이 더 포괄적일수록 분리하고 초월하기가 더 어렵다. 그렇기 때문에 우주적 질서의 한계─그 시작, 궁극적 구성 요소, 공간적 한계─에 접근할 때 자연 과학은 다시 철학으로 되돌아갈 수밖에 없다. 우리는 과학적 지식이 그 대상을 '이해'하기(comprehend)를 혹은 '제어'하기(contain)를 기대하지만, 이 지식에서는 오히려 그 대상이 우리를 '제어'한다. 그런 지식은 언제나 불완전한 성격을 가질 수밖에 없다. 비록 그것이 총체성**에 관한** 지식일지라도 총체적이거나 포괄적인 지식은 아니며 그런 지식이 될 수도 없다. 전체는 우리를 둘러싸는 신비로서 알려질 수 있을 뿐이며, 우리가 이해할 수 없는 거리와 차원이 존재한다는 자각을 통해서만 우리의 마음은 그 신비에 닿을 수 있다.

지혜 전통의 이상과 관심사에 너무나도 부정적인 태도를 지닌 것처럼 보일 수도 있는 회의적인 코헬렛(전도서)은 사실 인간의 지혜를 그 실존적 맥락 안에 확고히 자리 잡게 하고 초월에 대한 인간 지혜의 주장을 논박하고 싶어 할 뿐이다. "내가 마음을 다하여 지혜를 알고자 하며 세상에서 행해지는 일을 보았는데 밤낮으로 자지 못하는 자도 있도다. 또 내가 하나님의 모든 행사를 살펴보니 해 아래에서 행해지는 일을 사람이 능히 알아낼 수 없도다. 사람이 아무리 애써 알아보려고 할지라도 능히 알지 못하나니 비록 지혜자가 아노라 할지라도 능히 알아내지 못하리로다"(8:16-17). 지혜는 인간이 스스로 세운 다른 모든 목표와 마찬가지로, 그 사람을 부단히 변화하는 세계 밖으로 데려가지 못한다. 지혜 역시 시간 안에서 이뤄지는 활동이며, 모든 그런 활동처럼 일정한 시간이 지나면 그에 반대되는 것에 굴복하고 말 것이다. 지혜를 칭찬할 때 코헬렛은 인간의 활동을 칭찬하는 데 적합한 용어를 사용하여 칭찬한다. 지혜가 "힘보다 낫다"(9:16). "지혜가 우매보다 뛰어남이 빛이 어둠보다 뛰어남 같도다"(2:13). 지혜는 지혜 있는 자의 생명을 보호할 수 있다(7:12). 지혜는 그의 얼굴이 빛나게 하고 그의 굳은 얼굴이 변하게 할 수 있다(8:1). 하지만 지혜 덕분에 한 사람이 본질적으로 무의미한 역사의 흐름 안에서 우리 모두에게 닥칠 우연한 사건들을 피할 수 있다고 생각하는 것은 완전히 잘못된 일이다. 코헬렛은 역사 안에서 계시된 의미를 전혀 알아볼 수 없다. '시간'에 관한 유명한 본문에서 분명히 말하듯 역사는 일련의 모순과 역전일 뿐이다(3:1 이하). 우리는 그 모든 것을 이해할 수 있는 아르키메데스의 점을 얻기를 갈망하지만, 우리의 갈망은 헛될 뿐이다. "하나님이…사람들에게는 영원을 사모하는 마음을 주셨느니라. 그러나 하나님이 하시는 일의 시종을 사람으로 측량할 수 없게 하셨도다"(3:11). '올람'(*ôlam*)을 엄격히 시간을 초월한다는 의미에서 '영원'으로 이해할지 단지 시간의 무궁한 확장으로 이해할지는 중요하지 않다. "과거와 미래라는 시간 감각을 주셨지만 처음부터 마지막까지 하나님의 일을 이해할 수 있는 능력은 주지 않으셨다"(3:11, NEB). 어느 쪽으로 해석하든 인간의 지혜는 우주와 그 역사를 온전히 이해할 수 있는 아르키메데스의 점을 제공하지 못한다. 인간은 안으로부터 이해하려고 노력할 수 있을 뿐이다.

이 원칙은 어떻게 우리가 종의 질서, '종류'의 질서를 이해할 수 있느냐는 물음에 관해 중요한 의미를 갖는다. 물론 보편자로서 종류는 그것을 예시하는 개별자를 통해서 지각되며, 이 사실을 근거로 경험주의 철학자들은 자주 반복되는 딜레마를 제기해 왔다. 우리 앞에 개별자를 예시하는 우주가 존재하지 않기 때문에 종류에 관한 우리의 지식이 보편자에 대한 참된 지식이 될 수 없다는 주장이다. 따라서 우리가 지닌다고 주장하는 종류에 관한 지식은 지금까지 관찰한 규칙성을 근거로 한 귀납적 추론, 즉 예상하지 못했던 우연성에 비추어 수정될 수도 있는 정신이 잠정적으로 만들어 낸 개념일 뿐이다. 이 주장은 당연히 인정해야 할 진리 위에 세워져 있다. 종류와, 종류를 결정하는 서로 다른 특징에 대한 우리의 인식은 언제나 새로운 개별자에 비추어 달리 해명될 가능성이 있다. 예를 들어, 최근 몇 년 사이에 체외 수정(*in vitro* fertilization, 시험관 아기) 시술의 결과로 생물학적 부모가 셋인 인간이 등장했다. 유전적인 부모와 임신을 담당한 대리모가 있기 때문이다. (반대가 있을지도 모르지만) 이런 새로운 종류의 인간이 생겨났다는 것은 사실이다. 그로 인해 이제 우리는 '부모 됨'이 무엇을 의미하는지를 완전히 새로운 방식으로 해명해야 한다. 다른 한편으로, 부모 됨이 무엇인지를 이미 알고 있지 않다면 이런 해명을 시작할 수조차 없을 것이다. 규칙성을 연결하는 종류적 질서를 구성하는 요소를 이미 이해하지 못한다면 부모 됨의 한 사례와 다른 사례 사이의 규칙성을 관찰조차 못할 것이다. '규칙성'은 아이의 탄생처럼 특수한 사건이 아니기 때문이다. 그것은 둘 이상의 특수한 사건 사이의 관계다. 두 사건 사이의 관계, 즉 둘 사이의 종류적 질서를 관찰하지 못한다면 두 사건 사이의 규칙성도 지각할 수 없다. 따라서 경험주의자가 제기하는 딜레마는 그 딜레마가 주장하는 바 이상이거나 이하다. 그것은 어떤 종류적 질서도, 심지어는 규칙성도 실제로 '관찰'되는 것이 **아니라** 모두 정신이 구성해 낸 개념일 뿐임을 증명하거나, 종류에 대한 우리의 **개념적** 지식이 사건의 규칙성 안에 존재하는 종류를 우리가 실제로 **식별해 낸 것**에 근거하여 정신이 **구성해 낸** 잠정적 개념일 뿐임을—참이지만 의도한 바는 아니다—증명한다.

이 딜레마의 이면에는 창조된 질서에 대한 지식, '안으로부터의 지식'이 개별자에 대한 '위로부터의' 지식과 다름을 이해하지 못하는 태도가 자리 잡고 있다. '보편적'이라는 대중적 용어가 이런 오해를 부추긴다. 이 용어는 종류에 대한 지식이 개별자에 대한 양적으로 완전한 지식일 뿐임을 암시하기 때문이다. 질서는 개별자의 축적에 의해 알려질 수 없고 개별자의 역사적 순서를 통해서만 즉각적으로—즉, 사변적 추론 과정 없이—알려진다. 그것은 볼 수 있는 모든 개별자를 보았다는 의미나 볼 수 있는 모든 관련된 개별자를 보았다는 의미에서가 아니라 전체로서의 사물에 대한 지식이라는 의미에서 '보편적' 지식이다. 그 지식은 우연적이 아니라 본질적으로 잠정적 지식이다. 새로운 개별자에 비추어 계속해서 지적으로 정교하게 만드는 과정을 거쳐야 하기 때문이다. 그 과정에서 처음에는 매우 개략적인 윤곽으로만 지각된 질서의 요소는 점점 더 섬세하고 명료하게 이해할 수 있게 된다.

셋째로, 그런 지식은 우주 안에서 **인간이 차지하는 위치로부터** 나오는 지식임이 분명하다. '안으로부터의' 지식이라고 말하는 것으로는 충분하지 않다. 사물의 질서 안에 있는 모든 위치가 지식의 대상이 될 수 있는 위치는 아니기 때문이다. 지식은 우주의 질서에 참여하는 특징적으로 **인간적인** 방식이다. 인간은 피조물이 인간을 알 수 없는 방식으로 주변의 피조물을 앎으로써 자신의 위치, 즉 '지배'의 위치를 차지한다. 창세기 2장의 창조 이야기에 따르면 동물에게 이름을 부여한 것은 인간이다. 인간에게 나머지 피조물과 그런 관계를 맺을 수 있는 권리가 주어진 것은 주변에서 보는 것을 식별하고 해석함으로써 우주 안에서 자신의 역할을 성취하게 하기 위함이다. 지식은 인간이 동료 피조물에 대해 갖는 권위의 근거이며, 모든 인간이 자신의 동료 인간과 나누는 사귐(communion)의 근거이기도 하다. 지식이 언제나 그 대상에 대한 초월을 내포한다는 생각에 반대해야 하는 것과 마찬가지로, 아는 주체가 어느 곳에 있는 어느 것도 될 수 있다는 생각에도 반대해야 한다. 앎이란 사물의 질서 안에서 구체적인 위치, 인류에게 할당된 위치를 채우는 것이다.

하지만 이는 앎의 실행이 세계 안에서 인간의 책무를 충실히 수행하는 것과 밀접하게 연결되어 있으며, 인간의 앎은 하나님에 대한 예배와 도덕법에 대한 순종과 함께 서 있거나 무너질 것임을 의미한다. 우주 안에서 인간의 위치가 충실하게 점유되지 못했으며 인간이 창조주께서 자신에게 부여하신 역할을 거부했음을 기억하지 않고서는, 우리는 우주 안에서 인간이 차지해야 하는 위치에 속하는 것으로서의 지식에 관해 이야기할 수 없다. 그러므로 지식은 불가피하게 타락, 즉 하나님의 형상의 훼손이라는 문제에 의해, 또한 타락한 피조물이 선한 의지와 결단력으로 자신을 바로잡을 수 없는 상태에 의해 부정적 영향을 받을 수밖에 없다. 물론 인간은 다른 무언가가 되려고 아무리 노력해도 인간으로 남아 있다. 하지만 인간은 하나님이 창조하실 때 의도하신 존재가 아니라 타락한 인간이다. 그는 여전히 생각하고 아는 역할이 부여된 피조물이다. 하지만 그의 지식은 당연히 그러해야 할 사물의 진리와의 사귐이 아니라 잘못된 지식, 혼란, 기만이다. 그는 계속해서 주변의 사물 안에서 종류적 질서 및 목적론적 질서를 관찰한다. 하지만 그 질서를 잘못 이해하며 거짓되고 무시무시한 세계관을 구축한다. 그렇기에 성경에 따르면 인간의 타락된 상태는 우상숭배의 죄에 의해 가장 전형적으로 그리고 특징적으로 표현된다. 우상숭배는 철학적 지식의 독특한 타락이다. 동물, 식물, 돌은 우상숭배자가 될 수 없다. 그들은 사물의 질서를 아는 능력을 부여받지 못했기 때문이다. (이런 추론이 존재할 수 있다면) 지식이 순전히 경험적이며 '과학적인' 것에 국한된 로봇도 마찬가지다. 로봇은 지식을 인간답게 만드는, 이해하는 지적 능력이 없을 것이기 때문이다. (반면에 과학자는 그의 작업이 이런 능력에 기초해 있기 때문에 우상숭배자가 될 수 있다. 상상력 없이 그는 아무것도 **탐구**할 수 없다!) 전체에 대한 진리에 따라 살아갈 책무를 지닌 피조물만 자신의 정신이 구축한 환영의 우주 안에서 살아가는 운명을 경험할 수 있다. 그렇다면 우리는 이렇게 물어야 한다. 전체에 대한 참된 지식이 순종과 조화를 이룬다면, 불순종하는 인간이 그런 지식을 얻을 수 있는가?

넷째는 부정적 특성이다. 그런 지식은 **역사의 종말에 무지할** 수밖에 없다. 창조된 질서 안에서 인간이 차지하는 위치 덕분에 인간이 그 질서를 아무리 잘 이해할 수 있더라도 역사의 모습은 역사의 주이신 분의 비밀스러운 계획에 속한 것이다. 피조물은 눈이 가려진 채로 시간이라는 길을 따라 걸어가야 하며, 이미 지나간 다음 고개를 돌려 그 길의 한 부분을 살펴볼 때만 그것을 볼 수 있다.

단순한 계시가 아닌 다른 출발점을 취하는 모든 역사철학은 결국에는 일종의 자연적 결정론에 걸려들 수밖에 없을 것이다. 그런 역사철학은 과거를 통해 관찰한 규칙성을 추론하는 방식 말고는 미래를 설명할 수 없다. 물론 그 가운데서 고를 수 있는 다수의 가능한 규칙성이 존재하며, 따라서 여러 다른 유형의 역사철학이 존재한다. 어떤 역사철학은 순환론의 형태를 띠며 자연적 과정의 반복적 성격을 골라내고 반복의 원칙을 확장하여 명시적으로 더 광범위한 사건의 경향성을 포함하게 만든다. 그런 경우에 역사철학은 결국 명백히 자연철학이 되고 만다. 근대에 니체는 이 방향으로 선회한 역사주의 사상의 가장 놀라운 사례를 제시한다. 더 특징적인 근대의 역사철학은 단선적(unilinear) 구조다. 하지만 이런 역사철학도 자연 속에 있는 다른 구성 요소의 패턴을 추론함으로써만 발전될 수 있으며, 따라서 이런 이론 역시 진화론적이든 유토피아적이든 대격변적이든 여전히 은밀한 방식으로 자연철학이라고 말할 수 있다. (테이야르 드 샤르댕의 이론처럼 자연과학을 출발점으로 삼는 진화론적 철학은 이 점을 대단히 명확히 예증한다.) 참으로 '역사'이기 위해서 역사는 독특한 것에 의해, 자연적 반복을 면밀하게 조사하여 추론할 수 없는 것에 의해 형성되어야 한다. 그렇다고 해서 과거의 역사 안에서 또렷한 인과성을 식별하려는 역사가의 관심을 허락하지 말아야 한다는 말은 아니다. 역사적 이해와, 미래를 예측할 수 있게 하는 닫힌 체계에 대한 초월적 관찰 사이의 차이점을 지적하고자 함일 뿐이다. 그러므로 역사의 종말을 이해하려는 것은 철학의 작업이 될 수 없다. 그런 일이 일어난다면 이는 예언의 폭로가 될 것이다. 하나님의 손가락은 전체의 의미와 방향을 발견할 수 있는 역사 안의 위치를 가리켜야 하며, 그분의 목소리가 그것을 선언해야 한다. "너는 내 사랑하는 아들이라. 내가 너를 기뻐하노라."

하지만 (흔히 주장하듯 계시로서의 역사라는 유대-기독교의 관념으로부터 시작되지 않은) 역사철학에 대한 탐구는 역사의 목적에 관한 물음이 불안의 문제임을 증언한다. 이는 당연하다. 우주의 타락한 상태 안에서 역사의 사건들은 창조에 대해 끊임없이 의문을 제기하며, 그 결과 우리는, 알 수 있도록 우리에게 주어져 있으며 우리의 지식이 잘못된 지식이더라도 여전히 안다고 자부할 수 있는 선이 그 자체를 유지할 수 있으며 유지하리라고 확신할 수 없다. 따라서 해결되지 못하는 역사의 특성이 사변적으로가 아니라 실존적으로 우리를 건드린다. 역사의 목적에 관한 문제는 '악의 문제'이기 때문에 시급하다. 아마도 사상가들은 아담이 창조의 선한 질서 자체를 위협한 일련의 사건을 촉발하지 않았다면 역사의 목적에 관해 고민할 필요가 전혀 없었을 것이다. 아담의 자녀들은 그렇게 할 수 있는 수단이 전혀 없음에도 사건의 과정이 어디를 향해 나아가고 있는지를 알아내야 한다. 그런 지식이 없다면 자신들이 가지고 있는 선에 대한 그런 지식이 소망의 참된 근거인지, 아니면 이제 곧 새로운 것에 휩싸이고 말 기쁨의 마지막 흔적인지를 분별할 수 없기 때문이다. 확신을 지닌 채 새로운 것에 직면하기 위해서 그들은 과거에 선하다고 정말로 알고 있던 것이 그들이 아직 알지 못하는 것에 의해 무효화될 수 없다고 확신할 수 있어야 한다. 사실 선에 대한 그들의 지식이 위험에 처하게 되고, 역사의 물줄기에 나타나는 굽이로 인해 지금까지 그들이 알고 있던 것과 더불어 알 수 없었던 것이 드러날 수도 있다. 세계의 역사가 조화를 이룰 수 없는 두 우주로 나뉘고, 미래가 과거와 전쟁을 벌일 수도 있다. 어쩌면 공허하게 낙관적 진보주의를 제거할 때 역사주의적 전망은 계시를 배제한 조건하에서 사물에 대한 가장 참된 전망일지도 모른다. 이 전망은 과거를 근거로 그런 붕괴가 일어날 수 없고 일어나지 않을 것이라고 우리를 안심시키려 하지 않기 때문이다. 사실, 그런 일이 실제로 일어났으며 이제는 과거에 대한 우리의 합리적 접근이 프랑스 대혁명처럼 실재를 둘로 나누어 놓은 어떤 묵시론적 사건에 의해 전적으로 차단되어 있다는 고약한 의심이 때때로 들기도 한다!

"왜 의로운 사람들이 멸망하는가?" 이것은 구약성경 전체를 관통하는 물음의 형식, (본질이라기보다는) 사건으로서의 악에 주목하고, 불의하게 고통당하는 이들을 '신원하시는'(vindicate) 하나님의 행동 안에서 목적론적 논거를 찾으려는 형식이다. "네 의를 빛같이 나타내시며 네 공의를 정오의 빛같이 하시리로다"(시 37:6). 구약성경에서는 악의 문제에 대한 해결책을 전혀 제시하지 않는다고 말하는 이들은 구약성경에서 악을 다루는 방식을 이해하지 못했을 뿐이다. 구약성경에서는 역사적 해결책을 제시하며, 이는 악을 역사적 문제로 이해하기 때문이다.

구약성경 저자 일부는 자연적 과정이라는 관점 안에서 해답이 주어질 수 있고, 사건의 순환적 연쇄를 통해 봄이 지나고 여름이 오는 것처럼 확실하게 그릇된 것이 지나가고 옳은 것이 찾아오리라고 생각한다는 점을 인정해야 한다. 따라서 시편 37편에서는 "[악인들]은 풀과 같이 속히 베임을 당할 것이며 푸른 채소같이 쇠잔할 것임이로다"라고 약속한다(2절). 또한 시편 73편 저자는 하나님의 성소에 들어갈 때 하나님이 불의한 자들의 발을 미끄러운 곳에 두셨음을 깨닫는다. "그들이 어찌하여 그리 갑자기 황폐되었는가 놀랄 정도로 그들은 전멸하였나이다"(19절). 이들 설교자에게는 사건의 자연적 주기가 사물의 정의를 신원하기에 충분해 보였을 것이다. 다만 그들이 이 맥락에서 '자연적 주기'에 관해 생각할 수 있는 것은 오직 하나님 활동의 신실함 때문임을 깨닫지 못한다면 우리가 심각하게 그들을 오해하는 셈일 것이다. 욥기와 전도서에서는 이런 대답에 대한 불만이 명확하게 제기된다. 욥기의 시인은 무작위로 가해지는 상해처럼 보이는 것에 대한 분노라는 압도적 짐을 지고서 고통의 심리학이 우주론적 대답에 제기하는 까다로운 반론에 그 무엇과도 견줄 수 없을 정도로 진지하게 주목한다. 두 관점, 즉 고통당하는 사람의 관점과 우주론자 관점의 긴장을 대하는 그의 해법은 자연적 질서조차 도무지 이해할 수 없음을 강조하는 것이다. 그는 정의와 자연의 연관성을 전적으로 부인하지 않고, 고통당하는 사람이 정의의 문제를 감싸고 있다고 인식하는 하나님이 유지하시는 신비라는 동일한 휘장으로 자연도 덮는다. 반면에 전도서에서는 처음부터 인간의 목적과 그 목적의 달성에 관한 근원적 회의론을 채택하면서, 하나님이 뜻하는 곳에 행복을 부여하시는 신비로운 특권—인간의 성공이라는 기능으로서가 아니라, 그렇지 않다면 무의미하고 순환적인 자연적 목적의 추구에 대해 씌워지는 덧없는 면류관으로서-을 가지고 계신다고 선언한다. 우주론적 답에 대한 확신과 그 비판자들의 문제 제기 모두를 진지하게 받아들인 예언자들은 역사의 궁극적 방향이라는 관점에서 이 문제를 처음으로 표현한 사람들이다. 그들은 우리에게 최종적 해명을 기대하라고 가르친다. 최종적 해명은 자연적 보복과 보상의 불평등을 넘어설 것이며, 악인이 번영하는 것처럼 보이는 상황뿐만 아니라 무고하게 죽은 수많은 사람의 문제까지도 해결할 것이다. 요한계시록에서 제단 아래의 순교자들이 "어느 때까지 하시려 하나이까?"라고 부르짖는 것을 보았을 때(계 6:9-10), 성 요한은 구약성경이 남겨 놓은 이 문제(예를 들어, 단 12:2-3)를 확인했다. 두드러진 불의는 세상을 심판하고 죽은 자에게 생명을 주시는 하나님의 최종적 개입을 기다린다. 그 동일한 예언자는 4장과 5장에서 순수하게 우주론적 신정론의 한계를 마치 두 폭 제단화처럼 놀랍게 표현했다. 역사의 불투명함, 지극히 높으신 분의 손에 있는 봉인된 두루마리 때문에 요한은 눈물을 흘릴 수밖에 없다. 그것은 어린양이시기도 한 유다의 사자의 계시로, 그 계시로 인해 모든 피조물은 역사를 갖는 기쁨을 누릴 수 있고, 그것을 통해 악의 문제를 비로소 이해할 수 있다.

그렇다면 창조된 질서에 대한 그러한 지식이 우리에게 정말로 주어질 수 있다면 그 지식은 무엇이어야 하는가? 그것은 사물의 전체에 대한 명석한 지식이어야 하지만, 우주를 초월한다고 주장하지 않으면서도 그 안에 있는 중심점으로부터 전체를 이해하고자 한다. 그것은 하나님을 예배하고 도덕법에 순종하는 데서 인간에게 주어진 책무를 참되게 수행하는 것과 조화를 이루는 인간적 지식이어야 한다. 그것은 창조된 선과 그것에 대한 인간의 지식이 역사 안에서 전복되지 않을 것이라는 하나님의 계시적 말씀에 의해 확증되는 지식이어야 한다. 기독교 복음에 따르면 우리가 예수 그리스도의 삶에 참여할 때 그런 지식이 우리에게 주어진다. 그분은 그것으로부터 전체를 분별해 낼 수 있는 점이며, 그분 안에는 "지혜와 지식의 모든 보화가 감추어져 있다"(골 2:3). 그분은 순종하는 인간이다. 또한 그분은 창조된 도덕 질서에 대한 그분의 신실하심이 하나님의 받아들이고 신원하시는 행위로 응답을 받으신 분이시며, 따라서 이 질서 안에 있는 인간의 생명은 상실되지 않고 언제나 보증된다. 도덕 질서에 대한 참된 지식은 '그리스도 안에' 있는 지식이다.

배타적 지식

'그리스도 안에'라는 구절을, 성육신을 무시하는 방식으로 영묘한 것으로 만들려고 해서는 안 된다. 그 구절은 보편적 로고스에 관해서만 말하지 않고 기원후 1세기에 육신이 되시고 본디오 빌라도에게 재판을 받으신 후 십자가에 달려 죽으시고 사흘 만에 다시 살아나신 로고스에 관해서도 말한다. 우리는 그곳에서 참된 지식을 가질 수 있고 다른 어떤 곳에서도 그런 지식을 가질 수 없다고 주장한다. 그것은 지식에 대한 특정한 주장을 불허하면서 다른 주장은 허용해야 하는 배타적 주장이다. 다른 한편으로 이런 배타적 지식의 대상은 포괄적인데, 바로 창조되고 회복되고 변화된 것들의 질서 전체다. 배타적 지식과 지식의 포괄적 대상, 특수자 안의 계시와 보편자 안의 창조된 질서라는 이 양극성을 신중하게 변호해야 한다.

그렇기 때문에 우리는 창조된 질서를 설명하는 과정에서는 우리의 설명과 더 실재론적인 자연법 이론이 강한 조화를 이루는 몇몇 논점이 존재함에도 '자연법'(Natural Law)이라는 고전적 용어를 사용하기를 기피했고 앞으로도 그럴 것이다. 서양의 자연법 전통에서는 존재뿐만 아니라 지식에도 보편성을 부여하는 모호성을 피하지 못했다. 따라서 어느 정도는 이후의 모든 자연법 사상에 영향을 미친 토마스 아퀴나스의 이론에서 '제일 원리'는 (명제적 증거의 공리처럼) 자명하다(*per se nota*). "선은 행동하도록 정해져 있는 실천이성이 이해하는 첫 대상이다. 모든 행위자는 목적을 향해 행동하며, 그 목적은 '선'의 의미를 지니기 때문이다. 따라서 실천이성의 제일 원리는 '선'의 의미에 기초하고 있으며, 이는 곧 '선이란 모든 것이 추구하는 바'라는 것이다. 그렇다면 이것이 법의 첫 번째 계율이다. '선은 추구하고 행해야 하며, 악은 피해야 한다.' 자연법의 다른 모든 계율은 이에 기초한다"(*Summa Theologiae* II-1.94.2). 나쁜 신념 때문에⋯심지어는 나쁜 습관과 타락한 관습 때문에(*vel propter malas persuasiones...vel etiam propter pravas consuetudines et habitus corruptos*) 자연법의 '부차적 원리'를 놓칠 수도 있음을 토마스 아퀴나스가 자세히 설명할 수 있는 것도 사실이다(94.6). 그럼에도, 이 인식론적 신중함이 토마스가 일차적 원리가 그 원리의 보편적 자명성만으로도 인증된다고 여겼다는 사실을 모호하게 만들어서는 안 된다. 존 피니스가 토마스주의 이론에 대한 그의 탁월한 변론에서 주장하듯 제일 원리는 "사변적 원리로부터 추론되지 않는다.⋯사실로부터 추론되지 않는다.⋯인간 본성에 관한 형이상학적 명제로부터 추론되지 않는다.⋯자연에 대한 목적론적 관념이나 자연에 대한 다른 어떤 관념으로부터 추론되지도 않는다. 그것은 무언가로부터 추론하거나 도출되지 않는다"(*Natural Law and Natural Rights*, pp. 33-34).

르네상스와 대항종교개혁(Counter-Reformation) 사상가들은 자연법의 존재론적 보편성과 인식론적 보편성을 분리해 내고 자연적 지식에 대한 주장을 부차적 지위로 종속시키기를 진지하게 시도했다. 이런 시도는 토마스 아퀴나스의 '자연법'(*lex naturae*)보다는 '자연권'(*ius naturae*)이라는 용어를 선호하는 태도에 의해 뚜렷해진다. '법'은 토마스가 명확하게 만들었던 주관적 함의, 즉 그것이 '이성에 의해 구축된 무언가'(*aliquid per rationem constitutm*)라는 함의를 지닌다. '권리'에 관해 말할 때 우리는 어떤 행동이 '조화 혹은 부조화'(*convenientia aut disconvenientia*)를 드러낼 수 있는 보다 객관적인 무언가, 즉 '합리적 자연 자체'(*ipsa natura rationalis*)를 상정할 수 있다. 따라서 그로티우스(Grotius, *De iure belli et pacis* I.1.10)는 자연권이 알려질 수 있는 두 방식에 대해 이야기한다(12). 선험적(*a priori*) 방식, 즉 자연과의 조화 혹은 부조화에 대한 직접적 관찰을 근거 삼는 방식과, (거의 안정적이거나 확실하지 않지만) 후험적(*a posteriori*) 방식, 즉 모든 나라에서 보편적으로 믿는 바를 근거 삼는 방식이다. 피니스는 '합리주의자'라는 흥미로운 명칭을 사용하면서 존재론적 방향으로 자연법 이론을 해명하려는 이런 시도를 비판한다. 이 용어는 **이성**에 기초해 도덕적 행동의 제일 원리를 설명하는 전통에 적용하는 것이 더 자연스럽지 않은가? 계몽주의 시대에는 수아레스(Suarez), 바스케스(Vasquez), 그로티우스가 주창한 실재론적 자연법 이론이 아니라 이런 의미의 합리주의가 우세했다. [다른 점에서 이런 사상가들이 주의주의자이기도 했으며, 그런 방식으로 홉스(Hobbes)가 그들을 압도할 근거를 준비했다는 판단에 이의를 제기할 필요는 없다.] 인식론이 정치 이론의 한 기능이라는 원칙에 부합하는 방식으로, 계몽주의는 보편적 합의를 미래의 모든 자연법에 대한 척도로 확립했다. 이는 우리 시대에 자연법 사상가들이 비교 인류학의 연구 결과 속에서 자신의 이론을 지지하는 내용을 찾도록 하는 흥미로운 결과를 낳았다!

20세기에 카를 바르트가 주도한 자연법에 대한 거대한 신학적 공격에 관해 우리는 존재론적 문제와 인식론적 문제를 결코 적절하게 구별하지 못했음을 유감스러워할 수 있을 뿐이다. 바르트는 타협하지 않는 신학적 인식론을 추구하면서 절대로 의심의 대상이 되어서는 안 되는 ['규례'(ordinances)와 같은] 창조 교리의 특정 양상을 거부하고 말았다. 에밀 브루너(Emil Brunner)가 인식론 문제를 명료하게 해명하지 못했음에도 이를 이해했다는 점은 칭찬받아 마땅하다. 실제로 바르트는 도덕 신학의 바람직하지 못한 많은 특징이 논리적·역사적으로 자연법과 동질적이든 아니든 상관없이 자연법을 그런 특징의 원인이 되는 전통으로 취급했다. 예를 들어, 그는 이런 취지에서 율법주의와 결의론(casuistry)을 비판했다. 그 결과 그에게는 윤리의 신학적 근거에 대한 형식적 설명만 남게 되었다. 이런 설명은 배타적으로 하나님의 명령—실존주의적 방식으로 특수하고 예측 불가능한 것으로 해석된—에만 의존하기 때문에 지나치게 빈약해서 그가 실천적으로 주장하고 때로는 이론상으로마저도 옹호하려는 도덕적 고찰에 대한 광범위한 책임을 뒷받침할 수 없었다. 더 나아가, 존재론적으로 기독론에 종속되어야 했던 창조 교리에 대한 그의 접근법은 솔직히 말해 일련의 아폴리나리오스주의적 기독론 개념으로 귀결되는 불안한 결과를 낳았다. 하지만 그 모든 것에도 불구하고 20세기의 가장 위대한 신학자였던 그의 **인식론적** 입장은 기독교 윤리에 여전히 근본적으로 중요하다.

하지만 기독교 사상에서 이 양극성이 끊임없이 무너지는 경향성은 적어도 우리에게 지식이 존재에 근거해 있음을, 구체적으로는 인간적 지식이 인간 존재에 근거해 있고 기독교적 지식은 그리스도의 인간적 존재에 근거해 있음을 일깨워 준다. 지식이 우주 안에서의 인간의 위치에 속해 있음에 관해 우리가 이미 말했던 바로 인해 우리는 지식과 존재를 더 심층적으로 연결해야 한다. 배타적 지식에 관해 말한다는 것은, 인류 안에 있는 이 협소한 지점을 그로부터 인간 지식에 대한 소명을 성취할 수 있는 유일한 지점으로 삼는 것이다. 동일한 지점이 그로부터 인간 **존재**에 대한 소명이 성취되는 유일한 장소가 아니라면 이는 자의적일 수밖에 없다. 하지만 이것이 인간의 타락과 구속 교리가 우리에게 말하는 사실이다. 따라서 배타적 지식에 대한 주장은 인간의 타락이 지닌 인식론적 함의이며, 이는 이전 세대에서 하나님 형상의 상실 혹은 훼손(defacement)이라는 관점에서 다뤘던 주제다.

자연 질서에 대한 지식은 도덕적 지식이며, 따라서 순종과 조화를 이룬다. 그 질서를 사랑으로 받아들이고 그것에 순종하지 않는다면 그 질서에 대한 참된 지식이 있을 수 없다. 초월이 아니라 참여를 통해 그것을 알 수 있기 때문이다. 불순종할 때 그것에 대한 우리의 지각은 거짓되고 낯선 모습을 띠게 된다. 하지만 우리의 혼란스러움과 오류 속에서조차 우리는 하나님의 자비로운 섭리에 의해 인간으로 남아 있다. 우리의 도덕적 무질서의 결과로 우리가 심판을 받아 오디세우스의 선원들처럼 돼지로 변하지는 않는다. 그런 의미에서 하나님의 형상은 '상실'된 것이 아니라 '훼손'되었다고 말하는 것이 옳다. 우리는 지식이 우주에 참여하는 방식인 존재로 남아 있다. 혼란스러움과 오류 속에서도 우리는 알기를 그치지 않는다. 우리는 지식의 가능성이 전혀 없는 돼지가 되지 않는다. 우리의 속성이라고 말할 수 있는 무지와 오류, 혼란은 모두 지식의 **실패**로, 실제로 알 수 있는 존재에게만 닥칠 수 있는 재앙이다. 알지 못하는 피조물에게 거짓은 위험이 아니다. 단순한 지식의 결여보다 '잘못된 지식'(misknowledge)에 관해 말하는 편이 더 참되다. 더 나아가, 타락이 초래한 무질서 속에서조차, 하나님의 자비로운 섭리 안에서 우주는 우주이기를 그치지 않는다. 잘못된 지식처럼 무질서는 그 참된 존재 안에서 질서가 잡힌 것에만 적용될 수 있는 속성이다. 그리고 우주는 비록 부서지고 깨어져 있지만 그 깨어짐이 단순한 무질서의 혼돈이 아니라 질서의 깨어짐이라는 사실을 드러낸다. 따라서 여전히 부분적으로 지식에 접근할 수 있다. 그것에 속한, 종류적 질서와 목적론적 질서의 다양한 형태를 관찰하고자 할 때 아무런 계시도 필요하지 않다. 불신자나 비기독교 문화라고 해서 가정의 구조, 자비라는 덕, 비겁함이라는 악덕, 정의의 의무에 관해 무지해야 하는 것은 아니다. 또한 행동이나 성향, 제도에서 이런 지식에 반응하는 데 전적으로 실패해야 하는 것도 아니다.

인간 실존의 자연적 기능으로서의 도덕적 지식에 관해 아주 많은 것을 이야기할 수 있다. 그럼에도 창조된 질서를 전체로 파악할 수 없다면 그런 지식은 불완전하며, 여기에는 그 질서와 창조되지 않은 것과의 관계도 포함된다. 창조주를 알지 못한다면 피조물을 **피조물로** 알지 못한다. 피조물과 창조주의 관계가 창조된 우주를 이해할 수 있는 근거이기 때문이다. 그 관계의 한쪽이 모호해진다면 우주를 이해할 수 없다. 창조주의 존재나 비존재를 분리된 질문으로 간주하여 다른 날 논의하도록 미룰 수 있는 그러한 자기충족적 우주 이해의 가능성이라는 원칙은 없다. 우주의 우연성이 우리로 하여금 그 자체를 넘어서 그 이해 가능성이 의존하는 초월적 창조주를 바라보게 한다. 따라서 바울은 보이지 않는 하나님이 만드신 것들을 이해함으로써 그분을 볼 수 있다고 말할 수 있다(롬 1:20). 하지만 피조물이나 우연성이 우리에게 하나님을 명백하게 계시한다면 피조물은 피조물이 아니고 우연성은 우연성이 아닐 것이다. 계속해서 바울은 하나님에 대한 이러한 지식이 우리가 외면할 수 있는 무언가이며, 우리는 하나님을 하나님으로서 영화롭게 하기를 거부할 수 있다고 말한다. 또한 그런 경우에 우주는 우리가 이해할 수도 있었지만 실제로는 오해한 무언가로 우리에게 다가오고, 그 결과 피조물을 절대적인 것으로 간주하는 다양한 종류의 우상숭배에 이르게 된다.

하지만 이는 실재의 질서를 결코 참으로 알 수 없음을 의미한다. 질서는 조각조각 알려질 수 없고 전체로서만 알려질 수 있다. 불완전하게 인식된 형식은 분명 잘못 지각된 것이다. 슈베르트(Schubert)의 미완성 교향곡이 우리가 가지고 있는 교향곡 형식에 대한 유일한 증거라면 우리는 교향곡이 무엇인지에 대한 **부분적** 지식을 가지고 있는 것이 아니라 완전히 잘못된 관념을 가지고 있는 셈이다. 그러므로 우리는 그저 '부분적 지식'으로 우주를 파악하고 그것을 그대로 두는 다양한 부분적 방식에 관해 이야기할 수 없다. 만약 우리가 가정의 가치를 알고 있지만 그것이 개인의 자유와 어떤 관계를 맺는지 알지 못한다면, 우리는 가정조차도 오해하고 있는 셈이다. 만약 우리가 긍휼의 중요성을 파악하고 있지만 그것을 정의와 연결하지 못한다면, 우리의 긍휼조차 덕이라기보다는 악덕이 되고 만다. 도덕 질서에 대한 지식은 전체적인 모습에 대한 파악이며, 따라서 무언가가 부족하다면 모든 것이 부족하다. 그러므로 성 아우구스티누스는 『신국론』(*City of God*, 분도출판사)에서 명백해 보일 수밖에 없는 모순된 방식으로 전통적인 로마의 덕이라는 관점에서 로마 제국의 성공을 설명하고, 동시에 그것이 덕임을 아예 부인한다. 참된 종교 없이는 덕도 존재할 수 없기 때문이다. 이런 잘못된 지식은 노골적인 우상숭배의 형식을 취할 수도 있고, 현대의 비종교적 우상숭배에 해당하는 이데올로기의 형식을 취할 수도 있다. 이런 이데올로기에서는 부분이 전체를 해석하는 일을 허용한다. 혹은 더 의심스럽게도, 형이상학을 거부하는 자의식적으로 파편화된 지식이라는 금욕적이고 회의적인 형식을 취할 수도 있다. 어느 쪽이든 창조된 질서에 대한 지식이 아니다.

   이로부터 우리는 그리스도 안의 계시가 마치 그런 지식이 아예 존재하지 않거나 중요하지 않은 것처럼 사물에 대한 우리의 파편적인 지식을 **부인하지** 않는다고 결론 내릴 수 있다. 하지만 계시는 마치 우리의 지식이 더 추가적인 차원의 이해가 추가될 수 있는 완벽히 받아들일 만한 토대를 제공하기라도 하는 것처럼 그것 **위에 세워진** 것이 아니다. 계시는 우리의 지식이 원래 그렇게 되도록 의도된 것이 아님을 드러낼 수 있을 뿐이다. 바로 이런 의미에서 인간 안의 하나님의 형상이 '훼손'되었을 뿐 아니라 '상실'되었다고 말하는 것이 옳다. 우리는 계시가 (비록 앞에서 말했듯 계시가 인간이 전에는 소유한 적이 없는, **역사**의 모습에 대한 지식을 제공하는 것은 옳지만) 인간이 전에 결코 소유한 적 없는 창조된 질서에 대한 지식을 제공한다고 생각해서는 안 된다. 지식은 인간이 우주에 참여하는 방식이며 언제나 그랬기 때문이다. 오히려 계시는 인간으로 하여금 자신이 언제나 죄악된 방식으로 지식을 소유하고 있었지만 그것으로부터 결코 참된 이해를 얻지 못했음을 깨닫게 한다. 계시는 인간을, 앎의 능력을 전혀 가지고 있지 않은 돼지가 아니라 "불의로 진리를 막는" 인간으로 제시한다(롬 1:18). 그러므로 기독교 도덕 사상가는 전체주의적 방식으로 세계의 다양한 문화와 전통(그것이 '기독교적이든' '비기독교적이든' '후기기독교적이든') 안에서 도덕적 신념으로 귀하게 여겨지는 모든 것의 중요성과 적실성을 부인할 필요가 없다. 그는 그 안에 존재하는 가치 있는 모든 것이 역사적으로 기독교의 영향력에서 기인했음을 증명할 필요가 없다. 하지만 그런 문화의 관점을, 심지어 그가 속해 있고 따라서 자신이 적극적 참여자라고 주장하는 가장 저항하기 어려운 문화의 관점조차도 단순히 받아들일 수 없다. 그는 자유주의 문화나 보수주의 문화, 기술 문화, 혁명 문화, 혹은 다른 어떤 종류의 문화의 도덕적 선험(*a priori*) 위에 신학적 윤리를 세울 수 없다. 그것은 신학을 인간의 잘못된 지식에서 나온 문화적 구성물을 이데올로기적으로 정당화하는 논리로 만드는 것과 다름없기 때문이다. 그는 이런 현상에 비판적으로 접근하면서 도덕 질서에 대한 참된 지식이 주어진 지점으로부터, 복음의 권위 아래에서, 그런 현상을 평가하고 그 의미를 해석할 수밖에 없다. 그런 위치에서만 이 다양한 도덕 전통 안에서 관심을 기울일 만하거나 가치 있다고 볼 수 있는 것을 분별해 낼 수 있다.

1930년대에 바르트는 자신들의 시간과 공간이라는 거대한 새로운 문화적 사실, 즉 독일 국민 사이에서 갑작스럽고 열정적으로 나타난 국가 정체성에 대한 열망에 대응하여 자신들의 신학을 형성해야 한다고 느꼈던 독일 신학자들에게 반대하는 목소리를 높였다. 에마누엘 히르슈(Emmanuel Hirsch)에 대한 그의 논평에서 이 문제를 가장 명확히 확인할 수 있다(*The German Church Conflict*, pp. 28 이하). 히르슈는 이렇게 썼다. "신학 분야와 교회에서 우리가 너무 작아서 [하나님의] 시간을 맞이하지 못한다면, 밀려드는 '새로움' 앞에서, 이 살아 있는 운동에 참여하는 우리 민족 앞에서 우리 스스로 모험을 감행하지 못한다면, 우리는 버림받게 될 것이다." 바르트는 "밀려드는 새로움"에 대한 이러한 복종, 주요한 문화적 운동을 하나님의 시간으로 해석하는 이런 태도를 논박해야 했다. "히르슈는 교회를 이 반석 위에, 오로지 이 반석 위에 세우기 원한다. 그는 바로 이런 관점에서 교회의 보존, 혁신, 책무를 이해한다." 이는 신학이 당대의 문화적 위기에 답할 수 없다는 뜻인가? 물론 바르트는 그런 신학적 작업을 하고 있었다. 하지만 신학은 신학 고유의 "기독교적 중심…하나님의 말씀", 즉 "주로서 계신" "십자가에 달려 죽으시고 부활하신 예수 그리스도"로부터 답한다. 그것은 권위의 문제였다. 신학 고유의 기세 아래에서든 신학 고유의 자기 해석에서든, "독일의 시간"이나 다른 어떤 시간도 신학에 중요해질 수는 없다. 그 시간은 교회의 주께서 거기에 부여하신 중요성과 의미만 가질 수 있다. 신학은 스스로가 그 시간**으로부터** 말하도록 허용할 수 없고, 하나님의 말씀에 대한 해명이 신학으로 하여금 비판적인 질책이나 권고를 행하도록 충동할 때 오직 그 시간**을 향해서**만 말하도록 허용할 수 있다.

신학 연구자 대부분이 그렇게 하듯 바르트와 브루너의 토론을 통해 이 논쟁에 접근하는 것은, 그 일차적 중요성을 놓칠 뿐만 아니라 (정서적으로나 지적으로나) 그토록 강렬한 방식으로 더 협소한 의견 불일치를 추구하는 것에 대한 당혹스러움을 경험할 위험이 있다. 그럼에도, 신학의 권위를 오직 그리스도 안에서 찾아야 한다는 원칙을 더 많이도 더 적게도 아니라 그대로 받아들여야 한다는 바르트의 말은 옳았다. 또한 브루너가 신학자를 선포와 변증이라는 두 책무 사이에서 나뉘어 있다고 보고 그중 하나에 관해서만 성경의 권위에 전적으로 의존한다는 바르트의 반론은 옳았다. 브루너의 『자연과 은총』(*Nature and Grace*)을 읽자마자 많은 사람이 그랬듯 바르트의 '아니다!'가 냉정하게 들린다면, 『정의와 사회 질서』(*Justice and the Social Order*, 대한기독교서회)에 실린 브루너의 정치사상을 공부함으로써 균형을 바로잡을 수 있을 것이다. 거기서 우리는 브루너가 고전적·성경적 사상 요소의 결합을 아무런 의심도 없이 받아들이고 있으며, 이것이 정의에 관한 우리의 근대적 개념을 이룬다고 설명하고 있음을 분명히 알 수 있기 때문이다. 하지만 그 결과로 그는 기독교 세계에 관한 자신의 신학을 주창하면서 초기 템플(Temple)의 입장과는 다른 입장을 취하는가? 혹은 우리 실존의 '물음'과 기독교 메시지의 '대답'의 상관관계를 주장하는 틸리히(Tillich)와 다른 입장을 취하는가? 그런 접근 방식이 그것이 무엇이든 우리가 선호하는 문화적 배경 안에서 복음이 '편안함을 느낀다'는 것을 증명하는 이데올로기 작업을 넘어서는 무언가가 될 수 있는지 이해하기 어렵다. 물론 이런 사람들 모두가 히르슈보다는 더 나은 문화적 선택을 할 정도로 충분히 지혜로웠다는 것이 전혀 무의미하지는 않다. 하지만 그것이 신학적 문제인가? 아니면 그저 그들이 각각 스위스, 영국, 독일의 사회주의자로서 그에 맞게 더 지혜로운 정치적 판단을 했던 것에 대해 그들을 축하하기만 하면 되는가? 그런 사상가들로부터 시작된 신학적 전통이 신학의 기획을 단일한 문화적 집단의 구획된 통찰에 대해 대단히 노골적으로 종속시키는 해방신학들('흑인' 신학, '여성주의' 신학 등)을 설득력 있는 방식으로 다룰 수 없다는 사실이 이제는 고통스러울 정도로 분명해졌다. 그것은 그런 신학에 대해 당혹스러움을 드러낼 수도 있고, 생색내듯 그런 신학에 관심을 기울일 수도 있다. 하지만 이제는 배제당하는 것을 불평하면서 신학의 보편성을 주장할 수 없다. 그동안 신학적 책무를 문화적 적응을 위한 신중한 작업으로 이해해 왔기 때문이다.

기독교 도덕 사상에서 이런 방식으로 권위를 설명하는 것에 흔히 두 가지 반론이 제기된다. 지지할 수 있다면 둘 모두 진지한 반론이 될 것이다. 첫째는 역사적 경험이라는 새로운 도전에 대응해야 할 공동체적 **배움**의 기획이라는 도덕 사상의 성격에 관해 무언가 말할 수 있는 여지가 전혀 남지 않는다는 주장이다. 둘째는 우리가 도덕적 이해에서 **타협**의 역할을 무시한다는 비판이다.

도덕적 배움

만약 교회가 사도 시대로부터 받은 (혹은 개별 신자가 교리문답 훈련을 통해 받은) 도덕적 가르침이 지식 항목의 목록으로 인식될 수 있다면, 우리는 다음의 물음에 관해 결정을 내려야 할 것이다. 교회(혹은 신자)가 이 목록에 무언가를 추가할 수 있는가? 만약 정보 항목이 축적되듯 도덕적 지식이 축적된다면, 혹은 초월에 의한 과학적 지식을 소유하듯이 그것을 '소유'할 수 있다면, 사도 이후 교회가 (혹은 교리문답 훈련 이후 개인이) 획득한 지식은 원래 알려진 바에 대한 **보완물**로서 받아들이거나 거부할 수밖에 없는 **새로운** 지식일 뿐일 것이다. 도덕적 배움(moral learning)이 도덕적 지식의 새로운 항목을 늘리는 것을 의미한다면, 교회(혹은 개인)가 직면하는 도덕적 관심사의 모든 새로운 영역은 절대적 선택을 요구할 것이다. 즉, 당신이 받은 믿음 안에서 주어지지 않았던 어떤 이해를 획득하거나, 아예 배우기를 거부해야 한다!

하지만 도덕적 배움은 그렇지 않다. (사실 신학적 배움 전체가 그렇지 않다. 바로 이런 오해 때문에 성경과 전통이라는 배척당한 '두 원천' 개념이 생겨났고, 그 결과 개신교에서는 전통이 만들어 낸 '혁신'에 반발하게 되었다.) 도덕적 이해는 사물의 전체 모습을 파악하는 것이다. 만약 일군의 도덕관념이 언제든지 주요한 추가 사항으로 보충되어야 한다면—한 문화에서 인간을 '인격체'로 대하는 것이 중요함을 처음으로 발견했다거나 경제적 지배에 의한 불의의 가능성을 자각하게 되었다고 가정해 보자—도덕적 지혜의 단순한 **증가**를 능가하는 어떤 일이 일어난 셈이다. 한 도덕적 전망 안에는 전에 배우지 못했던 도덕적 진리가 자리를 채울 수 있는 빈 공간이 전혀 없다. 근원적으로 새로운 도덕적 진리를 배운다는 것은 전체 전망의 모습을 바꾸는 것이다. 우리는 도덕적 진리에 도덕적 진리를 **추가**할 수 없다. 도덕 질서에 대한 거짓된 이해에서 **돌이켜** 더 참된 이해로 돌아갈 수 있을 뿐이다. 도덕적 깨달음을 위해서는 근본적 개혁에 회심을 포함하는 회개―우리가 진리로 알고 있던 것이 오류임을 깨닫고 버려야 함―가 필요하다는 사실은, 축적 모델이 도덕적 배움에 대한 우리의 경험을 표현하기에 부적합함을 우리에게 일깨워 준다.

다른 한편으로 이는 우리에게 회개와 달리 단순한 도덕적 배움이 전혀 일어날 수 없다고, 우리의 도덕적 이해 속에서 연결된 발전이 전혀 없이 우리가 돌이키고 용서받는 일련의 위기를 통해서만 배울 수 있다고 생각하게 만들 수도 있다. 일부 개신교 전통에서는 이런 사상을 행위에 의한 칭의로부터 우리 자신을 해방하는 근원적 방법으로 받아들여 왔다. 하지만 이는 실수다. 그리스도 안에서 도덕적 이해를 발견하는 가능성 자체에 대한 회의론을 암시하기 때문이다. 이런 관념에서는 새로운 시작을 제외하면 위기 속에서 아무것도 실제로 **전달되지** 않는다고 생각하며, 신자가 도덕적 행동의 마지막 시기보다 자신의 다음 시기를 더 효과적으로 통과하도록 이끌어 주는 것은 전혀 없다. (교회론으로 전환하면, 이 관념은 모든 전통을 의심스럽게 만든다. 교회의 경로는 결코 "영광에서 영광으로" 나아가는 경로가 아니라 변절에서 벗어나는 일련의 부흥에 불과할 것이다.) 한편으로는 축적이 아니며 다른 한편으로는 그저 일련의 회개가 아닌 배움의 방식이 존재한다. '칭의'뿐만 아니라 (종교개혁 용어를 따르자면) '성화'도 존재하며, 그럼에도 이는 그리스도가 주어질 때 모든 것이 주어졌다는 은총이라는 근본 원리를 부인하지 않는다. 우리는 이미 **개략적으로** 아는 바를 **더 잘** 알 수 있다. 도덕적 '배움'은 언제나 '사유'다. 그것은 우리가 처음부터 도식적이며 추상적인 방식으로 파악할 수 있지만 우리가 닿아야 할 의미와 경험의 깊이를 포함하는 실재에 대한 지적 통찰과 탐구다. 비유하자면 우리는 위대한 그림을 공부한다는 것이 무엇을 뜻하는지 생각해 볼 수 있다. 처음에는 그림 전체를 피상적으로 바라보지만 아직 아무런 통찰도 없을 것이다. 하지만 평생 동안 이를 지속할 때 언제나 '새로운' 것들을 발견할 것이다. 그것들은 새로운 것이 아니라 처음부터 그 그림 안에 존재했다.

물론 우리는 도덕 사상에서 내딛는 (근원적으로 새롭지는 않은) '새로운' 걸음이 역사 안의 '새로운' 사건, 즉 실제로 근원적으로 새로울 수도 있는 사건에 의해 야기될 수도 있음을 인정함으로써 이 유비에 제한을 가해야 한다. 이미 체외 수정 사례를 언급했다. 한 사람이 세 명의 생물학적 부모를 가진다는 것은 우리 시대 이전의 세계 역사에서는 결코 일어난 적 없었던 일이다. 이 사실은 우리에게 새로운 방식으로 부모 됨에 관해 이야기하기를 요구한다. 그러므로 기술 혁신은 우리는 부모 됨에 관한 새로운 질문을 던지고 새로운 개념―의심할 나위 없이 기존의 개념과 유사하겠지만, 그럼에도 혁신적이지 않은 것은 아닌―을 발전시킬 계기가 된다. 이는 기술 발전이 만들어 낸 역사적 상황이 우리의 도덕적 사유에 권위를 행사함을 암시하는 것처럼 보일 수도 있다. 심지어 우리는 "이런 발전이 새로운 도덕적 질문을 제기한다" 혹은 "부모 됨에 관한 어떤 사유도 체외 수정이 제기하는 도전을 피할 수 없다"라고 말할지도 모른다. 하지만 이는 수사적 행위일 뿐이다. 이 새로운 기술에 관해 도덕적 '문제'가 발생했다면 그것은 그 기술이 우리에게 제기한 질문 때문이 아니라 우리가 그 기술에 제기한 질문 때문이다. 만약 우리가 이 발전을 기술적으로 중요한 게 아니라 도덕적으로 중요하다고 생각한다면, 우리가 이미 가지고 있던 도덕 질서에 대한 지식 덕분에 그렇게 생각하는 것이다. 우리는 과학자들에게서 그것이 도덕적 문제를 제기한다는 것을 배우지 않았으며 그것이 제기하는 도덕적 문제가 무엇인지도 배우지 않았다. 그것은 단순히 기술 혁신으로서 그것이 개시할 수 없었고 통제할 수 없는 사고의 동학에 의해 도덕적 탐구의 대상이 되었다. 이 발전에 관해 우리가 도달한 모든 대답은 (그것이 참된 **도덕적** 탐구라면) 발전이라는 단순한 사실성(facticity)이 아니라 언제나 부모 됨에 관해 존재했던 바, 즉 이제 우리가 새로운 맥락 안에서 재발견하고 재진술해야 하는 바에 의해 결정될 것이다. 물론 우리가 발전이라는 단순한 사실성 앞에 굴복하여 잘못된 대답을 내놓고 우리의 후계자들에게 더 어려운 사고라는 책무를 남겨 둘 수도 있다. 하지만 옳든 그르든 우리는 적어도 도덕적 물음, 도덕 담론의 영역 안에서 발생하고 그 답을 찾는 물음에 답하고 있다고 주장해야 한다. 이런 관점이 아닌 다른 모든 관점에서 우리에게 이 새로운 기술을 논하라고 요구하는 과학자들은 도덕적 논의가 아니라 단지 자신들이 성취한 것에 대한 사회적 정당화를 추구하고 있는 것이다.

갈등과 타협

우리가 설명하듯 도덕적 배움이 우리가 처음부터 전체로서 파악하는 질서에 대한 탐구라면, 그 배움은 (적어도 죄인인 인간에게는) 회개를 통한 정신의 첫 회심에서 시작되어야 한다. 그리고 배움이 진지하게 이뤄지기 위해서는 언제나 회개를 통해 갱신되어야 한다. 하지만 회개는 진리를 인정하는 일뿐만 아니라 거짓을 인정하는 일도 내포한다. 회개는 둘을 구별하며 갈등상태에 놓는다. 이 갈등은 유일하게 가능한 장소, 즉 자신의 생각과 행동의 거짓됨에서 시작되며, 자아와 세계가 둘의 상호 작용에 의해 서로를 결정한다는 이유만으로도 세상 안의 거짓을 문제 삼는 것을 막을 수 없다. 따라서 갈등에 근거를 둔 도덕적 배움은 종종 존재로 묘사되는 것, 즉 각 세계 상황의 변화하는 관점을 자아 안으로 받아들이는 것, 전통과 경험의 변증법 안에서 연쇄적 종합을 만들어 내는 것일 수 없다. 그것은 분리하는 선을 긋고 다시 긋는 일일 수밖에 없고, 회개의 형식적 의도에 무한히 복합적인 구체성을 부여하여 진리 안에서 세계 질서를 분별하도록 노력하게 한다. 그렇다고 해서 이것이 **배움**이 아닌 다른 것이 된다는 말은 아니다. 우리가 역사 안의 존재로 존재하는 한 우리가 가로지르는 땅은 어떤 의미에서 새로운 땅일 것이며, 우리는 창조된 질서 안에서 새로운 상황을 해석하는 조명의 힘을 발견할 것이다. 하지만 알려지지 않은 것 안에서 알려진 것을 발견하지 못하는 해석은 존재할 수 없으며, 우리는 도덕적 배움을 통해 우리가 만나는 모든 새로운 형태와 형식을 통해 우리가 회개했을 때 처음으로 분별하고 이해하고자 했던, 동일한 결정의 경향성과 참과 거짓의 동일한 대립이 나타나는 것을 보게 되리라고 예상한다. 거짓 질서가 전혀 새로운 형식을 취할 수 없다는 생각, 인식되고 설명되고 명명되면 그것은 버니언(Bunyan)의 『천로역정』(Progress) 2부에 나오는 이빨 없는 거인처럼 더 이상 우리의 순례를 곤란하게 만들지 못할 것이라는 생각은 위험한 속임수다. '그리스도 안의' 도덕적 지식은 예수께서 바리새인이나 사두개인과 빚으신 갈등, 즉 길 위에서 매 순간 새롭게 분별하고 발견해야 할 갈등을 결코 초월할 수 없다.

성 요한의 복음서에서 계속해서 대두되는, 참된 지식에 대한 이 도전의 형태를 특징적으로 '세상'이라고 부른다. 이 표현의 미묘함과 암시성은 그 양면성에 기초한다. 한편으로, '세상'은 선에 반대하겠다는 악의 조직화와 다짐이지만, 다른 한편으로는 여전히 하나님이 만드셨고 사랑하시는 것, 즉 그분이 찾아오셨지만 그분을 받아들이려 하지 않는 "그분의 것"과 다름없다. 예수께서 관여하셨으며 그분의 죽음으로 귀결된 갈등은 선과 악의 궁극적 원리인 두 독립된 실재 사이의 이원론적 신화의 갈등이 아니라 한 실재의 참된 형태와 거짓된 형태 사이의 갈등이다. (그런 갈등 혹은 경로만이 결정으로 이끌 수 있다. 한 실재의 거짓된 형태와 참된 형태로서만 선과 악은 같은 세계 공간을 놓고 경쟁하기 때문이다. 마니교 신화에서 선과 악의 전쟁은 절대로 종식되지 않는다. 그것은 거짓 전쟁이기 때문이다.) 그리스도의 죽음은 우리에게 참된 인간의 삶과 일그러진 인간의 삶의 만남이 빚어낸 결과를, 살고 알도록 하나님이 주신 창조의 질서와 인류가 살아온 왜곡·허황된 창조 질서의 이미지의 만남이 빚어낸 결과를 보여 준다.

그 만남의 결과는 거짓이 참을 배제한다는 것이다. 인자께서 다른 형태의 전제 조건인 그분의 육체적 삶이라는 참여의 기본 형태를 박탈당한 채 죽임을 당하실 때 피조물에 대한 인간의 참된 참여가 갑자기 종식된다. 이 결과가 어떻게 바로잡히게 되는지에 관한 우리의 지식이 잘못된 결과에 대한 우리의 충격을 누그러뜨리도록 내버려두어서는 안 된다. 우리는 하나님이 인자의 십자가 죽음을 역전시키시고 거짓에 맞서 참을 신원하셨다고 고백한다. 하지만 그렇다고 해서 부패한 질서가 그 자체로 부패하지 않은 것을 파괴하며 따라서 모든 교정과 수정에 맞서 질서 자체를 방어하는 경향성과 능력을 지니고 있다는 사실이 바뀌지는 않는다. 또한 우리는 이렇게 거짓에 의해 참이 파괴될 때조차 더 깊은 신비, 대표에 의한 심판이라는 신비가 하나님의 계획 안에 포함되어 있었으며, 따라서 인간의 반역이 예수께서 무덤 안에 누워 계셨던 사흘 동안에도 하나님의 목적을 무력하게 만들지는 못했다고 고백한다. 하지만 그렇다고 해서 참이 한 세상 안에서 거짓과 함께 살아가는 것이 불가능함을 입증했다는 사실이 바뀌지는 않는다. 십자가 **자체의** 의미, 부활에 비추어 십자가가 갖는 모든 추가적 의미가 전제하는 의미는 기쁨과 순종으로 참여하는 것이 세상 안에서 자유롭게 지속될 수 없고 불순종과 갈등해 그 결과 쫓겨날 수밖에 없다는 것이다. 부활 안에 있는 하나님의 추가 말씀이 없다면 이 절망적 말씀이 마지막 말씀이어야 한다. 하지만 그 추가 말씀이 발화될 때, 인자께서 신원되시고 그분의 고통조차 인간의 잘못을 바로잡으려는 하나님의 목적에 기여했음이 드러날 때, 마지막에서 두 번째인 그 마지막 말씀은 단순히 잊히지 않는다. 우리는 마치 이제 십자가가 없었던 것처럼 창조된 질서 안에서 살아가도록 초대받지 않는다. 부활하신 그리스도의 몸에는 못 자국이 남아 있으며, 그분을 따르는 이들의 삶은 십자가를 짐을 뜻한다. 온전한 참여로 나아가는 길은 배제됨을 통과하는 길이다.

따라서 제자도는 우리를 아담의 회복된 자녀로서 우리에게 주어진 권리와 특권인 다양한 형태의 창조된 선으로부터 배제당하는 고통에 참여시킨다. 이 배제는 자신이 정한 조건을 따르지 않는다면 우리가 이런 형태의 삶에 참여하기를 원하지 않는 다른 사람들에 의한 배제일 수도 있고, 우리 자신의 타락한 인간성 때문에 우리가 타협 없이 이런 선에 참여할 준비가 되어 있지 않는 것일 수도 있다. 하나의 예를 들자면, 현재 정치적 권위를 행사하는 다른 이들이 한 개인이나 집단이 적절하고 합당한 정도의 정치적 권위를 행하지 못하도록 막고 있을 수 있다. 또 다른 예를 들자면, 성 심리학적으로 성적 능력이 부족하여 한 사람이 결혼에서의 성생활에서 성취감을 누리거나 책임을 다하지 못할 수도 있다. 그 장벽이 절대적 장벽이 아니라 조건적 장벽일 때 타협하려는 유혹을 받는다. 정치권력에 대한 접근은 특정한 조건하에서 허용되며, 성적 만족 또한 특정한 형태로 주어진다. 창조의 질서에 대한 증언에서 타협하기만 하면 된다. 꼭 중대한 타협이 아니어도 될 것이다. 우리는 양심적인 사람들이 그들이 원하는 선을 확보하는 동시에 온전함을 최대한 지키려고 애쓰다가 세상과 꽤나 까다로운 거래를 체결하는 모습을 지켜보게 될지도 모른다. 사물의 타락한 질서는 종종 창조된 속성의 위엄과 아름다움을 드러내며, 타협이 항상, 상투적으로 말하자면 '지저분해야'(squalid) 할 이유는 없다. 핵심은, 세상과 거래하는 것은 그리스도 본받기(*imitatio Christi*)가 아니라는 것이다. 그리스도를 따르는 이들은 그분의 십자가를 지고, '땅에서' 타협하는 경향을 띠는, 그들 자신이 지닌 본성의 양상들을 '죽이라고' 부름받았다(골 3:5). 그들은 창조된 선을 참되고 무결하게 증언하기 위한 필수 대가로 창조된 선으로부터 배제되는 일을 받아들이도록 부름받았다.

그러므로 우리가 타협의 여지를 허용하지 않는 불평에 대한 우리의 첫 대답은 단호해야 한다. 타협의 여지는 없다. 적어도 그 말의 일차적이며 가장 명백한 의미에서 말이다. 창조된 선의 요구에 응답할 때 우리는 거래를 맺도록 초대받지 않았다. 그렇게 할 때 우리는 선에 대한 명백한 지식을 상실하는 대가를 치른다. 하지만 이런 대응을 조금 더 명료하게 설명해 볼 수 있다. (다른 용어를 찾는 것이 더 나을 수도 있지만) '타협'이라는 용어를 이차적 의미에서 적용할 수 있는 도덕적 고찰의 두 가지 특징이 있다. 이 특징들은 도덕적 사유에 필수이며, 따라서 일차적 의미의 타협에 대한 주장에 타당성을 부여한다.

(1) 도덕적 사유에서 우리는 우리의 행동을 우리가 행동해야 하는 조건에 일치시키려고 노력한다. 이를 전통적으로 '결의론'이라 불러 왔다. 우리가 배우거나 공식화해 온 일반적 도덕 규칙을 적응시켜 도덕 장(moral field)을 더 자세히 정의하는 특수성을 인정할 수 있게 해야 한다. 우리가 행동해야 하는 상황은 그 자체로 비참하며 우리의 행동에 달갑지 않은 제약을 가하는 특징을 포함할 수도 있다. 따라서 우리는 이차적 의미에서, 이상적인 것과 실제적인 것 사이에서 '타협' 해야 하는 상황에 관해 이야기할 수 있다. (이 표현은 여전히 매우 부정확하다. **중간의** 길을 찾으려는 경우가 아니기 때문이다. '실제적인' 것은 '이상적인' 것에 반대되는 극단이 아니다. 그것은 자신이 행동해야 하는 상황에 관한 **진리**를 인식할 일반적 행동 규칙에 대한 **올바른** 자격을 찾는 문제다. 그것은 우리가 흔히, 더 지혜롭게―전문 철학의 의미대로는 아니지만―'현실주의'라고 부르는 것이다.) 이런 이차적 의미에서의 타협이 일차적 의미에서의 타협을 암시한다고 가정해, 타협하지 않는 증언이 타협하지 않은 세계를 그 배경으로 요구하는 것처럼 보는 것은 오래되고 유해한 착각―바울이 고린도 교회에 보낸 첫 편지에서도 인식되었던(고전 5:9-10)―이다. 도덕적 온전함은 사회의 모호성과의 단절을 암시하며, 따라서 실천

불가능한 것으로 여겨진다. 신실한 증언은 추상적 이상으로서 그 자체로는 세상 안에서 어떤 형태도 취할 수 없으며, 따라서 타협은 우리 존재의 법칙이며 그 누구도, 예수 자신조차도 거래를 하지 않고서는 살아갈 수 없다. 그렇지만 이것은 그리스도인들이 전통적으로 예수의 도덕적 증언에 관해 이야기해 온 바가 아니다. 필요한 곳에서 어둠 속의 빛으로서 빛난다는 것이 바로 그분의 **신실한** 증언의 특징이다. 그분의 신실하심을 모범 삼아서 이해할 때 신실함은 아무리 맥락이 절망적이거나 선택이 제한적이라도 어떤 상황에서든 취할 수 있는 가능성이다. 모든 도덕적 결정은 신실함과 타협 사이의 결정일 것이다. 그리고 그렇기 때문에 '결의론'에 암시된 모든 상황에 대한 신중한 분별, 각각의 상황을 숙고하고 구별하는 태도 등을 마치 단순히 악과 합의를 이루는 것과 같다고 취급하면서 거부해서는 안 된다. 결정이 단순히 경쟁하는 형태의 타협 사이에서 하는 선택에 관한 문제일 뿐이라면 상황 분별을 그렇게 진지하게 받아들일 이유가 없을 것이다.

(2) 타협을 만들어 가는 것은 하나의 특수한 관심 영역, 즉 공적 삶을 영위하기 위한 규범에 대한 정의를 다룰 때 기독교 사상 안에서 정당한 자리를 차지한다. 이에 관해서는 뒤에서 더 자세히 말할 것이다. 우리 공동체의 삶 속에서 (심지어 교회라는 특수한 공동체 안에서조차도) 우리가 서로에게 무엇을 요구해야 하는지 논할 때 우리는 창조된 질서에 대한 모호하고 간접적인 증언을 만들어 갈 수 있을 뿐이다. 수많은 의무의 영역에서 꼭 필요한 사생활 때문에 우리는 무엇이 하나님이 다른 사람에게 지워 주신 십자가이며 무엇이 십자가가 아닌지 명확히 알 수 없다. 따라서 우리의 사회적 요구는 그리스도

의 십자가가 즉각 요구하는 만큼 개인에게 깊은 영향력을 행사할 수 없다. 현실주의라는 덕만큼이나 입법자들이 실천해야 할 중용의 덕이 존재한다. 기독교 도덕 사상의 일부 전통에서는 교회의 도덕적 가르침을 사회 전반을 위한 기대나 규범을 만들어 가는 일종의 문화적 교육으로 이해하거나 더 좁게는 신앙 공동체의 특수한 규율과 치리를 위한 입법으로 이해하면서, 이 정치적 책무를 기독교 윤리의 핵심 책무로 제시해 왔다. 윤리가 주로 공동체의 규범과 관계있다고 생각하는 그런 전통에서는 타협이 분명 윤리의 본질에 속한다. 하지만 공적 삶을 위한 규범을 고안하는 것은 (중요하지 않은 것은 아니지만) 기독교 도덕 사상의 부차적 관심사일 뿐이다. 그 일차적 관심사는 입법이 아니라 실존과 관계있다. 그리고 그리스도의 십자가가 어떤 사회적 규범도, 심지어 교회의 규범조차도 요구할 수 없는 자기 부인을 요구할 수 있음을 배우지 못했다면 기독교 도덕 사상은 그 책무를 해내지 못한 셈이다. 타협의 조건하에서 우리의 권리인 창조된 선을 누리기보다는 그것을 포기하는 쪽을 택하는 자기 부인의 그 순간은, 선이 우리에게 어느 때보다도 더 분명하고 두드러지게 되는 앎의 순간이기도 하다.

2부 주관적 실재

5 • 자유와 실재

지금까지 우리의 논증에서는 기독교 도덕 사상이 객관적 실재―즉, 그리스도 안에서 회복된 세계 질서라는 실재, 복음이 선언하는 실재―에 어떻게 반응해야 하는지 그 방식을 추적해 왔다. 하지만 기독교 윤리가 복음적 윤리임을 보여 주고자 할 때 해야 할 일이 더 남아 있다. 우리는 세상의 구속이 실제로 도덕적 행위자인 우리에게 좋은 소식이라는 것을 그저 그대로 받아들일 수 없기 때문이다. 세상의 구속이, 우리는 우리와 무관하게 이뤄진 회복에 사로잡혀 있기 때문에 이제 우리의 도덕적 행위는 무의미하고 무익함이 판명되었음을 의미하지 않아야 할 이유는 무엇인가? 하나님이 예수 그리스도 안에 있는 그분의 새롭고 완전한 인간성을 확증하신 후 오래되고 불만족스러운 인간인 우리를 한쪽에 내버려두는 것으로 만족하실 것임을 의미하지 않아야 할 이유는 무엇인가? 혹은 하나님이 보여 주신 그런 호의적 행동이 그에 대한 반응으로서 우리에게 초인적 노력, 우리 자신의 자원에 전적으로 의존하고서 우리의 도덕적 행위 능력으로는 충분치 않다고 판명될 것이 분명한 그런 노력을 요구하는 것을 의미하지 않아야 할 이유는 무엇인가? 이런 의심에 대한 답은 성령에 대한 사도들의 선포다. 윤리가 복음적이려면 사도들이 전하는 메시지의 이 부분과도 조화를 이루어야 한다. 우리는 우리 안에서 일하시며 우리를 위해 그리스도 안에서 하나님이 하신 일을 적용하고 확정하시는 하나님에 대해 이야기해야 한다. 구속된 피조물이 도덕적 행위자인 우리에게 맞설 뿐만 아니라 우리를 아우르고 우리가 그 안에 참여할 수 있게 함을 보여 주어야 한다. 이것이 1장에서 말했던 "객관적 양태에서 주관적 양태로의 전환"이다.

(비록 그 모든 형태가 펠라기우스의 생각과 정확히 일치하는 것은 아니지만) 교회 안에서 '펠라기우스주의'라는 명칭을 얻게 된, 도덕적 가르침에 대한 부적절한 접근의 핵심은 하나님의 주도권과 인간의 반응에 관한 오해다. 하나님의 주도권, 은총이라는 실재와 그에 대한 인간의 절대적 의존의 중요성을 진심으로 강조하기를 원하면서도 펠라기우스는 인간의 반응이 그러한 하나님의 주도권이라는 영역 외부에, 그 주도권에 대해 독립적 근거를 둔 반응으로서 존재한다고 생각했다. 하나님의 은혜로운 행동을 더 많이 강조할수록, 은총의 주도권을 더 두드러지게 보이게 할수록, 펠라기우스의 눈에는 인간이 적절하게 반응해야 할 책임이 경외감을 불러일으킬 정도로 커 보였다. 하나님은 우리가 그분께 해야 하는 반응을 대신하심으로써 우리의 자유를 침해하는 것 외의 모든 일을 하신다. 이런 관점에 대한 서방 기독교의 대답, 아우구스티누스가 가장 영향력 있는 방식으로 진술한 대답은 간단하다. 하나님의 주도권이 중단되고 마치 그분이 기대에 차서 인간이 무엇을 할지 보기 위해 기다리는 순간은 결코 있을 수 없다는 것이다. 인간의 '반응'조차도 여전히 하나님의 주도권이며, 이는 인간의 자유를 약화하기는커녕 인간이 자유로울 수 있는 유일하게 가능한 근거일 뿐이다. "너희 안에서 행하시는 이는 하나님이시니 자기의 기쁘신 뜻을 위하여 너희

에게 소원을 두고 행하게 하시나니"라고 성 바울은 말한다(빌 2:13).

성자와 성령의 고유한 사역을 구별하는 삼위일체적 맥락에서 '객관적'과 '주관적'이라는 단어를 사용하면서, 우리는 (바르트 자신도 알고 있었듯) 이 두 용어가 잘못된 인상을 줄 수도 있음을 잘 알고 있지만 카를 바르트의 본보기를 따른다. 두 용어는 우리 모두에게 '주관성'과 '객관성'의 관념론적 양극화를 너무나도 쉽게 상기시킨다. 이런 양극화에 의해 객체와 주체가 그 일차적인 관계적 의미—둘의 상호적 관계—를 상실하고 심리적·존재론적 함의가 지나치게 많이 부여된다. 이 전통에서 '주체'이신 하나님에 관해 말한다는 것은 그저 그분을 어떤 행동의 행위자로 이해한다는 것이 아니라 그분을 객관적이기만 한 사물의 영역보다 더 가치 있다고 여겨지는 정신이나 영혼, 인격의 영역에 둔다는 것이다. 우리의 말을 그렇게 읽는다면 심리적인 것과 신적인 것의 친화성을 암시하는 것을 막기 어려워져서, 성령과 단순한 인간 내면성의 차이를 못 보고 놓치게 된다. 따라서 처음부터 우리가 '주관적 양태'라고 말할 때 의도하는 바를 분명히 설명해 두는 것이 중요하며, 이는 두 가지 보완적 주장이라는 방식으로 이뤄질 수 있다. 첫째, 성령께서는 시간상 우리에게서 멀리 떨어져 있는 구속이라는 실재를 **현재적이며 권위 있는** 것으로 만드신다. 둘째, 그분은 우리가 도덕적 행위자로서 이 실재에 **자유롭게** 반응하게 하신다. 직접적으로 이 보완적 주장에 대한 개략적 구조를 제시해 보겠다. 다음 네 장에서는 이를 더 자세히 살펴볼 것이다.

(1) 성령께서는 구속의 실재를 우리에게 **현재적인** 것으로 만드신

다. 창조된 질서의 회복은 과거에 일어났던 사건이다. 그 보편적 현시는 미래에 속해 있다. 하지만 우리 삶의 매 순간이 연속적으로 우리의 현재를 형성하기에 이 두 지점, 즉 죽은 자 가운데서의 예수 그리스도의 부활과 그분의 파루시아(parousia)에 우리 삶 전체가 지금도 의존하게 된다. 성령께서 무시간적이며 초월적인 하나님이 우리에게 임재하시도록 만드신다는 말이 아니다. 신학자라면 양심에 거리낌 없이 그렇게 말할 수 있으며, 우리는 그것이 참이라며 기뻐할 수 있다. 하지만 그런 주장은 우리가 그리스도와 함께 십자가에 달려 죽었고 부활하였으며 영광 중에 그분과 함께 다스린다는 신약성경의 주장으로부터만 나올 수 있다. 우리의 현재적 실존에 대한 하나님의 가까우심은 언제나 '그리스도 안에서의' 가까우심이다. 몬타누스주의의 위험을 피하는 성령 교리는 '그리스도 안'이라는 이 가르침에 먼저 주목할 것이다. 하지만 그리스도의 죽음, 부활, 파루시아라는 사건은 우리에게 과거와 미래다. 어떤 의미에서든 (그리스도를 본받는 제자의 삶을 통해, 회심을 통해, 성례전을 통해) 이런 사건이 지금 일어난다고 말할 수 있다면, 그것은 이 사건들이 그때 일어났고 또한 그때 일어나리라는 사실에 부차적일 수밖에 없다. '그때'에서 '지금'으로 전환할 때, 우리가 기억하는 과거와 상상할 수 없는 미래가 우리의 현재를 빚어내는 실재가 될 때, 우리는 성령에 관해 이야기한다. 성령의 일이 한 시대—모든 시간이 그 시간, 즉 그리스도의 시간에 대해 즉각 존재하는 시대—를 규정한다.

더 나아가, 성령께서는 구속이라는 실재를 우리에게 **권위 있는** 것으로 만드신다. 권위는 이 과거와 미래의 실재가 현재에도 나타나게 하는 방식이기 때문이다. 과거와 미래의 사건이 현재로 진입해 그것에 영향을 미치는 다른 방식, 즉 내재적이며 비권위적인 방식이 존재한다. 사건은 오래 지속되는 결과를 가져오며, 때로는 지속하는 제도나 널리 퍼진 사고의 습관이라는 형식으로 그렇게 된다. 사건은 기대될 수도 있고, 기대와 소망 속에서 행동하도록 우리를 자극할 수도 있다. 하지만 그리스도의 수난과 승리라는 구속의 순간 혹은 순간들은 전혀 다른 방식으로 우리의 현재에 영향을 미친다. 그 순간들은 하나님의 최종적 행위, 역사에 그 의미가 주어지는 마지막 때[에스카톤(eschaton)]다. 그리고 그 자체로 시간의 모든 순간과 같은 거리에 존재하며 각 순간의 실재가 무엇인지를 결정한다. '권위'와 '실재'는 하나님 임재의 분리될 수 없는 양상이다. 이에 관해서는 다음 장에서 더 길게 다루고자 한다.

'주체성'에 대한 키르케고르의 호소에 대해 보류하는 입장을 취하더라도 신자가 '그리스도와 절대적 동시성'을 지닌다는 그의 개념으로부터 우리는 많은 것을 배울 수 있다. 『그리스도교의 훈련』(*Training in Christianity*, 다산글방)에 실린 "여기로 오라!"(Come Hither!)라는 제목의 글에서 그는 먼저 "나에게 오라"라고 말했던 분이 1,800년 전 낮아지심의 상태 속에서 사셨음을 상기시킨다. 이제 그분은 영광 중에 계시지 않는가? 그렇다. 하지만 하늘은 우리에게 열려 있지 않다. "영광의 보좌로부터 그분은 한 말씀도 하시지 않았다." 그러므로 우리는 그분의 성육신이라는 상태를 통해서만 신앙의 대상으로서 그분을 만난다(pp. 26-27). 우리는 역사로부터 그리스도에 관해 배울 수 있는가? 키르케고르가 내놓는 부정적 대답은, 그의 답을 역사적 회의론의 대상이라는 전혀 다른 문제로 만들 때 오해하기 쉽다. "역사"를 말할 때 그가 의도하는 바는 "세계사", 사건의 전체 과정이다. 또한 "그리스도에 관해 배움"을 말할 때 그가 의도하는 바는 **그리스**

도, 즉 신앙의 대상으로서의 그리스도에 관해 배우는 것이다. 그리스도는 사건의 과정에 내재적으로 속해 있지 않다. 그분은 역설이시다. 우리는 사건의 어떤 가능한 과정으로부터 어떠한 인간이 하나님이었다고 추론할 수 없다. 키르케고르가 특히 기독교 세계의 역사라는 의미로 사용하는 표현인 "그리스도의 삶의 결과"는 관련 있는 어떤 것도 입증하지 못한다(pp. 28-34). 헤겔의 세계사적 개인이 "주목할 만한" 것은 그 자체로서가 아니라 오직 그의 삶이 "주목할 만한 결과를 낳았기" 때문이다. "하지만 하나님이 여기 이 땅 위에서 한 개별적 인간으로서 사셨다는 사실은 무한히 주목할 만하다.…하나님의 삶이 주목할 만한 결과를 낳았다는 것이 어떻게 주목할 만한 일일 수 있겠는가?"(p. 34) 세계사적 기독교 세계의 불행은 그것이 "기독교를 제거해 버렸다"는 것이다(p. 39). 즉, 절대자와의 만남으로서의 신앙을 제거해 버렸다는 것이다. "절대자와의 관계에서는 하나의 시제, 즉 현재밖에 없다." 하지만 존재할 수 있다는 것, 따라서 (키르케고르가 현재적 실재로 좁게 정의하는) '실재'의 일부가 될 수 있다는 것은 **한** 과거 사건─우리가 말하는 종말론적 사건─의 독특한 특징이다. "모든 인간은 자신이 살아가는 시대와만 동시대적일 수 있다. 그리고 하나 더, 즉 이 땅에서 살아가신 그리스도의 삶과만 동시대적일 수 있다. 이 땅에서 살아가신 그리스도의 삶, 거룩한 역사는 역사 밖에 홀로 서 있기 때문이다"(pp. 67-68).

'권위'라는 용어는 구속이 우리 앞에 나타날 때 진공 상태를 만나지 않는다고 우리에게 경고한다. 구속은 존재하는 실재에 대해 그 권위를 행사한다. 세계 안에 제시된 질서의 명백한 구조를 만나며, 비판하고 변화시킨다. 참된 실재로 하여금 우리의 세계(역사 안에서 우리의 순간을 우리와 공유하는 전체의 일부)가 우리에게 제시하는 실재의 겉모습에 영향을 미치게 한다. 이 결과는 이중적이다. 우리의 세계가 심판을 받고, 재창조된다. 이미 존재하는 통일성과 연속성이라는 비실재가 폭로되고, 더 참된 통일성과 연속성을 제시하는 일련의 새로운 사건이 시작된다. 기독교 도덕 사상 안에 도덕적 권위의 이러한 이중적 양상을 이런저런 방식으로 반영하는 수많은 대조의 짝이 존재한다. 일반적인 도덕적 관념 중에서는 반성적 양심과 지시적 양심의 구별, 의무론 윤리와 목적론 윤리의 대조, 또한 가장 근본적으로는 이성과 의지의 대립을 통해서 이를 확인할 수 있다. 특별히 신학적인 관념 중에서는 회개와 도덕적 배움의 대조, 칭의와 성화의 대조, 회심과 교육의 대조를 통해 이를 확인할 수 있다. 성령께서는 그리스도 안에서 행하신 하나님의 일이 우리가 그 안에서 살아가는, 거짓으로 구축된 실재를 비판하고 반대하게 만드신다. 동시에, 그리고 같은 행동을 통해 그분은 실존을 위한 새롭고 더 참된 구조가 생겨나게 하신다. 그분은 그리스도 안에서 새로워진 피조물에 실체를 부여하시며, 그것이 현재 인간의 결정과 행동 안에서 역사적으로 구체화되게 하셔서 그것이 최종적으로 나타나기도 전에 부분적으로나마 가시화될 수 있게 하신다. 우리는 성령이 하시는 두 사역이 아니라 그분이 하시는 일의 두 **양상**에 관해 말한다. 회개와 도덕적 배움 사이, 칭의와 성화 사이, 회심과 교육 사이에서 경험의 특수한 항목에 관해 너무 날카로운 구분선을 긋는 것은 위험하다. 우리가 배울 때 회개하지 않아도 되는 때가 과연 있었던가? 순종이 용서의 필요성과 밀접한 관련이 있지 않았을 때가 있었던가? 우리가 교육한다고 생각했던 교회 한가운데서 속됨을 발견하지 못할 때가, 우리가 회심으로 이끌려 한다고 생각했던 세상 속에서 우리를 깜짝 놀라게 하는 믿음을 발견하지 못할 때가 있었던가? 하지만 이런 구별은 우리의 이해를 위해 근본적으로

5. 자유와 실재   197

중요하다. 죽음과 부활의 대립이 무너질 때, 죽음도 부활도 남아 있지 못한다. 심판과 재창조를 동시에 하지 않는 도덕적 권위는 그리스도의 권위가 아니라 순전히 자연적인 권위이며, 이를 따르는 것은 세상을 따르는 것과 다름없다.

첫 번째 주장을 요약하면서 요한복음 16:8-11에 기록된 예수의 고별 담화를 인용하고자 한다. "그[보혜사]가 와서 죄에 대하여, 의에 대하여, 심판에 대하여 세상을 책망하시리라. 죄에 대하여라 함은 그들이 나를 믿지 아니함이요, 의에 대하여라 함은 내가 아버지께로 가니 너희가 다시 나를 보지 못함이요, 심판에 대하여라 함은 이 세상 임금이 심판을 받았음이라."

여기서 성령의 사역은 그리스도께서 하신 사역의 세 순간에 상응하는 세 단계, 즉 십자가 죽음, 부활(과 승천), 파루시아로 제시된다. 이 셋은 차례로 이뤄질 세 심판으로 여겨진다. 즉, 세상이 그리스도를 심판하고(불신앙), 성부께서 그리스도를 심판하시고(높이 들리심), 그리스도께서 세상의 통치자를 심판하신다. 이 세 심판의 순간이 모두 피조물이 속량되고 성취되는 하나님의 한 행동 안에 포함된다. 성령께서 하시는 일은 이 세 순간이 "세상"을 이루는 실재에 즉각적으로 영향을 미치고, 세상을 "책망하게" 하는 것이다. 성령께서 그분의 일을 행하실 때, 그리스도를 거부하는 것은 **우리가** 그분을 거부하는 것이 된다. 그리스도의 높이 들리심은 **우리에게** 주어지는 삶이다. 지금 **우리가** 하는 모든 결정은 거짓 영들이 하나님을 거부하고 하나님께 거부당하는 그 최종적 결정의 메아리로서 중요하다. 죄, 의, 심판은 우리에게 현재적이며 권위 있는 것이 된다. 이 셋이 우리에게 주어진 삶의 의미를 결정하며, 우리가 하나님의 구속 사역에 참여하게 만든다. 성령께서는 "그분이 오실 때" 이 일을 행하신다. 그리스도의 시대(즉, 그 드라마가 여전히 상연되고 있을 때)가 아니라, 우리를 위해 상연되는 거록한 사건의 과정에서가 아니라 **우리의** 시대, (성 누가가 설명하듯) 오순절 이후의 시대, (성 요한이 생각하듯) 그리스도께서 높이 들리셔서 계시지 않는 시대, "그분이 오실 때"다. 이 시대는 하나님, 성부와 성자께서 신자와 신자의 공동체 앞에 비밀스럽게 계시는 시대(14:22-23), 그리스도에 대한 사도적 증언의 시대(15:27), 순교의(16:2), 종말론적 기대의(16:13), 기도의(16:24) 시대다. 바로 이 시대에는 우리에게 '그때'를 '지금'으로 만드는 하나님의 사역이 필요하다.

방금 인용한 RSV에서는 그리스어 동사 '엘렝크세이'(*elengxei*)를 'he will convince'(그분이 설득하실 것이다)로 번역했다. 1880년 번역본에서는 'convict'(죄를 깨닫게 하다)로 번역했고, NEB에서는 무려 네 개의 동사인 'confute'(논박하다), 'convince'(설득하다), 'convict'(죄를 깨닫게 하다), 'show'(보여 주다)를 사용해 길게 번역했다. 그 의미는 예전에 영어 동사 'convict'에 포함되었으며, 희미하게나마 여전히 명사 'conviction'(확신)에 포함되어 있다는 것이다. 이는 누군가로 하여금 자신이 이전에 죄가 있었음을 드러내는 방식으로 무언가를 깨닫게 만드는 것을 의미한다. 밝히는 동시에 심판하는 진리를 발견하게 하는 것이다. 따라서 죄를 깨닫게 하시는 성령의 사역은 중요한 사역이지만, 최종적 심판이니 정죄의 사역이 아니라 선교적 맥락에서 이뤄지는 사역이다. 성령께서 능력을 주셔서 가능해지는 사도의 사역은 세상, 즉 하나님이 사랑하셔서 구원하기 위해 그분의 아들을 보내신 세상을 향해 말하고, 세상의 통치자 즉 세상의 반역을 꾸민 영이 심판을 받았다고(즉, 최종적으로) 선포하는 것이다. 하지만 이 심판을 '깨닫게 된' 세상은 최종적으로 심판을 받지 않았고 더 이상 반역하는 세상이 되지 않을 기회를 가지고 있다. 우리는 성령의 이러한 선교적 섬김을 교회적 섬김, 즉 몇 절 지나서 (다시 한번 사도의 사역을 특별히 언급하면서) 읽게 되는 "그가 너희를 모든 진리 가운데로 인도하시리니"(16:13)라는 말씀과 대비시켜야 하는가? 세상에 대한 섬김이 전형적으로 비판적인 만큼만 교회에 대한 사역이 전형적으로 건설적이다. 하지만 비판이 재건으로 이어지고, 죄를 깨닫게 하심으로써 인도하심이 가능해진다는 것을 언제나 이해해야 한다. 비판의 순간, 대결과 조명의 순간에도 죄뿐 아니라 의와 심판이 '깨달음'으로 주어진다. 높이 들리신 그리스도의 삶을 체현하고 이 세상의 통치자에 대한 그분의 최종적 승리를 예상하게 하는 일련의 결단을 지속적으로 내리면서 살아가라는 부르심은 그 순간에 이미 현존한다.

(2) 성령께서는 도덕적 행위자로서 우리가 구속이라는 실재에 **자유롭게** 응답하게 하신다. 이 진술은, 오해를 야기하는 관념론의 함의를 한쪽으로 제쳐 두었을 때 어떤 의미에서 '주체'와 '주관적'이라는 말이 성령의 사역에 관해 사용하기에 적합한 용어인지를 분명히 알 수 있게 해 준다. 그분은 우리가 자의식 안에서 존재하는 분리된 주체성이 아니라 **도덕적 행위자**, 즉 **우리 행동의 주체**임을 확정하시고 우리를 그런 존재로서 회복시켜 주신다. 우리가 주체임을 확정하시면서 그분은 우리가 이 종말론적 심판의 시대에 어떻게 행동해야 하는지를 가르쳐 주신다. 이렇게 하기 위해서 그분이 우리의 주체성을 넘겨받으시는 것은 아니다. 그분은 우리가 주체성을 실현할 수 있게 하신다. 신학적 윤리와 관련해 핵심적으로 중요한 문장에서 성 바울은 "너희 안에서 행하시는 이는 하나님이시니 자기의 기쁘신 뜻을 위하여 너희에게 소원을 두고 행하게 하시나니"라고 말했다(빌 2:13). 이 문장은 바울이 마치 질적 내향성에 의해 인간의 일이 하나님의 일 안으로 흡수되는 것에 관해 말한다는 식으로 오해될 수 있다. 하지만 뜻을 둠과 행함은 (영어보다는 그리스어 구문을 통해 더 명확하게 드러나듯) 모두 인간이 뜻을 두는 것이며 행하는 것이다. 인간이 뜻을 두는 것

과 행하는 것은 인간 '안에서' 이뤄지는 하나님의 일에 의해 가능해지며, 이러한 하나님의 일은 자유로운 인간 행위가 표현되게 한다. 하나님은 주체인 인간 앞에 현존하시며, 성령 하나님은 성자 하나님을 증언하시고 인간의 뜻과 행위 안에서 그분의 인간적 증언이 이뤄지게 하신다.

그렇다면 성령의 일이 개별 인간 행위자에게 제한되지 않고, 따라서 보통 주체성이라고 생각하는 것을 넘어선다고 덧붙여야 하는가? 공동체 역시 주체로서 행동한다. 그리고 만약 주체들이 그리스도 안에 나타난 죄, 의, 심판이 그들의 행동과 태도를 규정하는 방식으로 행동한다면, 성령의 일에 의해서만 그렇게 할 수 있다. 이것이 교회의 삶, 즉 공교회 전체로서, 또한 공식적인 혹은 비공식적인 수많은 지역적 표현으로서 교회의 삶을 가능하게 한다. 교회론과 성령론의 관계는 너무도 잘 확립되어 있어서 여기서 더 자세히 설명할 필요가 없다. 우리가 거부했던 관념론적 오해와 비슷한 오해, 즉 성령을 구성원의 여러 주체성이 그 안으로 흡수되는 일종의 전 지구적 인격성이나 공동체적 주체성처럼 대하는 오해에 대해 분명히 경고하기만 하면 된다. 개별 신자가 절반 정도 신적인 주체성을 소유하고 있다고 말하는 것을 받아들일 수 없는 것처럼 교회가 그런 주체성을 소유하고 있다고 말하는 것도 받아들일 수 없다. 우리가 알고 있듯 공동체적 행동이라는 관념에는 개념적 어려움이 있다. 하지만 성령에 관한 교리를 그러한 어려움을 해소하기 위한 지름길로 간주해서는 안 된다. 공동체가 (인격체가 아니거나 인격성을 소유하지 않더라도) 행위자와 주체가 될 수 있다면, 개별 행위자만큼이나 공동체도 인간적 행위자다. 성령께서는 개별 신자에 대해 그렇게 하시듯 교회와 교회에 의존하는 공동체에 이런 행위 능력을 부여하신다. 그분은 교회에 대해 모호하게 '나'와 '너'가 되는 것이 아니라, 교회가 그분께 그러하듯 언제나 교회에 대해 '너'이시다. 그분은 교회에 "나를 위해 바울과 실라를 따로 세우라"라고 말씀하시며, 교회는 그분께 "오소서, 성령님, 우리의 영혼을 감동시켜 주소서!"라고 말한다.

성령께서 개인이든 공동체든 주체로서의 인간에게 나타나실 때 그 결과는 **자유**다. 기독교 윤리를 의미 있게 하며, 그 윤리를 요구하는 것은 바로 이 자유다. 자유는 지식과 행동을 통해 창조의 질서에 참여하는 사람의 특징이기 때문이다. 인간이 자유롭다는 것은 그가 알고 행동할 수 있으며 따라서 도덕적 탐구가 그에게 의미 있는 활동임을 암시한다. 그가 해방**되었다**는 선언은 인간의 자유가 지금까지 소외되어 있었고 따라서 소외될 수 있다는 추가 함의를 갖는다. 그러므로 이러한 위험한 가능성 앞에서 도덕적 탐구가 요구된다.

누군가가 자유롭다고 말할 때 우리는 그의 상황에 관해서가 아니라 그 사람 자체에 관해 무언가를 말하고 있는 셈이다. 자유는 '가능성'(possibility)이라기보다는 '잠재력'(potency)이다. 외부의 제약은 이런 의미에서 우리의 '자유'를 건드리지 않으면서도 우리의 가능성을 크게 제한할 수 있다. 한계의 부재가 자유를 구성한다는 대중 철학보다 더 오해를 야기하는 생각은 없을 것이다. 물론 이를 통해 인식하려는 진리가 있는데, 바로 자유라는 '잠재력'이 '가능성'을 그 대상으로 요구한다는 것이다. 자유는 주어진 상황에서 모든 가능성 중 하나를 현실화하겠다는 결정에 의해 모든 가능성을 취소함으로써 행사되기 때문이다. 가능성이 없다면 자유를 위한 여지도 없을 것이다. 그럼에도 가능성이 많을 필요는 없다. 불가피한 상황을 기쁘게 받아들일지 분개하며 받아들일지를 결정할 때조차도 우리는 행동의 대안적 가능성 사이에서 선택하는 자유를 행사한다. 우리에게 열려 있는 가능성의 수를 늘림으로써 자유를 최대화할 수 있다고 주장할 때, 대중 철학은 너무나도 심각한 오해를 야기한다. 가능성이 자유로운 선택을 위해 의미 있는 것이 되려면 한계라는 구조에 의해 잘 규정되어 있어야 하기 때문이다. 선택지를 막연하게 늘리기만 하면 미래의 결정을 선택의 능력 밖으로, 따라서 자유를 위한 의미 있는 가능성의 범주 밖으로 내보내는 결과를 낳을 뿐이다. 예를 들어, 결혼하겠다는 결정은 한 사람이 이미 맺고 있는 관계가 제한을 가하는 구조 안에서 결혼이 가능해지는가에 달려 있다. 만약 제한을 가하는 그 구조가 철회되고 세계 안에 있는 상상 가능한 모든 파트너가 즉각 주어진다면, 그 사람은 그들 중 누군가와 결혼하는 것을 자유롭게 선택할 수 없을 것이다. 한 사람이 자유를 위한 빈 공간으로 들어가고자 한다면 그 공간이 규정되어 있어야 한다. 더 나아가, 결혼하겠다는 결정 자체가 한 사람이 자신을 구속하는 새로운 한계로서 결혼을 현실화함으로써 **가능성으로서의** 결혼과 독신 생활 모두를 취소한다. 그 안으로 들어갈 때 빈 공간은 취소되어야 한다. 결정은 이미 존재하는 한계에 의존하며 새로운 한계를 부과한다. 한계는 그것을 가지고 자유가 작동하는 재료다. 성령께서 한 사람을 자유롭게 하실 때, 그 자유는 다른 이들에 대한 섬김에 자신을 구속하는 것을 통해 즉각 입증된다. "너희가 자유를 위하여 부르심을 입었으나…오직 사랑으로 서로 종노릇하라"(갈 5:13).

하지만 가능성 중 하나를 현실화함으로써 가능성을 취소하는 모든 선택이 '자유로운' 선택이라고 해도, 어떤 가능성을 현실화하기로 선택할 것인지는 자유의 행사와 무관한 문제가 아니다. 일부 실존주의 사상가들은 고대의 스토아학파를 따라 자살을 칭송하면서, 자살은 제약하는 환경 앞에서 빼앗을 수 없는 인간의 자유를 최고의 방식으로 확증하는 행동이라고 주장했다. 실제로 자살은 자유로운 행위일 수 있지만 자유를 긍정하는 행위는 아니다. 거기서 행사되는 자유는 자유 자체의 소멸을 포함하고 있기 때문이다. 이러한 소멸은 새로운 한계를 생성함으로써 가능성의 빈 공간을 필연적으로 취소함으로써 이뤄지는 게 아니라, 그 이후로는 더 이상 자유로운 선택을 할 수 없게 되는 자유로운 행위자 자신의 본성에 대한 파괴적이며 반항적인 공격을 통해 이뤄진다. 비록 인간의 자유가 가능성을 취소함으로써 작동된다고 하더라도 이는 인간의 자유 자체의 지속적 행사가 이루어지게 하기 위함이다. 그것은 목적을 위한 수단, 즉 그 이후에 사라질 수 있는 것에 불과한 게 아니다. 인간의 기능이라는 관점에서 묘사할 때 인간의 목적 자체를 '완벽한 자유'라고 말할 수 있다. 자유는 목적론적 구조이며, 그 안에서 주어진 자유는 성취될 자유에 기여한다. 성 바울은 말한다. "그리스도께서 우리를 자유롭게 하려고 자유를 주셨으니 그러므로 굳건하게 서서 다시는 종의 멍에를 메지 말라"(갈 5:1). 물론 이렇게 종의 멍에를 메는 것은 자유를 잘못 행사한 결과일 것이다. "자유로 육체의 기회를 삼지 말고"(5:13). 자유는 자유 자체를 소외시키고 비자유를 만들어 낼 수도 있다. 그렇기 때문에 복음은 죄의 '예속'에 관해, 인간을 부활하신 그리스도의 자유로운 인성과 연합으로 이끄시는 성령의 내주하심으로 '회복된' 자유에 관해 이야기한다.

인간 자유의 소외란, 원래부터 자유를 위해 창조되지 않았던 피조물이 필연에 지배당하는 것과 동일한 방식으로 인류가 필연에 지배당할 수 있음을 의미하지 않는다. 인간은 돌이나 식물과 비슷해지지 않는다. 우리는 타락한 인간이 한때 소유했던 자유를 결코 소외시킨 적이 없는 돌이나 식물보다 더 근원적인 의미에서 '자유롭지 않다'고 말하기를 원할 수도 있다. 하지만 또한 우리는 인간이 돌이나 식물이 자유가 없는 것처럼 그저 자유가 **없는** 상태에 있을 수는 없다고 말해야 할 것이다. 자유로운 선택을 행사하도록 창조된 인류는 창조의 조건에 묶여 있으며, 소외된 자유의 상태에 있을 때조차도 여전히 자유로운 행위자로 남아 있다. 그럼에도 타락한 인간은 자유롭게 살지 못한다. 자유로운 행위자로서 그는 자신이 비자유를 위해 했던 선택에 묶여 있기 때문이다. 그의 예속은 나무나 돌의 수동성과는 매우 달리, 그가 자유를 계속해서 행사할 수 있게 해 주었을 특정한 가능성을 스스로 자유롭게 거부함으로써 자초한 상황이다. 그에게 비자유는 짜증 나고 고통스러운 상황이다.

그렇다면 그가 거부한 이런 가능성이란 무엇인가? 그것은 서이라는 객관적 실재를 인식하고 기뻐할 수 있는 가능성이다. 인간이 스스로를 속박해 온 죄는 비실재를 추구하며 공상 속에서 살겠다는 결단이다. 그러나 자유는 실재적 가능성과의 관계 속에서만 행사될 수 있다. 물론 인간은 여전히 자유롭게 결정하는 시늉을 하는 존재로 남아 있지만, 그런 결정은 '완전한 자유'를 유효하도록 만들 수 있는 우주의 실재와의 관계를 결여하고 있다. 분명히 인간의 자유를 회복하는 일에는 인간이 그리스도 안에 계시된 하나님의 피조물이라는 실재에 대해 다시 한번 각성하게 되는 일이 포함된다. 그리스도 안에서 하나님이 행하신 객관적 행위에 대한 '증인'으로서 성령께서 하시는 일과 사로잡힌 인류에게 자유와 능력을 회복시켜 주시는 '생명을 주시는 분'으로서 그분이 하시는 일은 구별되는 두 가지 일이 아니라 하나의 일이다. 인간의 예속은 정확히 그가 실재와의 접촉을 상실했음을 의미하기 때문이다.

따라서 우리의 두 주장은 우리를 공통된 지점으로 이끈다. 구속의 **권위**는 우리가 관계를 맺어야 하는 세계의 현재적 실재를 결정하는 그 능력 안에 있다. 행위자로서 우리의 **자유**는 우리가 실재에 일치하여 행동하는 데 달려 있다. **실재**는 자유와 권위 모두가 기대고 있으며 둘이 서로를 보완하는 지점이다. 따라서 기독교 윤리의 출발점이 되는 '주관적 실재'에 관해 말할 때, 우리는 이 점, 즉 실재가 행동하는 주체에 미치는 영향, 실재가 권위로서 주체에게 나타나는 것, 주체가 자유로운 행위자로서 실재 안에서 성취를 이루는 것에 관해 말하는 셈이다. 이제 명백해졌듯 '주관적 실재'는 '객관적 실재'와 다르지 않은 실재다. 그것은 하나의 실재, 속량된 세계의 실재로서 (그리스도 안에서 단번에 영원히) 우리와 떨어져 있으면서 동시에 (성령을 통해 지금 여기에서) 즉각적으로 우리와 관계를 맺는다. 현재 우리의 책무는 실재에 대한 이 적극적 참여를 탐구하는 것이며, 우리는 자유와 권위라는 그 상호 보완적 양상을 통해 계속해서 탐구한다. 이번 장에서 우리는 자유의 소외를 더 자세히 살펴보고자 한다.

소외와 회심

하나님이 만드시고 회복하신 질서 있는 실재에 인간이 자유롭게 참여하는 것을 성 바울은 하나의 그리스어 단어 '휘파코에'(*hypakoē*)로 묘사한다(롬 1:5; 6:16). 이 단어에 대한 만족스러운 번역어를 찾기는 어렵다. 이 말은 실천적 관념인 '순종'을 의미하지만, 이 단어가 들음이라는 명사 '아코에'(*akoē*)에서 파생되었다는 사실이 바울의 마음속에는 대단히 생생하게 남아 있었다. 따라서 이 말이 인지적 의미를 담고 있다는 점도 이해해야 한다. 어쩌면 최선의 번역은 '주의를 기울임'(attentiveness)일 것이다. 바울은 '믿음으로 주의를 기울임'에 관해 말하며, 이 구절에는 듣고 이해하며 동의하는 데서부터 작정하고 행동하는 데에 이르는, 하나님에 대한 우리의 반응 전체가 담겨 있다. 하지만 야고보는 잘 알려진 본문에서 이 반응과 관련해 바울의 구절이 상정하지 않는 문제를 제기한다. "너희는 말씀을 행하는 자가 되고 듣기만 하여 자신을 속이는 자가 되지 말라"(약 1:22). 여기서 '휘파코에'가 구별되는 두 요소, 즉 '들음'과 '행함'으로 나뉠 수 있다는 생각이 등장한다. 이런 생각은 '휘파코에'의 실패인 죄 경험에서 비롯된다. '휘파코에'는 그 두 요소가 조화를 이루지 못할 때, 즉 들음이 행함이 아닐 때 실패한다. 하나님의 은총이 작동할 때 하나인 것이 인간의 죄 안에서 두 부분으로 나뉘고 만다.

사람이 믿음만으로 구원받는지 믿음과 행위로 구원받는지에 관한 바울과 야고보의 유명한 논쟁(이제는 전혀 논쟁거리가 아니라고 일반적으로 인정한다)은 이렇게 해소된다. 야고보는 복음에 대한 인간의 반응이 실존적 헌신과 분리된 단순한 지적 동의로 쪼개질 수 있음을 인식하고 있었다(2:14-26). 다른 한편, 바울은 결코 단순한 지적 동의를 옹호하지 않았다. 그가 "듣고 믿음"과 "율법의 행위"를 대조한 것은 전혀 다른 주장을 하기 위해서였다(갈 3:2). '아코에 피스테오스'(*akoē pisteōs*, 갈 3:2, 5)라는 구절은 로마서 1:5; 16:26에서 말하는 '휘파코에 피스테오스'(*hypakoē pisteōs*)에 비추어 해석해야 한다(W. F. Arndt, F. W. Gingrich, *A Greek-English Lexicon of the New Testament*, 4th ed., *akoē* 항목 2b와는 반대로). 바울의 "믿음"은 언제나 지성과 의지가 통합된 반응, "사랑으로써 역사하는 믿음"이다(갈 5:6). 따라서 '휘파코에'의 인지적 내용을 무시해서는 안 된다. 이 점은 베드로전서 1:22의 "진리를 순종함(즉, 주의를 기울임)으로"[휘파코에 테스 알레테이아스(*hypakoē tēs alētheias*)]라는 구절에서도 명확하게 드러난다.

인간의 마음과 진리의 관계에 관한 유비에 기초한 성 아우구스티누스의 삼위일체 해석은 여기서 제시하는 주장을 근거로 삼는다. 앎과 의지는 전적으로 비례하며 같은 넓이를 차지하므로 성자와 성령의 동일본질, 성자로부터의 성령의 발출(procession)을 입증한다. 삼위일체 교리에 대한 이 유비의 적절성이나 그것이 암시하는 하나님의 형상(*imago Dei*) 이해에 대한 판단을 유보하더라도 우리는 인간 심리에 관한 이런 설명 자체에서 많은 것을 배울 수 있다. 타락하고 부패한 인간의 마음은 아우구스티누스가 보기에, 사랑하지 않거나 아는 만큼 사랑하지 않으면서 무언가를 아는 마음, 사랑을 정당화할 정도로 충분히 알지 못한 채 무언가를 사랑하는 마음, 의지 없이 이해하고 이해 없이 의지를 품는 마음이지만, 그런 상태는 마음의 무질서함라는 사실을 드러낼 뿐이다. 진리를 완전히 소유한 마음은 이해하는 만큼 사랑하고 사랑하는 만큼 이해한다. 이성과 의지는 하나를 이룬다. [특히 *De Trinitate* 9권을 보라. 『삼위일체론』(분도출판사)]

서양의 도덕철학에서 생각하는 '이성과 의지'의 관계라는 문제가 도덕적 삶이 제대로 기능하지 못하는 상황에서 비롯되었으며 그 규범적 형태론에 속하지 않음을 강조하기 위해 우리는 이 지점에서 시작한다. 들음과 행함의 분리, 혹은 이성과 의지의 분리는 죄다. 그것은 인간이 자유롭고 합리적인 행위자로서 자신에게 적합한 반응을 하지 못하는 것이다. 그렇게 하지 못할 때 인간 자체가 분리된 능력으로, 즉 한편으로는 실재와 인지적 관계를 맺는 합리적 자아와, 다른 한편으로는 정서, 감정, 결정으로 이뤄진 의지적 자아로 해체되는 것처럼 보인다. 이것이 자유가 소외될 때의 심리적 양상이다. 성령께서 유효적으로 일하실 때, 앎이 다시 한번 의지가 된다. 더 신학적으로 말하자면, 믿음이 곧 사랑이 된다. 그렇기 때문에 우리는 증인이자 생명을 주시는 분이신 성령의 일, 이성과 정서 모두에 작용하시는 그분의 사역을 두 사역이 아니라 한 사역의 상호 보완적 측면이라고 말할 수 있다.

서양 문화에서 이러한 해체의 가능성과 한계를 잘 표현한 사례로 밀턴(Milton)이 『실낙원』(*Paradise Lost*, 문학동네)에서 사탄을 묘사하는 부분을 들 수 있다. 사탄이 절대적으로, 바로잡을 수 없는 방식으로 하나님을 거부하는 모습을 통해 밀턴은 인간이 궁극적으로—물론, 시간의 경계 안에서가 아니라 종말론적으로—무엇까지 할 수 있는지를 보여 준다. 밀턴의 묘사는 죄의 궁극적 의미를 해석한다. 밀턴이 그리는 사탄이 했던 유명한 말 "악, 그대가 나의 선이 되기를!"은 사탄적 태도의 본질이라고 할 수 있는 영혼의 이중적 움직임을 다음과 같이 완벽히 포착해 낸다. 첫째, 의지가 자연적으로 지향해야 할 바인 선 대신 악을 향해 발작적으로 돌아서며, 둘째, 선을 가장한 악의 실재를 은폐한다. 사탄이 악을 끌어안으면서도 악을 악이라고 말할 수 있게 하는 환한 빛이 비치는 순간은, 그 안에서 악을 선이라고 말하고 악이 선으로 받아들여지는 어둠으로 대체된다. 의지가 발작적으로 악을 끌어안을 때 이성은 쉴 수 있는 곳을 찾아야 한다. 이성은 의지가 끌어안은 혼돈의 실재 안에서 쉴 수 없고, 스스로 새로운 질서를, 즉 의지가 새롭게 지향하는 바를 중심으로 형성된, 객관적인 실재나 본질이 없는 가공의 질서, 그것이 '나의' 선이라고 부르는 실재의 희화적 모방을 만들어 내야 한다. 따라서 이성과 의지는 사탄이 악을 바라보며 "그대가 나의…!"라고 말하는 자기 파멸적 자유의 순간 동안만 헤어진다. 그 이후로 이성은 주체의 이 새로운 방향에 예속되고, 그것을 정당화하는 표상을 만들어 내야 한다.

물론 종말론적 최종성 안의 신화 안에서 볼 수 있는 영혼의 움직임은 전적으로 익숙한 도덕 경험의 특징이다. 한편에는, 유혹에 굴복하는 경험이 있다. 특정한 행동 경로가 옳다는 것을 알고도 행위자는 죄책을 의식한 채 자유롭게 정반대를 행한다. "사람이 선을 행할 줄 알고도 행하지 아니하면 죄니라"(약 4:17). 이것은 아리스토텔레스 이래로 도덕철학에서 '자제할 수 없음'[아크라시아(*akrasia*)], 이성에 대한 욕구의 역설적 승리라고 분석해 온 움직임이다. 다른 한편에는, 우리의 결정에 대한 '합리화'라고 부르는 것이 있다. 이를 통해 우리는 과거의 행동을 정당화하기 위해 우리의 도덕적 신념을 바꾼다. 물론 경험에 비추어 도덕적 견해를 다듬고 바로잡을 타당한 이유가 있을 수도 있으며, 따라서 행위자의 도덕 원칙을 바꾸는 것이 모두 우리가 비판하는 의미에서의 합리화인 것은 아니다. 그러나 인간은 합리화를 한다. 이성과 의지는, 유혹에 굴복하는 순간 분리되고 말았을 때, 화해를 이루어야 한다. 이성이 실재를 제대로 파악하지 못하는 대가를 치르더라도 비합리적으로 행동했다는 의식을 누그러뜨려야 한다. 따라서 의지를 자유롭게 행사하여 죄를 지을 때 인간은 자신에게서 자유를 박탈한다. 그가 창조된 질서에 대한 인지적 접근을 차단하기 때문이다. 그는 그의 행위가 팔다리를 허우적거리는 것 이상이 되려면 붙잡고 있어야 하는 땅에서 자신을 잘라 내고 만다.

성령의 구속 사역은 실재에 대한 우리의 접근을 회복하는 것을 포함한다. 하지만 이 회복은 의지와 분리된 채 이성만으로는 이뤄질 수 없다. 그렇게 하는 것은 유혹의 순간에 생겨난 의지와 이성의 분리를 재현하는 일에 불과할 것이다. 사실 인간은 시간의 좌표 안에서 사탄의 종말론적 완결성 정도로 반역의 두 움직임을 실행하지는 못하기 때문에 이 분리는 계속해서 그의 경험의 일부로 남아 있다. 그는 죄책 안에서 살아간다. 이는 어쩌면 그가 아직 자신의 영혼을 악마에게 완전히 팔아 버린 것은 아님을 확인해 주는 신호일 수도 있고, 두려워하며 하나님의 심판을 기다리는 마음일 수도 있다. 하지만 분명 그 자체로는 은총의 사역이 아니다. 그 사역에는 의지가 스스로 선택하여 지향하는 바로부터 의지를 떼어 내는 일이 포함되어야 한다. 인간은 과거와 같은 방식으로 계속 살아가려는(willing his own past) 태도를 그치기 위해 자유로워져야 한다. 하지만 과거와 같은 방식으로 계속 살아가려는 것은 그 자체로 자연스러운 일이며, 도덕적 존재로서 우리의 성취에 필수 불가결한 우리 목적의 정합성과 통일성을 보증하므로, 어떤 의미에서 이 '자유'는 죽음이다. 우리 의지를 지속적으로 긍정함으로써 우리가 과거에 했던 근본적 선택을 보강하기를 중단한다면, 우리는 현실화 과정에서 우리였던 그 '나'를 전적으로 포기하는 셈이다. 그 '나'는 우리에게, 성 바울의 말처럼 그리스도와 함께 십자가에 달려서 죽은 '옛 사람'이 된다. 회개는 과거와의 근본적 연속성을 유지하는 의지를 단순히 재배열한 것에 그칠 수 없다. 회개는 자기 소멸의 순간을 포함한다.

하지만 이러한 의지의 자기 소멸은 인지적 영역과 분리될 채 이뤄질 수 없다. 만약 그렇다면 이는 과거의 발작적 방종에 대한 거부가 아닐 것이다. 똑같이 제멋대로인 새로운 발작을 옛 발작에 더하는 일에 불과할 것이다. 만약 의지가 객관적 질서에 맞서 방향을 전환했듯 자신의 과거를 거부하는 방향으로 전환하기만 한다면, 이는 제멋대로의 자기주장이라는 성향을 지속하는 것에 불과하다. 죄는 그 자체의 헛된 후회, 그 자체의 자기혐오를 포함하며, 자만과 교만처럼 제멋대로다. 실재에 대한 체계적 부인은 그리스도인이 알아야 할 회개와 전혀 관계가 없는 자기 부인으로 귀결될 수 있다. 제멋대로 행동하는 것을 거부하기 위해 우리는 제멋대로가 아닌 것과의 접촉을 되찾아야 한다. 회개는 믿음과 함께 나아가야 하며, 믿음은 이성이 초월하거나 포함할 수 없는 대상에 주의를 기울이는 적절한 자세다. 그것은 그것의 대상으로서의 독특한 형태가 독특하기는 하지만 인지의 한 형태다. 그리고 창조되었든 창조되지 않았든 선에 대한 지식을 헌신 없이 가질 수 없는 것처럼, 믿음은 의지의 재정향에 기초한 인지 형태다. 의지의 재정향 역시 믿음에 기초할 것이다. 따라서 회심은 의지나 이성 중 어느 한쪽이 객관적 선과의 관계를 여전히 유지하고 있다고 주장함으로써 다른 쪽에 영향력을 행사할 수 있는 무언가가 아니다. 회심은 이성과 의지가 함께 실재에 제멋대로 반응하기를 그치는 사건, 합리적이든 의지적이든 주체 자체 안에는 그렇게 할 만한 충분한 근거가 없다는 점에서 '기적적인' 사건이다. 회개와 믿음은 논리적 필연성의 문제처럼 그런 순서로 찾아오지 않는다. 그 순서를 바꾸어서 '사랑을 통해 역사하는 믿음'에 관해 말할 때에도 그것은 논리적으로 필연적인 순서가 아니다.

믿음 없는 회개가 있을 수 있는가? 토마스 만(Thomas Mann)의 위대한 소설 『파우스트 박사』(Doctor Faustus, 문학과지성사)의 결말에서 이 문제를 매우 통렬히 제기한다. 여기서 1인칭 화자는 주인공인 작곡자 레버퀸(Leverkühn)의 운명에 관한 성찰과 나치 독일이 자초한 지옥에 대한 고뇌를 서술한다. 우리가 듣기로, 레버퀸의 마지막 작품인 칸타타 "파우스트의 애가"에서는 구원받는다는 생각을 거부한다. 그것은 "악마와 맺은 계약을 형식적으로나마 충실히 지키고자 함 때문, 그리고 그것이 '너무 늦었기' 때문만이 아니라, 누군가가 그것을 위해 그를 구원할 세상이 있다는 확신, 그 경건함의 거짓말을 그가 온 영혼을 다해 경멸하기 때문이다"(p. 490). 하지만 "그는 나쁜 그리스도인이자 좋은 그리스도인으로 죽는다. 회개의 힘 때문에, 또한 마음속에서 자신의 영혼에 대한 자비를 바라기 때문에 좋은 그리스도인이며…악마가 그의 몸을 가지려 하고 가져야 하므로…나쁜 그리스도인이다"(p. 487). 이 책의 마지막 단락에서는 이것이 독일에 무엇을 의미하는지 서술한다(p. 510). "뺨에 홍조를 띤 독일은 무절제한 승리라는 높은 고지에 올라 자신의 피로 서명하고 힘써 지키려고 했던 계약 덕분에 온 세상을 얻기 직전에 비틀거리고 있었다. 오늘날 이 나라는 귀신들에게 사로잡힌 채 한쪽 눈을 손으로 가리고 다른 한쪽 눈으로는 참상을 내려다보면서 절망에서 절망으로 추락한다. 언제 이 나라는 심연의 밑바닥에 도달하는가? 언제 지극한 절망으로부터—믿음의 힘을 넘어서는 기적처럼—희망의 빛이 밝아 오는가?"

만의 소설이 우리에게 제기하는 물음은 두 가지 방식으로 이해할 수 있다. 첫째, 그것을 전적으로 불신앙 안에서 생겨나는 문제로 이해할 수 있다. 아무것도 믿을 것이 없는 사람이 어떻게 회개할 수 있는가? 어떻게 복음 없이 거듭남이 있을 수 있는가? 현재 선포되는 복음이 자기 민족이 자초한 파멸을 해결하기에 적절하다고 만이 생각했다면, 그는 그 사실을 인정하지 않은 것이었다. 그의 문제는 파멸 외에는 어떤 것도 확실히 믿지 않는 종교적 인간의 문제다. 다른 모든 것은 "누군가가 그것을 위해 그를 구원할 세상이 있다는 확신, 그 경건함의 거짓말"이었다. 이런 관점에서 자비에 대한 희망은 참으로 저주받은 자의 자명하게 헛된 희망일 뿐이었다. 곤경은 하나님의 자비가 존재하지 않는다는 곤경일 뿐이었다. 하지만 불신앙 안에서 생겨나는 이 문제 너머에서 우리는 다른 문제를 확인할 수 있다. 그것은 믿음 자체에 제기되는 물음이다. 어떻게 참된 믿음을 기적에 대한 믿음, 즉 기대하거나 의지하는 것을 절대적으로 넘어서서 믿는 기적에 대한 믿음, 인간을 지옥이라는 실재로부터 재빨리 건져 내는 기적에 대한 믿음이 아닌 것으로 특징지을 수 있는가? 참으로 믿음인 믿음, 단지 신중하고도 경건한 계산에 그치지 않는 믿음은, 거짓일 수 있다는 두려움 때문에 감히 그것 자체를 생각하거나 그것 자체를 제안하거나 그것 자체를 설명할 수 없다. 인간의 자기 구원의 불가능성이라는 거울을 통해 반사된 기적의 가능성으로부터 관찰될 수 있을 뿐이다. "아니, 이 어두운 어조의 시는 마지막까지 어떤 위안도, 달램도, 변모도 허용하지 않는다. 우리 예술가의 역설을 받아들이라. 표현—애도로서의 표현—이 전체 구조의 핵심임을 인정하라. 그렇게 한다면 그것을 또 다른 것, 종교적인 것과 비교하여 결코 치유할 수 없는 것으로부터 희망이 생겨날 수도 있다고 (가장 낮은 목소리의 속삭임을 통해서이기는 하지만) 말할 수 있지 않겠는가? 그것은 절망 너머의 희망, 절망의 초월일 수밖에 없을 것이다. 그것에 대한 배반이 아니라 믿음을 뛰어넘는 기적일 것이다"(p. 491). 그럼에도 (강요된 침묵 속에서 감히 그 자체를 부활에 대한 믿음이라고 부르지 못하는) 순전한 기적에 대한 그러한 소망은 믿음과 동떨어진 소망이 아니다.

양심과 자율

그럼에도, 우리의 도덕적 이성이 우리가 자유롭게 하고자 하는 행동을 승인하지 않는 죄의식은 어떻게 죄의 불합리함 속에서 이성과 의지가 분리될 수 있는지를 보여 주는 패러다임을 제시한다. 그러나 이러한 특징 묘사는 개략적인 묘사일 뿐이다. 성 바울이 로마서 7장에서 설명하듯, 죄책은 의지가 그 자체에 맞서 나뉘는 것이다. 그 결과 "[우리] 지체 안에 있는 다른 법"에 의해 우리의 판단력뿐만 아니라 우리의 참된 감정까지도 침해당한다. 죄책을 느끼는 양심에 관한 근대적 사유에서는 자기 거부라는 감정적 구성 요소를 강조해 왔지만, 고대인들은 자기비판이라는 합리적 구성 요소를 강조했다. 이 현상이 복잡한 만큼 두 해석 모두 어느 정도 정당하다. '양심'이라는 단어는 그리스-로마 세계에서 유래했으며, 당시에는 '자의식', 특히 자신이 잘못된 일을 행했을 때 자신에 대해 갖게 되는 불편한 자각을 의미했다. 성 바울은 주로 이런 의미로 이 단어를 신약성경 안으로, 따라서 기독교 도덕 사상 안으로 도입했다. 하지만 중세와 근대의 용법에서 이 단어는 새로운 의미를 갖게 되었고, 자의식이 죄책을 느끼는 순간뿐만 아니라 도덕적 이해와 자기 방향 지시 능력 전체를 뜻하는 말로 쓰이게 되었다. 이런 전환은 도덕 심리학에서 중요하며 대체로 해로운 변화였는데, 이를 통해 이성과 의지의 분리가 규범적인 것으로 다뤄지게 되었다. 이는 결국 자유가 자율이라는 관념, 즉 실재로부터의 행위자의 독립이라는 관념을 만들어 냈다.

고대 세계에서 (그리스어) '쉬네이데시스'(*syneidēsis*)와 (라틴어) '콘스키엔티아'(*conscientia*)는 '의식'(consciousness), 특히 둘 이상의 사람이 공유하는 의식을 의미했다(참조. 고전 10:29. 이 구절은 어쩌면 이렇게 번역해야 할 것이다. "내가 말한 양심은 너희 자신의 자의식이 아니라 너희가 다른 사람과 공유하는 의식이다."). 더 협소하게는 대개 죄책의 경험에서 자신에 관한 의식을 의미한다. 고대인들은 이를 한 사람의 모든 행동에 대해 비밀스러운 증인을 갖는 것이라고 극적으로 묘사하기를 즐겼다. 양심을 가리켜 [메난드로스(Menander)가 썼다고 간주되며 자주 인용되는 글에서처럼] '우리 모두를 대하는 신'이라고 말할 때, 고대인들은 법을 만드는 신이 아니라 고전 신화에 등장하는 복수의 세 여신처럼 복수하는 신을 염두에 두고 있었다. 이로부터 단어의 의미가 확장되었고, 도덕적 자의식은 영혼 안에서 도덕적 행위의 좌소를 지칭하는 일반적인 심리적 범주가 되었다. 특히 '콘스키엔티아'가 '마음'과 동의어가 된 라틴어에서 이 마지막 발전 단계를 뚜렷하게 확인할 수 있다. 신약성경에는 이 의미의 모든 범위가 나타나 있으며, 따라서 '쉬네이데시스'가 등장할 때마다 이를 대체할 수 있는 단 하나의 영어 단어는 없다. (본문을 상세히 주해한 내용이 언제나 만족스럽지는 않더라도 전반적으로 결론은 확실한 C. A. Pierce, *Conscience in the New Testament*를 보라.)

하지만 신약성경 어디에서도 (또한 후기에 이를 때까지 고전 세계 전체에서도) '쉬네이데시스'가 도덕적 방향 지시 능력을 뜻하는 경우는 없다. (최근의 몇몇 성경 연구가 뒤따르는) 후기의 도덕 신학에서는 이런 관념을 포함하지 않는 본문, 특히 이교 신에게 제물로 바친 고기를 먹는 행위의 도덕성에 관해 바울이 논하는 두 곳의 본문(고전 8, 10장; 롬 14장)을 읽을 때도 이런 관념으로 이 단어를 해석하는 데 익숙해졌다. 이 두 논의는 강조점에서 다소 차이가 있음을 지적해 두어야 한다. 뒤의 논의(롬 14장)에서는 '쉬네이데시스'라는 단어를 한 차례도 사용하지 않는다. 훨씬 더 단순한 이 논의는 의심스럽거나 논쟁이 되는 행동에서 믿음의 필요성에 분명히 초점을 맞추고 있다. "의심하고 먹는 자는 정죄되었나니 이는 믿음을 따라 하지 아니하였기 때문이라"(롬 14:23). 이는 우리가 공동체의 압력을 받아서 행하는 '진실하지 않은' 행동이라고 부를 수 있는 것에 대한 경고다. 확신이라는 감각은 무슨 행동이든 그것이 하나님이 받으실 만한 행동이 되기 위한 필수조건이다(다만 바울은 그것이 충분조건이라고 생각하지는 않았겠지만). 고린도전서의 논의는 더 복잡하며, 다른 논점을 지향한다. 즉, "우상에 대한 습관" 때문에 실제로 우상숭배적 의도를 지닌 채 제물로 바친 고기를 먹을 가능성이 있는 약한 신자의 위험을 다룬다. "지식 있는 네가 우상의 집에 앉아 먹는 것을 누구든지 보면 그 믿음이 약한 자들의 양심(쉬네이데시스)이 담력을 얻어 우상의 제물을 먹게 되지 않겠느냐?"(고전 8:10) 마치 이 본문이 그저 로마서의 논증을 예상하는 글인 것처럼 이해하고 면밀한 의심을 동반하는 진실하지 않은 결정에 대한 경고로 보는 것은 잘못된 해석이다. 오히려 바울은 "우상에 대한 습관"에 물든 **의식**을 우려한다. 다시 말해, 약한 형제는 실제로 미신적이며, 그런 것들을 진지하게 받아들일 수밖에 없고, 따라서 그가 이교 축제에 참여하게 된다면 "우상의 제물"로, 즉 우상숭배하는 마음으로 그것을 받아들일 것이다.

방향을 지시하는 양심이라는 관념은 후대의 그리스 교부에 가서야 분명히 나타난다. 자연법 사상이 발전하는 과정에서 이런 관념이 생겨났다. 크리소스토모스(Chrysostom, *De statuis* 12, 13)는 양심이 선과 악에 관한 지식을 '스스로' 배운 것'으로 만드는 것이라고 이야기한다. 양심은 "귓속에 울리고, 가르치며, 지시한다." 양심은 율법의 저장소이며, 따라서 그 율법은 우리가 그리스도의 가르침을 들을 때 이미 우리에게 익숙하다. 양심은 "무엇을 해야 하는지를 제안한다." 이는 새롭고 전혀 다른 방식으로 양심에 관해 생각하는 것이다. 하지만 양심이라는 근대적 관념을 형성하는 결정적 발걸음을 내디딘 사람들, 즉 그것을 도덕적 이성의 능력 자체와 동일시한 사람들은 중세 사상가들이었다.

양심이 모든 도덕적 이해를 위한 범주가 될 때 우리는 나눔을 도덕적 지식의 자연적 조건으로 보게 된다고 의심할지도 모른다. 왜 그래야 하는가? 한편으로 이는 도덕적 행위자의 자유를 보장하려는 중세 특유의 관심사에 기인한다. 자유는 의지와 관련되어 있다. 따라서 의지는 개인적 행위 능력, 즉 나의 모든 행동의 주체인 '참 나'(real me)의 존재론적 근거로 간주된다. 이성은 객관적 실재와 결합해 있으며, 따라서 도덕적 행위자가 자유로운 것처럼 자유로울 수 없기 때문이다. 다른 한편으로 그것은 양심의 강력함, 즉 영혼에 심한 고통을 가할 수 있는 능력에 대한 고전적 관심에 기인한다. 이 능력은 양심의 감정적 구성 요소에서 유래하지만, 이성의 자연적 권위에 대한 증거로 널리 해석되었다. 그러한 해석은 이성을 외부 세계와 함께 '나 아님'(not-I)으로, 나의 개인적 행위 능력의 좌소인 의지와 구별되며 그것과 맞서는 것으로 이해하는 경향을 강화한다. 따라서 이성의 지각은 주체의 행위 능력을 둘러싼 **환경** 사이에 놓이게 된다. 따라서 자유를 신원하려는 관심, 이성의 본래적 권위를 높이려는 관심으로부터, 이성의 개체화 및 이성이 행동하는 주체로부터 소외되는 결과가 초래된다. 정신은 파편화된다. 주체는 더 이상 이성-의지의 주체가 아니라 이성을 마음대로 부릴 수 있는 의지가 된다. 반면에 이성은 주체의 행동에 대해 권위를 행사하는데, 이는 본래 외부의 실재에만 해당해야 하는 권위다. 따라서 서양에서는, 합리주의와 주의주의 사이를 끊임없이 왔다 갔다 하며 행위자와 실제 세계 사이에 만족스러운 관계를 확립하지 못하는 도덕 심리학이 발생한다.

(언제나처럼 널리 퍼져 있던 주의주의적 관념을 누그러뜨리고 싶어 하여 그 관념에 열성적이지 않았던) 토마스 아퀴나스의 중요한 논의 배후에서 이미 이런 관념을 확인할 수 있다. 그가 '잘못된 양심이 의무를 만들어낼 수 있는가'와 '잘못된 양심을 변명 삼을 수 있는가'라는 두 가지

물음을 자신에게 던질 때, 우리는 그가 도덕적 주체에게 의무를 부과하는 외부의 권위로서든 그로 하여금 비난을 면하는 변명을 제공하는 불행한 환경으로서든 양심(또는 이성)이 도덕적 주체와 대립하게 하는 도덕적 행위 능력이라는 생각에 맞서고 있음을 알 수 있다. 통치자의 잘못된 명령이나 시각이나 청각 같은 능력이 우연히 약해진 상황과의 유비를 통해 잘못된 양심의 문제를 이해할 수 있다. 따라서 의지만으로도 '의무가 있거나' '면제된' 참된 도덕적 주체가 된다. 토마스는 이런 물음에 답하면서 이런 물음을 제기하는 방식이 만들어 낸 피해를 제거하기 위해 최선을 다한다. 그는 의지가 이성과 분리된 채로는 그 자체로 아무런 사유도 할 수 없음을 우리에게 일깨워 준다. 그는 이성과 분리된 의지의 모든 행동은 도덕적 행동에 파괴적 영향을 미친다고 주장한다. 또한 죄로 간주할 만한 이성의 오류라는 것이 존재함을 상기시킨다. 하지만 이런 문제를 구성하는 방식이 그에게는 너무나도 어렵다. 일단 양심의 '의무'나 '변명'이라는 관점에서 문제를 바라보기 시작하면 이성의 객체화가 완료된다.

『신학대전』(*Summa Theologiae*)의 핵심 질문은 II-I.19.5와 6, 즉 "잘못된 이성이 의무를 부과할 수 있는가"(*utrum ratio errans obliget*)와 "잘못된 이성을 따르는 의지가 선할 수 있는가"(*utrum voluntas concordans rationi erranti sit bona*)다. 그가 즉시 이 물음을 양심이라는 용어를 사용해 바꾸어 말하면서 이 논의의 목적을 위해 '라티오'(*ratio*, 이성)와 '콘스키엔티아'(*conscientia*, 양심)를 동의어로 취급하고 있음을 지적할 수 있다. 첫 번째 물음에 대해서는, 모호한 부분이 없지는 않아도 긍정적으로 답한다. 그는 잘못된 이성을 따라야 한다고 대놓고 주장하기보다는, 그가 동등하다고 말하는 다른 형태로 질문을 바꾼다. "의지가 잘못된 이성에 맞설 때 의지의 행동은 나쁜가?"(*utrum voluntas discordans a ratione errante sit mala*) 이에 대해 그는 직접 '그렇다'라고 대답할 수 있다. 의지가 중요하지 않은 문제에 관해서만 잘못된 이성에 반하는 것이 나쁘다는 이론에 대해서는, 의지가 옳고 그름에 대한 독립적 지식을 가지고 있지 않다는 현명한 지적으로 대응한다. 의지를 두고, 이성의 명령을 다른 고려 사항에 빗대어 평가하고 그것이 중요하지 않다고 판단할 수 있는 주체라고 생각하는 것은 어리석은 일이다. "인간 이성의 명령이 하나님의 가르침을 거스른다는 것을 안다면…그의 이성이 전적으로 오류에 빠진 것은 아닐 것이다." 두 번째 물음은 "의지가 잘못된 이성을 따를 때 의지의 행동이 선하다고 할 수 있는가"라는 형태로 표현되고, 그런 다음 다시 "잘못된 양심을 변명으로 삼을 수 있는가"라는 원래의 형태로 바뀐다. 이에 대해 아퀴나스는 '그렇다'라고 답하지 않을 것이다. 분명 어떤 점에서도 자발적이지 않은 무지라는 것이 존재하며, 그런 무지에 영향을 받는 양심은 분명히 따라야 한다. 하지만 아리스토텔레스가 가르쳤듯, "한 사람이 알아야 하는 신의 율법에 대한 무지"처럼 "간접적으로 자발적인" 무지가 존재하며[참조. *Nicomachean Ethics* 1113b-1114a. 『니코마코스 윤리학』(길)], 이는 잘못된 행동에 대한 변명이 될 수 없다. "무지는 극복할 수 있으며 자발적이므로, 이 오류를 바로잡는 것이 가능하다."

따라서 토마스 아퀴나스는 당신이 잘못된 양심을 가지고 있다면 당신의 의지가 하는 일은 무엇이든 죄악될 것이라고 암시한다. 이 역설적 결론에서, 질문을 논하는 방식으로부터 명백한 결론을 끌어내기를 신중하게 주저하는 모습을 볼 수도 있다. 따라서 에릭 다시(Eric D'Arcy, *Conscience and its Right to Freedom*)는, 이 주제에 대한 후속 논의를 살펴볼 때 토마스가 자발적일 때만 무지가 죄가 된다는 견해에 조금씩 더 가까워지고 있지만, 확실한 것에 대한 무지가 그 자체로 죄가 되는 것은 아니라는 고전적 관념을 포기하지는 않으려 할 것이라고 주장한다. 따라서 그는 거의 근대인이며, 이성과 의지의 분리를 그 필연적 결론까지 끌고 갈 용기가 없을 뿐이다. 다시가 보기에 이 결론은 주의주의적이기보다는 합리주의적인 결론, 즉 주체적인 도덕적 이성의 의심할 나위 없는 권위다. 그리고 실제로 토마스는 이런 해석에 열린 태도를 보였다. 그는 "인간 행동 안에서 선과 악의 원칙은 의지의 행동에서 유래하며…행동의 목적은 다른 능력의 대상이 아니라 의지의 대상이다"라고 말했다(19.2). 그는 '내면적 행동'을 의지의 행동과 동일시했다(18.6). 하지만 아마도 토마스가 자신의 역설을 이 형태의 물음에 암시된, 이성과 의지의 분리에 대한 간접적 도전으로 이해했다고 주장하는 쪽이 더 관대할 뿐만 아니라 더 참될 것이다. 그가 어떻게 행동이 '명령되는지' 논하면서 행동을 발생시키는 요소로서 의지와 이성을 분리하기를 거부했음을 우리는 확인할 수 있다(17.1). 또한 그는 모든 행동의 목적이 이성에 의해 의지에 제시되어야 한다고 주장했다(19.3). 더 나아가, 그는 앞서 양심에 관해 논하면서(I.79.12와 13) (그가 중세적 방식으로 두 부분으로 나누어 습관과 행동이라고 생각했던) 양심을 구체적인 것으로 간주하기(reify)를 대단히 주저했다. 또한 그는 '구속하는' 양심에 관해 말한다는 것이 행위자 자신이 자신의 지식을 자신이 행동에 적용할 때 행하는 무언가를 실제로 지칭하는 은유적 표현을 사용하는 것임을 잘 이해했다.

17세기와 18세기의 도덕주의자들은 토마스가 보여 준 신중한 태도를 전혀 보이지 않으면서, 하나님에 의해 주어진 것이자 합리적 특성을 드러내는 양심이 절대적 권위를 가지고 의지의 동요와 판단의 모호함을 관장한다고 칭송할 뿐이었다. 버틀러(Butler)의 유명한 말에 의하면 그것은 "(그) 마음의 내적 원칙을 구별하며…참고와 조언의 대상이 되지 않은 채 위엄 있는 방식으로 영향력을 발휘하고…강제로 멈추지 않는다면 자연스럽게, 언제나 계속해서 더 고등하고 더 효과적인 판결을 기대하는 최고의 원칙"이다(Sermons 2). 누군가에게 그의 본성을 지으신 분이 그에게 보내 주신 이 안내자의 지배 아래에서 초조함을 느끼려고 할 때 그에게는 이렇게 말하기만 하면 된다. "너의 양심이 그러한 행동의 경로를 승인하고 증언한다는 것 자체가 의무다"(3). 제러미 테일러(Jeremy Taylor) 같은 목회자 작가가 관심을 가졌던 양심적 무질서를 관찰한 수많은 기록을 통해 확인할 수 있듯, 이 전통에 속한 도덕주의자들은 사실상 양심을 제멋대로 행동하는 폭군으로 제시한다. 주체적인 도덕적 이성의 절대적 권위에 바치는 수많은 헌사는 우유부단함으로 인한 마비 혹은 과장된 양심의 가책에 따른 광란이었다.

이에 대한 18세기의 반응은, 주의주의가 근대 도덕철학 안에서 지배 세력으로 등장하는 것을 예견하면서, 이성이 도덕적 판단을 내릴 능력을 지니고 있음을 부인하고 그 대신 '감정'이나 '정서'가 그런 판단을 행한다고 주장하는 것이었다. 흄이 말했듯, "도덕은 판단하는 것보다 느끼는 것이 더 적절하다"(Treatise of Human Nature III.1.2). 강력한 양심적 확신은 그 근원에서 합리적이기보다는 감정적이라는 근대의 가정이 여기서 처음 나타났다. 이 학파에서는, 어느 한 감정이 다른 감정보다 이성에 의해 독특하게 승인되었다고 생각하는 것은 환영에 속아 넘어가는 것이라고 주장했다. 도덕적 판단은 일상적 의미에서 '합리적'이거나 '비합리적'일 수 없다. 도덕적 판단은 참과 거짓에 대한 주장을 다루지 않기 때문이다. 이 사상가들은 이런 방식으로 감정에 호소함으로써, 억압적으로 변한 도덕 이성의 관념에 맞서 도덕적 행동의 자유를 재천명하기를 바랐다. 그렇게 하면서 그들은 근대 사상에서 대단히 중요해진 '사실-가치 구분'으로 나아가는 길을 열었다. 사실에 입각한 판단과 실천에 관한 결정을 연결하는 이성(**연역적** 이성을 의미함)의 연쇄가 없는 상태에서, 행위자는 그를 도와줄 세상도 없이 사물의 가치를 판단할 책임을 스스로 떠안게 되었다.

하지만 이는 그가 순전히 의지의 행동에 기댈 수밖에 없음을 의미했다. 책임과 우리의 결정으로 세계를 만드는 것에 관해 장황하게 이야기하는 근대의 주의주의는 도덕적 행위를 이성의 구속으로부터 해방하고자 했던 초기의 시도와는 전혀 다른 주장처럼 들리지만, 그런 시도의 자연스러운 귀결일 뿐이다. 도덕을 단지 감정의 영역 안에 남겨 둔다면 도덕은 기분이나 감정의 즉흥성에 불과한 것처럼 보일 것이기 때문이다. 도덕적 태도를 단순한 충동과 구별하고 우리가 도덕을 존중하는 것이 마땅한 더 고차원적인 논거를 제공하는 것은 바로 그 태도가 즉흥적이지 않고 숙고에 의한 것이라는 사실이다. 하지만 이성의 연쇄 없이 어떻게 숙고가 있을 수 있겠는가? 전통적 의미에서의 도덕적 숙고(즉, 행동을 선과 일치시키려는 시도)에 대한 근대의 대체물은 결정에 수반되며 결정을 장엄한 의지의 행동으로 변화시키는, 일종의 길고도 사색적인 선견지명이다. '합리적' 행위자는 아무런 객관적 이유도 없이 결정을 내리면서, 그럼에도 예상되는 결정의 결과와 함의를 걱정스럽게 지켜보는 사람이다. 흔히 말하듯 그는 '자신이 무슨 일을 하고 있는지 알고' 있으나, 결국 그에게 알 수 있도록 남겨진 것은 그것뿐이다!

서양 사상에서 이성과 의지의 분리에 관해 가장 흥미로운 특징은 어느 한쪽이든 다른 쪽과 분리될 때 서로의 특징을 띠게 된다는 것이다. 합리주의자의 양심은 '명령하는' 한편, 주의주의자의 도덕적 정서는 생각하는 법을 배우도록 강요받는다. 근대의 에토스를 심오하게 정제해 낸 칸트의 글에서 우리는 행위자-자율이라는 서양의 프로그램이 최고조에 이르렀을 때 주의주의와 합리주의를 사실상 어떻게 구별할 수 없게 되는지를 본다. 칸트의 '합리적 의지'는 이성으로부터 종류적으로 생각하고 보편적 도덕법을 존중하는 능력을 끌어내고, 의지로부터는 스스로 제정하지 않은 모든 법에서의 독립을 끌어낸다. 그 합리적 의지는 보편적 원리에 스스로를 구속하지만, 외부의 실재에 빚지고 있음을 결코 인정하지 않고서 그렇게 한다. 그 의지의 합리성은 그것이 순전히 형식적인 질서를 고수하는 데 근거한다. 양심을 지지하는 자들과 자유를 지지하는 자들을 동시에 만족시킴으로써 그것은 양 진영의 열망이 동일한 것이었음을 보여 준다. 각 진영은 자유가 자율임을 입증하는 것을 염두에 두고 있었다. 즉, 행동에 대한 권위가 전적으로 도덕적 행위자에게 속해 있으며 외부의 실재로부터 유래하지 않았음을 입증하고자 했다.

　죄책의 의식이 모든 것을 아우르는 도덕적 이해의 원칙이 된다는 설명 배후에 자리 잡고 있는 것은 바로 이 기획이다. 양심은 외부 세계에 전혀 의존하지 않은 채 그 자체의 강력한 도덕적 판단을 생성해 낼 수 있는, 영혼 안의 능력인 것처럼 보였다. 사실 이 내세적 자기 충족성은 도덕 질서에 대한 과거의 지각에 대한 기억이 만들어 낸 환영에 불과했다. 그 강력함은 환영이 아니었지만, 합리적 요인보다는 정서적 요인에 기인했다. 그 기획은 처음부터 잘못 구상되었다. 도덕적 자유는 절대로 자기 충족과 세계로부터의 독립이라는 기초 위에 세워질 수 없다. 자유는, 그 자유가 세계 **안에서** 행동할 자유라면, 그 자체로 세계에 **속한** 것이어야 한다. 행위자로서 인간의 지위는 세계 안에 있는 창조된 존재의 본질적 부분이며, 그의 행동은 그 의미에서 세계의 역사라는 맥락에 의존한다. 그러므로 인간은 자신이 그 안에서 행동하는, 또한 자신이 행동해 그 안으로 들어가는 세계 질서에 대해 두려워할 것이 없다. 그는 그 질서로부터 단절되는 것만 두려워해야 한다. 하나님이 그에게 자유를 주셨고 동시에 그 안에서 자유로울 수 있는 세계를 주셨기 때문이다.

그렇다면 우리는 자유를 행사하는 본질적 조건인 외부 실재의 존재라는 주제로 돌아간다. 이성은 행위자가 실재에 영향을 미치는 수단으로서만 그 중요성을 지니며 그 자체로는 중요성을 지니지 못한다. 이성에 부여된 권위는 실재에 속해 있다고 이해하는 것이 더 적절하다. 우리는 '권위'(authority)에 관해 말한다. 실재하는 세계는 일반적으로 그것이 이뤄지는 맥락이 됨으로써 인간의 행동에 권위를 부여하며, 인간의 특정한 행동이 그 안에서 한 점을 차지하는 맥락이 됨으로써 그의 특정한 행동에 권위를 부여한다. 우리의 다음 과제는 이 권위라는 개념을 더 자세히 탐구하고, 실재가 행위자의 자유 앞에 나타나 있음을 이해하는 데 어떻게 그 개념이 적합한 관념이 되는지를 보여 주는 것이다.

6 • 권위

앞서 성령께서 어떻게 구속의(즉, 예수 그리스도의) 실재를 우리에게 권위 있는 것으로 만드시는지 이야기하겠다고 약속했다. 하나님이 정하고 택하신 실재의 이 작은 단편이 우리가 만나는 모든 실재를 형성하며, 그 결과 어떤 형태로든 실재와 접촉하기 위해서 우리는 이 실재와 접촉해야 한다. 그러므로 우리는 형태라는 관점으로부터 우리 논의의 핵심을 이루는 초점으로 곧바로 나아가야 한다. 그리고 다른 권위에 관해 무슨 할 말이 남아 있든 먼저 그리스도의 권위에 관해 말했던 바에 비추어 사후적으로 그것을 말해야 한다. 하지만 나는 덜 엄밀한 경로를 택하기를 제안한다. 우리가 먼저 권위 일반에 관해, 더 구체적으로는 신적 권위에 관해 이야기하고 나면, 다음 장에서 그리스도의 권위를 논할 때 그것을 더 쉽게 설명할 수 있으리라 기대한다. 우리가 다룰 권위라는 개념은 근대의 지성계에서 통용되는 개념과 꼭 맞지는 않으므로 가능한 한 직접 그것을 명확히 하는 것이 바람직하기 때문이다.

'권위'라는 용어를 사용하는 전형적 방식으로 존 피니스를 인용해 볼 수 있다(*Natural Law and Natural Rights*, p. 234). "한 사람이 무언가를…이해되는 이유가 없을 때 판단하거나 행동하는 이유로, 혹은 이해되고 관련이 있는 적어도 **몇 가지의** 이유를 무시하는 이유로 취급할 때, 그는 그것을 권위 있는 것으로 취급한다." 이 정의를 공식화하는 방식과 관련해 유명론의 흔적을 간과한다면, 이 정의를 권위에 대한 한 **종류**의 권위, 어쩌면 법 이론가나 정치 이론가가 관심을 기울일 필요가 있는 유일한 종류의 권위에 대한 유용한 설명으로 받아들일 수 있을 것이다. 정치적 권위를 이유 없이 행동하는 이유라고 생각하는 일은 충분히 가능하다. 하지만 정치적 권위는 존재하는 유일한 종류의 권위가 아니며, 그것을 전형적 사례라고 여겨서도 안 된다. 하나님의 권위에 관해 말할 때, 그것이 하나님의 권위 자체든 그리스도의 권위를 통해 매개된 권위든, 우리는 정치적 명령이 부분적이며 불완전한 모형밖에 제공할 수 없는 종류의 권위에 관해 이야기하는 셈이다. 그리고 근대에 와서는 모든 권위를 정치적 권위로 이해하는 경향이 있기 때문에, 비록 보완적 유비를 제공할 수 있는, 경험 속에서 우리에게 익숙한 다른 종류의 권위가 존재함에도 신적 권위라는 개념은 점점 더 이해하기 어려워졌다.

   권위는 자유의 객관적 상관물이다. 그것은 우리가 세상 안에서 만나는 것으로서, 우리가 행동하는 것을 의미 있게 만들어 준다. 권위는 그 종류에 의해서 행동을 위한 즉각적이고 충분한 근거를 이루는 무언가라고 말할 수도 있다. 누군가가 음악을 듣거나 클럽에 가입하거나 철학책을 읽을 때, 그의 행동은 아무 설명도 요구하지 않는다. 아름다움, 공동체, 진리가 그 자체로 행동을 위한 충분한 근거다. 이런 요소들은 이것들과 관련한 행동을 즉각 이해할 수 있도록 만든다. 세상에 우리의 행동을 유도하는 것이 아무것도 없다면, 자유가 성취할 수 있는 것이 자유에 대해 닫혀 있는 체계 안으로 침입하는 것뿐이라면, 자유로운 행위의 존재 자체가 문제가 될 것이다. 이것이 결정론 철학에서 인식한 딜레마다. 하지만 그 해법은 자유로운 행위라는 실재를 의심하는 것이 아니라 자유가 세계 안에서 자리를 차지함을 보여 줄 수 있는 방식으로 세계를 묘사하는 것이다. 그리고 자유는 비결정성이나 임의성이 아니라 목적 있는 행동이기 때문에, 이는 세계를 행동이 목적을 가질 수 있는 공간으로, 즉 목적론적 체계로 묘사함을 의미한다.

권위는 우주의 목적론적 구조의 한 양상이다. 그 구조의 전체가 아니다. 행동의 목적이 아닌 목적이 존재하며 모든 행동의 목적이 권위가 아니기 때문이다. 개별 행위자가 개별 행동을 위해 채택할 수 있으며 사람에 따라 또한 경우에 따라 달라질 수 있는, 주관적인 행동의 목적이 존재한다(그것을 '목표'라고 부를 수 있다). 어떤 사람은 음악을 사랑하는 친구와 대화할 수 있기 위해 음악을 들을 수도 있고, 정부를 전복하기 위해 정치 운동에 참여할 수도 있다. 혹은 집중력을 향상시키기 위해 철학책을 읽을 수도 있다. '권위'라는 용어를 사용할 때 우리는 이런 목적이 아니라 행동에 그 종류에 대한 이해 가능성을 부여하는 목적에 관심을 기울인다. 우리는 그것이 행동의 '근거'라고 이야기한다. 그것으로부터 인간의 행동이 취하는 형태의 종류가 생겨나기 때문이다. 따라서 한 종류의 '목적'은 '시작'이기도 하다. 그것은 행동이 추구하는 목표인 동시에 행동의 형태를 발생시킨 권위다. 이런 의미에서 '권위'라는 용어는 '시작'과 '규칙'이라는 의미를 모두 지닌 그리스어 단어 '아르케'(*archē*)를 떠올리게 한다. 이런 의미에서 우리는 우주가 '아르카이'(*archai*)와 '엑수시아이'(*exousiai*), 즉 '규칙'과 '권위'를 포함한다는 신약성경의 전제를 바르게 이해할 수 있다.

이 용어들은 신약성경 바울서신의 천사론적 개념에 속한다. 이 용어들은 '뒤나메이스'(*dynameis*) 즉 '권세'(롬 8:38; 고전 15:24; 엡 1:21; 벧전 3:22), '퀴리오테테스'(*kyriotētes*) 즉 '주권'(엡 1:21; 골 1:16), '트로노이'(*thronoi*) 즉 '왕권'(골 1:16), '앙겔로이'(*angeloi*) 즉 '천사'(롬 8:38; 참조. 벧전 3:22)와 함께 묶인다. 우리의 해석은 천사론적이지 않지만, 충분히 다른 형태를 취하고 다른 책무를 수행할 만큼 유연한 이 성경의 사상에 대한 하나의 적절한 용례로서, 다른 용례를 배제하지도 않고 요구하지도 않는다. 이것들은 다니엘서나 누가복음의 탄생 서사를 통해 우리에게 익숙한 천사들, 즉 이름으로 자신을 알리는 강력히 인격적인 천상의 사자들이 아니다. 구약성경 여러 곳에서(예를 들어, 신 32:8; 시 82편) 등장하는 국가적 정체성의 대표자도 아니다. 이런 권위들은 인간의 행동을 독려하거나 금지하는 존재로 모호하게 정의될 뿐이다. 이들은 창조된 질서의 일부이며(골 1:16), 그들의 운명은 그리스도의 통치 아래 들어가 질서 잡히도록 정해져 있다(골 2:10; 참조. 엡 1:21; 벧전 3:22). 하지만 그들은 이 어둠의 조건 안에서 소란스럽고 폭압적인 적대자로, 우리는 그들에 맞서 씨름한다(엡 6:12). 그들은 그리스도의 죽음에 책임이 있었고(고전 2:8), 십자가에서 그분께 수치를 당했으며(골 2:15), 심지어 반역자로서 "없어질" 것이다(고전 2:6; 15:24). 그들의 역할에 대한 자세한 규정에 가장 가까운 글을 로마서 13:1-2에서 찾을 수 있다. 여기서 바울은 명시적으로 '엑수시아이'(*exousiai*)를 정치적 권위로 이야기한다. 이 때문에 일부에서는 이 본문이 개념군 바깥에 있으며 천사-엑수시아이를 가리키지 않는다고 주장해 왔다. 그러나 로마서 13:1-2에 대한 천사론적 해석과 정치적 해석 사이에서 양자택일할 필요는 없다. 천사론의 핵심은 바로 정치적 권위와 같은 현상에 관해 이야기할 수 있는 이해의 틀을 제공하는 것이다.

성 바울은 "권세는 하나님으로부터 나지 않음이 없나니"라고 썼다 (롬 13:1). 이 진술만 따로 떼어 낸다면 서로 매우 다른 두 가지 해석이 가능하며, 이 차이에 중대한 문제가 걸려 있다. 바울의 말이 의미하는 바는 모든 권위가 하나님의 일하심의 한 양상이라는 것인가? 기독교 신플라톤주의와 밀접한 관련이 있는, 기독교 문화 내의 강력한 사상 전통에서는 인간 영혼의 모든 움직임이 더 가깝게든 더 멀게든 하나의 신적 동자(動者)에 의해 영감을 받는다고 믿는 경향이 있다. 하나님의 권위, 즉 인간이 욕망하고 행동하게 할 수 있는 그분의 능력은 다양한 창조된 대상에 의해 매개되며, 인간의 애착은 명백히 이런 대상에 고정되어 있다. 하지만 영혼 안에서 움직임을 일으킬 수 있는 능력을 지닌 것은 언제나 이런 대상 자체가 아니라 오직 이런 대상의 배후에 숨어 계시는 하나님이다. 하나님이 창조된 질서를 통해 은밀히 일하시고 다른 방식으로는 스스로 움직일 수 없는 형상 안에 생명을 불어넣으실 때만 창조된 질서는 사랑이나 다툼을 자극할 수 있다. 따라서 인간 욕망과 행동의 역사 전체는 하나님의 부르심에 내한 인간의 혼란스러우며 종종 오도된 반응의 역사다. 물론 그분의 초자연적 목적을 향한 인간의 순례에 대한 묘사로서 이것은 지극히 강한 설득력을 갖는다. 하지만 그 초점이 너무나도 선명하게 초월적이어서 인간의 순례가 수행되는 맥락으로서의 피조물이라는 실재를 간과한다. 창조된 질서는 그 나름의 상대적 최종성을 갖는 '권위'를 포함한다. 행동을 일깨우는 능력을 가진 것은 신적인 것만이 아니다. 창조된 존재들의 권위를 행사하는 능력은 틀림없이 그것들이 참으로 하나님의 작품이라는 사실에 기인한다. 창조된 존재들이 그 존재를 빚지고 있듯, 그것들에게 능력이 있음은 그분이 창조적 선물을 주었고 한결

같은 섭리 안에서 그 선물을 계속해서 확언하신 덕분이다. 하나님으로부터 나지 않는 권위는 없다. 그럼에도 그 선물이 정말로 주어졌다. 피조물의 실존에 권위가 수여되었다. 창조하실 때 하나님은 다른 존재뿐만 아니라 다른 능력까지 만드셨지만 그분의 주권적인 존재와 능력을 어떤 식으로든 약화하지 않으셨다. 그렇기 때문에 바울은 권위의 신적 원천에서 출발해 즉시 권위의 다원성에 관해 이야기할 수 있다. "[존재하는] 모든 권세는 다 하나님이 정하신[그들의 질서 안에 두신] 바라."

자연적 권위와 진리의 권위

따라서 우리는 창조된 존재가 우리에게서 자유로운 행동을 불러일으킬 수 있다는 관찰에서 출발한다. 인간 사회의 특징적 성격 중 다수는 몇몇 인간이 다른 인간에 대해 이런 능력을 가지고 있다는 사실에 기인한다. 젊은이는 나이 든 사람의 권고를 받아들인다. 신체적으로 아름답거나 매력적인 말솜씨를 지닌 이들은 다른 이들에게 영향을 미친다. 강력한 개성은 추종하는 이들을 끌어모은다. 널리 공유되는 견해는 소수만 공유하는 견해보다 새로운 지지자를 얻을 가능성이 더 높다. 관습적 실천은 관습적이기 때문에 유지된다. 또한 우리는 인간이 아닌 원천으로부터 영향을 받을 수 있음을 인정한다. 자연에서 아름다움을 경험할 때 우리는 관조나 기도를 하거나 그림을 그리거나 시를 쓰고 싶은 마음이 들 수 있다. 우리가 권위를 마주하고 그에 반응하는 형태는 매우 다양하다. 하지만 우리가 그렇게 하도록 자극하고 강제하는 근본 요인인 '권위' 자체는 적고 반복적이다. 네 요인을 언급할 수 있다. 아름다움, 나이, 공동체, 힘(무력에서 지혜에 이르기까지 모든 자연적 덕목을 아우르는 단어)은 우리가 개인에게서, 인간 제도에서, 자연계에서 이런 것들을 마주할 때 독특한 방식으로 우리의 행동에 영감을 불어넣고 그 행동에 질서를 부여하는 능력을 가지고 있다. 그리고 창조된 질서 안의 이 네 가지 '자연적 권위'의 사례에 더해, 중세 사상가들에 따르면 '상대적 의미에서' '자연적인' 것으로 분류할 수 있는 또 다른 놀라운 사례, 즉 아담의 죄에 의해 야기된 조건 아래에서 마주할 수 있으므로 자연적 질서에 속하는 사례를 추가해야 한다. 이는 곧 우리의 분노와 복수심을 통제할 수 있는 손상된 권리의 권위, 정의와 정부의 구조를 규정하는 권위다.

이는 그물을 너무 넓게 던지는 것인가? 우리의 권위 개념 안에서 행동의 즉각적이며 충분한 근거를 **모두** 포함해서는 안 되고, 인간의 말을 통해 사회적 맥락 안에서 우리에게 주어진 근거만을 포함해야 한다고 말할 수도 있다. 이렇게 물을 수도 있다. 자연 세계 안의 아름다움에 대한 예술가의 반응을 나이 든 사람의 조언에 대한 젊은이의 반응과 비교하는 것이 말이 되는가? 지나치게 협소한 근대적 권위 개념을 너무 광범위한 개념으로 대체하여 해석하는 힘을 없애 버릴 위험에 처한 것은 아닌가? 권위 개념의 초점이 한 사람이 말을 통해 다른 사람의 순종을 요구하는 능력이어야 함을 우리에게 상기시키는 한, 이런 반론에도 어느 정도 일리가 있다. 그러나 무엇이 말을 권위 있는 것으로 만드는지 살펴볼 때 우리는 다른 수단에 의해서도 우리에게 영향을 미치는 힘들이 작동하고 있음을 발견한다. 본래부터 말에 속한 유일한 덕은 진리다. 하지만 권위에 대한 모든 이론은 어떻게 말이 그 진실성과 분리된 채로도 권위 있을 수 있는지를 설명해야 한다. 그러므로 권위를 설명하는 것은 문화가 자연적 힘을 원용하고 그 힘에 의해 형성되는, 문화와 자연 사이의 경계 지대를 묘사하는 일이다. 말은 이런 자연적 권위가 우리를 소환하는 수단이 되며, 우리를 소환함으로써 우리의 사회적 삶을 형성한다.

그러한 권위의 요구에 비판적으로 반응할 수도 있고 무비판적으로 반응할 수도 있다. 물론 이미 말했듯 자연적 권위에 대한 반응에 관해서는 일견 이해할 수 있는 부분이 있다. 음악을 듣거나 클럽에 가입하는 사람은 자신이 하는 일을 비판적으로 성찰하는지 여부와 무관하게 어떤 의미에서는 상당히 '합리적으로' 행동한다. 그러나 어떤 종류든 **도덕적** 자각을 얻기 위해서는 자신의 반응을 비판적 검토에 노출시켜야 한다. '음악을 듣는 것은 게으름을 감추기 위함인가?' '이 클럽은 가치 있는 목표를 추구하는가?' 등. 이런 물음이 아름다움과 공동체라는 자연적 권위의 타당성에 절대적으로 이의를 제기하는 것은 아니다. 하지만 우리가 물음에 반응함으로써 어떤 상황에서든 이런 물음이 지닌 다양한 주장을 평가하고 다른 주장과 비교해 그 무게를 재어 보아야 한다고 전제한다. 자연적 권위는 무조건적이지 않다. 그것은 자연적 권위에 질서를 부여하고 그 권위를 비판할 수 있는 더 높은 권위에 의해 평가받아야 한다. 모든 형태의 비판적 성찰이 향하는 더 높은 권위는 진리의 권위다.

진리의 권위는 창조된 질서 안에 내재되어 있다는 의미에서 그 자체로 자연적이지만, 세계에 대한 우리의 **즉각적** 경험의 일부로서 만나는 것이 아니라는 점에서 우리가 '자연적 권위'라고 불러 온 것과 다르다. 우리는 세계를 질서 잡힌 전체로 이해하려고 노력할 때만 그것을 의식하게 된다. 그 권위는 총체성으로서의 사물의 질서에 속하는 반면, 다른 권위는 그 안에 있는 서로 다른 요소에 속한다. 진리에 순종하는 성찰은 사물의 관계에 관한 성찰이다. 그런 성찰은 (우리 실존의 내재적 필요성, 즉 먹고 자고 짝짓기하고 우리 자신을 방어하려는 동물적 충동에 대해서뿐만 아니라) 자연적 권위에 대한 우리의 반응이 사물의 관계에 맞춰 적절하게 질서 잡혀 있는지를 분별하는 것, 즉 창조된 질서의 진리와 조화를 이루는 인간 행동의 선을 분별하는 것을 지향할 때 도덕적 성찰이라는 특수한 성격을 띤다. 따라서 도덕적 성찰이라는 이 맥락에서 볼 때 진리의 권위를 '도덕적 권위'라고 부를 수 있다.

우리가 다른 권위를 자각하는 것과 마찬가지로 어떤 특수한 상황이나 사람, 사물에 의해 우리에게 제시될 때 진리의 권위를 구체적으로 마주함으로써 그 권위를 자각한다. 사람과 사물은 다른 종류의 권위를 갖는 것과 마찬가지로 도덕적 혹은 지적 권위를 '갖는다.' 홀리루드(Holyrood) 성의 마법 같은 아름다움을 느끼는 순간이 멘델스존에게 영감을 주어 스코틀랜드 교향곡을 작곡하게 했으며, 키케로(Cicero)의 『호르텐시우스』(Hortensius)를 읽는 지적 조명의 순간은 아우구스티누스가 지혜에 대한 사랑으로 불타올라 사상가로서 일생의 경력을 시작하게 했다. 하지만 유사성은 이 지점에서 끝난다. 저항하기 어려운 아름다움을 느끼는 순간은 그 독특함으로 인해 우리가 아름다움 자체에 끌리게 하지만, 조명의 순간은 우리로 하여금 조명 자체에서 벗어나 전체로서의 진리를 찾아 나서게 한다. 멘델스존에게 그의 교향곡 첫 마디들은 그 순간을 다시 포착하고 간직할 때만 성공적일 수 있었다. 반면에 『호르텐시우스』는 아우구스티누스가 스스로 비판적으로 사고하고, 따라서 암묵적으로는 키케로에 관해서도 비판적으로 생각할 수 있게 함으로써 비로소 제 할 일을 다했다. 특정한 사람이나 사물이 진리로부터 끌어낼 수 있는 유일한 권위는 자기를 드러내지 않고 그 너머를 가리키는 교훈적 권위다. 지난 세기의 관념론자들은 예술의 '구체성'과 과학의 '보편성'을 대조함으로써 이 점을 지적했다. 그런 이유 때문에 지혜로운 개인이나 지혜를 담고 있는 특정한 책에 대한 애착과 충성은 좋아하는 예술 작품이나 권력자나 문화적 전통에 대한 우리의 충성보다 더 문제가 많다. 물론, 예를 들어 영감을 주는 스승에 대한 존경과 애정을 간직하고 있을 때처럼 그런 애착이 즐겁고 삶을 풍성하게 하는 것일 수도 있다. 하지만 그런 일이 발생할 때, 진리 자체의 주장과 혼동되어서는 안 되는 다른 요소가 우리에 대한 그의 주장 안으로 들어온다. 지혜로운 사람이나 어떤 사상 전통이 비판적 질문의 대상이 될 수 없다고 생각할 때, 그 사람이나 전통을 제대로 존중하지 않는 셈이다. 한때 진리를 섬기며 주장할 수 있었던 명쾌한 교훈적 권위는 즉각적이며 불명료한 권위에 의해 대체되고 말았다. 이 대체물은 전통의 권위일 수도 있고, 힘의 권위일 수도 있다. 정치적 삶에서 '기술 관료'(technocrats)가 맡는 역할에서 볼 수 있듯, 비판적 평가와는 별개로 지혜 자체는 사람들 사이에서 자연스러운 존경을 요구하는 힘의 한 형태이기 때문이다. 하지만 어느 쪽이든 진리에 대한 사상가의 근본적 입장, 즉 비판적이며 비판에 열려 있는 태도는 잘못된 종류의 권위라는 유혹에 의해 배신당할 것이다. 이 원칙이 그리스도의 권위에 대한 우리의 이해에 야기하는 어려움은 다음 장에서 다시 다루어야 할 문제다.

행동하는 주체의 관점에서 볼 때, 이 모든 것이 2장에서 주장했던 입장을 재공식화한 것에 불과하다고 생각할 수도 있다. 피조물 안에 종류와 목적의 질서가 주어져 있으며, 우리의 행동 역시 그 질서 안에서 이해될 수 있다. 도덕적 행위자로서 우리의 책무는 이 질서에 참여하고, 그 질서를 이해하며, 우리가 생각하고 행하는 바에서 그 질서를 따르는 것이다. '권위'라는 관점에서 이런 주장을 재진술하는 목적은 거기에 무언가를 추가하려는 게 아니라 무언가를 추가할 필요가 있음을 부인하기 위함이다. 르네상스와 대항 종교개혁의 자연법 사상가들은 자신들이 주의주의에 영향을 받고 있음을 보여 주면서 무엇이 자연적 질서에 권위를 부여하는지 묻고, 하나님의 명령이 그 질서에 권위를 부여한다고 답했다. 따라서 그들은 피조물을 스스로 움직이지 못하는 것으로서, 하나님의 명령에 의해 다른 방식으로는 가지고 있지 못한 의미를 부여받을 때까지는 인간의 행동에 대해 아무런 의미가 없다고 생각했다. 우리의 목표는 단순히 이를 논박하는 것이다. 창조된 질서는 그 자체로 행동을 위한 권위를 지닌다. 행위자 역시 창조된 질서의 일부이며, 그렇게 하라는 말을 듣지 않고도 그 질서에 반응하기 때문이다.

하지만 여기서부터 우리를 2장에서 3장으로 넘어가게 이끌었던 것과 비슷하게 한 걸음을 내디뎌야 한다. 창조된 질서가 혼란에 빠져 있고, 죄로 인해 우리가 그것을 제대로 지각할 수 없으며, 그 역사가 목적 없고 종잡을 수 없음을 인정할 때, 그 결과는 무엇인가? 우리가 우리를 위협하고 종노릇하게 하는 "이 세상의 초등학문"(갈 4:3)으로 피조물의 자연적 권위를 경험할 때, 이는 무엇을 의미하는가? 그렇다면 우리는 계시 안에 있는 신적 권위에 관해 독특하게 말하는 방법을 배워야 하며, 이 권위를 자연의 즉각적 권위나 언제나 우리가 잘못 표현할 위험이 있는 진리의 권위와 혼동하지 말아야 한다. 다음으로 이 신적 권위를 논하고자 한다. 그러나 그러기 전에, 여담이기는 하지만 정치적 권위에 관해 몇 가지 언급할 필요가 있다. 세 가지 목적을 위해서인데, 바로 권위에 대한 우리의 일반적 설명을 근대에 대한 설명과 더 명확히 연결함으로써 마무리하고, 신적 권위에 대한 해석이 정치적 모형에 영향을 받아 왔음을 보여 주며, 교회의 권위에 대한 후속 논의를 위한 길을 준비하려는 것이다.

정치적 권위

정치적 권위는 자연적 권위의 즉각성과 도덕적 권위의 비판적 성찰성 모두에 어느 정도 빚지고 있는 복잡한 현상이다. 정치적 권위를 이 두 범주 중 어느 한쪽에 배타적으로 포함해 해석하려는 시도가 자주 이뤄졌지만 언제나 설득력이 없었다. 한편으로, 정치적 권위는 분명히 자연적 권위의 두 요소, 즉 (각각 힘과 나이의 형태인) 무력과 전통에 어느 정도 빚지고 있다. 법이 무력에 의해 부여된 권위를 상실하여 집행할 수 없게 되었을 때 그 법은 사람들이 복종하지 않는 죽은 문자가 되고 만다. 법이 너무 자주, 너무 과도하게 바뀌어서 전통에 의해 부여된 권위를 상실할 때 그 법은 더 이상 공적으로 존중받지 못하고, 그 결과 사람들은 냉소적으로, 확신 없이 법에 복종할 것이다. 이로부터 일부 사상가는 법의 권위가 배타적으로 '권력'으로부터, 즉 확립된 강제적 지배 구조로부터 유래한다는 결론을 내릴 수 있다고 생각해 왔다. 하지만 이는 권위와 무력의 관계가 지닌 중요한 특징을 간과한 결과다. 무력의 소유가 정치적 권위의 필수 불가결한 조건이며 따라서 강제로 집행할 수 없는 사람은 명령할 수 없다는 것이 사실이지만, 동시에 무력에 대한 과도한 의존이 권위를 파괴할 수도 있다. 강제로 집행**하려고만** 하는 사람은 명령할 수도 없다. 전통으로부터 아무리 많은 추가 지지를 받는다고 주장해도 폭력적 체제는 권위를 잃어버리고 만다. 참된 정치적 권위가 번성하려면, 처벌의 두려움과 습관적 순응이 제공하는 것보다 더 강력한 복종의 동기가 필요하다. 사람들은 정치적 권위에 복종하는데, 그래야 한다고 생각하기 때문이다. 정치적 권위는 비판적 성찰에 의한 순종을 명령할 수 있는 도덕적 권위를 행사한다.

다른 한편으로, 이런 고려 때문에 다른 사상가들은 정치적 권위를 도덕적 권위와 동화시키려는 태도를 갖게 되었다. 이것이 바로 실정법이 사회의 도덕 교사로서 교훈적 역할을 맡는다고 강조하며, 불의한 법은 아예 법이 아니라고 결론 내리고 싶어 하는 자연법 이론가들이 보이는 경향성이다. 우리가 지켜야 하기 때문에 법을 지키는 것과 법이 우리에게 요구하는 바가 우리가 어쨌든 해야 하는 바이기 때문에 법을 지키는 것 사이의 차이를 모호히 만드는 한, 그들의 설명 역시 만족스럽지 않다. 법은 도덕적 권위를 주장한다. 그러나 무엇보다도 먼저 그 권위는 그것이 담고 있는 지혜와 정의로 인해 생겨나는 권위가 아니라 그 법 자체에 대한 사회의 일반적 의무로 인해 생겨나는 권위다. 하지만 정치 제도가 권력 구조에 불과하다면 우리를 정치 제도의 권위에 복종하게 하는 그런 일반적 의무가 어떻게 존재할 수 있겠는가? 법이 우리에게 잠정적인 도덕적 동의를 구하려면 추가 주장, 즉 침해된 권리에 대해 복수해야 한다는 주장을 체현해야 한다. 어떤 제도든 정치적 권위를 행사하려면, 적어도 잘못을 바로잡겠다는 공식적 헌신이 있어야 한다. 법은 법이기를 멈추지 않으면서도 불의할 수 있다. 하지만 법의 체계가 정의에 대한 의무를 완전히 포기한다면 법은 더 이상 법이기를 멈추고 '구전 전승'(lore)이나 '지배 권력'(lordship)에 불과하게 될 것이다.

우리가 '정치적'이라고 부르는 권위의 독특한 형태는 가장 단순하게 말하자면, 무력과 전통이라는 자연적 권위와, 또 다른 '상대적으로 자연적인' 권위, 즉 침해된 권리의 권위가 결합된 것이다. 한 주체가 이 세 권위를 함께 행사할 때, 이 세 권위는 우리가 이 권위들에 복종하기를 요구하는 도덕적 권위에 의해 지지받는다. 첫 두 권위가 세 번째 권위의 처분에 맡겨질 때 세 권위는 함께 행사된다. 즉, 한 사회의 **확립된 질서**와 조화를 이루는 방식으로 **무력**을 소유한 사람이 그 사회 안에서 **잘못을 바로잡을** 책임을 맡게 될 때다. 정치적 권위에 대한 복종을 요구하는 도덕적 원칙은 사실상 이렇게 정의할 수 있다. 세 겹 줄은 끊어져서는 안 된다. 우리는 그 자체 안에 이 세 권위를 결합하는 조직에 복종해야 할 뿐만 아니라 그것을 유지하기 위해 모든 노력을 다해야 한다. 인간 공동체 안에서 정의에 관해 이야기하기에 적합한 상대적 의미에서, 정의는 이 세 권위의 결합에 의해서만 실현될 수 있기 때문이다.

정의를 **공적으로 올바른 행동**으로 이해한다면 왜 그래야 하는지 이해할 수 있다. '공적', '올바름', '행동'이라는 세 용어 모두 정치적 권위가 연합시키는 세 구성 권위 중 하나에 의해 보호받는다. 전통은 **공적** 삶의 영역을 보호한다. 모든 공동체의 실체, 즉 그 구성원들이 공유하는 바는 한 사람이 다른 사람에게 '전해 줄' 수 있는 것에 의해 결정되기 때문이다. 침해된 권리에 대한 분노는 **올바름**에 대한 관심이 본능적 차원에서 우리를 사로잡는 형식이다. 무력, 즉 강요할 수 있는 힘은 **행동**이 효과를 발휘할 수 있도록 보증해 준다. 이 셋 중 어느 것도 단독으로는 정의를 실행할 수 없으며, 셋 중 어떤 둘도 세 번째 없이 정의를 실행할 수 없다. 침해된 권리에 대한 분노는 효과적 행동에 대한 관심으로 표현되어야 한다. 다시 말해, 복수가 되어야 한다. 하지만 복수가 순전히 사적 만족이라는 속성을 거부하고 공적 심판의 문제가 되도록 허용하지 않는다면 정의로울 수 없다. 무력의 강압적 집행을 공적 이익의 통제에 굴복시키지 않을 때 무력은 피해를 초래하는, 공동체의 삶에 대한 공격일 뿐이다. 그러나 공적 이익이 잘못을 바로잡는 일을 가장 우선시하지 않는다면 그것은 임의적이며 독재적이다. 전통은 자유를 침해하는 일에 분노하는, 올바름에 대한 관심의 전통이 아니라면 개인 정신의 자유에 제한을 가하는 강요일 뿐이다. 하지만 올바름에 대한 관심의 전통조차도 동시에 효과적인 공동체적 행동의 전통이 아니라면 많은 전통주의가 그렇듯 향수에 불과한 것으로 남는다. 따라서 정치적 권위는 이 세 요소, 즉 다스리기에 충분한 무력, 정당하게 다스리기에 충분할 정도로 공동체의 전통과 동일시하는 태도, 인간 권력에 열려 있는 상대적 가능성 안에서 정의롭게 다스리기 위해 잘못을 바로잡겠다는 충분한 헌신 없이는 형태를 갖출 수 없다.

하지만 이 모든 것으로부터 우리는 중요한 추론을 끌어낼 수 있다. 한 공동체가 정치 이전의 방식으로(pre-politically), 도덕적 존중을 요구하는 정치적 권위 없이 살아갈 수도 있다는 것이다. 자연적이든 자발적이든 더 작은 공동체는 언제나 그렇게 살아가며, 정치적으로 조직되지 않음을 덕으로 여긴다. 하지만 혈연이나 공동의 기획으로 연합되지 않은 사람들의 더 광범위한 공동체 안에서도 무력, 전통, 잘못을 바로잡음에 대한 관심의 결합이 발생해야 하는 것은 아니다. 투박하기는 하지만, 사회 구성원 사이의 신화적 합의에서 정치적 제도의 기원을 찾았던 17, 18세기의 정부에 대한 '사회계약' 이론에서 이렇게 지적한 바 있다. 스스로 의식하여 고안한 장치로서 정부를 갖고자 하는 공동체의 의지를 표현하는 데서 도덕과 계획을 혼동하고, 정치적 실존, 심지어 공동체적 실존의 전체 영역을 인간 의지의 발명품으로 표현한다는 점에서 이 신화는 투박했다. 권위가 하나님의 섭리에서 기원한다고 이해하는 기독교 사상에서는, 어떤 공동체에서든 정치적 권위가 이미 존재하는 문제를 어느 정도 처리할 수 있는지 인식할 수 있다. 그럼에도 정치적 의지는 중요하며, 정치적 의지를 유지하지 않는 사회는 즉시 무력, 전통, 복수가 서로 경쟁하며 어지럽게 펼치는 주장에 지배당할 위험에 빠진다.

하지만 최선인 상태에서도 공적으로 올바른 행동은 절대적으로 간주되는 진리와 선의 요구와 간접적 관계밖에 맺을 수 없다. 인간 공동체에서 정의는 상대적으로 정의로울 뿐이다. 실정법을 통해서든 다른 수단을 통해서든, 정치적 정의를 자연법의 원칙을 사회적 삶에 '적용하는' 것이라고 생각하는 것은 잘못이 아니다. '적용'은 행동이 권리의 요구에 상응하도록 하려는 모든 종류의 양심적 시도를 아우를 수 있을 정도로 광범위한 용어이기 때문이다. 하지만 이 '적용'은 개인의 도덕적 결정을 위해 필요한 것과는 꽤 다른 무언가다. 한 개별 도덕적 행위자가 도덕법의 특정한 양상을 새로 명료하게 이해하게 되었을 때 그는 자신이 배운 것을 최선을 다해 공표하고 그에 입각해 행동할 수 있으며, 만약 그가 말한 바가 너무나도 인기가 없어서 소크라테스가 처한 운명을 맞이하게 된다면, 의심할 나위 없이 플라톤 같은 사람이 나타나 그의 순교를 기리고 그의 메시지가 더 폭넓게, 더 효과적으로 퍼져 나갈 수 있게 할 것이다. 하지만 정치 지도자는 개별 행위자와 똑같은 도덕적 진리에 대한 의무를 갖지만 그 진리에 부응하기 위해서는 자신의 생존뿐만 아니라 자신이 속한 사회에서의 정치적 권위의 생존에 대한 위험까지도 감수해야 한다. 그는 공적 영역 안에서 이뤄질 수 있는 행동의 제한적 가능성에 의해 제약받는데, 이 제한은 전통과 무력에 의존하는 데서 비롯되며, 그에게 그런 가능성을 한계점까지 밀어붙이지 않는 것은 편의의 문제가 아니라 원칙의 문제다. 따라서 정치적 질서는 필연적으로 자의적이다. 다른 행동이 아니라 어떤 한 행동을 해야 할 명확한 이유가 존재하지 않는 사안에 대한 결정과 관계있다는 무해한 의미에서뿐만 아니라, 올바름의 요구에 부응하는 데서 타협을 해야 한다는 더 문제 있는 의미에서도 그렇다. 정치적 실존에 관한 이 사실을 인식하는 것이 기독교 정치 이론 특유의 특징이다. 아테네는 솔론을 지혜로운 사람으로 여겼고, 이스라엘은 모세를 하나님의 율법을 대변하는 사람으로 여겼다. 그러나 예수에게 모세는 타협의 고안자였다. "모세가 너희 마음의 완악함 때문에 아내 버림을 허락하였거니와 본래는 그렇지 아니하니라"(마 19:8). 정치적 권위 행사는 타협을 모색하는 일이다. 주어진 상황에서 가장 충실하게 진리를 증언하지만, 그럼에도 타락한 인간들의 특수한 공동체 안에서 행할 수 있는 공적 행동의 범위라는 한계 안에서 이뤄진다.

신적 권위

만약 법이 내가 부도덕하다고 생각하는 정부 프로그램을 지원하기 위해 세금을 내라고 요구하더라도 나에게는 여전히 내가 반대하는 세금을 내야 할 의무가 있을 것이다. 이것이 정치적 권위의 역설 중 하나다. 정치적 권위의 도덕적 주장은 그 특수한 요구 자체의 도덕적 주장과는 어느 정도로 독립적이다. 따라서 정치적 권위는 도덕적 권위를 초월하는 권위를 위한 패러다임을 제공하는 것처럼 보인다. 정치적 권위에 직면하면 도덕적 판단은 스스로 각하됨을 선언한다. 물론 도덕적 판단이 정치적 권위에 대한 무제한적 복종을 규정하는 것은 아니다. 우리가 비판적 견해를 억누르지 않으면서 국가가 명령하는 바를 행하는 것이 옳을 것이며, 행함의 문제에서도 넘어서는 것이 옳지 않은 한계가 명백히 존재한다. 그럼에도, 제한적이기는 하지만 그 패러다임은 중요하다. 정치 제도는 우리에게 도덕적으로 자의적인 요구를 할 수 있으며, 우리는 거기에 도덕적으로 복종할 의무가 있다.

이 패러다임은 하나님의 권위의 중요한 한 양상을 이해할 수 있게 해 준다. 하나님의 권위는 우리 도덕적 이성의 판단을 초월할 수 있는 권위다. 그 권위는 도덕적 의무에 대한 우리의 의식 위에 있지만, 도덕적 의무의 문제로서 순종하기를 요구한다. 하나님의 명령 앞에서 우리의 이성은 그 권위가 보류되었다고 선언한다. 이성은 우리에게 사고의 범위를 넘어서는 것에 순종하라고 말한다. 따라서 신적 명령과 인간 합리성의 만남이 존재하며, 이 만남에서 우리 자신이 비판적으로 사고하는 능력 자체가 더 고등한 비판의 대상이 된다. 하나님의 권위가 내재를 압도하는 초월처럼 보이는 이 만남이 중세의 신학적 주의주의자들이 다뤘던 주제다. 그들은 도덕법의 원천을 하나님 의지의 자의성에서 찾았다. 하나님의 명령을 만난다는 것은 모든 이성보다 더 근본적인 것을 만나는 것이다. 그것에 대해 아무런 의문도 제기할 수 없는 궁극적 명령(*fiat*)과의 만남이다. 이성은 도덕성에 대한 우리의 모든 합리적 지각이 가설적이며 이 명령(*fiat*)을 우리에게 주는 것이 하나님을 기쁘시게 했던 그 형식에 의존함을 이해하라고 명령한다. 불타는 떨기나무 앞에 설 때 이성은 신을 벗어야 함을 안다. 여기에 생각을 중단시키고 그저 우리에게 예배하고 순종하라고 명령하는 것이 있다.

다른 한편으로, 동일한 정치적 패러다임이 전혀 다른 것을 암시할 수도 있다. 결국 정치적 권위에 대한 승인은 엄격히 억제된다. 갈릴레오처럼 우리는 복종하는 행동을 하면서도 작은 소리로 투덜거린다. 그리고 이는 주권이 정확해 말해서 법이 아니라 진리에 속해 있음을 의미한다. 진리에 대한 지각만이 우리를 진심을 다하는 행동으로 이끌 수 있기 때문이다. 놀랍다고 말할 수 있는 사실은, 공동체가 복종을 요구할 수 있다는 게 아니라 양심이 은밀하게 그러한 복종을 초월하고 진리에 비추어 그 복종을 심판할 수 있다는 것이다. 그리고 패러다임의 이러한 적용이 신적 권위가 지닌 또 다른 양상을 해명한다. 신적 권위가 절대적 권위로서 우리에게 명령한다면, 그 권위는 최고의 실재로서 우리에게 명령해야 한다. 권위는 존재 안에 있는 토대를 전제하며, 진리가 실재 전체의 진리이기 때문에 자연적 권위를 압도하듯 신적 권위도 진리가 토대를 삼는 그 첫 실재에 속하기 때문에 압도할 것이다. 신적 권위를 비실재에 맞서 스스로를 증명하는 실재로 이해하는 이 사상 전통이, 도덕법의 원천을 하나님의 이성에서 찾는 이 신학적 합리주의자들을 특징지었다.

이러한 중세의 주장이 계속해서 매력을 발휘하고 있다면, 그것은 이 주장이 모든 신학적 윤리, 즉 하나님의 명령과 창조의 질서의 관계에 대해 기초가 되는 물음을 다루고 있기 때문이다. 우리의 순종이 우리의 이성 앞에 존재하는 창조된 질서의 권위에 전적으로 복종하는 것이라면 어떻게 하나님의 말씀이 우리에게 순종을 요구할 수 있는가? 신학적 합리주의 전통에서는 분명히 연속성을 강조하는 대답, 즉 하나님은 이성이 지각하는 질서를 **통해서** 말씀하신다는 쪽으로 기울어진다. 신학적 주의주의 전통에서는 불연속성을 강조하는 대답, 즉 하나님의 명령은 우리의 합리적 지각을 **가로질러** 그것을 상대화한다는 대답을 선호한다. 두 대답 모두 성경의 증언에 근거한다고 주장할 수 있다. 시편만 이야기해 봐도, 왕이신 야훼의 신적 권위를 두 대조적 방식으로 찬양한다. 즉, 돌이킬 수 없는 그분의 뜻을 나타내는 창조된 질서의 **안정성**이라는 관점에서—"땅에 기초를 놓으사 영원히 흔들리지 아니하게 하셨나이다"(시 104:5)—또한 심판자이신 그분 앞에서 모든 피조물이 **불안정**하다는 관점에서—"산들이 여호와의 앞 곧 온 땅의 주 앞에서 밀랍같이 녹았도다"(시 97:5)—그분의 권위를 찬양한다. 신적 권위에 관한 적절한 진술은 두 관점에서 바라본 참된 이해를 모두 포함할 것이다. 이는 3장에서 창조된 질서와 역사에 관한 진술이 피조물의 내재적 목적론과 피조물이 역사적으로 변화될 운명에 놓여 있음을 모두 아울러야 하는 것과 마찬가지다.

각 전통들은 그대로 방치되었을 때 인본주의로 타락하는 경향을 보였다. 피조물의 이차적 권위와 하나님의 일차적 권위 사이의 존재론적 연속성을 추적하려는 헌신에서 출발한 합리주의 전통은 우리가 신플라톤주의라 부르는 방향으로 끌려가 피조물의 구조를 하나님의 이성을 위한 매개 행위 주체와 다름없는 것으로 제시했다. 이것이 반드시 조악한 범신론을 내포하는 것은 아니었다. 합리주의 전통은 여전히 창조된 존재와 창조되지 않은 존재의 차이를 매우 잘 알고 있을 수도 있다. 그럼에도, 피조물이 인간을 부르는 목소리를 하나님 목소리의 충실한 재현으로 받아들였다. 5장에서 살펴보았듯, 인간 자신의 도덕적 이성의 목소리가 창조된 인간 본성 안에 있는 하나님의 대표(representative)나 대관(vicegerent)이라는 주장이 특히 이런 예에 해당한다. "양심의 음성은 하나님의 음성이다"(vox conscientiae vox Dei). 물론, 긴장에 시달리는 주의주의자들의 우주가 인간을 회의적 절망에 넘겨주는 것처럼 보이는 상황에서 이런 주장은 이성의 지각에 대해 일정한 안정성을 부여했다. 그러나 이 안정성은 위증의 대가로 확보한 것이다. 합리주의가 제공하는 안정성은 특정한 매우 근본적인 합리적 지각은 비판으로부터 자유로워야 한다는 전제에 기초한 교조적 안정성이었다. 그러나 이성은 비판적일 때만, 즉 통속적인 통상 관념(idées reçues)에 비판적일 뿐만 아니라 도전할 수 없는 것처럼 보이는 이성 자체의 작동 원리에 대해서도 비판적일 때만 합리적일 수 있다. 이성은 확실히 안정성을 지니지만, 이 안정성은 이성이 그 안에서 위치와 기능을 갖는 세계 질서라는 객관적 실재에 기초한다. 이성의 안정성은 실재에 입각한 통상적인 사고의 검토를 보류할 수 있는 순수하게 형식적인 지식의 은밀한 구석을 토대로 삼지 않는다. 이성은 우주를 안으로부터, 즉 이성을 둘러싸고 있는 포괄적 신비로서 알기 때문에 이성 자체가 지각하는 바에, 심지어 엄격히 형식적인 지각에도 결코 무비판적일 수 없으며, 초월의 관점으로부터 계시가 주어질 수 있는 가능성에 언제나 열려 있어야 함을 안다. 이런 개방성은 이성이 이성 자체를 계시의 사자(使者)로 보는 것과는 전혀 다르다. 그 역할을 차지하겠다고 나설 때, 이성은 객관적 진리에 대한 자기비판의 책임을 망각함으로써 이성 자체의 온전성을 약화하고 만다.

기독교 합리주의는 법에 관한 토마스 아퀴나스의 유명한 논문에서 가장 탁월하게 제시된 것으로 보인다(*Summa Theologiae* II-1.90-97). "만물의 행동과 움직임을 지시하는 한 신적 지혜의 합리적 질서"(*ratio divinae sapientiae secundum quod est directiva omnium actuum et motionum*)인 영원한 법(*lex aeterna*, 93.1)은 자연법(*lex naturalis*)으로서 세계 안에 반영되어 있으며, 이는 "지적인 피조물이 영원한 법에 참여함"을 의미한다(91.2). 그리고 이것은 다시 사회 안에서 인간의 법(*lex humana*)으로서 사회 안에서 발전되고 적용되며, 이 법 안에서 인간의 이성은 "자연법의 가르침으로부터, 증명할 수 없는 공통된 원리로부터…더 구체적인 질서를 만드는 방향으로"(*ad aliqua magis particulariter disponenda*) 나아간다(91.3). 영원한 법이 피조물 안에 존재하는 하나님의 자유롭고 전능한 의지를 전제하며, 따라서 피조물의 완전한 우연성(contingency, 의존성)을 전제한다는 것보다 더 확실한 것은 없다. 영원한 법은 하나님의 존재에 관한 법이 아니라 그분이 창조된 세계에 운명을 부여하시고 그에 따라 그 세계에 질서를 부여하는 법이다(93.4). 그러므로 자연법에 따라 그 질서를 세움으로써 이뤄지는 세계의 숨겨진 신화(divinization)는 없다. 순전히 주어진 것이며 의문을 제기할 수 없다는 신적 명령(*fiat*)의 속성도 보존된다. 그럼에도, 이 명령(*fiat*)이 세계의 통치를 위한 신적 이성(*ratio*)의 형태를 취할 때, 인간의 **이성**은 (올바르게 교육받을 때) 세계 질서라는 매개를 통해 이를 이해할 수 있게 된다. 따라서 전능하신 분의 신비는 전적으로 인정되면서도 말하자면 사변의 경계까지 추방당해, 자연이라는 책 안에서 하나님의 마음을 읽으려는 우리의 노력을 저해할 수 없다. 이는 하나님의 목적을 이해할 수 있다는 어느 정도의 안정성을 이성에 제공한다.

자연법을 다룰 때 이러한 안정성의 함의가 명백해진다. 먼저 그것은 자명한(*per se nota*) 진리로 국한된다. 이 범주가, 도덕의 개념적 구조를 정의하는 자명한 공리―예를 들어, "선을 행하고 추구해야 한다"(*bonum est faciendum et prosequendum*, 94.2)―보다 훨씬 더 많은 것을 포함해야 함을 인정하면서도, 그는 객관적이며 경험적으로 관찰할 수 있는 자연 질서의 규칙성을 희생하는 대가로 합리적인 선험(*a priori*)에 거짓된 우선권을 부여하기를 피하지 않는다. 올바르게 이해할 때, 이렇게 협소하게 정의한 자연법의 영역은 신적 명령(*fiat*)의 권위를 지닌다고 인정할 수 있다. 따라서 형식적인 합리적 자명성의 힘이 신적 말씀의 힘과 합쳐진다. 이미 우리는 그 지평선 위에서, 데카르트(Descartes) 이후 합리주의의 전체 기획, 즉 사고의 형식적 규칙이 신적 법의 지위로 격상되고 다른 모든 것은 그 규칙에 따라 비판받는 것을 본다.

반면에 주의주의 전통에서는 신적 명령의 권위와 인간이 창조의 질서 안에서 구별해 낼 수 있는 모든 권위를 날카롭게 구별하는 데 관심을 기울였다. 피조물이 질서를 가지고 있고, 그 질서가 하나님의 명령에서 유래했으며, 자연과 도덕법 사이에 일치가 존재함을 주의주의 전통에서 부인할 필요는 없었다. 따라서 스코투스와 오컴은 계속해서 '자연법'에 관해 이야기할 수 있었다. 그러나 핵심적으로 중요한 논점은 도덕이 하나님의 선포된 의지에 직접 의존하고 있다는 것이었다. 도덕은 창조된 질서를 **통해** 하나님에게서 유래된 것이 아니다. 따라서 하나님이 그렇게 하고자 하신다면 창조주에 대한 피조물의 올바른 질서를 궁극적으로 역전시키셔서 우리가 그분을 미워하는 것을 옳은 일로 만드실 수도 있다는 오컴의 유명한 주장이 나왔다. 물론 이 주장의 핵심은 순전한 권위가 순전한 순종을 요구한다는 사실에 관심을 집중시키는 것이었다. 하지만 문제가 발생할 수밖에 없었다. 하나님의 명령을 질서 잡힌 우주로부터 분리하고 나면 권위라는 관념 자체에 무슨 내용이 남아 있겠는가? 만약 하나님의 의지라는 권위를 **뒷받침할** 수 있는 모든 주장―그분이 우리를 창조하셨고, 우리를 지켜 주시며, 우리를 구속하신다―이 오만한 불경(lèse majesté)의 죄, 그 권위가 매개 없이 우리에게 요구하는 바를 모독하는 죄에 해당하므로 그런 주장을 배제한다면, 어떻게 하나님의 의지가 억지로 우리의 복종을 요구하려고 하는 다른 외래적 의지보다 더 '권위 있을' 수 있겠는가? 우리의 지성이 이해할 수 있는 그 어떤 것도 하나님의 의지라는 권위를 인식하는 데 조금도 영향을 미치지 못한다면, 어떻게 그 권위를 인식할 수 있겠는가? 순전한 권위와 순전한 순종을 분리하려는 애초의 관심이 역설적이게도 의지의 직접적 충돌 속에서 권위와 순종 모두를 폐지하는 것으로 귀결되고 말 것이다. 궁극적으로 인간은 다른 모든 외래적 강요에 대해 분노하듯이 하나님의 의지에 대해 분노하고, 할 수 있다면 그것을 떨쳐버리는 것 말고는 아무것도 할 수 없다. 주의주의의 여정은 권위의 진공 상태, 칸트가 이성과 의지 사이의 단절을 고치자마자 합리적 자율이라는 관념이 자리 잡을 수 있도록 깨끗이 청소되고 잘 준비된 빈방으로 귀결되고 말았다. 이 관념을 통해 주의주의와 합리주의의 경로가 대척점에서 만났다.

주의주의의 모든 주제는 『명제집』(Sentences) 2권 15문에 대한 오컴의 주해서에 실린 놀라운 단락에 도드라지게 나타나 있다. 이 사상가가 자신의 학문적 경력 초기에 내놓은 이 보고(reportatio)가 얼마나 대표적이라고 말할 수 있는지는 역사가들의 판단에 맡겨야 한다. 우리에게는 이런 생각이 나와 여기에 제시된 대로 표현되었다는 것만으로 충분하다. 오컴 이전에는 '나쁜 천사가 언제나 나쁜 행동에 관여하는가?'라는 중세 특유의 질문을 던졌다. 오컴은 이런 질문 자체에는 그다지 관심이 없지만, 이 질문은 그에게 창조된 존재의 의지 안에서 하나님에 의해서만 직접 야기된 행동이 일어날 수 있다는 이론을 제안할 기회를 제공한다. 이 경우에 그 행동은 벌을 받지 않으려는(*nolere peonam*) 행동으로서, 천사는 할 수 있다면 그런 행동을 멈출 것이다. 처벌에 대한 그의 분노가 그 고통을 구성하지만, 그와 동시에, 벌을 받지 않으려는 행동은 명백히 그의 의지의 성향이기 때문이다. 이로부터 오컴은 하나님이 어떻게 의인을 승인하시고 악인의 마음을 완악하게 하시는지 이해할 수 있게 된다고 주장한다. 복을 받은 이들 안에서, 하나님을 바라보고 그분을 사랑하는 행동은 오직 하나님에 의해 직접 야기된다. 그것은 의지 안에서의 행동이며 따라서 자유롭다. 하지만 그것은 결코 행위자의 의지나 그의 이성에 의해서 야기된 것이 아니다. 저주 받은 이들도 마찬가지다. 전적 원인이신 하나님이 그분을 미워하고 거부하는 행동 안에서 '무엇이든 절대적인 것'을 야기하신다. 즉 그분은, 하나님을 미워하고 거부하는 행위를 죄악된 것으로 만드는 그 행위의 양상들을 배제하고 생각했을 때(그렇게 되면 하나님이 죄를 행하는 행위 주체가 될 것이기 때문에), 그분에 대한 증오와 거부 **자체**를 야기하신다. "하나님은 그것 자체와 동일하지 않은 다른 모든 것을 배제한다면 무엇이든 그 자체를 야기하실 수 있다"(*Deus potest omne absolutum causare sine omni alio quid non est idem cum illo absoluto*). 하지만 그것의 죄악됨을 배제하고 어떻게 하나님에 대한 증오와 거부에 관해 생각할 수 있겠는가? 오컴이 고찰하는 이런 생각에 대한 여러 반론 중 세 번째는, 특정한 행동은 그 자체로 악하다는 아리스토텔레스의 주장에 기초한다. 그것이 악이라는 것에 관해 이야기하지 않고서는 그것에 관해 이야기하기란 불가능하다(*statim nominati habent maliciam annexam et difformitatem*). 이에 대해 그는 하나님에 대한 증오와 다른 죄는 그저 상황적으로, 즉 하나님이 그것을 행하는 것을 금지하신 대상이었던 누군가가 그것을 수행할 때만 악하다고 대답한다(*odium Dei furari adulterari habeant malam circumstantiam annexam et similia de communi lege quatenus fiunt ab aliquo qui ex praecepto divino obligatur ad contrarium*). 만약 하나님이 그런 행동을 명령하셨다면 그것은 공적을 쌓을 수 있는 행동일 것이다. 그리고 이 경우에 우리는 다른 도덕적 언어를 사용해야 한다. 그런 행동을 '절도', '간음', '증오' 같은 현재의 명칭으로 부르지 말아야 한다. 이런 명칭은 그것이 금지되었다는 함의를 지니기 때문이다(*nec nominarentur furtum adulterium odium etc., quia ista nomina significant tales actus non absolute sed connotando vel dando intelligere quod faciens tales actus per praeceptum divinum obligatur ad oppositum*). 네 번째 반론은 창조된 의지가 이런 비도덕적 명령을 지킴으로써 공로를 얻을 수 있다고 전제하는 모순되어 보이는 상황을 근거로 삼는다. 이에 대해 그는, 특정한 행동이 한 행위자에 의해서는 바르게 행해질 수 있지만 다른 사람에게는 잘못된 행동일 수 있다고 생각하는 것은 전혀 모순이 아니며, 여기서 차이는 한 사람은 그것을 행하라는 명령을 받았고 다른 사람에게는 그것이 금지되었다는 점뿐이라고 답한다.

물론 이런 논의의 가장 놀라운 특징은 하나님의 의지의 자유를 강력하게 주장한다는 것이며, 이는 사물의 창조된 질서라는 지지대로부터 도덕을 분리하는 결과를 낳는다. 그러나 앞으로 훨씬 더 많은 결과를 초래하게 될 이차적 특징을 간과해서는 안 된다. 하나님의 벌거벗은 의지 앞에서 인간 주체는 그 자체로 벌거벗은 의지, 즉 '원인'(*causa*)에 불과한 존재로 축소된다. 이는 어떻게 중세의 신학적 주의주의가 후대의 대단히 비신학적인 주의주의로 나아가는 길을 마련할 수 있는지 이해하는 실마리를 제공한다. 행위 주체가 단순한 '원인'이 되었을 때, 그가 인간인지 신인지는 더 이상 중요하지 않다.

주의주의적 강조가 갖는 가치는, 이성과 계시의 변증법이 인간 이성의 우연적 결함이 아니라 인간 인성이 초월적이지 않다는 본래적인 형이상학적 사실에 기초함을 인식하는 데 있다. 따라서 인간의 판단은 언제나, 또한 그 자체로서 하나님의 비판을 받을 수밖에 없다. 인간 이성 자체가 비판적 자기 이해에 의해 우리에게 이렇게 말하며, 그것 자체의 폐기를 가리킨다. 하나님과 인간의 만남에서 신뢰하는 순종만이 유일하게 적합한 반응이자 인간 편에서 유일하게 올바른 자기비판적 반응이다. 아브라함의 위험은 피할 수 없다. 하지만 그 위험한 경향성을 바로잡고 나면 합리주의 역시 우리를 가르칠 수 있다. 순종이 '신뢰하는' 순종이기 위해서는 소망에 차 있어야 한다. 옳음에 관한 자신의 제한된 지각을 거부하고 하나님의 말씀에 순종하는 제자는 그 역설이 실재 안의 궁극적 모순이 아님을 믿을 때만 참으로 신뢰할 수 있다. 그는 자신의 이성이 고양되어 하나님의 행동을 통일된 전체로서 파악하게 됨으로써 마침내 비판적 대면이 해소되는 순간을 보기를 바랄 수밖에 없다. 그렇지 않다면 그는 믿음이 아니라 냉소적인 절망 속에서 행동하고 있을 뿐이다. "믿음은 바라는 것들의 실상이요 보이지 않는 것들의 증거니"(히 11:1). 합리주의가 하나님의 목적 안에서 궁극적 이해 가능성을 약속하는 것은 틀리지 않았다. 그 약속에서 그 종말론적 성격을 제거하고 환원론적 내재주의를 경유하여 서둘러 미숙한 성취에 이르려고 시도한 것이 틀렸을 뿐이다.

또한 주의주의가, 혁신하실 수 있는 하나님의 자유를 영원한 법(*lex aeterna*), 즉 바꿀 수 없고 순차적으로 실현할 수 있을 뿐인 청사진이라는 관점에서 제대로 설명할 수 없음을 강조하는 것도 옳았다. 하나님의 행동은 새로운 것, 즉 하나님이 친히 그분의 의도를 선언하시는 방식을 통하지 않는다면 그 자체로 예상할 수 없는 것을 포함할 수 있다. "보라 내가 새 일을 행하리니"(사 43:19). 하나님은 제한당하실 수 없으며 심지어 당신의 과거 성향(dispositions)에 의해서도 제한당하실 수 없다. 반면에, 하나님의 자유는 또한 친히 작정하신 신실하심을 내포한다. 하나님이 창조 언약에 '자신을 묶으셨다'고 말할 때 우리는 물론 역설적 은유를 사용하는 셈이지만, 우리가 말하는 바가 무의미하지는 않다. 이는 하나님의 자유가 그것 자체와 조화를 이루는 방식으로 행사됨을 의미한다. 그것은 게으르게 그것 자체로 되돌아가 그 자체의 창조적 행동을 취소하는 무작위성이 아니라, 앞서간 것을 존중하고 고양하는 구속적 변화(redemptive transformation)다. 합리주의가 하나님이 하시는 행동의 일관성을 전제한 것은 옳았다. 사도는 "주는…자기를 부인하실 수 없으시리라"라고 말하는데(딤후 2:13), 이는 하나님의 능력에 한계를 설정하는 것이 아니라 하나님의 무제한적 능력은 그것 자체와 조화를 이루는 능력도 포함함을 선언하는 것이다.

하나님 말씀의 권위는 예수의 권위를 통해서 구체적으로 만날 수 있다. 성 마가에 따르면 그분의 가르침은 "권위 있는 자와 같고 서기관들과 같지 아니했고", 따라서 "이는 어찜이냐? 권위 있는 새 교훈이로다. 더러운 귀신들에게 명한즉 순종하는도다"라는 반응을 불러일으켰다(막 1:22, 27). 예수께서 선포하신 하나님 말씀의 권위는 부분적으로 그 새로움에 의해 증명되었다. 그것은 "서기관들과 같지 않았고", 선례를 주장하지 않으면서 유대인 공동체 안에서 가르침에 대한 기대와 전통을 가로질렀다. 그것은 과거의 계시에 대한 공동체의 성찰이 확립한 올바름에 관한 기존의 개념을 비판적으로 침범했다. 그러나 동시에 신적 권위는 즉각 인식할 수 있는 방식으로 혼돈에 질서를 가져올 수 있는 그 능력에 의해 증명되었다. 예수의 '권능'은 단순히 그것이 강력했기 때문이 아니라 그것들이 치유와 축사의 사역이었기 때문에 하나님의 임재를 의미했다. 새로운 가르침은 옛 피조물을 확증하고 회복함으로써 그 자체를 확증했다.

의무론적 언어와 목적론적 언어

이 여담에 덧붙이는 후기로서, 어쩌면 최근 여러 세대의 사상가들을 필요 이상으로 괴롭혔던 질문, 즉 도덕적 언어의 '의무론적' 형식과 '목적론적' 형식의 관계에 대해 논평해 볼 수 있다. 이 질문은 다소 이상한 특징을 지닌다. 특히 도덕적 판단을 표현하는 오직 두 형식만 존재하는 것이 아니라 많은 형식이 존재함에도 끈질기게 두 언어 형식에 관해서만 논한다고 지적할 수 있다. 우리는 우리가 무언가를 '해야' 한다거나 그것을 해야 할 '의무가 있다'거나 그것이 '옳다'거나 그것이 '선하다'고 말할 수 있다. 다양한 가치 평가의 의미를 담은 형용사를 사용해 그것을 '고귀하거나' '훌륭하거나' '매력적이거나' '정의롭다'고 부를 수 있다. 그저 누군가에게 그것을 하라고 지시할 수 있다. 이런 가르침은 다수의 서로 다른 문법적 방법으로 수행될 수 있다. 더 나아가 각 언어는 그 나름대로 독특한 표현 범위를 지니며, 한 언어에서 다른 언어로 정확히 번역하기가 어려울 때가 많다. 표현의 선택이 철학적 고려뿐만 아니라 수사적 고려에 의해 좌우될 수도 있다. 무언가를 정중하게 말하는 방식도 있고 무뚝뚝하게 말하는 방식도 있으며, 격식을 차려서 말하는 방식도 있고 격식을 차리지 않고 말하는 방식도 있다. 그렇다면 그토록 많은 종류의 도덕적 언어가 존재하는데 철학자들은 왜 계속해서 두 종류의 도덕적 언어에 관해 이야기하는가?

이런 양극성은 분명히 도덕에 대한 주의주의적 이해와 합리주의적 이해의 대립에 기원한다. 의무론 윤리는 도덕이 명령과 순종의 문제라는 주의주의적 관념을 원천으로 삼는다. [그리스어 '데온'(deon)에서 유래한 '의무론적'(deontic)이라는 단어는 '해야 한다'(ought)와 그 동의어의 중요성을 가리킨다.] 이 윤리에서는 도덕이 우리에게 부과된 일종의 의무이며, 그것은 우리의 자연적인 열망과 목적을 가로지른다고 주장한다. 이 사상과 도덕적 판단이 '규범적'(prescriptive) ─ 현대의 '규범주의'(prescriptivism)처럼, 종류를 막론하고 모든 도덕적 발언의 행동을 지시하는 기능에 관심을 집중시키기 위해 더 편의적으로 흔하게 사용되는 용어 ─ 이라는 관념을 구별하는 것이 중요하다. 또한 그것을 '타율'(heteronomy)이라는 칸트의 관념과 구별하는 것도 중요하다. 칸트 윤리의 요지는 '해야 한다'가 유일하게 참으로 자율적인 도덕적 판단, 즉 "법에 대한 의지의 자유로운 복종"에 접근할 수 있게 하며, 주관적 성향의 즉흥적 움직임에 기인한 행동보다 더 타율적인 것은 있을 수 없다는 주장이기 때문이다. 오히려 핵심은, 도덕적 주장이 그 자체를 위해 끌어낸 절대적 복종을 약화시킬 수 있는 **주체의 성취나 행복에 관한 모든 지각과는 무관하게** 마주하게 된다는 것이다. 반면에, '목적론적' 윤리는 최고선(summum bonum)이신 하나님에 관한 존재론적 관념에서 유래하며, 여기서 도덕적 추론의 책무는 존재와 선의 질서 잡힌 구조를 인식하고 그것에 반응하는 것이다. '목적론적'이라는 용어를 계산적·결과주의적 도덕에 관해서만 이야기한다는 의미로 협소하게 이해해서는 안 되고, 우리가 이 용어를 사용한 방식처럼 세계 안의 속성이나 질서를 가리키는 용어로 이해해야 한다. 물론 목적론적 윤리에 대한 결과주의적 해석들이 존재한다. 공리주의는 이러한 합리주의적 뿌리에서 나온 자손이며, 실제로 모든 인간 행위를 목적으로서 통제하고 또한 자의식적으로 통제해야 하는, 자명하고 논쟁의 여지가 없는 행복이라는 관념에 대한 확신을 통해 그 조상을 보여 준다.

이런 이분법에 직면해 두 가능성만 우리에게 열려 있다고 주장하기도 한다. 한편으로, 우리는 도덕 언어의 이 두 형식 사이의 엄격한 상호 교환 가능성을 주장할 수 있다. 다른 한편으로, 이 둘이 다른 두 종류의 도덕을 객관적으로 가리킨다고 가정할 수도 있다. 최근의 논의에서 더 많은 인기를 얻고 있는 후자의 경로는 두 가지 길로 귀결될 수 있다. 그 경로는 더 높고 더 낮은 두 등급을 주장할 수 있는데, 이는 아마도 '해야 한다'를 선호하는 칸트의 방식을 지칭할 것이다. 혹은 단순한 다원주의로 귀결될 수 있다[내가 이해하는 한 이는 윤리를 사회학적 연구로 재구성하는 것과 다름없다. 단적으로(*simpliciter*) 세계 전체에 화해할 수 없는 방식으로 충돌하는 종류의 도덕적 주장이 존재한다고 말하는 것이 무엇을 의미하는지 나로서는 알 수 없기 때문이다]. 그러나 애초에 대안을 잘못 상정한 것처럼 보인다. 우리는 두 언어가 동일한 객관적인 도덕적 실재를 가리킨다고 말하기 위해 **상호 교환 가능한**(만약 그것이 의미 상실이 없다는 뜻이라면) 두 언어를 상정할 필요가 없다. 무언가를 '해야 한다'고 말하는 것과 그것이 '선하다'고 말하는 것 사이에는 명백히 의미상 차이가 있다. 그러나 모든 실질적인 도덕적 주장은 의무의 관점이나 선의 관점에서 표현될 수 있다. 그리고 두 번째 표현 형식을 선택할 때 그것의 참된 도덕적 힘을 이해하는 데 실패할 수밖에 없다고 주장하는 것은 교조적 태도일 뿐이라고 말할 수 있다. 두 언어는 우리가 마주하는 도덕적 주장의 상이하고 보완적인 양상에 우리의 관심을 집중시키고자 할 뿐이다. 의무론적 언어는 도덕적 권위와 자연적 권위의, 또한 신적 권위와 모든 창조된 권위의 비판적 관계를 강조한다. 우리는 이 가장 우선시되는 주장과 그것이 없었다면 우리가 생각하거나 느꼈어야 하는 바 사이의 모순을 강조해야 할 필요가 있을 때 '해야 한다'라고 말한다. 의무라는 관념만이 생각을 참으로 도덕적인 것으로 여긴다고 주장하는 것은 실수지만, 이런 실수는 진실을 은폐한다. 우리는 확실히 비판적으로 생각할 때만 도덕적으로 생각하며, '해야 한다'의 힘은 우리가 그렇게 하도록 자극하기 때문이다. 반면에, 목적론적 언어는 도덕적·신적 권위의 합리성에 관심을 집중시킨다. 그 언어는 우리가 질서 잡힌 우주 안에 있는 그 권위의 의미를 최선을 다해 표현하게 만든다. 그 표현이 우리가 아직 이해할 수 없는 해법에 대한 소망의 표현일지라도 말이다.

칸트는 의무론 윤리를 고수하고 법이라는 관념에 의존했음에도, '해야 한다'의 독특한 성격, 그것에 의한 '명령'의 표현이 이성의 객관적 법과 그 법에 대해 주관적으로 결단하지 않은 의지의 관계에서 기인한다고 이해했다. 거룩한 의지는 하나님의 의지처럼 법을 명령으로서 혹은 '해야 한다'로서 마주하지 않을 것이다(*Groundwork* 413-414). 행복 개념과 의무 개념의 강한 대립은 『실천이성비판』(*Critique of Practical Reason*, 한길사)의 '분석'(Analytic) 항목에서 일관되게 다루는 주제이며, 여기서는 고전적 윤리학이 최고선(*summum bonum*)이라는 통제 관념을 통해 도덕법에 접근하는 방식을 비판한다. 칸트는 이 접근 방식이 필연적으로 고전적 윤리학의 도덕 사상을 타율적으로 만들고 행복과 즐거움이라는 원칙에 좌우되게 했다고 주장한다(예를 들어 64-65). 하지만 '변증'(Dialectic) 항목에서는 '최고선'(highest good)이라는 개념이 칸트의 윤리에서 순수 실천이성의 동인은 아니더라도 대상으로서 복권되며, 우리는 행복이라는 관념을 완비한 하나님의 나라라는 기독교적 종말론의 소망이 영혼 불멸과 더불어 실천이성의 필수 '요청'(postulate)임을 알게 된다.

따라서 우리는 두 도덕적 언어 사이의 긴장이, 그들에게 도덕적 통찰이 여전히 책무이며 아직까지 달성된 사실이 아닌, 도덕적 행위자들의 지각 안에서 이뤄지는 필연적인 변증법을 반영한다고 말할 수 있다. 은총의 순간에 우리의 의무와 우리의 성취가 하나이며 동일하다는 인식이 우리에게 주어질 수 있으며, 소망과 믿음 안에서 그 일치에 관해 말할 수 있다. 그러나 성향과 의무의 상이함에 대한 자각으로 인해 더 깊이 생각하고 양심적으로 씨름하라는 도전을 받는 일이 더 이상 없게 해 달라고 요청할 수는 없다.

7 • 그리스도의 권위

예수께서 권위를 주신 분은 성령이 아니라 성부 하나님이시다. 그리고 그 권위는 우리 마음의 되살아남과 우리 입술의 시인을 통해 주어지지 않았다. 그것은 하나님이 예수를 죽은 자 가운데서 다시 살아나게 하실 때 우리와 무관하게, 우리의 믿음 없이, 우리의 순종 없이 주어졌다. 따라서 성령께서 하나님이 예수 안에서 하신 일의 실재를 '우리에게 권위 있는 것으로' 만드신다고 말할 때, 우리는 그리스도의 권위가 어떻게 **존재하게** 되는가에 관해서가 아니라 우리와 무관하게 시작된 그 권위가 어떻게 우리에 대한 권리를 주장하게 되는지에 관해, 어떻게 우리가 천국에 '들어가게' 되는지에 관해 이야기하는 셈이다. "자신으로부터" 말씀하지 않는 성령의 사역은 우리의 믿음을 끌어내셔서 하나님 나라의 실재가 우리 앞에 나타나게 하시고, 우리의 자유로운 순종을 끌어내셔서 그 권위가 우리에게 영향력을 행사하게 하심으로써 그 나라에 대해 증언하시는 사역이다.

"진리의 성령이 오시면 그가 너희를 모든 진리 가운데로 인도하시리니 그가 스스로 말하지 않고 오직 들은 것을 말하며 장래 일을 너희에게 알리시리라.

그가 내 영광을 나타내리니 내 것을 가지고 너희에게 알리시겠음이라. 무릇 아버지께 있는 것은 다 내 것이라. 그러므로 내가 말하기를 그가 내 것을 가지고 너희에게 알리시리라 하였노라"(요 16:13-15). 교회에 대한 성령의 사역의 내용(문맥은 일차적으로 사도들의 증언을 가리키지만, 이를 교회 전체로 확대할 수 있다)은 진리다. 즉, 진리 전체인데, 이는 예수 안에 모든 진리, 세계 질서의 진리, 세계사의 진리가 요약되어 있기 때문이다. 성령은 새로운 실재를 **창조**하도록 주어지지 않았다. 그리스도께서 높이 들리심으로써 새로운 실재에 결정적 형태가 주어졌기 때문이다. 오히려 그분이 주어진 것은 새 실재가 옛 실재에 영향을 미칠 수 있게 하기 위함, 그분이 "들은 것"(즉, 성자에 관한 성부의 뜻)을 말씀하시고 "장래 일"(즉, 역사가 성취될 때 하나님 나라가 보편적으로 드러나는 것)을 선포하시게 하기 위함이다. 따라서 그분은 예수를 '영화롭게' 하실 것이다. 이는 그분을 높이 들어 올리시는 성부의 특권을 찬탈하는 행동이 아니라, 속량되고 순종하는 피조물이 성부께서 행하신 일을 찬양할 때 그 찬양이 보편적으로 반향되게 하는 행동이다. "아버지께 있는 것은 다 내 것이니라." 그리스도의 부활 이후의 신적 권위에 관해 이야기하는 것은 높이 들리신 그리스도의 권위에 관해 이야기하는 것이다. 더 이상 말할 것이 남아 있지 않다. 성령께서 우리에게 그리스도에 통치에 관해 언급하지 않는 신적 주장으로 남겨 두신 추가 보록이나 후기 같은 것은 없다.

이를 망각할 때 교회는 길을 잃고 두 방향 중 하나로 이탈하고 말았다. 한편으로는 즉흥성을 지나치게 동경하고, 다른 한편으로는 전통을 지나치게 공경한다. 물론 신약성경에서 성령이 즉흥성을 통해, 예언과 황홀경의 발언을 사용하셔서 일하시는 모습을 볼 수 있다. 그러나 즉흥성에 대한 사도적 교회의 태도는 신중하다. 이러한 나타남은 교회 안에 초자연적인 것이 존재한다는 표징으로서 소중하다. 그러나 나타남은 하나님에 대한 수용성의 정상적 조건이 아니며, 특별한 점검이 필요하다. 성 요한은 우리가 "영들이 하나님께 속하였나 분별해야" 한다고 말한다. 그리고 하나님의 성령께서 일하심을 인식하는 기준은 하나의 포괄적 원칙으로 요약될 수 있다. "예수 그리스도께서 육체로 오신 것을 시인하는 영마다 하나님께 속한 것이요. 예수를 시인하지 아니하는 영마다 하나님께 속한 것이 아니니"(요일 4:1-3). 물론 즉흥성에 대한 동경과 전통에 대한 공경 모두 동일한 잘못의 양상이다. 즉, 현재든 과거든 교회 안에서 나타난 영에 대해 이 기독론적 비판 원칙을 적용하기를 거부하는 것이다. 결국 전통도 서서히 움직이는 즉흥성이 아니라면 무엇이겠는가? 2, 3세기의 몬타누스주의 운동은 즉흥적 혁신 자체를 중시하고 이를 새로운 법으로 만들고자 하는, 교회가 직면한 이중적 유혹을 원형적으로 예증한다. 말할 나위도 없이 교회는 즉흥성이나 전통 **없이** 지낼 수 없다. 또한 교회가 신실하게 그리스도를 증언할 때 즉흥성과 전통 모두 하나님의 성령이 아닌 다른 원천을 취할 수 없다. 핵심은 즉흥성과 전통이 스스로 권위를 증명하지 못한다는 것이다.

성부 하나님은 예수께 권위를 부어히셨다. 우리기 하나님의 나라라고 부르는 것은 인자의 높이 들리심이기도 하다. 우리는 이 핵심 준거점으로부터 신적 권위에 대한 우리의 경험에 관해 두 가지 결론을 내릴 수 있다.

첫째, 하나님의 권위는 비공유적이고(incommunicable) 내면적이며 공적 시선으로부터 분리되어 있지 않다. 오히려 이야기로 들려줄 수 있는 역사의 사건을 통해 공적 영역 안에 자리를 잡는다. 신적 권위에 관해 말할 때 결코 우리는 우리가 설명할 수 없는 내적 자극, 충동, '이유 없이 행동하는 이유'라는 의미로 말할 수 없다. 하나님의 명령은 언제나 그 이유, 즉 예수의 삶, 죽음, 높이 들리심이라는 공적 실재의 관점에서 우리에게 그 자체를 증명할 것이기 때문이다. 주의주의 사상 전통에서는 하나님의 명령을 모든 이성보다 높임으로써 하나님의 명령에 관해 말할 수 없도록 만들었고, 이로써 그 명령을 사적이며 내면적인 충동의 영역으로 추방해 공유된 도덕적 의무가 아니라 개인적 소명의 문제로 만들어 버렸다. 하나님이 나에게 저것이 아니라 이것을 하라고 명령하시는 이유를 말할 수 없을 때 나는 그분이 다른 누군가에게 그렇게 명령하신다고 말할 수 없다. 나는 내 삶을 영위하는 질서 있는 의미의 세계를 장악하지 못한 채로, 나를 장악한 내적 필연성이라는 감각을 불분명하게 가리킬 수밖에 없다. 그러나 하나님은 그 의미가 말과 생각에 열려 있는 공적 사건을 승인하심(authorize)으로써, 개인적 소명으로부터 체험될 수 있는 것보다 더 광범위한 주장을 우리에게 하셨다. 그분은 우리가 참여하는 질서 있는 세계를 장악함으로써 우리를 장악하는 도덕적 요구를 하셨고, 이 요구는 종류적 용어로 설명되고 논의될 수 있다. 예수께서는 아버지의 장례를 치르기 원했던 사람에게 "죽은 자들로 자기의 죽은 자들을 장사하게 하고 너는 가서 하나님의 나라를 전파하라"라고 말씀하셨다(눅 9:60). 이 말씀이 어떤 식으로든, 심지어 우리가 불편하게 느끼게 만드는 제한된 정도까지라도 우리에게 영향을 미칠 수 있다면, 이는 그것이 하나님과 이 특정한 사람 사이의 사적 의사소통—그런 소통은 우리에게 아무 의미가 없을 것이고 복음서에 자리할 수도 없을 것이다—에 그칠 수 없기 때문이다. 그의 특수한 부르심이 즉각적으로 의미하는 바가 무엇이든, 여기에는 하나님이 우리 모두에 대해 주장하시는 바와 관련한 의미가 담겨 있다. 이것은 세상 안의 하나님의 임재가 모든 인간 행위자에게 요구하시는 바를 가리킨다. 이 사람이 받았던 요구에 특수한 요소가 존재함을 인정할 수 있지만, 이를 통해 어느 시대의 누구든 제자가 되는 것이 무엇을 의미하는지에 관해 중요한 무언가를 배울 수 있다.

둘째, 한 인간의 삶과 죽음에 대한 그의 승리 안에 자리 잡고 있는 하나님의 권위는, 반역하며 무질서한 자연적 권위에 반대할 수는 있겠지만 창조된 질서 자체에 반대하지는 않는다. 그 권위는 진리에 대한 우리의 인식을 비판할 수 있지만, 키르케고르가 설명한 "윤리적인 것의 목적론적 유보"를 통해 진리에 대한 우리의 의무를 압도하지는 않는다. 하나님의 권위는 창조의 권위를 확증하겠다고 약속하며, 우리가 그 형태를 포괄적으로 파악하고자 한다면 피조물의 권위에 관해 우리가 알고 있다고 생각하는 것에 이의를 제기할 수 있어야 한다는 의미에서만 '맹목적' 순종을 요구한다. 예수께서 고대 세계가 인정하는 가장 엄숙한 의무 중 하나에 관해 "죽은 자들로 자기의 죽은 자들을 장사하게 하고"라고 말씀하셨을 때, 그것은 그저 하나님 나라의 초월에 대한 강력한 천명에 그치지 않았다. 하나님 나라가 초월적이기만 하다면, 그 나라가 우리의 세속적 의무에 참된 질서를 부과하지 않는다면, 세상 안에서 어떻게 살아야 하는지에 관해 우리에게는 아무런 지침도 없는 셈이다. 우리는 마치 삶과 죽음 사이에 존재하듯 세상과 하나님 나라 사이에 존재할 것이다. 그러나 이는 우리가 실제로 개혁되지 않은 세속성을 채택한다는 뜻이다. 세상 속 우리의 삶에 아무런 영향력을 행사하지 못하는 초월적 왕국은 수사적 고려 사항에 불과할 것이기 때문이다. 그러나 하나님 나라는 우리에게 죽음이 아니라 생명이기 때문에, 그 나라는 우리가 하는 세속적 주장의 질서를 바로잡고, 그 권위 아래에서 우리는 세상에서의 삶을 위한 적극적 윤리, 다른 것들과 더불어 부모에 대한 의무―장례가 그중 가장 시급한 의무는 아니지만―를 포함하는 윤리를 발견할 수 있다. 따라서 우리는, 예컨대 서신서의 이른바 가정 규범(Household Codes)에서 볼 수 있는 것처럼, 예수의 '근원적인' 하나님 나라 윤리와 사도적 교회의 실천적 세속성을 대비시키려는 유혹에 빠져서는 안 된다. 이런 대립은 기록된 자료를 넘어설 뿐만 아니라 원칙적으로도 잘못 생각하는 것이다. 예수의 말씀을 최소화하여 적용하려는 모든 시도를 피하겠다고 결단한 것처럼 보이지만, 사실은 그분의 말씀을 **윤리로** 진지하게 받아들이기를 전적으로 거부하는 것에 불과하다. 그분의 말씀이 인간 삶의 질서를 세우는 데 영향력을 미칠 가능성을 전혀 허용하지 않기 때문이다. 이는 언제라도 신적 권위가 (마치 선문답처럼) 그것에 관해 명확한 것을 말할 수 없는 방식으로 갑자기 나타날 수 있다는 기대를 우리에게 불러일으키는 것 말고는 그분의 말씀이 할 수 있는 게 없다고 말하는 것과 다름없다.

이 두 결론이 가리키는 바는 성육신 안에 있는 기독교 윤리의 토대다. 말씀이 육신이 되어 우리 가운데 거하셨기 때문에 초월적인 신적 권위가 세상의 도덕적 권위로 자신을 나타냈다. 이 권위는 단순히 모든 세상의 질서를 파괴하는 두려운 신비(*mysterium tremendum*)로서가 아니라 회복되고 갱신된 창조로서 우리에게 다가온다. 하나님은 인자의 인격 안에서 이 창조에 즉각 임재하신다. 우리를 세상 밖으로 불러내는, 하늘로부터 온 방문자의 영지주의적 복음에 다시 빠지지 않으려면 예수의 가르침과 삶이 **도덕적으로** 권위 있어야 한다. 헬무트 틸리케(Helmut Thielicke)의 고통 어린 표현을 빌리자면, 우리는 하나님의 명령을 "외계의 물질"로 여길 수 없다. 비록 세상의 구속이 하나님의 은혜로운 개입에 의해 외부로부터 이뤄져야 했지만 그것은 여전히 세상의 구속이어야 했기 때문이다. 예수의 삶과 가르침의 의미는 세상적 의미, 세상 안에서 우리의 삶을 지배하고 회복된 피조물 안에서 우리 삶의 질서를 바로잡을 수 있는 인간 실존의 실체여야 한다.

그리스도의 권위를 위한 성육신의 중요성에 관해 탐구할 때 자주 혼동하는 일군의 등가물을 분명히 해 둘 필요가 있다. 도덕적 권위는 질서의 권위, 모든 창조된 존재가 참여하는 종류와 목적의 창조된 질서가 갖는 권위다. 그것은 우리가 2장에서 설명한 의미에서 '보편적'이다. 즉, 창조된 존재가 함께 그 안에서 살아가는 의미의 우주를 전제한다. 반면, 신적 초월의 권위는 세계 질서를 초월하며, 세계 질서 안으로의 설명할 수 없고 신비로운 침투로만 우리에게 나타날 수 있다. 신적 권위와의 만남은 환원 불가능한 방식으로 특수하며 다른 어떤 것과도 비교할 수 없는 독특한 사건이어야 한다. 따라서 신적 권위가 도덕적 권위로 나타났다고 말할 때, 이는 특수한(초일격인) 것이 보편적(세상적) 의미를 취했다는 뜻이다. 신적 침투의 순간은 침투 이상이다. 그것은 갱신된 질서의 토대다. "건축자들이 버린 돌이 모퉁이의 머릿돌이 되었나니"(막 12:10). 따라서 그리스도의 특수성은 그분의 신적 본성에 속하며, 그분의 보편성은 그분의 인적 본성에 속한다. 하나님이 보내신 분으로서 그분은 대체 불가능하다. 새로운 인간으로서 그분은 우리가 따를 수 있는 본보기이시다. 신적 정복자로서 그분은 타락한 세상의 거짓 권위를 이기신다. 인자로서 그분은 구속된 세상에 대한 권위를 행사하신다. 시간의 주로서 그분은 모든 순간에 독특한 의미를 부여하시고, 시간을 역사로 만드신다. 시간 안에 참여하신 분으로서 그분은, 다른 순간들이 서로 관계를 맺고 그분의 순간과 관계를 맺듯이 다른 순간들과 관계를 맺으신다. 이는 보편적인 것을 신적인 것으로 이해하고 특수한(혹은 '구체적인') 것을 인간적인 것으로 이해하는 가장 근대적인 관념론의 개념 체계를 뒤집는 일이다. (정관사 없는) 성육신(incarnation)은 전체의 의미가 하나의 대표적 존재에 집중되었음을 의미한다. 그렇기 때문에 근대의 관념론 사상에서는 **그** 성육신(*the* incarnation)을 사실상 망각했다. 올바른 조건이 주어진다면 구체적인 존재가 **이런** 의미에서 보편적 의미의 '성육신'(an incarnation)일 수 있음을 보여 주는 것이 어렵지 않기 때문이다. 하지만 보편성은 세속성의 속성이다. 놀라운 것, **그** 성육신만 우리에게 말해 줄 수 있는 것은 어느 한 존재 안에 보편적 질서가 대표된다는 것이 아니라 그 외부에 속한 것, 즉 보편적 질서에 그 기원을 부여했으며 그것에 대한 심판을 선언하는 하나님의 말씀이 보편적 질서 안으로 들어온다는 것이다.

따라서 우리의 책무는 그리스도 안에서 만나는 신적 권위와 도덕적 권위의 형식을 설명하는 것이다. 우리는 서로 관계 맺고 있지만 혼동하지 말아야 하는 세 가지 물음을 구별할 수 있다. 첫째는 도덕적 권위로서의 그리스도의 **대체 불가능성**과 관련이 있다. 둘째는 어떻게 도덕적 권위가 **복음**의 성격도 지닐 수 있느냐는 것이다. 셋째는 어떻게 도덕적 권위가 **역사적**일 수 있는지 묻는다.

헬무트 틸리케의 탁월한 책 『신학적 윤리』(*Theological Ethics*)의 "토대"(Foundations) 안에는, 강조점 차이가 있긴 하지만 이 세 물음이 모두 등장한다. 틸리케의 작업에 관해 우리가 먼저 해야 할 말은 당연히 감사의 말이다. 틸리케는 루터교 신학의 나귀 다리(*pons asinorum*, 이등변삼각형의 두 밑각이 같다는 에우클레이데스의 정리를 가리키는 말. 초심자에게는 어려운 문제를 뜻하는 관용어로 사용된다 — 옮긴이)를 건너 그저 윤리가 칭의라는 "우선하는 사실"에 기초한다고 주장하는 데 만족하지 않고(p. 51), 윤리가 우리를 기독교 윤리의 "신비"를 형성하는 기독교의 선포 안에 포함된 세 요소를 지향하게 함으로써 복음적이어야 한다는 사상에 긍정적 내용을 부여한다. 그가 말하길 그 신비는 "시간과 영원, 이 시대(aeon)와 장차 올 시대 사이의 해소될 수 없는 긴장"에 근거한 종말론적 신비다. 그리스도의 신성과 인성 사이의 긴장에 근거한 기독론적 신비다. 또한 "주의 몸이 빵과 포도주라는 표지 아래에 숨겨져 있기에" 표지와 표지가 가리키는 바 사이의 긴장에 근거한 성례전적 신비다. 신학적 윤리를 신학적으로 연구하겠다는 그 확고한 결심에 우리는 감사하지 않을 수 없다. '다른 누가 그리스도의 두 본성 교리를 기독교 윤리의 기초로 삼겠다는 의도를 선언한 적이 있었던가?'라는 생각이 들 정도다(pp. 44-47).

하지만 우리는 "해소될 수 없는 긴장"이라는 표현이 반복적으로 사용된다는 데 불편함을 느낄 수밖에 없다. 틸리케의 세 교리적 토대 중 첫 번째, 즉 종말론적인 것에는 이 개념이 적절하게 속한다. 이 개념이 두 번째와 세 번째 토대에 불편한 방식으로 전이된다는 것(그리스도인들이 언제 성육신의 역설을 그리스도 안에 존재하는 하나님과 인간 사이의 '긴장'이라고 설명했단 말인가?)은, 틸리케에게는 종말론적 모티프가 지배적이라는 사실을 드러낸다. 그 사실 자체는 건설적일 수 있다. 새 시대와 옛 시대의 모호한 공존 안에서 우리가 두 세속적 실체, 즉 각각 이해할 수 있고 설명할 수 있는 형태를 지닌 실체와 관계를 맺는다는 것을 인정한다면 말이다. 하지만 긴장을 지나치게 강하게 주장하여 새 시대가 그 이해 가능성을 상실하고, 따라서 세속성(worldliness)을 상실하며(앞의 인용문에서 은연중에 시간과 **영원**이 마치 동의어인 것처럼 말하고 있다는 점에 주목하라!), 그저 초월적 신비, 외래적이고 비판적인 신비가 되고 만다.

그 결과는 틸리케가 예수의 도덕적 가르침을 논할 때 명백해진다. 두 장(17, 18장; 영어판 pp. 332-382)이 산상설교 해석에 할애되어 있다. 이 두 장은 예수의 '근원적'(radical) 가르침이 이 세상 질서의 구조와 대립한다는 루터의 사상을 근거 삼으며, 그 목적은 근원적 요구와 세상 사이의 '타협'을 허용하는, 본문을 최소화하는 어떠한 해석도 배제하고자 함이다. 종말론적 용어로 알맞게 재공식화된 루터의 두 왕국 교리는 둘 사이의 해소되지 않은 긴장을 표현하는 방식으로 제시된다. 산상설교는 "장차 올 세상의 법"을 포함하며(p. 349), 마치 우리가 타락하지 않은 존재, 달리 표현하면 그 나라에 이미 속해 있는 존재인 것처럼 우리를 향해 선포된다. 그 책무는 우리를 "불안하게 하는" 것(p. 336), "우리가 이 시대를 상대성의 공간으로, 바로 그런 이유 때문에 타락한 시대로 이해하도록 만드는 것"이다(p. 357). 이 시대의 질서는 "비상 질서"일 뿐이고 윤리는 "비상 규율"이며, "두 시대의 평화로운 공존은 배제된다"(p. 381). "우리 뒤에는 사방으로 내리치는 화염검을 든 천사가 서 있고, 우리 앞에는 마지막 날이 서 있으며, 가려지지 않은 분명한 시야는 그 너머에만 존재한다"(p. 382). 이것이 정말로 기독교 윤리를 위해 모든 문제를 해결하는지 묻는다고 해서, 틸리케가 종말론적 범주에 이 인상적인 실존적 즉각성을 부여함으로 이뤄 낸 성취를 과소평가하려는 의도를 암시하는 것은 아니다. 결국 우리는 산상설교가 우리 삶의 잠정성을 상기시킨다는 점을 제외한다면 세상 안에서 우리의 삶과 전혀 상관이 없다는 불편한 느낌을 갖게 될 뿐이다. 바로 이런 맥락에서(p. 487) 하나님의 명령이 "외계의 물질"이라고 말하고 있음을 알 수 있다. "산상설교는 세상의 현실을 간과하지 않는다. 그 현실에 항의한다"(p. 486)라고 말하는 것은 결코 답이 아니다. 항의 자체는 무형적이기 때문이다. 틸리케는 결국 "그리스도인 역시 언제나 타협의 형식 안에서 행동한다"고 말할 수밖에 없다. 차이는, 선호하는 표현을 사용하자면 "하나님 앞에서"(*coram Deo*) 자신이 무엇을 하고 있는지 알고 있다는 것뿐이다(p. 487).

그렇다면 **복음적** 윤리에 관해서는 뭐라고 말하는가? 난처하게도 틸리케의 복음은 세상**의** 구원이 아니라 세상**으로부터의** 구원에 관한 복음처럼 들린다. 물론 영지주의적 경향은 그 종말론적 틀을 통해 확고하게 견제된다. 즉, 새 시대 역시 갱신된 상태의 '세상'이다. 하지만 새 시대는 항의라는 형태 없는 형태를 제외하면 이 시대 안에서 어떤 형태도 취할 수 없기 때문에, 사실상 우리는 비상 질서를 지침으로 삼을 수밖에 없다. 이 점은 복음과 율법의 관계를 다루는 네 장에서 대단히 명확하게 드러난다(5-8장; pp. 51-146). 여기에는 "신자를 위해 율법이 계속해서 중요하다"는 변론에 대한 논의가 포함된다. "율법이 의롭다 하심을 입은 이들에게도 여전히 중요하다는 사실이⋯하나님 앞에서의(*coram Deo*) 실존이 실제로 역사 안에 있음을 확실히 한다"(p. 124). 이는 "우리의 기독교가 결코 완전하고 완결된 무언가가 아니라 계속해서 되어 가는 과정 중에 있다는 사실에 비추어 볼 때 명백하다"(p. 126). 이에 대해 우리는 이의를 제기해야 한다. 도덕법이 그리스도인의 삶에서 아무런 자리도 차지하지 못한다거니(우리 스스로 그것을 위한 자리를 찾을 것이다) 그리스도 안에서의 삶이 파루시아 이전에 그 양가성과 불완전성을 벗어날 수 없다고 하는 게 아니라, 그리스도 안에서의 삶이 그 자체의 세속성을, 그 자체의 (하지만 보호 장치를 지닌) '법'을 가지고 있음을 부인해서는 안 된다고 해야 한다. 종교개혁 전통에서 율법과 복음이 대립함을 고려할 때, 틸리케의 주장은 그리스도인의 삶이 그리스도의 권위가 아닌 다른 어떤 권위 아래에서 영위되어야 한다는 의미로 이해할 수밖에 없다.

그렇다면 문제의 핵심은 성육신 이해와 관련한 취약함 아닌가? 결국 신적 권위가 실제로 세상적 형태를 취했는지에 관한 의심이 있는 것 아닌가? 이 물음을 다음과 같이 더 선명하게 만들어 볼 수 있다. "외계의" 요구를 담고 있는 산상설교가 실제로 나사렛 예수의 인간적 삶 안에서 형태를 취했는가? 그리고 이 형태가 아무리 불완전하더라도 사도들과 성도의 삶 안에 반영되어 있는가? 그렇다면 과연 우리에게 그 중요성을 순전히 초월적인 항의로 제한하고, 그것이 세상 안에서의 삶을 위한 본보기를 우리에게 제공했음을 부인할 권리가 있는가? 그리스도 본받기를 단호하게 부인하는, "하나님 형상(*imago dei*)의 기독론적 성격"을 다루는 장(10장; pp. 171-194)에서는 이런 물음에 만족스러운 답을 제시하지 못한다.

대체 불가능한 권위

하나님이 보내신 분으로서 예수는 대체될 수 없다. 새로운 인간으로서 그분은 우리가 따라야 할 본보기, 세상 안에서 인간 삶의 참된 질서에 속한 도덕적 권위를 지니신 분이다. 이 두 개념은 묶어서 생각하기가 쉽지 않다. 성육신하신 하나님의 임재는 하나님이 인류를 향해 '단번에 영원히' 하신 최종적 말씀을 구성하는 시간과 공간에 대한 명확한 언급에 의해 제한된 사건이다. 우리는 그것으로부터 모든 시간과 공간에서 하나님이 인류를 대하시는 방식에 관한 일반적 결론을 끌어낼 수 있지만, 이는 이 사건이 그 방식을 예시하기 때문이 아니라 그 방식의 토대이기 때문이다. 하지만 도덕적 권위는 보편적 경향의 사례로서가 아니라면 특정한 사람이나 사건 안에서 찾을 수 있는 것이 아니다. 기원전 399년에 아테네에서 소크라테스가 죽은 사건은 우리의 존경심을 자아내며 우리에게 영감을 주어서 이 철학자의 정직성과 용기를 본받게 한다는 의미에서 도덕적 권위를 지닌다고 말할 수 있다. 하지만 그 사건은 우리가 어떤 시간과 공간과도 특수한 관계를 맺지 않는 도덕 질서의 양상들인 정직성과 용기라는 덕 자체에 주의를 기울이게 함으로써 그런 권위를 지닌다. 소크라테스의 죽음은 그러한 덕을 증언하기 때문에 권위를 지닌다. 중요한 점에서 견줄 만한 다른 사람의 죽음도 그의 죽음만큼 효과적으로 이런 덕을 증언할 수 있다. 원칙적으로 증인의 권위는 교체 가능하다. 더 나아가, 증언의 목적은 보는 사람이 증인과 동등한 관점을 갖게 하는 것이므로, 원칙적으로 특정 증인의 도덕적 권위는 자신을 내세우지 않는다. 그 권위의 목적은 보는 사람의 눈을 열어 도덕 질서를 보게 하는 것이며, 따라서 매개자로서 그 자체를 잉여적인 것으로 만든다. 도덕적 권위를 이해하는 이런 개념을 예수께 적용할 때 빚어지는 결과는 칸트의 유명한 말을 통해 분명히 드러난다(*Groundwork* 408). "복음서의 거룩하신 분조차도 그런 분으로 인정하기 전에 도덕적 완전함에 대한 우리의 이상과 비교해 보아야 한다." "거룩하신 분"은 그분과 아주 독립적으로 정당성을 갖는 도덕 질서의 또 다른 예가 된다.

이 어려움을 해소하기 위해 흔히 취하는 접근 방식 하나는 그분으로 말미암아 만물이 창조된 로고스, 즉 하나님의 말씀이신 예수의 정체성에 직접 호소하는 것이다. 소크라테스는 자신이 도덕 질서의 증인이자 그 질서를 섬기는 사람일 뿐임을 알기 때문에 자신이 아닌 그 질서를 가리킨다고들 한다. 이 점에서 그는 자신보다 더 크신 분을 가리켜야 할 책무를 지녔던 세례 요한과 비슷하다. 하지만 예수 안에서 우리는 성육신하신 분으로 계시된 도덕 질서 자체를 만난다. 도덕적 권위의 자신을 내세우지 않는 속성은 증인과 증언 대상의 비동일성에서 비롯한다. 하지만 예수 안에서는 증인과 증언 대상이 하나다. 따라서 예수의 가르침 안에서 우리는, 그분의 정체성 때문에 이해할 수 있는 직접적인 자기 찬양을 발견한다. 이 접근 방식은 매우 분명한 한 가지 장점을 가진다. 기독론적 선언에서 직접 기인한 예수의 도덕적 권위 개념을 확립하겠다고 결단한다. 칸트의 관점에서 딜레마를 수용하기를 거부하고 성 요한의 관점에서 직접 출발하는 편을 선호함으로써, 신학적으로 진지한 접근 방식임을 내세운다. 하지만 이 어려움이 전적으로 칸트가 무로부터 소환해 낸 것이 아니라 (적어도 우리의 논의에서는) 창조 안에서 도덕 질서의 토대를 마련하려는 완벽히 신학적인 관심으로부터 출발한 것임을 기억할 것이다. 따라서 우리는 신학적 근거에서 이 접근 방식이 과연 적절한지 의문을 품을 수 있다. 이 접근 방식에는 단성론(monophysitism)의 기미가 있지 않은가? 로고스 개념을 하나님과 피조물 사이에 다리를 놓는 개념으로 사용하면서 도덕 질서가 **창조된** 질서가 아니라 신성의 속성을 표현한 것이라고 암시하지 않는가? 그렇다면, 앞 장에서 신적인 것이 창조된 권위를 집어삼키는 신플라톤주의적 경향에 대해 제기한 반론에 취약할 수밖에 없다. 다른 한편으로, 이 접근 방식의 주창자가 단성론이라는 혐의를 피하면서도 창조를 빚으신 로고스의 구체적 체현이신 그리스도라는 사상을 유지하기 원한다면, 그는 신성으로부터 말씀을 분리하는 아리우스주의자로서 우리 앞에 서 있지 않겠는가? 우리가 보기에 이런 방식으로는 해결책을 찾을 수 없으며, 그분을 통해 만물이 창조된 그 말씀에 관한 성 요한의 말(요 1:3)을 이렇게 스토아주의적으로 해석해서도 안 된다. 이런 해석에서는 우주의 모습을 내재하는 말씀이 지닌 속성의 직접적 흔적으로 만든다.

문제에 대한 이런 단성론적 해법과 반대로 우리는 양성론적(diphysite) 해법을 제안하고자 한다. 이는 도덕 질서의 피조물성(creatureliness)을 온전히 보존하려는 것이다. 이 해법은 예수의 권위 안에서 두 양상을, 즉 교사로서 또한 모방의 대상으로서 우리와 마주하시는 엄밀한 의미에서의 '도덕적 권위'와, 하나님이 창조된 질서의 구속을 선포하시는 하나님의 말씀으로서의 권위를 구별할 것이다. 예수의 부활을 통해 하나님이 그분이 창조하신 것을 유지, 구속, 변화시키리라고 선언하실 때, 그분의 말씀은 도덕 질서**에 관한** 말씀이지만 그것**의** 일부는 아니다. 오히려 그것은 존재 안에 도덕 질서를 담고 있는 근본을 이루는 신적 명령(*fiat*)이라는 성격을 지닌다. 만약 사고 실험 같은 것으로 예수의 도덕적 권위를 이 신적 말씀의 권위로부터 추출한다면, 우리는 소크라테스에 관해 할 수 있는 모든 말을 그분에 관해서도 말할 수 있다. 우리는 견줄 만한 모든 본보기나 교사도 그렇게 할 것이라고, 그분의 도덕적 권위는 자기를 내세우지 않는다고, 우리가 원수를 용서해야 하는 것이 참이라면 그것이 예수의 입술에서 나왔든 성 프란치스코(Saint Francis)의 입술에서 나왔든 똑같이 참되다고, 단지 도덕의 관점에서는 우리가 그것을 누구에게서 배웠는지는 전혀 중요하지 않다고 말할 수 있다. 예수를 대체할 수 없는 지점은 여기가 아니다. 그분을 대체할 수 없는 것은, 그분의 부활을 통해 하나님이 도덕 질서를 공적·우주적으로 확증하셨기 때문이다. 성 프란치스코는 예수만큼이나 도덕을 잘 가르칠 수 있지만, 오직 예수만이 도덕에 관한 하나님의 최종적 구속의 말씀을 계시하셨다.

이러한 접근법에는 분명한 이점이 있다. 첫째로, 독특함을 발견할 필요가 없는 예수의 가르침 안에서 독특함을 찾으려는 근거 없는 시도를 막을 수 있다. 예수 이전의 혹은 그분과 무관한 현자들의 가르침에서 그분의 가르침과 견줄 만한 사상을 발견할 때 그분의 독창성을 논증하기 위해 노력할 필요가 없다. 예를 들어, 예수께서 부정적 형식보다는 긍정적 형식으로 황금률을 제시하신 최초의 인물이라고 주장한다고 해서 기독론에 그다지 큰 기여를 하는 것은 아니다. 또한 그분 이전에는 신명기 6:5과 레위기 19:18의 인용문을 결합한 랍비가 없었다는 것을 알게 되었다고 해서 하나님의 임재를 더 명확하게 인식하는 것도 아닐 것이다.

둘째로, 이 접근법은 그리스도인의 믿음과 순종의 해석학에서 중요한 구별을 명료하게 하는 이점을 지닌다. 성령께서 우리 안에 일깨우시는 그리스도인의 믿음은 하나님이 역사적 특수성 안으로 보내신 분이신 예수에 대한 믿음이다. 만약 어떤 기독교 공동체에서 신조를 더 시의적절한 것으로 만들려는 욕망에 사로잡혀서 본디오 빌라도의 이름을 잘 알려진 현대의 독재자 이름으로 바꾸려고 한다면, 나머지 교회는 이 공동체가 예수의 죽음이 지닌 독특성을 제대로 이해하지 못하여 그것을 박해받는 자와 박해하는 자 사이의 일반적 관계에 관한 사례일 뿐이라고 오해하고 있다는, 충분히 정당한 우려를 표현할 것이다. 다른 한편으로, 만약 박해받는 공동체가 박해자들을 향해 예수께서 빌라도에게 하신 말씀(요 19:11)을 인용하여 "위에서 주지 아니하셨더라면 나를 해할 권한이 없었으리니"라고 말한다면, 이는 그리스도 본받기의 훌륭한 사례가 될 것이다. 무엇이 다른가? 하나의 역사적 치환이 부당하다면, 다른 하나에 대해서는 왜 그렇게 말하지 않는가? 핵심은, 예수께서 빌라도에게 하신 말씀은 그 자체로는 역사적으로 특수하지 않지만 예수께서 빌라도에게 말씀하시는 그 상황에서는 특수해지는 종류적 원리를 가리킨다는 것이다. 그 원리를 어떤 비교할 만한 상황에 적용하는 것은 전적으로 타당하다. 이 점에서 예수의 도덕적 가르침에 적용되는 해석학적 원칙은 소크라테스의 가르침에 적용되는 원칙과 정확히 견줄 만하다. 하지만 예수께서 자신을 인자라고 말씀하신 것에 대해서는 동등한 치환이 이뤄질 수 없다. 이는 도덕적 가르침이 아니며 도덕적 가르침처럼 보편적으로 적용되는 것도 아니기 때문이다.

그러나 누군가 소크라테스의 가르침에 관해서도 정확히 동일하게 구별할 수 있다는 반론을 제기할 수 있다. 한편으로는, 예컨대 자국법에 의해 불의하게 유죄 판결을 받더라도 도망쳐서는 안 된다는 보편적 원칙이 존재한다. 다른 한편으로는, 예컨대 그의 다이몬(daimon)이 그가 유죄 판결을 받는 날에 관해 아무 경고도 하지 않았다는 그 자신에 관한 이야기가 존재한다. 특수한 사건과 사람에 관한 명제는 논리적으로 종류적 적용이 불가능하다. 신조의 역사적 진술을 기독교의 도덕적 가르침과 다르게 하는 것은, 계시로서 그 지위와 관련된 다른 어떤 요소도 아니라 바로 이것이다. 따라서 예수의 도덕적 가르침이 신적 권위의 대체 불가능한 계시 안에 포함되는지 여부는 단순히 특수한 것으로부터 보편적인 것을 분리해 냄으로써 해결될 수 있는 문제가 아니다. 그런 식으로 문제를 해결하려고 할 때 성육신에 대한 이의가 제기될 수밖에 없다. 양성론적 기독론 역시, 그 분리하려는 사고의 움직임을 통합하려는 사고의 움직임으로 바로잡지 않는다면 성육신을 약화할 수 있기 때문이다. 만약 아무런 제약을 가하지 않고 우리의 사고 실험을 그대로 받아들인다면, 우리는 그저 도덕 교사로서의 예수는 아무 특별한 권위도 가지고 있지 않다는 결론을 내리게 될 것이다. 그리고 이는 전혀 가설적인 결론이 아니며, 오히려 그분의 삶, 죽음, 부활을 구원 사건으로 선포하면서도 그분의 도덕적 가르침과 본보기에는 의도적으로 관심을 기울이지 않았던 사람들 사이에서 강력하게 퍼져 있었다. 그렇다면 예수께서 지닌 권위의 두 양상을 구별하고 나서 다시 한번 그 권위를 하나님의 아들이 지닌 하나의 나뉘지 않는 권위로 생각하는 법을 배울 수 있는가? 위격적 연합(hypostatic union)이라는 기독론 교리와 유사성이 있는가?

우리는 이 문제에 두 단계, 즉 인식론과 존재론이라는 단계로 접근할 수 있다. 인식론 차원에서 우리는 신적 독특성에 관한 질문이 전혀 없는 경우에도 도덕적 권위에는 어떤 대체 불가능성이 속해 있다고 지적할 수 있다. 칸트가 "복음서의 거룩하신 분을 그런 분으로 인정하기 전에, 도덕적 완전에 대한 우리의 이상과 비교해 보아야 한다"고 주장할 때, 그는 우리가 소크라테스 같은 사람에게 부여하는 순전히 인간적인 도덕적 권위를 인정하는 것에 대해서조차 인색했음을 지적해야 한다. 소크라테스는 그가 없었다면 우리가 이해할 수 없었을 도덕법의 양상들을 우리에게 보여 주지 않았는가? 칸트는 도덕법이 지성에 대해 선험적으로(a priori) 즉각 나타나 있으므로 어떤 종류의 드러냄도 불필요다고 생각했던 것처럼 보인다. 만약 그렇다면, 어떤 개별 교사도 도덕적 권위를 소유하지 않을 것이다. 도덕적 권위는 결코 도덕법과 분리될 수 없을 것이기 때문이다. 도덕적 증인의 교체 가능성 및 가르치는 이와 가르침받는 이 사이의 관점의 동등성에 관해, 도덕적 증언이 도덕적 권위의 전제가 아니라 목적이라는 사실을 간과하면서 전적으로 너무나 추상적으로 말하는 것이 가능하다. 관점의 동등성이 존재하지 않고 대안적 증인이 존재하지 않는 곳, 하지만 아무리 보편적으로 참되더라도 다른 방식으로는 사람들이 인식할 수 없는 것들을 그들에게 보여 주기 위해 예외적인 누군가가 필요한 곳에서 도덕적 권위가 발생한다. 그 권위가 종말론적으로 충만한 전망에 미칠 수 없음을 기억한다면, 그 위대한 교사들의 권위에 빗대어 예수의 도덕적 권위를 특징지을 수 있다. 그리고 그 맥락에서 우리는 하나님의 아들과 동등한 관점을 갖는 것에 관해 이야기하기를 두려워할 필요가 없다. 신약성경에서는 우리가 "양자"가 되었고 그리스도께서 "많은 형제 중에서 맏아들이 되셨다"고 말하기 때문이다(롬 8:23, 29).

하지만 존재론적 차원에서 우리는 더 강하게 말해야 한다. 예수는, 아무리 필수 불가결하더라도, 단지 회복된 도덕 질서의 증인에 불과하지 않다. 예수는 그 질서가 그 안에 온 바로 그분이다. 하나님은 회복된 피조물이 한 사람 안에서, 그 사람과의 관계 속에서 형태를 갖게 하셨다. 그분은 단지 그 질서의 사례로 존재하는 것이 아니라, 심지어 그것의 원형으로서가 아니라, 그 안에서 그 질서가 요약된 분으로 존재하신다. 새 창조에 참여하는 것은 그저 잠정적으로가 아니라 영원히 그리스도 안에—그분과의 동등성에 참여하는 것이다. 결코 교체 가능한 방식으로는 아니지만, 양자가 되어 그분이 성부와 맺으시는 관계에 참여하게 되었기 때문이다. 따라서, '구체적 보편'이라는 구절 배후에 존재하는 생각이 뒤집혀 왔긴 하지만, 우리는 이런 구절을 사용해 그분의 권위를 꽤나 만족스럽게 설명할 수 있다. 구체성이 보편적 의미를 받아들일 수 있게 되었다는 말, 즉 유한이 무한을 담을 수 있다(*finitum capax infiniti*)는 말이 아니라, 새로워진 창조 질서 안에서는 우리의 모든 도덕적 지각 배후에 존재하는 보편적 의미가 구체적이며 대체 불가능한 구현체, 즉 하나님이 뜻하신 대로 자신 안에 그 권위를 지니신 분에게 주어졌다는 말이다. "이는 나의 아들 곧 택함을 받은 자니 너희는 그의 말을 들으라"(눅 9:35).

이 사상을 요약하기 위해서는 히브리서 2:10-3:6을 참조하기만 하면 된다. "만물이 그를 위하고 또한 그로 말미암은 이가 많은 아들들을 이끌어 영광에"[독사(*doxa*, 영광) 대신 '권위'라고 말해 보자] "들어가게 하시는 일에 그들의 구원의 창시자를 고난을 통하여 온전하게 하심이 합당하도다." 이어지는 글에서 저자는 "창시자"[아르케곤(*archēgon*)]라는 용어의 함의, 즉 한편으로는 유사성과 종류적 동등성이라는 함의, 다른 한편으로는 초월의 함의에 관해 이야기한다. 첫째, 동등성: "거룩하게 하시는 이와 거룩하게 함을 입은 자들이 다 한 근원에서 난지라. 그러므로 형제라 부르시기를 부끄러워하지 아니하시고." 그는 계속해서 "그가 범사에 형제들과 같이 되심이 마땅하도다(17절). 이는 하나님의 일에 자비하고 신실한 대제사장이 되기" 위함이라고 말한다. 이 "사도이시며 대제사장이신" 분을 우리는 "깊이 생각해야" 한다(3:1). 우리는 그분을 어떻게 생각해야 하는가? 우리와 같은 분으로, 우리가 그 안에서 살고 있는 질서의 신실한 증인으로, "자기를 세우신 이에게 신실하시기를 모세가 하나님의 온 집에서 한 것과 같이 하신" 분으로 생각해야 한다. 모세와의 비교가 저자의 논증을 뒷받침하는 방식은 소크라테스와의 비교가 우리의 논증을 뒷받침하는 방식과 동일하다. 즉, 이 비교에 제한을 가함으로써 예수께서 하나님의 증인 중 가장 신실한 이들에게조차도 주어질 수 없는 **대체 불가능한** 권위를 가지고 계신다는 점을 명확히 해야 한다. "그는 모세보다 더욱 영광을 받을 만한 것이"(다시, '권위'라고 말해 보자) "마치 집 지은 자가 그 집보다 더욱 존귀함 같으니라.···또한 모세는···증언하기 위하여 하나님의 온 집에서 종으로서 신실하였"지만 예수께서는 새로운 질서를 세우신 분이다. 물론 저자는 하나님이 만물을 세우신 분이며, 당연히 새로운 질서를 세우신 분이심을 인정한다. 하지만 그분은 예수 안에서 그것을 세우셨다. 이 집에서 예수께서는 언제나 아들이실 것이고(6절), "우리가 소망의 확신과 자랑을 끝까지 굳게 잡고 있으면 우리는 그의 집"일 것이다.

복음적 권위

도덕의 부담은 그 임의성에서 기인한다. 그 부담을 극복하고 해방의 기쁜 소식을 선포하는 것은 임의성을 극복하는 것에 관한 문제다. 지난 장에서 우리는 신적 권위를 주의주의적으로 설명할 때 하나님의 명령이 외래적 강요처럼 보이게 만들 수 있고, 이로써 그분의 명령에 대한 분노만 자아낼 수도 있음을 짧게 언급했다. 이제 주의주의 전통의 전혀 다른 가능성에 주목해야 한다. 이는 종교개혁 사상을 통해 탁월하게 표현되었다. 임의성은 신적 명령의 특권이 아니다. 그것은 본질적으로 정치적 권위에 속하지만, (루터가 훌륭하게 이해했듯) 이성이 추상화되고 현실과 분리되는 한 이성 자체에도 속한다. 구속된 세계 질서에 대한 실재론적 이해조차도 행위자의 실존적 상황과 관계를 맺지 않게 된다면 임의적일 수 있다. 그것은 인간을 참된 선으로 이끌 수도 있지만, 죄인으로서 그에게 필요한 것에 관해 이야기하지 않는다면 저주의 반복에 그치고 말 수도 있다. 모세의 사회 질서가 유대인들을 지배하던 단계를 가리켜 성 바울이 사용한 표현이었던 '율법'에 관해 논하면서, 종교개혁자들은 도덕 자체, 즉 도덕적 행위자가 처한 곤경과의 임의적 관계 때문에 그를 억압적으로 짓누르는 사회-도덕적 질서의 부담스러움을 이해하기 위한 범주를 발견했다고 올바르게 믿었다. 사회 질서의 그런 속성을 고려할 때, 모든 질서를 가로

지르는 신적 명령의 초월적 임의성은 억압적이지 않고 해방적이다. 그것은 비판의 형식 말고는 어떤 형식도 취하지 않았기 때문에 행위자를 자유롭게 할 수 있을 뿐이었다. 따라서 종교개혁자들이 선포한 복음의 핵심에는 신적 권위의 초월성이 자리 잡고 있었다.

'율법'과 '복음'을 대조할 때 사도는 이스라엘의 역사 안에 존재하는 변증법적 긴장, 즉 **약속**을 통한 하나님 경험과 **명령**을 통한 하나님 경험 사이의 긴장을 지적하고 있었다. 율법은, 하나님이 그분의 백성을 대하시는 방식이 먼저 아브라함에게 주신 약속을 통해 분명히 드러났듯 일차적으로는 복으로서의 특징을 갖는다는 사실이 모세의 질서를 통해 잠정적으로 모호해졌던 단계를 표상했다. 이 질서에서는 약속이 복이 될 수도 있고 저주가 될 수도 있는 가능성이 모호하게 열려 있었던 것으로 보인다. 따라서 율법은 이스라엘의 하나님 경험의 특수한 역사적 단계였다. 하지만 유대인의 역사 경험은 그리스도께서 개인의 경험 안에서 구원의 실재가 되시기 전 역사의 특정한 순간 한 개인이 처한 보편적인 실존적 상황을 나타내는 것으로 보인다. 따라서 도덕적 명령을 '율법'으로 경험하는 것은, **마치** 구원의 역사 안에서 하나님이 그분의 백성에게 약속하신 모든 복을 아직 주시지 않은 시점에서 살고 있는 것**처럼** 그 명령을 마주하는 것이다. 율법은 하나님의 완전한 구원 목적이 아직도 소망의 대상이라고 가정한다. 하지만 성취의 약속은 조건적이며 명령을 신실하게 수행하는 데 달려 있다. 그러므로 명령은 복을 경험하기 위해 극복해야 하는 장애물이 된다. 율법은 **상호 거래로서의 명령**이며, 이를 위반할 경우에는 재앙이 임하리라고 약속한다. 이런 상황에서 명령은 불안을 자아내지만, 이는 공동체의 미래에 대한 불안이라기보다는 개인에 대한 불안이다. 하나님의 약속에서는 아브라함의 씨가 신실하게 남아 있는 자들을 통해 보존되리라고 우리를 안심시키지만, 이는 개인에게 확신할 근거를 전혀 제공하지 않는다. 개인이 가지고 있는 '내가 택함을 받은 이들 중에 속하는가?'라는 물음에 대해서는 약속에서도 율법에서도 답하지 않기 때문이다. 따라서 명령이 조장하는 불안은, 해소되지 않은 운명을 지닌 개인을 하나님의 약속을 상속받는 공동체로부터 분리한다. 따라서 불가피하게 율법은 개인에게 **공동체에 대한 결속**을 요구한다. 그 내용은 의례 준수의 지배를 받으며, 공적 의로움의 이러한 양상을 통해 개인은 공동체의 일원으로 인정받는다. 율법은 하나님이 직접 그에게 주시는 말씀으로서가 아니라 "천사들을 통하여" 매개되어서(갈 3:19), 즉 공동체의 창조된 권위를 통해 개인에게 도달한다. 그는 예언자, 제사장, 왕에게 부여된 이 권위에 맞서 아무런 권리도 주장할 수 없다. 이들은 예언자나 제사장이나 왕이 아닌 사람, 즉 하나님의 영으로 기름 부음을 받지 않고 그 영에 참여하지 못하며 하나님의 대변자들을 통해 자신에게 도달하는 명령에 순종할 수 있을 뿐인 사람에게 아무런 비판도 받지 않는다.

바울이 모세의 사역과 그리스도인 사도의 사역을 대조하는 고린도후서의 대목(3:4-4:6)은 대단히 중요하다. 이 대목의 핵심 주제는 사도의 확신(3:4, 12; 4:1)에 대한 반복되는 주장을 통해 제시되는데, 이 확신은 하나님께 인정받음(3:5-6)과 복음 메시지의 영원한 유효성(3:11)에 기초하며, 이는 전적으로 솔직하며 직접적인 의사소통으로 귀결된다(4:2). 이는 모세와 대조를 이룬다. 그의 메시지는 칭의가 아니라 정죄의 메시지, 생명의 영이 아니라 죽음의 메시지이며(3:7-9), 출애굽기 34장에서 그가 산에서 내려온 후 그의 얼굴에서 광채가 사라졌다는 사실이 상징하듯 그 중요성은 잠정적일 뿐이다(3:7, 11, 13). 그러므로 그의 사역은 그의 메시지에 적합한 특정 형식을 지닌다. 그 형식은 수건에 의해 표상되는데, 이것은 은폐와 위장의 상징으로서 그리스도인 사도의 특징인 개방성과는 정반대다(3:13). 이 대목의 정점을 이해하기 위해서는 3:13-16에 다음과 같이 구두점을 찍을 필요가 있다. (a) '카타르구메누'(*katargoumenou*, 없어질 것, 13절) 뒤에 쉼표를 붙임으로써 이스라엘 백성의 마음이 완악해진 것은 모세에 의한 은폐의 필연적 결과임을 분명히 한다. 모세의 사역은 율법과 예배의 체계를 통해 하나님의 영광을 인간의 마음으로부터 숨기고자 하는 의도를 가지고 있었다. (b) '아크리 가르'(*achri gar*, 오늘까지도, 14절)에서 시작해 '에피 텐 카르디안 아우톤 케이타이'(*epi tēn kardian autōn keitai*, 그 마음을 덮었도다, 15절)에서 끝나는 괄호는 바울 시대에 유대인 공동체가 복음에 저항하는 모습을 통해 이러한 완악함의 영향을 예시한다. (c) '헤니카 데 에안 에피스트렙세'(*hēnika de ean epistrepsē*, 그러나 언제든지 주께로 돌아가면, 16절)로 시작하는 새로운 문장은 계속해서 바울 시대의 유대인에 대해 논하는 대신 출애굽기 34장 해설을 이어 간다. '에피스트렙세'의 주어는 모세다(따라서 영어 번역본 대다수보다 NEB의 번역이 정확하다). 그러므로 우리는 전체를 다음과 같이 풀어서 쓸 수 있다. "우리는 (조심스럽고 자신감이 없었던) 모세와 다르다. 그는 이스라엘 백성에게서 광채가 점차 약해지는 것을 감추기 위해 얼굴을 수건으로 가렸다. 그들은 그것을 모른 채로 남아 있었다. 사실 오늘날까지도 구약성경을 읽을 때 그 동일한 수건이 여전히 남아 있다. 그리스도 안에서 모세의 광채가 제거되었다는 사실이 (귀를 기울이는 유대인에게) 결코 계시되지 않는다. 내가 말하건대, 오늘날까지도 모세를 읽을 때 그 수건이 유대인들의 이해를 가린다. 하지만 모세가 (백성을 향해 말하다가 멈추고) 등을 돌려 주를 향할 때 수건이 벗겨졌다(고 우리는 해석한다). (본문에서 말하는) 주는 영이시며, 주의 영이 계신 곳에 (조심스러움과 위장이 아니라)

자유가 있다." 시내산 기슭에서의 은폐의 경륜은 정상에서 모세와 주가 나누는 사귐으로 바뀌었으며, 이를 통해 모든 은폐는 제거된다. 거기에는 하나님과 인간의 즉각적이며 직접적인 소통이 존재하는데, 이스라엘 전체가 이 소통에 참여하지 못했다. 하지만 우리 그리스도인에게는 소통 참여가 허락된다. "이 대목에서 말하는 주"(17절, NEB에서 바르게 번역하듯)는 성령이시며, 이제 율법 수여자만이 아니라 모든 신자가 그 성령을 받기 때문이다. 그리스도인의 소통 전체(기독교 윤리도 여기에 포함된다는 점에 주목해야 한다)가 시내산 기슭이 아니라 정상에서 "수건을 벗은 얼굴로"(18절) 이루어지며, 따라서 주의 영광이 모두에게 은폐 없이 드러난다.

모든 신학 전통 중에서 바울이 말하는 율법과 복음의 변증법을 가장 소중히 여겨온 루터교 전통에서는 **질서 잡힌** 도덕적 요구가 그 자체로 복음적일 수 있음을 받아들이기를 대체로 어려워한다. 모세와 그리스도의 대립은 질서와 초월의 전면적 대립을 포함하도록 확장되었다. 자유롭게 하시는 하나님의 활동은 질서라는 관점에서 그것을 특징지을 수 없다는 점으로 구별되는 반면 질서, 심지어 창조의 질서조차도 복음이 아니라 율법과 함께 분류되어 순전히 잠정적이며 일시적인 의미만을 부여받는다. 예수의 도덕적 가르침을 이해하는 일에 따르는 함의는 다양하게 이해되었다. 여기서는 그것이 복음과 율법 사이의 계속되는 변증법을 표상하며, 신자가 기독교의 도덕적 가르침에 반응할 때 복음과 율법 모두가 신자에 대한 권리를 주장한다는 반복되는 주장만을 다루고자 한다.

우리는 이미 루터 자신의 사상 안에서 어느 정도까지 기독교의 도덕적 가르침을 율법의 지속적 존재라는 관점에서 이해하고 있는지 확인할 수 있다. 모든 도덕적 가르침을 이런 식으로 이해하는 것은 아니지만, 많은 경우 가족 구성원으로서, 고용주로서, 신민으로서, 행정관으로서 우리의 사회적 의무에 관한 가르침만을 이런 식으로 이해하는 것은 사실이다. 따라서, 예컨대 산상설교 강해에서 루터는 팔복의 주제로 이해되는 **태도**와 세상에서 우리가 처한 상황에 의해 우리에게 부과된 **책임**의 형식적 **구조** 사이의 대조를 매우 강조한다(WA 32:304 이하). 다른 경우에는 모든 도덕을 포함하는 것처럼 보이는데, 예컨대 1523년 『갈라디아서 주석』(Commentary on Galatians)의 숨이 멎을 듯한 단락(WA 40:446-447)에서는 율법과 믿음의 구별을 활동적 삶과 관상적 삶 사이의 구별과 동일시한다. 루터의 후계자들은 율법의 '신학적' 용법과 '시민적' 용법에 관한 루터의 설명에 '제3의 용법'을 추가함으로써 이러한 율법의 지속적 역할을 묘사했다[예를 들어, Melanchthon, *Loci Communes: de lege divina*, CR 21:405-406(『신학총론』, CH북스)과 Calvin, *Institutes* II.7.6 이하(『기독교 강요』, 생명의 말씀사); 참조. 루터의 *Commentary on Galatians*, 1531, 3:19에 관한 주석, WA 40:478 이하]. 세 번째 용법은 '교훈적'(didactic) 용법으로, 신자에게 의로움에 관해 가르치는 율법의 역할을 의미한다. 루터가 반율법주의자들을 논박하는 글에서 이 세 번째 용법을 예상했는지에 관한 역사적 질문은 우리에게 그다지 중요하지 않다. 중요한 점은 이 논의에서 도덕법이 신자를 가르치도록 허용하든 그렇지 않든 이 법은 언제나 모세 율법, 즉 성 바울의 변증법에서 '약속'과 '성령'에 반대되는 바로 그 '법'이라는 것이다. 따라서 규범적인 기독교 윤리는 그것을 받아들이든 부인하든, 어느 쪽이든 복음적이지 않은 무언가로, 기껏해야 복음을 위한 **준비 단계**로 간주된다.

따라서 "신자를 위한 율법의 지속적인 교훈적 중요성"에 관해 이야기함으로써 기독교 윤리 안에 "명령"이 존재함을 정당화할 필요가 있다는 헬무트 틸리케의 주장(*Theological Ethics*, I, pp. 126 이하)에 우리는 반대한다. 그는 순례자로 살아가고 있는 우리가 아직 율법으로부터 온전히 해방되지 못한 상태에 있다고 말한다. "신자가 율법으로부터 근원적으로, 전적으로 해방되어 있다고 분명히 주장해야 하는 것과 마찬가지로 우리가 그런 신자인지 아닌지, 어느 '정도'까지 그러한지, 우리가 정말로 걸을 수 있기 전에 목발을 던져 버리는 것이 타당한지 분명히 물어보아야 한다." 이는 우리가 불신앙과 의심 속에서 머뭇거려야 한다는 의미인 것처럼 보인다! 우리는 신자의 경험 안에 모세의 질서에 속한 억압적 훈련과 견줄 만한 무언가, 즉 "땅에 있는 지체를 죽이는"(골 3:5) 훈련이 존재한다는 생각에 반대하는 것이 아니라 이것이 규범적인 기독교 윤리의 **유일한** 의의라는 주장에 반대한다. 따라서 하나님으로부터 오는, 창조와 구속에 관한 모든 명령을 소개할 때는, 말하자면 그것이 복음이 아니라는 사실에 대한 변명을 덧붙여야 한다. 하지만 하나님의 명령을 비복음적인 복음을 위한 준비(*praeparatio evangelii*)에 불과한 것으로 취급해서는 안 된다. 그것은 목발이 아니라 "일어나 네 침상을 들고 걸어가라"라는, 생명을 주는 명령이다.

칼 바르트는 루터를 반대하는 논문 "복음과 율법"에서 통상적 순서를 뒤집었다. 이는 독일 개신교 윤리를 기독교적 도덕 이해의 공교회적 주류로 되돌리려는 시도로 보아야 한다. 하지만 복음을 위한 준비와 복음과의 대립이라는 바울적 어조를 띨 수밖에 없는 '율법'이라는 용어가 여전히 규범적인 도덕적 가르침을 지칭하는 통상적 용어로 남아 있는 한 우리는 만족할 수 없다. 나는 '도덕적'(moral)이라는 형용사를 기독교의 도덕적 가르침과 '율법'을 구별하는 것으로 이해하면서, '도덕법'이라는 용어를 자유롭게 사용해 왔다. 내가 보기에 '율법'은 두 의미 영역으로 제한되어야 한다. 즉, (a) 적극적인 공동체 법과 (b) 바울이 그토록 풍성한 신학적 의의를 지니고 있다고 여겼던, 적극적인 공동체 법의 특수한 사례, 즉 모세 공동체의 법으로 제한되어야 한다.

예수의 도덕적 권위는 가장 완전한 의미에서 복음적이다. 그분이 선포하신 도덕 질서가 하나님 나라, 그분이 전하신 구원 메시지의 주제이기 때문이다. 그 도덕 질서 안에서 죄인인 인간이 하나님의 목적과 맺는 관계의 임의성이 극복되고 제거되었다. 성 마태는 "회개하라. 천국이 가까이 왔느니라"라는 표어로 예수의 가르침을 소개하면서(마 4:17) 어떻게 도덕적 도덕이 종말론적 메시지의 일부가 되는지를 대단히 명료하게 보여 준다. 예수의 도덕적 가르침을 모아 놓은 유명한 설교는, 심령이 가난한 이들이 하나님 나라를 소유할 것이고, 애통하는 이들이 위로를 받을 것이며, 온유한 이들이 땅을 기업으로 받을 것이라는 선언으로 시작한다. 서기관과 바리새인의 의를 능가하는 의를 실천하라는 부르심을 이런 배경과 분리해 이해할 수는 없다. 전체적으로 그것은 산상설교 속 예수의 가르침이 실천 불가능함을 과도하게 주장하는 과장된 경건이다. 물론 무엇이든 진지한 도덕 프로그램을 일관되게 지키기 어려운 것처럼 종말에 이뤄질 변화에 아직 미치지 못한 우리로서는 이러한 도덕적 교훈을 일관되게 지키기 어렵다. 도덕 자체의 도전은 잘 살아갈 수 있는 우리의 능력에는 한계가 있음을, 우리에게는 세상의 구속이 필요함을 깨닫게 한다. 하지만 예수의 메시지가 선포한 것이 바로 세상의 구속이며, 우리는 다른 무엇보다도 거기에 우리의 관심과 믿음을 집중해야 한다.

예수께서 전하신 메시지의 몇몇 특징은 그분의 도덕적 가르침을 복음으로 특징지을 때 특별히 중요하며, 어떻게 그분의 오심이 율법 아래에서 이뤄진 상황을 역전시켰는지에 관한 바울의 통찰을 위한 근거를 제공한다. 첫째로, **하나님이 자비롭게 우리의 죄를 용서하신다**는 메시지가 있다. 다른 어떤 것보다 이 메시지가 율법의 모호한 복과 저주 앞에서 우리가 느끼는 두려움을 신뢰의 확신으로 변화시킨다. 물론 구약성경에서 죄의 용서를 전혀 언급하지 않는다는 말은 아니다. 언약에 대한 신실함이라는 맥락 안에서든 민족의 종말론적 소망의 일부로서든 모두 언급한다. 하지만 예수의 메시지 안에서 이 주제는 지배적으로 직접성을 띠며, 이 때문에 바울은 믿음의 삶이 행위의 삶과 대조를 이루는 것처럼 복음과 율법을 대조할 수 있다. 성부께서 집으로 돌아온 탕자를 환영한다면, 성부의 사귐 안에서 살아가는 삶은 일관된 도덕적 혹은 의례적 성취를 필요조건으로 삼지 않는다. 둘째로, **아바 기도의 가르침**에 의해 개인의 소외와 불안이 극복된다. 이 기도에서 제자들은 예수께서 성부와 맺으시는 관계와 그것이 내포하는 완전한 확신을 함께 나누도록 부름받는다. 셋째로, **외재화된 도덕과 종교에 대한 비판**에 의해 공동체 기관의 중보자적 역할을 논박한다. 이는 산상설교에서 핵심적 위치를 차지하는 주제다. 이 비판에서는 관찰하는 모든 눈으로부터 분리된 채로 골방에 들어간 개별 행위자가 하나님의 도덕적 요구를 받아들이는 존재라고 천명한다. 그는 단지 하나님의 말씀을 듣는, 공동체에 순응하는 구성원에 불과한 존재가 아니다. 바울은 율법과 성령의 대조라는 관점에서 이 마지막 두 요소를 다룬다. 우리의 영과 함께 증언하시며, 우리의 개별적 주체성의 좌소에 자리 잡고 있는 우리를 향해 말씀하시고 우리에게 예수와 함께 아바 기도를 하라고 가르치시는 분은 바로 성령이다(롬 8:15-16). 그리고 하나님을 계시하는 만큼이나 그분을 감추었던 모세의 중보자적 공동체 구조를 무너뜨리시고, 기독교 공동체 안에 자유와 개방성이라는 다른 관계를 만들어 내시는 분도 바로 성령이다.

이것이 '도덕적' 권위와 아무 상관이 없다고 말할 수 있는가? 용어에 관한 이런 결정은 순전한 꼬투리 잡기에 불과할 것이다. 하나님을 우리 아버지라고 부르고, 그분이 죄를 용서하실 것이라고 믿으며, 그분에 대한 우리의 책임을 외면하고 공동체의 수행 뒤로 숨지 않는 삶을 사는 것, 이것이 바로 인류와 세상을 창조하실 때 의도하신 질서 안에서 사는 것이기 때문이다. 더 나아가서 우리는 '복음적 도덕법'—성 바울의 말처럼 "그리스도의 법"(갈 6:2)—에 관해 말할 수도 있다. 율법과 복음의 대립을 고려할 때 이 구절은 언어적 역설이라는 자의식적 요소가 포함되어 있기는 하지만, 이 역설은 어떻게 모세 율법의 임의적인 사회종교적 무게가 하나님의 은총에 의해 주어진 성취를 향한 부르심이 **아니었는지를** 보여 주는 역할을 한다. 오직 이 대조를 망각할 때, 즉 모세 율법을 본보기 삼아 '복음의 법'을 재구성하는 시도가 이루어져 기독교 공동체와 그 기관에 이스라엘의 공동체 구조의 역할과 비슷한 역할을 부여할 때 위험이 발생한다. 이러한 발전에 대한 비판은 다음 장에서 다시 다루고자 한다.

역사적 권위

3장에서 살펴보았듯, 역사의 목적은 특수한 반면 도덕의 목적은 종류적이다. 이로부터 도출되는 결론은, 역사의 목적은 유비를 거부하고 사건이 독특하다고 간주될 때만 사건과 결부되므로 역사의 목적은 사건의 **세속성**(worldliness)과 전혀 무관하다는 것이다. 우리가 시간을 '역사'로 이해하게 되는 방식은 두 가지뿐이다. 즉, **하나님이** 시간의 특수한 순간에 그저 다른 순간과의 유사성으로부터 도출되지 않는 독특한 의미를 부여하셨다고 믿는 방식과, **인간이** 자신의 서사

해석을 구축하면서 그렇게 했다고 믿는 방식이다. 예를 들어, 결혼식은 다른 결혼식들과 마찬가지로 인간의 삶에서 결혼이 차지하는 위치에 대한 우리의 종류적 반응을 불러일으킬 수 있다는 것만으로도 특정한 의미와 중요성을 가진다. 하지만 어떤 결혼식이 다른 부부의 결혼식이 아니라 **이** 부부의 결혼식이기 때문에 독특한 의미를 갖는다고 생각할 때, 우리는 그 결혼식이 세계 질서 안에서 그것이 차지하는 위치에 기인하지 않는 의미를 지니고 있다고 이해하는 셈이며, 신학적 혹은 시적 용어로 말하자면 신적 소명이나 어떤 영웅적인 세계-형성적 초월이라는 관점에서 그 결혼식에 관해 이야기할 수밖에 없다. 역사주의는 도덕적 사유와 상충한다. 모든 목적이 이러한 독특한 종류에 속한다는 개념이 (신학이나 시와는 대조적으로) 도덕에 중요성을 부여하는 세속적 의미의 구조 자체를 제거할 수밖에 없기 때문이다.

그리스도의 오심은 다른 어떤 의미를 갖기 이전에 역사적 의미를 갖는다. 그것은 사건의 총체성에 '역사'로서의 형태와 중요성을 부여하는 하나님의 말씀이다. 히브리서 저자는 예수께서 친히 가르치신 비유를 반향하면서 하나님이 "이 모든 날 마지막에는 아들을 통하여 우리에게 말씀하셨다"고 선언했다(히 1:2; 참조. 막 12:1-12). "이 모든 날 마지막"에 하신 말씀은, 그렇지 않았더라면 아무 형태와 방향이 없었을 과거의 '수많은 다양한' 발화로부터 역사를 만들어 낸다. 여기서 역사에 절정이 주어지며, 그 절정에 이르러 앞서 존재했던 모든 것이 역사를 형성하게 된다. 그리스도의 권위는 세상에서 일어나는 사건들의 형태에 독특한 의미를 부여하기 때문에 '역사적'이다. 하지만 이로부터 각 사건이, 그것이 전체 역사의 주요한 부분이든 사소한 부분이든 고유하고 반복 불가능한 의미를 부여받는다는 결론이 나온다. 더 이상 인간의 어떤 행위도 자율적인 이해 가능성을 지닌다고 주장할 수 없다. 따라서 이스라엘의 예언자들은 자신들의 땅에서 일어나는 사건을 하나님의 백성을 위한 그분의 목적에 의해 형성된 역사로 해석함으로써 이스라엘의 경계로부터 멀리 떨어져 있는 사건에 대해서도 말하게 되었다. 이스라엘의 소명이 그들에게 모든 곳에서 일어나는 모든 사건을 해석하기 위한 수단을 제공해 지상에서 인간이 하는 모든 행위를 하나의 '역사'로 만들었기 때문이다.

역사적 권위는 하나의 역사적 목적에 기여하기 위해 모순적 움직임들을 하나의 서사 안에 함께 묶을 수 있다. 한 이야기는 생각의 변화나 의견의 불일치를 아우르면서도 여전히 그 자체로 모순적이거나 분열되지 않은 단일한 주장을 담은 이야기로 남을 수 있다. 죽어 가는 강도는 십자가 위에서 그리스도를 인정하고, 그 회개의 순간에 회개하는 마지막 몇 시간만이 아니라 강도 짓을 일삼았던 자신의 삶 전체를 성취로 이끌 수 있다. 도덕적 권위는 심판할 수 있을 뿐이지만 역사적 권위는 화해를 이룰 수 있다. 그렇다면 우리는 그리스도께서 자신을 중심으로 만들어 가시는 세계사 안에서, 역사적으로 화해가 이뤄진 도덕적 양립 불가능성을 발견할 것임을 예상해야 한다. 예를 들어, 가나안 정복과 진멸 규정을 읽을 때, 우리가 즉각 제기하고 싶은 도덕적 질문을 보류해야만 이 사건의 기독론적 의미를 이해할 것이다. 이를 이해하지 못하기 때문에 구약성경을 읽는 그리스도인들은 계속해서 당혹스러움을 느껴 왔다. 분개한 항의나 (더 나쁘게는) 궤변에 의한 정당화를 통해 도덕적 질문이 전면에 부각되었다. 탕자의 형처럼, 여호수아기를 읽는 그리스도인은 도덕적 질문보다 먼저 다른 질문을 하는 법을 배워야 한다. 이 비유에서 아들을 기다리는 아버지처럼, 신적 계시의 역사는 선을 정당화하고 악을 정죄하는 데에만 관심을 기울이지 않는다. 이 구약 역사는 선택과 심판 안에서 신적 실재가 인간에게 미치는 영향을 드러내는 데에만 관심을 기울인다. 물론 여호수아기를 읽을 때 우리는 질투와 진노의 하나님이 사물의 세상적 질서에 대해 어떤 태도를 취하실지 궁금해할 것이다. 그리고 예수 그리스도 안에서 그 절정에 이르는 하나님의 자기 계시에 관한 이야기를 따라갈 때만 우리는 이 질문에 대한 답을 얻게 될 것이다. 이야기의 이 부분이 우리의 믿음에 요구하는 바는, 도덕적 관점에서 그리스도께서 겟세마네에서 우리에게 보여 주신 피조물적 질서의 형식과 제어되지 않은 이러한 전쟁 행위를 화해시키기 위해 우리가 노력해야 한다는 것이 아니라 어쩌면 더 큰 스캔들일 수도 있는 것, 즉 도덕 질서에 대해 이처럼 모순이 되는 것조차도 아우를 수 있는, 신적 계시의 역사 안에서의 화해를 받아들여야 한다는 것이다. 하나님의 자기 계시에서는 무언가가 도덕 질서의 확증보다 선행해야 했다. 즉, 그리스도 안에서 하나님의 말씀이 육신이 되고 세상의 대의를 자신의 대의로서 취하셨다는 것이 무엇을 의미하는지를 배우고자 했다면, 선택과 심판이라는 초월적 불이 벌거벗은 모습 그대로, 그 불이 세상에 대해 갖는 가능한 모든 적대감 속에서 드러나야 했다. 이 '해야만 했다'는 말은 하나님께 요구된 어떤 필연성을 가리키는 것이 아니라 우리가 성육신의 의미를 이해하기 위해 필요했던 자기 계시의 질서를 가리킨다. 성육신은 마치 하나님이 매우 자연스럽고도 일상적으로 세상을 집으로 삼으신 것처럼 당연하게 여겨져서는 결코 안 된다. 도덕 질서를 확증하시는 하나님에 관해 배우기 전에 우리는 훨씬 더 기초적인 무언가를 배워야 했다.

하지만 이렇게 말한 다음 기독교 복음은 하나님이 세상을 집으로 삼으셨다고, 말씀이 육신이 되셨다고 선포한다. 창조된 질서가 여호수아기에서는 결코 예상하지 못했던 방식으로 확증되었다. 그리스도 안에서 절정에 이르는 이야기는 (여호수아기에서 이해했던 것처럼) 하나님의 선택에 관한 이야기가 아니라 (창세기의 원역사에서 이해했던 것처럼) 아담 안에서의 인류의 선택과 아담이 창조된 세계 질서에 관한 이야기다. 따라서 도덕적 질문은 신학적 질문에 우선성을 부여하기 위해 유보될 뿐이며, 잊히는 것이 아니다. 탕자가 아버지의 긍휼을 입을 자격이 없다는 형의 생각이 착각이 아닌 것처럼, 여호수아가 도덕적으로 겟세마네에 합당하지 않다고 생각하는 것도 착각이 아니다. 엘리야에 대한 예수 자신의 언급에는—엘리야가 변화산에서 모세와 함께 자리를 차지했긴 하지만—그 예언자가 회복하려 했던 거룩한 전쟁 개념에 대한 비판을 암시하는 내용 이상이 있다(예를 들어, 눅 9:52-56). 따라서 그리스도의 권위에 대한 기독교적 이해에서는 그분의 권위가 모든 시대에 도덕적 도전을 제기한다고 여긴다. 도덕적 양립 불가능성은 결국 간과되지 않고 바로잡힌다. 이스라엘의 하나님께 택함을 받는 이들 중에 속한다는 것은 결국 하나님이 창조하신 세상적 삶의 질서와 일치를 이루게 된다는 것이다. 하나님이 기름 부으신 이를 믿는다는 것은, 예수께서 보여 주시고 우리에게 확증하신 도덕 질서를 믿는 것을 뜻하기도 한다. 그리스도인들이 교회 안의 마르키온주의적·반유대적 분파에 맞서 일반적으로 주장해 온 이러한 믿음은 의례, 제의, 폭력에 의한 하나님의 무도덕적(amoral) 계시에 대한 불신을 암시하지 않는다. 하지만 도덕 질서를 표현해 온 과거 유대인의 우연적 사회 제도가 항구적임을 암시하지도 않는다. 그것은 그리스도께서 전사의 승리와 입법 질서를 통해 하나님의 목소리가 이렇게 단편적으로 발화된 것을 신적 현현과 창조된 질서의 확증을 통해 절정에 이르는 역사로 변화시키신다는 믿음을 의미한다. 따라서 어떤 의미에서 구약성경의 이야기는 언제나 그 질서의 이야기였다. 그리고 그리스도인으로서 구약성경을 읽을 때 우리는 이 이야기가 구약성경의 여러 페이지에서 나타나는 것을 보리라고 기대할 수 있다.

이 해석학적 원리는 적어도 순교자 유스티노스(Justin Martyr) 이래로 교회 안에서 받아들여졌는데, 그는 모세 율법 안에서 명령의 두 범주 혹은 가능하게는 세 범주, 즉 "경건과 의의 실천을 위해 명령된 것"과 "메시아의 신비가 되기 위해서 혹은 주님 백성의 마음의 완악함 때문에" 명령된 것을 구별했다(*Dialogue with Trypho* 44.3; 참조. 18.1). 교부 시대의 해석학에서는 이런 이중적 형식의 구별이 흔해졌다. 아우구스티누스의 이름을 필명으로 사용한 저자가 쓴 (5세기 저작) 『거울: "누가 모르는가?"』(*Speculum "Quis Ignorat"* 이 책이 저자에 관해서는 논쟁이 있다. 아우구스티누스의 친구이자 그의 전기를 쓴 포시디우스는 아우구스티누스가 이 책을 쓰기 시작했지만 죽음으로 인해 마무리하지 못했다고 주장했다—옮긴이)라는 책은 이런 문장으로 시작된다. "성경 안에…이해하고 믿어야 할 명제와…지키고 따라야 할 명령과 금지 명령이 존재한다는 것을 누가 모르는가? 후자 중 일부는 성례전적 의례 안에 숨겨진 의미를 가지고 있어서, 구약 백성에게 주어졌고 그들이 순종해야 했던 많은 명령을 이제 그리스도인 백성은 수행하지 않는다.…하지만 다른 명령은 지금도 따라야 한다." 토마스 아퀴나스(*Summa Theologiae* II-I.99.3 이하)에 이르러 이 구별은 세 형식으로 확립되었다[사법(*iudicialia*), 예식(*caeremonalia*), 도덕(*moralia*)]. 종교개혁자 멜랑히톤(*Loci*

Communes, CR 1:201)과 칼뱅(Institutes IV.20.14 이하), 크랜머(42개 신조)는 이를 그대로 받아들였다.

해석학에 몰두하는 우리의 근대적 성향에도 불구하고 최근에 이 전통이 나쁜 평판을 받고 있음을 목도하는 일은 놀라울 따름이다. 다음의 세 항목은 이 전통의 유익함을 명확히 이해하는 데 도움이 될 것이다. (1) 그것은 구약 율법에 대한 기독교적 해석학이 되고자 한다. 이런 해석학이 필요한 것은 유대인 아닌 사람이 대다수인 그리스도인에게는 모세 율법이 구속력을 갖지 않는다고 예루살렘 공회에서 선언했기 때문이며(행 15:19-29), 또한 예수께서 신명기의 이혼법이 "너희 마음이 완악함으로 말미암아" 기록되었으며 결혼에 관해 하나님이 일차적으로 의도하신 바를 표상하지 않는다고 가르치셨기 때문이다(막 10:5-9). 구약성경에서는 율법에 관해 이런 구별을 상정하지 않았다는 반론은 적절하지 않다. 바로 그 점이 핵심이기 때문이다. 구약 율법이 처음에 속했던 사회적·종교적 맥락 밖에서 어떻게 그것을 사려 깊게 해석할 수 있는지 그리스도인들이 묻기 시작할 때 비로소 이런 구별이 생겨난다. 하지만 교부 시대의 교회는 이미 예언자 시대에 율법에 대한 일정한 비판적 거리를 전제했다는 깨달음을 통해 이런 방식으로 사고할 수 있다고 보았다. 유스티노스와 이레나이우스(Adversus Haereses IV.15 이하)는 이런 맥락에서 "내가 그들에게 선하지 못한 율례와 능히 지키지 못할 규례를 주었고"라는 에스겔의 말(20:25)을 인용한다. (2) 하지만 이런 구별을 통해 실제로 모세 율법 체계의 핵심과 분명히 밀접한 관계가 있는 범주 안에서 율법을 해석한다. 구약의 율법 전체가 도덕, 도덕 이전의 종교 의례, 정치적 사법 체계 모두를 다룬다고 말하는 것은 외래적으로 강요된 해석틀이 아니다. 도덕법은 그리스도인이 지켜야 할 의무가 있지만 도덕 이전의 예식법에 대해서는 그런 의무가 없다는 것은 독특하게 기독교적인 판단일지도 모른다. 하지만 모세 율법의 질서가 도덕적인 관심사뿐만 아니라 도덕 이전의 관심

사도 지닌다고 말하는 것은 모세 율법의 질서에 전적으로 공감하는 해석이다.

(3) 이 구별의 근본적 형태가 이중적이어야 한다는 점은 적절했다. 이 구별을 통해 그리스도의 역사적·도덕적 권위라는 이중적 권위, 즉 한편으로는 이스라엘 역사를 성취하고 완성하며 다른 한편으로는 보편적인 도덕 질서를 입증한다는 두 권위를 특징지으려 했기 때문이다. 세 번째 범주에 대한 인식은, 역사적으로 이스라엘에 대해 특수한 모든 것이 도덕적 관심의 부재에 의해 특징지어지는 것이 아님을 인정한다는 의미를 갖는다. 도덕 질서에 대한 구약성경의 증언은 역사적이며 임의적인 사회적 형식과 결부되어 있다. 따라서 이는 성경의 모든 도덕적 명령을 열거해 보자고 지루하고도 잘못된 방법으로 제안하는 『거울: "누가 모르는가?"』의 방식처럼 분류하는 방식으로 원칙을 적용하려는 순진한 시도의 종식을 의미한다. 이것이 불가능하다고 고백한다고 해서 이 원칙이 우리에게 덜 가치 있는 것이 되지는 않는다. 이것이 기여하는 바는 구약 율법을 형성하는 서로 다른 **관심사들**을 식별하고, 신학적으로 이런 관심사들을 그리스도와 연결하는 것이다. 이로써 한 본문이 이런 관심사 중 하나 이상을 반영할지라도 우리는 그것의 특수한 사회적·종교적 배경과 기능을 무시하지 않으면서 그것이 도덕 질서와 어떤 관계를 맺는지 평가할 수 있는 기준을 갖게 된다.

이것이 성경이 말하는 이야기이므로 성경이 가리키는 권위는 보편적인 도덕적 권위다. 다른 사건들을 역사로 형성하는 모든 사건이 반드시 도덕적 권위를 지니는 것은 아니다. 하나님의 선택에 관한 모든 이야기가 다른 시간과 장소에 대해서도 반드시 구속력을 갖지는 않는다. 이방인들이 유대인의 선택에 관한 이야기에 반응할 수 있는 것은 그것이 창조된 질서의 이야기이기도 하기 때문이다. 예수께서 세상 안에서 살아가는 우리 삶의 형식을 지배하실 수 있는 것은 그분이 이루신 구속이 세상의 구속이기 때문이다. 우리와 우리의 구속자가 공유하는 세상이 없다면, 그분이 아무리 신적이라 하더라도 우리의 세상을 구속할 수 없고 우리를 그 세상에서 빼내어 다른 어떤 곳으로 데려갈 수 있을 뿐이다.

모든 세대의 그리스도인에게는 유행하는 형식의 회의론이 있었다. 그리고 우리 시대의 유행은 기원후 1세기의 역사적 상황으로부터 현대 세계에 명령을 내릴 수 있는 도덕적 권위의 가능성을 의심하는 것이다. (우리는 여기서 예수의 가르침과 초기 교회가 그분의 가르침을 이해한 바를 구별할 수 있는가에 관한 제한적인 **역사적** 의심에 관심을 두지 않고, 기원과 무관하게 1세기의 가르침이 20세기의 인류에게 명령을 내릴 수 있었겠느냐는 **체계적** 의심에 관심을 둔다.) 우리에게 이렇게 의심하도록 촉구하는 이들은 다양한 고려 사항의 영향을 받는다. 어떤 이들은 1세기 팔레스타인의 문화적 이질성에 깊은 인상을 받았다. 그리스-로마 세계가 우리의 조상보다 우리에게 덜 익숙할 뿐만 아니라, 사해 문서의 땅도 예전에 생각했던 것만큼 그 세계와 조화를 이루는 것처럼 보이지 않기 때문이다. 다른 이들은 대중 사회의 조건들과 자연에 대한 기술의 지배에 의해 새롭게 초점이 맞춰짐에 따라 나타나는 우리의 현대적인 도덕적 숙고가 지닌 새로움에 주목한다. 하지만 이 고려 사항 중 어느 것도 이런 의심이 현대의 그리스도인들을 공격하는 힘을 설명할 수 없다. 우리가 동시대인들 안에서 거의 매일 접하는 문화적 이질성은 이해를 가로막는 최종적 장애물이 아니라 피상적 이해에 대한 경고문이다. 우리가 직면하는 도덕적 질문의 새로움은 우리 현대 사회 특유의 현상이 아니라 모든 시대의 도덕적 사유에 나타나는 특징이다. 다시 말해, 이는 한 도덕 장(moral field) 안에서 옛것과 새것을 이해하는 것을 가로막는 장애물이 아니라 그런 이해를 하기 위한 자극제다. 우리가 지닌 회의론의 근본 원인은, 그럼에도 결국 문제가 되지 않는 도덕적 사고의 이 복잡성에 있는 게 아니라, 과거 사건이 이후의 발전에 기여한다는 것 외에는 어떤 의미도 지니지 않는다고 생각하는 역사로서의 시간 개념에 있다. 역사적 이해는 '과거'라는 단어가 '이질적인 것'을 의미한다고 해석하도록 만든다. 그 이해는 우리가 역사적 인물을 그의 조건에서 만나는 것을 금하고 그를 그의 맥락 안에 두는 것만을 허용하는데, 이는 사실상 그가 우리에게 말하려는 바로부터 우리 자신을 멀어지게 하는 것을 의미한다.

이런 의심을 지지하며 무슨 말을 하더라도, 흔히 무분별하게 말하듯 이런 의심이 예수의 인성을 존중하는 것이라고 말할 수는 없다. 이런 의심은 예수 및 그분과 함께하는 사도적 저자들이 인성과 필수적으로 연관된 것처럼 보이는 것을, 즉 다른 인간과 소통할 수 있는 공통 세계의 일원이라는 것을 부인하기 때문이다. 이런 의심은 우리의 말과 그분의 말씀 사이에 존재하는 이해 가능성의 공동체를 파괴하여, 우리가 그분의 말씀을 과거의 사건으로서 역사적으로만 알게 하고 우리가 그 안으로 들어가서 토론에 참여할 수 있는 세계에 관한 소통으로 알 수는 없게 하는 경향이 있다. 물론 그 기저를 이루는 관심사는 예수 그리스도의 신성에 있지 않고, 인류를 자기 역사의 창조자로서 신성화하는 데 있다. 역사적 변혁(transformation)이라는 교리를 위해 과거와 현재의 공동체가 파괴되며, 그 교리 안에서는 과거를 부정함으로써 성취가 이뤄진다고 본다. 우리의 근대적 회의론을 이루는 타계성(other-worldliness)은 근대와 진보에 대한 관심의 특징인 자의식적 반세속성(anti-worldliness)이다.

H.-G. 가다머(Gadamer)의 영향으로 큰 인기를 누려 온 '역사적 해석학'은 근원적 역사주의가 만들어 낸 틈을 메우려는 보수적 역사주의의 시도로 이해하는 것이 최선이다. 따라서 내가 보기에 이 해석학은 결코 문제의 근원에 도달할 수 없다. 과거의 세대가 우리와 같은 세계를 점유했으며 그것에 관해 우리에게 말할 수 있다는 근본적 진리를 충분히 존중하지 않은 채 이 두 이질적 '지평'의 만남을 역사적 초월의 성취로 추켜세우는 데 그치기가 너무나도 쉽다. 근대의 지평이 고대의 지평과 '융합'되리라 말하는 것으로 충분한가? 결국 그런 지평이란 근대가 그 자신의 신진대사 법칙에 따라 고대를 선택적으로 흡수한 것에 불과하지 않은가? 공통된 담론 대상의 결여로 인해 우리는 우리가 지닌 선이해에 빠질 수밖에 없다. 물론 이러한 결여를 보충하는 것이, 고대 작가가 세계에 관해 이야기할 때 기대는 권위에 관한 물음 혹은 그가 그것에 관해 우리에게 진리를 말할 것인지 여부에 관한 물음을 예단하는 것은 아니다. 그저 우리와 그 사이에 진리에 관한 물음을 제기할 수 있는 공통의 세계가 존재하며, 따라서 도덕적 권위가 심지어 수 세기의 간격을 가로질러서 우리에게 도전을 제기하고 자유로운 반응을 불러일으킬 수 있다고 주장하는 것일 뿐이다.

8 • 교회와 신자의 자유

이제 우리는 자유라는 주제, 즉 우리의 자유를 지지하고 유지하는 방식으로 행동할 자유, 하나님 나라의 완전한 자유라는 우리의 초자연적 목적을 성취할 자유라는 주제로 되돌아간다. 우리 안에 이 자유를 불러일으키시는 분은 갱신된 피조물의 선구자이신 그리스도다. 성령께서 그분의 종말론적 승리의 권위가 우리 앞에 주관적으로, 즉 각적으로 나타나게 하시기 때문이다. 하지만 또한 우리는 자유가 단지 개별 행위자로서 우리에게 속하는 것이 아니라는 관찰로 되돌아간다. 우리의 공동체적 행동까지도 형제 공동체의 첫째이신 그리스도의 사역에 의해 자유로워진다. 인간의 자유는 홀로 행동할 수 있는 힘뿐만 아니라 협력하는 공동체로서 함께 행동하는 힘으로도 이뤄진다. 요한계시록의 선견자가 제시하듯, 우리 인류는 한 도시의 공유된 삶, 고대 이스라엘의 집단적 실존의 속량되고 변화된 성취, 즉 "하늘에서 내려오는 새 예루살렘"을 향해 나아갈 운명이다(계 21:2).

아우구스티누스가 『신국론』 19권 첫 부분에서 바로(Varro)를 인용하면서 제기한 윤리의 근본적 질문 중 하나는 "*de sociali vita: utrum sic tenenda sapienti, ut summum bonum, quo fit homo beatus, ita velit et curet amici sui, quemadmodum suum, an suae tantummodo beatitudinis causa faciat quidquid facit*"(XIX.1.3), 즉 "지혜로운 사람이 사회적 삶을 참으로 중시하여 자신의 경우에서만큼이나 친구의 경우에서도 최고선을 귀하게 여기고 추구해야 하는가, 아니면 그의 모든 행동이 자신의 행복만을 추구하는 것으로 이해해야 하는가"라는 질문이다. 기독교의 답은 이러하다. "그들이 지혜로운 사람의 삶이 사회적 삶이라고 말하고자 할 때 우리는 동의한다. 그리고 그들보다 훨씬 더 분명히 그렇게 말한다"[*nos multo amplius adprobamus*, G. 콩베(Combès)의 프랑스어 번역본, 5를 따름]. "훨씬 더 분명히" 말하는 것은, 아우구스티누스가 바로의 말을 인용하면서 이미 지적했듯 이교의 형식에서 사회적 삶에 관한 문제는 엄밀하게 보아 최고선에 관한 문제가 전혀 아니기 때문이다. 바로에 따르면, 최고선은 "지혜로운 사람이 친구를 가져야 하는지"에 관한 문제를 제기하기 **이전에** 식별될 수 있다(1.3). 하지만 그리스도인에게는 지혜로운 사람이 아니라 공동체가 윤리적 성찰의 **주체**다. "성도의 삶이 사회적 삶이 아니라면, 어떻게 하나님의 도성이…시작되거나 그 여정을 해 나가거나 그 본래의 목적을 성취할 수 있겠는가?"(5) 따라서 기독교 사상에서는 고전 윤리학의 난제를 해결하고자 한다. 한편으로는, 선이라는 소명이 사회에 대한 고독하고 비극적인 반대를 의미한다고 보았던 소크라테스의 순교에 의해 형성된 플라톤주의 전통이 있었다. 다른 한편으로는, 인간 선의 성취란 언제나 지원하는 사회적 맥락을 전제하지만 결국 그 성취는 말하자면 사회 전체의 어깨 위에 서 있는 철학자가 성취하는 개인적 선이라고 보았던 아리스토텔레스 전통이 있었다. 아우구스티누스는 어느 쪽도 윤리의 집단적 주체를 충분히 진지하게 받아들이지 않는다고 생각한다. 어느 쪽도 무한한 개인적 열망과 집단적 구조의 한계 사이의 긴장을 종말론적으로 초월하는 하나님의 도성에 관해 알지 못하기 때문이다.

전통적으로는 도덕에서 일방적으로 교회의 **권위**에 관해 이야기해 왔다. 이는 그 자체로는 문제가 없고 실로 필수적이지만, 도덕적 행동을 할 교회의 **자유**에서 파생된 함의라고 여길 때만 이것을 바르게 이해할 수 있다. 집단과 개인의 관계를 다룰 때 우리가 논해야 하는 바는 개인의 자유와 집단의 권위의 변증법이 아니라 공동체와 신자 모두가 자유로운 인간 행위자로 인정받는 두 자유의 변증법이다. 교회 역시 행동하는 인간이기 때문이다. 교회는 교회에 주어지는 하나님의 말씀을 듣고, 믿음으로 하나님 나라에 들어가며, 그 나라의 삶을 따라 변하기 시작한다. 교회는 하나님의 말씀을 들으며, 단순히 그것을 말하기만 하지 않는다. 교회는 천사가 아니라 인간이다. 확실히 교회는 하나님 나라를 선포하며, 따라서 그 이차적 움직임 안에서 하나님 나라의 사자다. 하지만 그럴 수 있는 것은 교회가 먼저 메시지를 듣고 순종했기 때문이다.

이처럼 '천사-교회론'이라고 부를 수 있는 것을 거부하는 입장은 얼핏 교회의 권위를 경시하고 개의 자유를 높이는, 전형적인 개신교적 태도처럼 보일 수도 있다. 그러나 문제는 그보다 더 복잡하다. 교회를 하나님의 사자로 표상한다면 교회의 권위가 즉각 강화되겠지만 이는 하나님의 구원 목적 안에서 공동체의 궁극적 중요성을 희생해서 얻는, 전적으로 잠정적이며 도구적인 권위일 뿐이기 때문이다. 공동체의 역할이 단순히 하나님의 말씀을 인간에게 전달하는 것이라면, 하나님의 말씀이 전달되는 대상인 '인간'은 공동체와 분리된 인간, 그를 위해 공동체의 모든 노력을 쏟아부어야 하는 추상적 개인이다. 그리고 역사의 절정에서 무한히 증식될 이런 개인이 안전하게 하나님의 임재 안으로 모인 후에 공동체의 역할은 끝날 것이다. 반면에,

공동체가 단지 인간**을 향해** 말할 뿐만 아니라 그 말씀을 듣는 인간**이기도** 하다면, 하나님에 대한 인간의 반응은 개인의 자유뿐만 아니라 집단의 자유도 드러내야 한다. 그렇다면 공동체는 하나님 나라에 대한 참된 예기(anticipation)다.

천사-교회론은 다양한 형태를 띠었지만, 기독교 윤리 영역 안에서 가장 두드러진 것은 '복음적 법'(evangelical law)이라는 개념이었다. '복음적 법'은 그리스도께서 교회의 삶을 위한 통치를 위해 주셨다고 말하는 공동체법이다. 교회는 이후에 교회법을 제정하여 이를 재적용하고 출교를 통해 또한 참회에 이어지는 더 약한 권징을 통해 그 규율을 시행하는 책무를 맡아 왔다. 교회의 교육과 사목 직분은 그리스도의 도덕법을 개인에게 매개하고 개인이 정보에 입각한 양심적 결정을 내릴 수 있게 한다. 개신교인들이 때때로 그래 왔듯, 이 개념이 자신의 결정에 대한 개인의 책임을 부인한다고 비난하는 것은 부당하다. 또한 이 과정에서 도덕적 가르침을 매개하는 교회 직분이 무류성(infallibility)이라는 특별한 은총을 받음을 주장한다고 전제하는 것도 부당하다. 현대의 로마 가톨릭 윤리학자들이 적극적으로 지적하듯 도덕적 진리는 무류한 선언의 대상일 수 없기 때문이다. 핵심은 그리스도인으로서 개인의 판단이 이러한 경로를 통해서**만** 형성된다는 것이다. 개인은 교회법과 권징이라는 전통에 의해 그에게 제공된 것 외에 다른 방식으로는 그리스도의 도덕적 권위를 만날 수 없다. 그리고 이런 개념은 그 나름의 도덕적·형식적·법적 측면이 없을지라도, 윤리학을 사회학의 한 기능으로 간주하기를 좋아하는 이들 사이에서 여전히 강한 매력을 발산한다.

바티칸의 시스티나 경당을 방문하는 사람은 미켈란젤로의 웅장한 천장화와 제단화를 충분히 감상한 후 양쪽 벽면을 덮고 있는 그림들을 보지도 않고 서둘러 밖으로 나가려고 해서는 안 된다. 이 그림들이 도덕 신학에 대한 탁월한 실물 교습임을 알게 될 것이기 때문이다. 다양한 화가가 그린 이 15세기 후반의 그림들은 각각 일곱 점으로 이뤄진 병행적 연작을 구성하는데, 한편에서는 모세의 삶에서 일어난 사건을, 맞은편에서는 그리스도의 삶에서 일어난 사건을 묘사하고 있다. 두 연작은 라틴어 제목을 통해 비교와 대조를 이룬다. 이 제목은 모세를 돌판에 쓰인 율법을 지닌 자로, 그리스도를 새로운 복음적 법을 지닌 자로 묘사한다. 그리고 고린도후서 3장에서처럼, 사라져 가는 한쪽의 영광과 항구적인 다른 쪽의 영광을 대조한다. 하지만 우리는 이 그림들이 묘사하는 구도가 성 바울이 강조하는 바와 상당히 동떨어져 있음을 알 수 있다. 그것은 더 이상 죽이는 기록된 법과 살리는 성령의 자유 사이의 대조가 아니다. 두 종류의 **공동체-입법**(community-legislation) 사이의 대조다. 따라서 홍해를 건너는 사건을 묘사한 그림에는 "모세로부터 기록된 율법을 받을 공동체를 모음"이라는 제목이 붙고, "그리스도로부터 복음적 법을 받을 공동체를 모음"이라는 제목이 붙은, 베드로와 안드레가 부름받는 사건과 대조를 이룬다. 시내산 위의 모세는 "기록된 율법의 선포"라고 묘사되며, "복음적 법의 선포"인 산상설교 맞은편에 배치되어 있다. 고라 자손에 대한 처벌은 "기록된 법이 지닌 권위의 확증"이며, 맞은편에 있는 그림에서는 그리스도께서 베드로에게 열쇠를 주심으로써 이 사건을 통해 복음적 법의 권위가 확증되었음을 보여 준다. 마지막으로 두 법은 '재선포'되는데, 한 법은 약속의 땅 입성에서, 다른 한 법은 최후의 만찬에서 재선포된다.

20세기 초에 짧게 만개했던 성공회 도덕 신학, 특히 가장 탁월한 인물이었던 케네스 커크(Kenneth Kirk)의 글에서도 이런 관념을 확인할 수 있다. 오늘날 커크의 사상은 '정태적'이거나 '형이상학적'이라는 이유로, 또는 토마스 아퀴나스를 존경하는 이들이 가지고 있다고 여기는 다른 악덕을 이유로 비판받을 때가 많다. 이런 비판 중 다수는 빗나간 것이다. 커크는 로마 가톨릭 교본주의자(manualist)의 연역적 엄격성을 완화해야 할 필요가 있음을 너무나도 잘 알고 있었다. 그의 사상이 처한 진정한 위험은 도덕을 공동체-입법 기능으로 환원했다는 것이다. 그 결과는 『양심과 그 문제』(Conscience and its Problems)의 짧은 두 절 "도덕법의 상대성"(the Relativity of Moral Law)과 "관습과 재해석"(Custom and Re-interpretation)에서 매우 명확히 확인할 수 있다(pp. 71-86).

그는 토마스가 법을 신적인 법과 인간적인 법으로 구분하고 전자는 다시 자연법과 계시된 법으로, 후자는 시민법과 교회법으로 세분한 데서 출발한다. 그는 자연법의 "제일 원리"에 관해서만 의심의 여지가 없다는 주장을 할 수 있음을 상기시킨다. 계시된 법에 관해서도 같은 내용을 이야기할 수 있다. "의심의 여지가 없다"는 말은 이러한 도덕적 진리에 대한 우리의 확신이 "궁극적 직관"에 기초함을 의미한다(p. 72). 예수의 몇몇 가르침, 교회가 가르치는 몇몇 종교적 의무, 기독교 문명의 발전에 의해 확립된 특정한 도덕적 입장 역시 이런 식으로 도전을 면제받는다(p. 73). 이러한 제일 원리로부터 다른 원리가 연역되며, 때로는 "조만간 양심이 문제를 제기하기 시작할 때까지" 동일한 권위를 지닌다고 받아들여진다(p. 74). 따라서 한때는 도전받을 수 없다고 여겼던 다수의 이차적 원리가 "시간의 폭풍과 압박을 견뎌 내고 변하지 않은 채로 남아 있을 수 없음"이 밝혀졌다(p. 76). 하지만 "더 당혹스러운 것"은 우리가 제일 원리라고 여겼던 것조차도 결국에는 동일한 산(acid)으로 분해될 수 있음을 발견하게 될 때다. "어떤 합리적 그리스도인도 그 타당성에 문제를 제기하지 않는 것처럼 보인다는 사실이 오늘 그것을 지켜야 할 의무를 뒷받침하는 최종적 근거다. 하지만 그것이 합리적 그리스도인이 내일 그것에 대해 정당하게 문제를 제기해서는 안

된다는 것을 의미하는가?" 물론 그러한 수정은 "성령의 인도하심에 따라" 이뤄지겠지만, 원칙적으로 그 어떤 것에 대해서도 수정 자체를 금지하는 장치는 존재하지 않는다. 성경도 그런 금지 장치가 아니다. "모든 문장에는…다양한 해석이 있을 수 있기" 때문이다(p. 76). 따라서 일차적 원리와 이차적 원리를 명확하게 구분하기란 불가능하다. 그렇다면 신적인 법의 이차적 원리와 인간의 교회법을 예리하게 구별할 수도 없다. 신적인 법에 대한 모든 표현은 인간의 입술을 통해 이뤄진다. 따라서 각 세대의 교회는 "도덕 규범을 꼼꼼하고도 보수적으로, 하지만 대담하게 수정해야" 할 의무가 있다(p. 79). 이는 공식적 행동에 의해 이뤄질 수도 있지만, 관습 역시 그 관습이 합리적이고 확립되었으며 권위에 대해 받아들여질 수 있다면 "법을 도입하거나 해석하거나 폐지할" 수 있다(p. 81). 따라서 "관습의 작용과 폐기에는 아무런 제한이 없다"(p. 82). 물론 새로운 실천이 관습이 되려고 애쓰고 그 결과가 아직 명확하지 않은 혁명적 순간들이 있다. 이는 관습의 시작에 대한 불신이 존재함을 의미할 수도 있지만 꼭 그래야 하는 것은 아니다. 그리고 그런 불신이 존재하더라도 관습 자체의 정당성에는 영향을 미치지 않을 수도 있다. "따라서 우리는 교회의 의무 규정을…다른 모든 살아 있는 사상 체계와 마찬가지라고 생각해야 한다.…생명이 있는 모든 곳에 변화가 있고, 교회는 과거와 미래 모두를 향해 손을 뻗은 채로 존재하는 모든 순간마다 성장하고 발전하고 있다"(p. 85).

이렇게 "스콜라주의 신학의 날카로운 윤곽을 부드럽게 하는 것"(p. 80)은 사실 토마스 아퀴나스의 원칙에 대한 전면 공격임이 분명하다. 토마스는 변하지 않는 몇몇 진리는 확실하게 알려질 수 있다고 믿었다. 커크는 이를 부인한다. 그가 생각하기에, 우리는 변함없음에 대한 몇몇 주장을 "더 주저 없이"(!) 받아들인다. 그리고 그는 누군가가 비교급의 중요성을 놓칠 경우를 대비해 "그 너머로는 갈 수 없다"라고 덧붙인다(p. 77). 그는 두 단계로 불변의 진리를 폐기했다.

첫째, 계시된 법을 자연법에 동화시킴으로써 그리스도의 가르침조차 (칸트의 사상에서처럼!) 선험적인 도덕적 직관을 근거로 받아들이도록 했다. 그다음 둘째, 도덕적 직관 자체를 판에 박힌 방식으로 의심의 대상으로 삼는 척하게 하는데, 그가 보기에 이는 도덕적 직관을 압도할 수밖에 없다. 그가 예증한다고 주장하는 원리, 즉 "이성과 계시가 동일한 과정의 다른 양상"이라는 원리(p. 78)는 사실 전혀 다른 것임이 밝혀진다. 즉, 이성과 계시 모두 "시간의 폭풍과 압박"을 견뎌낼 수 있음이라는 동일한 궁극적 기준에 따라 평가받게 한다.

하지만 이 모든 것은 그 이전에 이뤄진 결정, 즉 제정된 법이든 관습법이든 공동체의 법이라는 관점에서 모든 도덕을 이해하고자 하는 결정으로부터 기인한다. 토마스 아퀴나스는 교회의 입법과 도덕 원칙 사이에 차이가 있다고 믿었다. 흥미롭게도 커크는 토마스의 구별을 오해하여 이를 확실성과 의심이라는 관점에서 재해석한다. 따라서 그는 계시의 관점에서 도덕 사상을 비판하는 것뿐만 아니라 도덕 사상의 관점에서 공동체의 규범을 비판하는 것도 불가능하게 만든다. 커크는 모든 도덕 사상이 무엇보다도 먼저 공동체에 의해 우리에게 규정된다고 생각한다. "교회의 규범"에는 법과 가르침이 무차별적으로 포함된다. 오랜 기억과 방대한 예견을 지니고 있기 때문에 보수적이지만 그런 이유로 정태적이거나 어떤 고정된 지점에 묶여 있지 않은 이 "살아 있는 사상 체계", 교회의 전통은 다른 모든 것을 판단하는 기준이 되는 규범이다. 커크가 고수하는 "낭만적 비전"은 철두철미하게 역사주의적이다. 이것이 놀라운가? 별로 놀랍지 않다. 제도적 보수주의의 핵심은 전통의 적응 가능성에 대한 찬양, 시간의 흐름을 타고 영광스럽게 흘러내려 가면서 아무런 사고 없이 모든 굽이를 헤쳐 나갈 수 있는 사회 제도에 대한 찬사이기 때문이다.

이런 사상에 대한 고전적 개신교의 반론은 세 단계로 제시할 수 있다. 첫째, 이 사상은 그리스도의 도덕적 가르침을 조직화된 사회를 위한 입법으로 전환함으로써, 일관되게 최소화하는 방식으로 그 가르침을 해석한다. 이혼에 관한 예수의 단호한 가르침이, 결혼 무효의 조건에 관한 교회의 확고하지만 인간적인 전통으로 온전히 설명되는가? 온건한 금욕 훈련에 대한 교회의 질서 있는 권고에 순종하면, 죄를 범하는 손이나 발을 잘라 내라는 명령이 뜻하는 바를 온전히 이해했다고 말할 수 있는가? 모든 사회에 구속력을 갖는 것과 마찬가지로 교회에도 구속력을 갖는 공적 정의의 조건은 언제나 예외적 요구를 인정하지 못하게 막는다. 하지만 예수의 도덕적 가르침이 가리키는 바는 바로 그러한 요구다. 둘째, 이 접근 방식에서는 전통을 신자와 성경을 매개하는 관계로 이해함으로써, 적어도 예수께서 하신 기록된 말씀의 권위에 도전하려는 유혹을 받는다. 열정적인 그릇된 해석에 맞서 예수의 말씀을 지켜 내겠다는 명분하에 언제나 신자로 하여금 유일하게 신뢰할 만한 지침의 원천인 전통으로 돌아가게 만들고, 이로써 암묵적으로 하나님 말씀이 직접적 주장을 부인한다. 따라서 셋째, 개인을 다시 한번 소외의 예속 상태에 가두어 놓았다. 오순절로부터 시내산으로, 남종과 여종에게 성령이 임한 사건으로부터 천사를 통한 언약의 매개로 되돌아가고 말았다. 하지만 개신교의 비판자들은, 개인의 영적 자유는 하나님이 직접 개인에게 말씀하신다는 사실, 성령 하나님이 개인의 영을 향해 증언하시고 예수 그리스도 안에 있는 하나님의 말씀에 동의하게 하신다는 사실에 근거한다고 주장한다.

현대 로마 가톨릭 사상에서는 개인이 공동체의 권위에 의해 부적절하게 제약받기 쉽다는 불만에 대단히 민감한 태도를 보였다. 그리고 이처럼 민감한 태도의 결실을 제2차 바티칸 공의회의 문서, 특히 훌륭한 『종교 자유에 관한 선언』(인간 존엄성, *Dignitatis Humanae Personae*)에 담긴 양심의 자유에 관한 다양한 진술을 통해 확인할 수 있다. 바티칸 공의회에 참여한 신부들이 합리주의적 함의를 지닌 '양심'을 종교적 결정에 관한 개인의 자유를 주장하기에 적절한 범주라고 보았다는 것은 확실히 유감스러운 일이다. 하지만 그들은 이를 넘어서야 할 필요가 있음을 분명 알고 있었다. 종교적 강압으로부터의 자유는 두 차원에서 옹호된다. 첫째, 진리를 추구하는 적합한 방법은 자유로운 탐구, 의사소통, 대화라고 일컬어진다(3). 둘째, 기독교 신앙의 행동 자체는 필연적으로 자유로운 행동이다(9). 따라서 자유에 대한 주장은 그 핵심에서 개인적 공간, 즉 생각하고 논증하며 진리에 대한 확신에 이르러 결국 스스로 신앙의 실존적 결단에 자신을 헌신할 수 있는 공간에 대한 주장이다. 이는 중요하며, 내용도 잘 표현했다. 하지만 복음적 자유의 의미에 관한 개신교인들의 관심사와 교회일치적 합의를 이루기에는 부족하다. 복음적 자유에는 성령께서 주시는 인식론적 자유, 즉 성경에 기록된 사도들의 증언에 비추어 교회의 가르침을 비판적으로 검토할 수 있는 자유가 포함되기 때문이다. 이와 관련해 이 문서에서는 이렇게 말하고 있을 뿐이다. "양심의 형성에서 기독교 신앙인은 교회의 거룩하고 확실한 교리에 세심한 주의를 기울여야 한다. 그리스도의 뜻에 따라 교회가 진리의 교사다"(14).

하지만 모든 하나님의 백성이 예언자라는 개신교의 주장으로부터 비롯된 이 세 반론에 더해, 앞서 말했던 내용에서 비롯된, 다른 성격의 네 번째 반론을 추가해야 한다. 이 접근 방식은, 교회가 그 자체로 고유한 자유를 지닌 도덕적 행위자이며 교회에는 하나님의 말씀에 대한 고유한 순종 및 복음에 부합하게 질서를 세워야 할 고유의 공적 삶이 있음을 우리가 인식하지 못하게 한다. 따라서 이 접근 방식은 교회의 **권징**을 이해할 수 없는 것으로 만든다. 중세 초기에 공적 참회를 사적 참회로 대체하는 운명적 결정을 내렸을 때, 교회는 공동체의 권징이라는 근본 원리를 잊어버리고 말았음을 드러냈다. 그 시점 이후 출교를 포함한 권징 체계 전체는 참회하는 사람의 도덕적·영적 형성을 위한 사적 서비스라는 관점에서 정당화되어야 했다. 하지만 참회하는 사람이 그런 서비스로부터 유익을 얻을 필요가 없거나 유익을 얻을 수 없다면 어떻겠는가? 이 질문은 항상 개신교 안에 암묵적으로 존재했으며, 종교개혁 일부에서는 출교를 실시하기 위해 전혀 다른 원리가 필요함을 인식하는 데 근접했다. 하지만 질문도 대답도 명시적이지 않았으므로 계몽주의로 인해 종파주의적 개신교 공동체를 제외한 모든 공동체에서는 교회의 권징이 사라지기 전 이에 대한 인식이 일반적으로 이뤄지는 데까지 나아가지는 못했다. 핵심은 권징이 우선은 참회하는 사람을 위해 존재하는 것이 아니라 교회가 온전한 공적 삶을 살 수 있게 하기 위해 존재한다는 것이다. 공동체의 공적 삶이 자유롭게 복음을 표현하지 못한다면, 공동체 전체가 부패할 것이며 복음을 위해 부름받았다는 의식을 상실하고 말 것이다. 물론 '복음을 표현함'이란 예수 그리스도 안에 있는 하나님의 죄 사함이라는 복음을 표현한다는 뜻이다. 따라서 모든 참된 교회의 권징은 죄인의 처벌보다는 화해에 초점을 맞춰야 한다. 그럼에도 그 목적은 공적이다. 공적 스캔들은 약화된 기준으로 인해 공동체 전체가 겪는 수치다. 그리고 그에 대해서는 공동체적 죄의 고백과 사죄를 통해 적절한 해결책을 찾아야 한다. 그 스캔들이 (필연적인 것은 아니지만)

사적 잘못에서 시작될 수도 있지만, 권징의 기능은 교회의 공동체적 삶과 관련해 발생하는 공적 문제에 대처하는 것이다. 이를 인식할 때까지 교회는 너무나도 익숙한 오해의 악순환 때문에 계속해서 당혹스러워할 것이다. 즉, 사람들은 어떤 스캔들 때문에 수치스러워하고, 성직자나 주교에게 강경한 조치를 요구할 것이며, 주교들은 사람들이 가혹하며 용서할 줄 모른다고 생각하고, 사람들은 배신당했다고 생각하며, 모든 것이 서로 엇갈리는 상황이 벌어지고 만다. 이는 공적 정의에 관한 교회의 의례, 즉 회개의 공표와 용서의 확신이라는 것을 사적인 것으로, 개인주의적 의미에서 '사목적인' 것으로 만들고자 한 시도가 낳은 필연적 결과다.

공동체가 복음에 대한 순종을 공동체적인 것으로 만들 수 있는 자유는 그 공동체가 개별 구성원에 대해 권위를 가질 수 있는 근거다. 동시에 하나님에 대한 즉각적 책임 안에서 복음에 순종할 수 있는 그의 개인적 자유는 공동체가 그에게 행사할 수 있는 권위의 한계를 규정한다. 이 두 자유가 충돌하기 쉽다는 것은 명백하다. 교회 역시 타락한 세상의 조건하에서 모든 공동체가 직면할 수밖에 없는 위험, 즉 개인적 주체의 삶과 무한한 열망을 제한된 정도로만 뒷받침할 수 있을 뿐이기 때문에 전체의 이익과 개인의 이익이 양립 불가능하게 될 수도 있는 위험으로부터 자유롭지 않다. 그러나 교회에 관해 이야기할 수 있는 더 중요한 점은 이 자유들이 결국에는 수렴한다는 것이다. 둘 사이에 충돌이 발생할 때 이는 죄와 오해로부터 비롯된 잠정적 충돌일 뿐이다. 두 자유 모두 하나님의 나라라는 동일한 종말론적 실재에 의해 승인된 것으로서 이 나라 안에서는 모든 개인적 소명이 전체와 조화를 이루면서 성취되고 완성되기 때문이다. 이는 교회의 삶 안에서 개인과 집단의 종말론적 화해의 실현이 시작될 수 있음을 의미한다. 적어도 사랑 안에서 함께 살아가는 부분적인 경험이 있을 수 있다. 교회의 자유와 개인의 자유 모두 서로 안에서 그 성취가 이뤄지며, 이로써 하나님 나라의 윤곽을 개략적으로 드러낸다. 하지만 하나님 나라는 우리가 마지막 심판이라고 부르는, 하나님의 진리 말하기라는 그 결정적 행동을 통해 진리가 거짓에 대해 승리는 거두는 사건을 토대로 삼기 때문에, 교회와 개인의 자유는 **진리를 말하고** 모든 기만이 정죄받을 궁극적 실재의 성격을 드러내도록 그들에게 주어진다는 데에도 있다. 개인에 대한 교회의 권위를 더 자세히 살펴볼 때, 우리는 자유의 이 두 측면 모두를 염두에 두어야 한다.

교부 시대에 시작되었고 서양 가톨릭교회 안에서 크게 발전한 한 교리는 **명령**(command)과 **권고**(counsel)의 대조라는 관점에서 이 두 자유의 만남을 나타냈다. 개인에게 권고할 수 있지만 의무로서 그에게 요구할 수는 없는 도덕적 규정들이 있었다고 한다. 세속적 재산과 결혼의 포기가 그런 예에 해당한다. 이런 권고를 받아들인 사람은 아무런 강요도 받지 않고 자유롭게 그런 행동을 했으므로 하늘나라에서 더 크게 보상받을 것이다. 하지만 이를 받아들이지 않는 사람이 죄를 범하는 것은 아니었고 처벌받지도 않았다. 물론 이런 구별을 최종적 보상이나 처벌과 연결하는 것은 중대한 실수였다. (눅 17:7 이하에 기록된 비유에 반하여) 하나님의 요구가 선에 대한 전면적 요구보다는 제한적이라는 주장 때문에 종교개혁자들은 이 교리에 대해 대단히 정당한 분노를 느꼈다. 이는 한편에 있는 하나님의 명령과 다른 한편에 있는 선과 악이라는 궁극적 실재 사이에 위험한 쐐기를 박는 것이어서, 신학적 윤리는 도덕적으로나 형이상학적으로나 의심스러워질 수밖에 없었다. 윤리의 형이상학은 일의적(unitary)이어야 한다. 어떤 행동이 의무적이라면 이는 직접적이든 간접적이든 선과의 관계로 인해서 그러해야 하며, 바로 그 관계로 인해서 그것을 행하는 것은 자유롭다. 행동을 한편에 있는 자유로운 행동과 다른 한편에 있는 의무적 행동으로 나눌 때 자유와 의무라는 관념 모두를 파괴하고 만다.

하지만 명령과 권고의 구별 안에는 이런 비판으로부터 되찾아 낼 수 있는 정당한 통찰도 존재했다. 이 구별은 하나님이 하시는 요구의 한계가 아니라 사회적 요구의 한계와 관계가 있다. 이중적 기준을 제시하는 도덕 이론은 언제나 정치나 교회론처럼 사회적 요구 사항의 관점에서 윤리를 바라보고 있음을 보여 준다. 하지만 윤리에 대한 사회적 접근 방식은 언제나 사회학적 용어로 설명할 수 없는 도덕적 자각의 영역이 존재한다는 인식으로 마무리된다. 일단 이런 인식에 도달하고 나면 그것을 다양한 방식으로 해석할 수 있다. 예를 들어, 세속적 자유주의 윤리에서는 도덕이 '사적'이라고 여겨지는 영역, 즉 개인이 선택하거나 채택하는 가치로 이뤄진 영역을 구별하기를 좋아한다. 권고와 명령의 신학적 구별은 중요한 의미에서 이와 다르다. '권고'라는 범주에서는, 공동체 규범 외부의 도덕이 행위자를 제외한 그 누구도 견해를 주장할 권리를 갖지 않는다는 의미에서 '사적'이라는 것을 인정하지 않는다. 이는 공적 토론과 추천의 영역이다. 또한 이 영역의 가치를 '선택된' 것이라고 이해하지도 않는데, 이는 그 가치를 도덕적이기보다는 미적인 것처럼 보이도록 만드는 경향이 있다. 이런 가치는 모든 의무가 그러하듯 선과 하나님의 명령에 뿌리를 내리고 있는 의무의 영역이다. 핵심은 그것이 직접적 언설의 영역으로, 사회적 제약의 강화 없이 개인에게 무언가를 요구한다는 것이다. 그 내용은 선행과 비행이 공적으로 관찰될 수 없는 인간 성취의 영역, 즉 생각, 태도, 동기라는 내적 삶과 개인적 소명에 대한 반응이다. 소명의 예를 들자면, 만약 쇠렌 키르케고르가 하나님을 무시하고 레기네 올센(Regine Olsen)과 결혼했다면, 하나님과 키르케고르만 이 사실을 알았을 것이다. 덴마크 교회는 그의 불순종에 관해 아무것도 알 수 없었을 것이다. 따라서 덴마크 교회는 키르케고르에게 레기네와 결혼하지 말라고 어떤 정당한 압력도 가할 수 없었을 것이다. 하지만 교회는 원칙적으로 그런 불순종이 가능함을 분명히 알았을 것이며, 키르케고르가 불평하듯 독신의 소명에 대한 그의 주의를 환기하는 데서 훨씬 더 나아가 독신의 소명을 받은 사람들에게 그 소명에 충실하도록 권면할 수도 있었다.

특히 이런 결정의 영역을 가리는 은폐성이 개인의 모든 결정 속에도 더 적은 정도로 존재하므로, 교회는 그에게 고전적 형식의 교리가 다루는 소명의 영역뿐만 아니라 그의 모든 도덕적 결정에 관해 그에게 명령하기보다는 권고할 수 있다. 사실 권고는 교회가 개인에게 이야기하는 가장 특징적인 언설의 형식이다. 하나님이 직접 말씀하시는 존재, 또한 그의 특수한 결정이 공적 시선으로부터 부분적으로 은폐된 존재라는 그의 지위를 존중하기 때문이다. 하지만 이는 교회가 개인의 결정의 옳고 그름에 관해 아무것도 알지 못하는 체한다는 것이 아니다. 권고할 때 교회는 그리스도 안에 있는 하나님 계시의 권위와 예수, 예언자, 사도의 도덕적 가르침을 가리킨다. 교회는 바른 태도와 결정이 비록 세부 사항에서는 은폐되어 있고 이해할 수 없어 보여도 그 계시에 대한 사려 깊은 순종으로부터 나오는 것임을 알고 있기 때문이다. 따라서 교회는 **권위를 가지고** 권고한다. 교회의 권고는 다원주의 사회에서 대중이 선호하는 비지시적 모형, 권고하는 사람의 역할이 듣는 사람으로 하여금 자신의 신념을 발견하고 진술하도록 돕는 것으로 국한되는 모형으로 형성되지 않는다(그렇다고 해서, 특히 심리 치료 상황에서 그런 접근 방식이 **도구적** 가치를 지님을 부인하는 것은 아니다). 하지만 규칙을 만들고 그것에 대한 순종과 충성을 기대하는 사회로서 교회의 정치적 권위에 은밀하게 호소하는 방식도 아니다. 그것은 교훈적인 도덕적 권위로서, 그 위에 서 있는 진리의 권위에 호소하며 듣는 사람을 가르치는 사람과 동등한 관점에 두려고 한다. 교회는 논증, 설득, 성경 해설을 통해 자신의 주장을 펼치며, 문제가 궁극적으로 명령의 수준으로 넘어가게 되면 어느 정도 실패하고 만 것으로 여긴다. 그러므로 교회의 권고는 강압적이지 않으면서도 권위가 있다. 교회는 계시의 권위를 전달하며, 그 권위에 의해 교회의 말 자체가 승인을 얻는다. 교회는 듣는 사람과 더불어 그 권위에 순종하고자 한다.

권위를 행사하는 동시에 그 권위 아래 서 있는, 교회의 권고가 지닌 이러한 이중적 양상이 성 바울이 사도로서 자신의 사역에 대해 변론하는 고린도후서 5:20-6:1에 완벽하게 표현되어 있다. 영어 번역본 대다수에서 이 대목을 잘못 해석하고 있는 것처럼 보인다. 나는 이렇게 번역한다. "그러므로 우리는 그리스도의 대사로서 여러분 앞에 서 있습니다. 이는 마치 하나님이 우리를 통해 여러분에게 권면하시는 것과 같습니다. 따라서 우리는 그리스도의 이름으로 여러분께 간청합니다. '하나님과 화목하십시오! 그분께서 우리를 위해 죄 없으신 분을 죄가 되게 하셔서 우리가 그분 안에서 하나님의 의가 될 수 있게 하셨습니다!' 하지만 우리는 여러분과 함께 일하는 이들로서도 여러분을 향해 말하면서 하나님이 베푸신 은혜가 헛되이 받지 말라는 권면을 덧붙입니다." 영어 번역자들은 고린도전서 3:9의 병행 구절 때문에 마치 최면에 걸린 듯 고린도후서 1:24을 무시하면서 사도들이 하나님의 협력자라는 의미로 '함께 일하는 이들'[쉬네르군테스(synergountes)]로 지칭된다고 생각해 왔다. '여러분과 함께'[휘민(hymin)]라는 구절을 보충하는 크리소스토모스의 해석이 훨씬 더 낫다(In ep. ii ad Cor. hom. 12). 이렇게 함으로써 그는 5:20과 6:1의 두 주장을 상호 보완적인 것으로 만들며, 이는 이 편지 전체를 통해 제시되는 사도의 권위에 관한 신중하게 균형 잡힌 견해를 반영한다(즉, 바울이 고린도에 보낸 아마도 다섯 번째였을 마지막 편지는 6:14-7:1을 제외한 고후 1-7장으로 이뤄질 것이다). 바울은 편지 전체에 걸쳐 자신이 고린도인들**과 함께** 복음의 권위 **아래** 서 있음을 강조한다. 1:20-21에서는 하나님의 모든 약속이 그리스도 안에서 '예'가 된다고 말하며, 말하자면 사도의 말로 '아멘'이라고 덧붙인다. 그리스도 안에서 사도와 제자 모두를 확실하게 지키시는 분은 하나님이시다. 세 절 뒤에서(1:24) 바울은 위협이 될 수 있는 자신의 방문을 취소했다고 말하는데, 이는 권위주의적 태도를 취하기 위해서가 아니라 권위주의적 유형의 갈등을 피하기 위함이었다. "우리는 여러분의 믿음을 다스리는 이들이 아니라 여러분의 기쁨을 위해 함께 일하는 이들[쉬네르고이(synergoi)]입니다. 여러분은 바로 여러분의 믿음으로 서 있기 때문입니다"(즉, 우리의 믿음으로가 아니라!). 사도의 사역과 모세의 사역의 대조는(3:4-4:6), 모세의 권위에 속한 절제의 가리개 없이 공개적으로 이뤄지는 기독교의 의사소통이 어떻게 다른지 강조한다. "우리가 선포하는 바는 우리 자신이 아니라 주이신 예수 그리스도이기 때문입니다"(4:5). 하지만 이러한 사도의 자기 부인 같은 맥락에서도 사도적 권위에 관해 말할 여지가 있다. "…예수를 위하여 우리가 여러분의 종이 된 것." 사도는 자신이 그리스도의 심판대 앞에 서리라는 예상을 모든 사람과 공유하지만(5:10), 그에게는 그 심판이 **이** 섬김을 그가 어떻게 수행했는지에 관한 문제도 다룰 것이라는 차이가 있다. 그러므로 그는 하나님의 면밀한 검토와 자신이 섬기는 이들의 면밀한 검토에 동일하게 열려 있는 채로 "주를 두려워하는 가운데" 사역을 수행한다(5:11). 하나님은 화해와 더불어 화해의 **직분**과 화해의 **말씀**도 주셨다. 따라서 사도는 모세가 매개체였거나 시내산의 천사들이 매개체였던 것처럼 의사소통의 매개체가 아니다. 그들의 권위는 하나님을 표상하고 그분의 얼굴을 숨기는 것으로 이뤄져 있었다. 하지만 그는 하나님이 이루신 바의 일부로, 따라서 하나님이 이미 행하신 바에 종속되며, 그가 말하는 대상인 사람들과 하나로서, 그들에게 사랑을 받는 것은 말할 것도 없고 그들이 조사하고 평가하는 대상이 된다(7:2-3). 그의 목표는 자신의 말을 듣는 이들이 자신에게 독립하게 만들고 그들이 그리스도의 복음을 향하게 하는 것이다. 하지만 그는 언제나 복음을 전달하는 자리를 가지고 있을 것이며, 그 권위 있는 주장을 강력히 펼칠 것이다. "**지금**이 '받을 만한 때'이며, **지금**이 '구원의 날'이다!"(6:2)

교회가 권고를 선고하는 것을, 마치 공동체가 개인의 자유를 촉진하기 위해 자신의 집단적 자유를 제한하는 것처럼 일종의 자기 부인 규정이라고 생각하는 것은 실수일 것이다. 공동체 자체의 자유는 결코 규칙에 대한 순종을 임의적으로 요구하는 방식으로 표현될 수 없으며, 진리 안에서 일치를 이루는 공동체가 되는 방식으로만 표현될 수 있기 때문이다. 하지만 교회는 순종을 임의로 요구할 수 있는 규칙들을 가지고 있다. 세상 안에서 교회는 조직화된 사회라는 형식을 지니며, 따라서 정치적 권위의 구조를 지닌다. 치리 기구, 행정 규칙, 규칙 위반에 대한 제재 등을 마련해 놓고 있다. 그러나 회중주의 전통을 제외한다면 기독교 신학은 이런 형식을 교회의 본질로 이해하기를 언제나 거부해 왔고, 교회의 권위를 이처럼 순수하게 내재적인 교회-정치적 권위 이상의 무언가로 이해해 왔다. 우리에게는 이런 구별을 체현하는 두 형용사, 즉 '교회적'(ecclesial)과 '교회법적'(ecclesiastical)이라는 형용사가 있다. 교회의 권위는 하나님 나라의 증인이라는 교회의 정체성을 드러낼 때만 참으로 **교회적**이다. 교회가 하나님으로부터 받아서 지니게 된 권위를 임의적인 **교회법적** 질서가 반드시 표현하는 것은 아니다. 그 질서는 하나님 나라에 대한 교회의 증언에 긍정적으로 기여하도록 형성될 때만 그 권위를 표현한다. 교회가 권고에서 명령으로 전환하는 것에 관해 이야기할 때 우리가 가리키는 이 임의적 권위는 하나님 나라를 섬길 수도 있지만 하나님 나라의 참된 본질에 대해서는 이질적이다. 따라서 개인의 자유뿐만 아니라 공동체로서의 교회의 삶에도 제약을 가한다. 이런 제약이 필수인 것은, 교회가 아직 하나님 나라의 온전한 빛 안에서 살지 못하고 하나님의 심판이라는 그림자 아래에서 살아가는 삶을 세상과 공유하기 때문이다. 세속 사회의 정치적 구조가 강압적 규칙이라는 형태로 표상된 하나님의 심판에 의존하는 것처럼, 교회의 구조 역시 하나님의 심판이라는 표지에 의존한다. 그러나 교회의 표지를 구별하는 점은, 교회의 표지가 완전히 상징적으로 마지막 심판, 즉 모든 심판을 종식할 심판을 가리킨다는 것이다.

하나님에 대한 단호한 불순종에 직면하여 신약 교회는 이에 대해 공적 행동, 즉 하나님 나라에서 실현되는 조화의 토대가 되는 진리와 거짓의 최종적 분리를 드러내는 행동으로 대응했다. 출교는 하나님의 말씀을 거부하는 이들과 그것에 따라 살아가는 구속된 공동체 사이에 종말론적으로 존재해야 할 간극을 가리켰다. 죄인의 공적 화해가 회개와 믿음을 통해 이 간극의 제거를 가리켰다는 점도 똑같이 중요하다. 교회가 이처럼 하나님의 심판에 대한 표지를 행동으로 나타낼 때 근거로 삼았던 권위는 순수하게 교훈적인 것도 아니고 순수하게 정치적인 것도 아니었다. 그것은 두 요소가 모두 존재하는 혼합된 형식이었다. 이미 교회의 교훈적·정치적 권위 안에서 전통적으로 구별되는 이 형식이 수렴하는 경향을 보여 왔다. 한편으로, 순수한 교훈적 권위는 순종이 아니라 오직 이해만을 다룬다. 하지만 교회의 가르침은 교회가 증언하는 진리가 단순히 발견되는 것이 아니라 계시되어 있으며 따라서 순종과 믿음에 대한 요구를 수반한다는 사실에 영향을 받는다. 다른 한편으로, 순수한 정치적 권위는 이해가 아니라 오직 순종만을 다룬다. 하지만 교회의 정치적 권위는 공적 삶에서 복음을 명료하게 만든다는 목표를 지향한다. 권징을 실행할 때 교회는 정치적으로 행동하지만, 하나님의 말씀을 선포하는 데 전적으로 초점을 맞추는 방식으로 그렇게 한다. 신약성경에서 출교와 화해를 실행할 때 우리는 이 세상의 조건 안에서 공적 행동과 진리 사이의 간극을 극복한다는 목표에 최대한 가까이 다가간다. 여기서 공적 행동은 더 이상 공동체의 자기 관리나 자기 보존이라는 통상적 목표를 지향하지 않고 단순히 행동을 통한 증언으로 변화하기 때문이다.

그렇기 때문에 하나님의 심판을 가리키는 이 표지는, 교회-정치적 질서를 거부하는 것이 아니라 하나님의 말씀을 거부하는 것에 대한 대응으로서만 적절하게 발동할 수 있음을 강조하는 것이 중요하다. 현대의 사례를 몇 가지 들자면, 교회가 성찬을 집례한 평신도나 교회 승인 이전에 여성을 서품한 주교의 문제를 다뤄야 한다고 가정해 보라. 그러한 질서 위반은 비록 심각하기는 하지만 단지 질서 위반일 뿐이다. 교회의 규정을 거역했지만 하나님의 말씀을 거역한 것은 아니다. 이런 경우에 출교라는 권징 수단을 사용한다면, 이는 출교를 교회 법적 질서의 자기 방어를 제일 고려 사항으로 삼는 정치적 권위의 행동으로 격하시키는 셈이다. 과거에 이뤄진 이런 식의 남용 때문에 주요 기독교 교파 안에서 그러한 실천 자체가 광범위하게 무너지고 말았다. 반면에 한 교인이 금전적 이득을 위한 폭력적 위협을 공개적으로 옹호하고 실행한다고 상상해 보라. 이는 교회의 규정에 대한 도전이 아니라 교회가 증언해야 할, 그리스도께서 주신 도덕적 가르침의 권위에 대한 도전이다. (한 학급의 북미 자유주의 개신교 학생들이, 시칠리아에서 마피아 두목들을 위해 거행된 성대한 가톨릭 장례식 방송 장면을 보면서 교회의 권징이 필요한 이유를 갑자기 깨닫게 되었던 때가 떠오른다!)

이 양극단 사이에는 더 모호한 사례들이 놓여 있다. 그리스도께서 주신 가르침의 권위는 본문에 실제로 기록된 말에 국한될 수 없고 그 말이 암시하는 생각의 경향 전체로 확대되어야 할 것이다. 그러므로 교회는 신학적 논증만으로 특정한 결론에 이를 수밖에 없어 보이는 문제에 관해 권징이라는 제재를 가지고 명령할 수 있을 것이다. 예를 들어, 교회는 성경 본문에서 안락사를 명시적으로 정죄되지 않았더라도 안락사가 성경적 윤리와 무조건적으로 모순된다고 주장할 수 있다. 그럴 때 교회는 그런 금지 명령이 단지 교회법적 명령에 그치지 않도록 그런 주장을 공적 검증과 토론의 대상이 되게 해야 한다. 하지만 그 주장이 그리스도께서 주신 가르침의 권위를 받아들이는 이들 사이의 일반적 합의를 요구하는 한 권징 제재를 가하는 것이 적절할 수 있다. 하지만 논증이 그저 신학적인 것이 아니라 사실에 대한 비판적 판단이 필요한 사례를 생각해 보라. 예를 들어, 경제 정의에 대한 교회의 지지 여부가 쟁점인 상황에서 교인 중 일부가 서양의 부르주아 민주주의(예컨대 캐나다)에서는 폭력 혁명을 통해서만 가난한 이들을 멸절로부터 구할 수 있다고 주장했다고 알려졌다고 가정해 보라. 교회는 어떠한 통상적 판단에 비춰 보아도 매우 조악한 정치적 판단에 불과한 것을 근거로 사람들을 그리스도의 사귐으로부터 축출하려고 해서는 안 된다. (하지만 혁명에 대한 지지가 더 노골적으로 이데올로기적이며, 따라서 복음의 진리에 대한 더 직접적인 도전인 경우도 상상해 볼 수 있다.) 다른 한편으로, 교회가 그런 영역에 관해 조언을 제공할 권리가 있음을 부정할 이유도 없다. 물론 교회는 모든 전제가 신학적이지는 않은 주장도 전개할 수 있다. 핵심은 교회 자체가 그런 주장의 형태를 이해하고 다른 이들도 그것을 이해하도록, 또한 의견의 불일치가 하나님의 말씀에 대한 직접적인 순종과 불순종 문제일 수 있는 경우와 그렇지 않은 경우를 구별하도록 권고해야 한다는 것이다.

교회가 권고에서 명령으로 이동한 것에 내재적 모순이 있다고 생각할 수도 있다. 권고의 핵심은 종말론적 드러남의 순간이 **아직** 이르지 않았고, 따라서 개인의 결정이라는 현실이 여전히 공적 관찰로부터 은폐되어 있다는 것이다. 하지만 교회가 공인된 명령을 내림으로써 하나님의 말씀에 대한 불순종을 확인하고 그에 대한 하나님의 심판을 발동하는 것처럼 보이려 한다는 주장이 있다. 우리가 일관성을 유지한다면, 명령보다 권고를 추천하는 통찰은 결국 우리에게 배타적으로 그것만을 추천하도록 이끌지 않겠는가? 결국 주요 개신교 교파에서 출교를 사용하지 않게 되는 상태를 승인하는 결과를 암시하지 않겠는가? 교회 권징의 목적(그리고 이는 출교뿐만 아니라 화해에도 그대로 적용된다)이 교회의 공적 온전성을 지키는 것임을 떠올린다면 그런 결론을 내릴 필요는 없다. 불가피하게 이는 외형의 영역에 속하며, 하나님의 심판이 지닌 실체가 아니라 그 심판의 표지를 제공한다. 그렇다면 교회가 필수적으로 기능해야 할 공적 외형의 영역을 어떻게 평가할 수 있는가? 분명히 그것은 감춰진 모든 것이 밝혀질 종말에 가시화될 진리의 온전한 드러남에는 미치지 못할 것이다. 교회의 공적 삶은 많은 형태의 은폐에 취약하다. 최선의 키르케고르적 방식으로, 그 온전성을 보편적으로 이해할 수 없고 드러낼 수 없는 개인을 악의 없이 정죄할 수도 있다. 교회는 훨씬 더 흔하게, 순종을 외적으로 나타냄으로써 내면의 반역과 거부를 은폐하는 개인을 훌륭한 자격을 갖춘 구성원으로 받아들일 것이다. 게다가 교회의 판단은 미래의 숨겨짐에 취약하다. 즉, 한 개인이 어떤 존재가 될지 아무도 알 수 없으므로 아무도 그에 대한 최종적 심판의 말을 할 수 없다. 따라서 심판의 표지를 세울 때 교회는 잠정적으로 행동할 수 있을 뿐이다. 표지 역시 외형의 영역에 속하며 하나님께 심판을 받을 것이다. 그 어떤 것도, 심지어는 출교조차도 복음의 진리에 따라 사는 사람을 교회로부터 분리할 수 없다. 하지만 그렇다고 해서 외형의 영역이 절대적 환상의 영역이라는 뜻은 아니다. 현실의 잠정적 드러남이 우리에게 주어진다. 이 표지의 중요성은 그것이 교회의 공적 삶을 종말론적 현실을 볼 수 있는 행동의 영역으로서 진지하게 받아들인다는 것이다. 그리고 그것이 단지 현실에 대한 증언일 뿐이며 공적 삶의 제약과 모호성 아래에서 작동하는 것이라고 말할 수도 있겠지만, 그럼에도 그것은 성령께서 **승인**하셨고 그 제약과 모호성에도 불구하고 그것을 통해 하나님의 말씀이 알려져 왔다. 진리 안에서 사랑의 일치를 이루는 공동체는 비록 덧없고 불완전하지만 우리 가운데 존재할 수 있으며, 우리에게 천국의 삶을 보여 줄 수 있다.

"우리의 유월절 양 곧 그리스도께서 희생되셨느니라. 이러므로 우리가 명절을 지키되 묵은 누룩으로도 말고 악하고 악의에 찬 누룩으로도 말고 누룩이 없이 오직 순전함과 진실함의 떡으로 하자"(고전 5:7-8). 질문은 간단하다. 교회가 공동체로서 정말로 자유롭게 이 무교병으로 이 유월절을 지킬 수 있는가? 답은 '예'다. 교회는 걸림돌이 되는 죄, 즉 알려져 있으며 회개하지 않은 죄를 제거함으로써 교회의 공적 삶의 형태를 규정할 수 있기 때문이다. 교회는 "묵은 누룩을 버리고" "새 덩어리"가 될 수 있다(7절). 성 요한에 따르면, 바로 그것이 그리스도께서 부활 이후에 그분의 사도들에게 숨을 불어넣으시면서 "성령을 받으라. 너희가 누구의 죄든지 사하면 사하여질 것이요. 누구의 죄든지 그대로 두면 그대로 있으리라"라고 말씀하실 때 그들을 위해 행하신 바다(20:22-23). 물론 이는 사도들이 죄를 **임의로** 용서하고 그대로 둘 권리가 있음을 암시하지 않으며, 오히려 그 권리는 모두를 회개와 용서로 초대하는 복음 선포에 따름을 암시한다. 또한 이는 사도들이 하나님의 **최종적** 말씀을 말할 수 있음을, 즉 하나님의 푸시리라는 소망을 넘어서서 묶거나 하나님이 묶으시리라는 두려움을 넘어서서 풀 수 있음을 암시하지도 않는다. 예수께서 **하늘에서** 묶고 푸는 것에 관해 명시적으로 말씀하시는 마태복음의 약속(16:19; 18:18)에서도 이를 암시하지 않는다. 그 의미는, 교회 안에서 복음 선포에 따라 이런 권징의 권력을 행사하는 것이 교회가 사회적 기관으로서 자신을 보호하기 위해 채택한 교회법적 수단에 불과한 것이 아니라는 사실이다. 그것은 복음이 선포하며 그리스도의 죽음과 부활을 통해 이미 나타난 최종적 심판의 **표지다**. 우리는 이를 복음 전도자들이 회개하지 않는 마을을 떠날 때 발의 먼지를 털어 버리라는 명령을 받았던 것과 비교할 수 있다. 그런 표지는 교회가 복음을 선포할 때 분명하게 자신을 표현할 수 있게 하고, 불신앙과 회개하지 않는 일을 만나고서 이를 거부할 수 없다면 교회의 메시지에 필연적으로 달라붙을 수밖에 없는 모호성을 극복할 수 있게 한다.

하지만 물론 복음이 죄 사함을 이야기하지 않는다면, 특히 심판을 선언할 때 죄 사함을 이야기하지 않는다면 그 복음은 복음이 아니다. 죄 사함과 심판은 교회가 그 사이에서 오락가락해야 하는 대립되는 극단이 아니라, 진리가 거짓에 영향을 주는 방식의 상호 보완적 양상이다. 따라서 마태복음에 우리를 위해 기록된 규칙(18:15-20)에서, 권징 실행에 접근하는 방식에서는 이 죄 사함의 말을 명료하게 말하고자 한다는 바람을 선언한다. (같은 정신으로 교부 시대의 교회에서는 이전에 출교의 대상이었던 이들을 받아들일 때 안수를 통한 화해의 예식을 고안했다.) 이는 심판을 선포하는 것에 대한 주저함이나 거리끼는 양심을 암시하지 않는다. 결국 회개란 우리가 그리스도의 십자가에서 심판과 그 심판의 대상 모두를 바라봄으로써 우리에 대한 하나님의 심판을 **받아들이는 것**이다. 마태복음의 규정에서 암시하는 바는, 섣부르게 공적으로 알리는 일을 피하라는 것이다. 즉, 재고할 시간을 더 이상 허용하지 않을 하나님 나라의 최종적 나타남을 저지하려는 바람이다. 하지만 이런 방식으로 사적으로 처리할 때조차도 교회는 두세 사람의 인격 안에서 여전히 교회**로서** 행동하며, 승천하신 그리스도의 권위를 교회가 직면한 거짓과 죄에 적용한다. 이것이 18:19-20의 명백한 함의다. 화해를 통해 심판이 나타나게 하는 것이 교회의 올바른 활동이다. 하지만 교회에 반대하며 완고하게 회개하지 않는 태도를 대할 때 교회는 다른 방식으로 같은 권위를 주지함으로써 교회의 공적 삶을 지켜 낼 수 있다. 즉, 교회는 공적 심판을 발동할 수 있다.

아나니아와 삽비라 이야기(행 5:1-11)를 통해 우리는 성 누가가 이 수단이 함의하는 바를 어떻게 이해했는지 배울 수 있다. 우리는 누가가 섣부르게 최종적 심판을 발동하려는 열광적 시도에 맞서 종말론적 기대의 참된 성격을 명확히 하려고 일관되게 노력해 왔음을 기억해야 한다. 야고보와 요한이 사마리아

마을에 불을 내려 달라고 기도하기를 바랐을 때 예수께서 그들을 책망하셨던 사건을 성 누가만 기록했다는 점을 기억해야 한다(9:52-56). 하지만 초기 예루살렘 교회를 묘사하면서 누가는 사도적 심판이 이처럼 놀랍고도 무시무시하게 실행되었던 사건을 포함한다. 사도행전 초기 장들의 모든 사건이 그렇듯 이 사건은 교회의 권능을 보여 주는 전형적 사건이 아니라 원형적 사건으로 보도록 기록되었으며, 덜 명시적이기는 하지만 교회의 삶을 뒷받침하는 오순절 권위의 특징을 가장 날카로운 모습으로 묘사한다. 이렇게 이해할 때 교회의 권위는, 진리를 모호하게 만드는 것에 맞서 진리를 지켜 내는 능력, 기만을 관통하여 숨겨진 것을 명백하게 만드는 예언자적 말씀에 의해 심판을 행하는 능력에서 나온다. 이 심판은 하나님의 최종적 심판과의 관계로부터 그 무시무시한 과단성을 이끌어 내는데, 하나님의 최종적 심판은 인간의 준궁극적(penultimate) 심판에 그 그림자를 드리우고 역사 안에서 그 자체를 알리는 것처럼 보인다. 물론 그러한 예언의 순간은 누군가가 교회 권징을 실행할 때마다 발생하는 무언가가 아니며, 개인에 관한 하나님의 최종적 말씀과 연관된 무언가를 암시하는 것도 아니다. 교회는 그의 영혼에 대한 하나님의 마지막 말씀이 전혀 다르기를 바라면서 "이런 자를 사탄에게 내어 주어" 육신이 멸망당하게 하는 것 이상의 조치를 취할 수 없고 그렇게 해서도 안 된다(고전 5:5). 하지만 사탄을 언급할 때 궁극적 결정은 준궁극적 결정 안에서 형태를 갖춘다. 준궁극적 심판을 행할 때조차도 신약 교회는 이로서 최종적 심판을 가시화하고 있다고 이해한다. 이런 방식으로 교회는 그 안에서 살아가고 있는 모호성에 의해 교회의 공적 삶이 침식되는 것을 막고, 인간이 창조된 선과 맺고 있는 모호한 관계에 관한 하나님의 마지막 말씀인 복음으로 교회의 공적 삶을 계속해서 빚어 나간다.

3부 도덕적 삶의 형식

9 • 도덕 장

이 연구의 3부 주제는 도덕적 삶의 형식으로, 1장에서 설명했듯 이를 사랑이라고 부른다. 우리의 책무는 "온전하게 매는 띠"인 사랑을 설명하는 것이다(골 3:14). 어떤 이들에게는 이 책무가 불필요하거나 불가능해 보일 것이다. 객관적으로 그리스도 안에서, 주관적으로 성령 안에서 하나님이 행하신 구속 사역이라는 복음을 선포했으므로 더 이상 말할 것이 없기 때문이다. 여기에 무언가를 더할 때 결국 우리가 5장에서 주장한 모든 것에 반하여 윤리에 '다른 무언가', 즉 복음 선포 내의 휴지기, 인간의 행동을 위한 펠라기우스적 중지가 존재한다는 의심을 불러일으키지 않을 수 있겠는가? 다른 한편으로, 사랑은 설명의 대상이 될 수 없기에 이 책무는 불가능해 보일 수 있다. 그것을 가리키는 것 이상으로 무언가를 할 수 있는가? 그것을 사랑으로 만드는 모든 것을 비워 내고 그것을 도덕적 삶의 다른 개념, 아마도 율법주의적 개념을 가리키는 암호로 만들지 않으면서 그것이 암시하는 바를 펼쳐 보일 수 있는가? 이런 이유로 많은 신학자는 우리에게 더 이상 이 길로 나아가지 말라고 충고할 것이다.

현대 신학에 가해지는 바로 그 제약이 윤리학 연구를 형식주의적인 철학적 도식에 사실상 넘겨주고 말았다는 사실이, 이런 의심에 대한 결정적 답은 아니지만 그런 의심에 대한 유용한 경고일 수는 있다. 이곳이 근대의 철학적 논의가 가장 활발했던 영역이기 때문이다. 정의주의(emotivism), 직관주의(intuitivism), 공리주의(utilitarianism), 보편적 규범주의(universal prescriptivism) 등 우리가 학생으로서 배웠던 윤리학의 위대한 형식 이론이 여기에 자리 잡고 있다. 일부 도덕철학자의 관점에서 윤리 연구는 사실 여기서 시작한다. 그리고 신학이 윤리 연구와 관계가 있다고 생각하는 공감적 태도를 취하는 이들조차도 여전히 앞의 여덟 장을 마지막 네 장에 대한 긴 서문으로 간주하는 경향이 있을 것이다. 우리는 명백히 그런 관점을 거부한다. 그렇지 않다면 이렇게 책을 쓰지 말아야 했다. 그럼에도 어떤 신학자가 형식적 질문이 신학적 윤리 안에서 정당한 위치를 차지할 수 없다고 말하려고 한다면, 적어도 그가 자신이 세우려는 장벽의 본질을 이해할 수 있게 하라. 한때 개신교 신학자들이 기독교 윤리의 관심사가 '도덕철학과 전혀 무관하다'고 선언하는 일종의 전투 함성으로 윤리에 관한 논의를 시작하는 것이 유행이었다. 이런 허세의 결과는 (유익했을 수도 있는) 옳고 그름에 대한 철학적 이해와 신학적 이해의 참된 대결이 아니라, 철학적 윤리가 그 자체의 형식적 영역 안에서 자율적이라는 생각을 확증하는 것이었다. 이는 기껏해야 신학이 그 분야를 포기하는 것을 의미했고, 최악의 경우에는 비신학적 사상 범주를 신학 담론의 핵심 안으로 은밀하게 받아들이는 것을 의미했다.

누군가가 사랑이 세상 안에서 취하는 모습에 관해 이해할 수 있는 것을 아무것도 말할 수 없다고 생각한다면, 그 사람은 자신의 확신을 논리적으로 끝까지 따라가서 침묵을 지켜야 한다. 그런 사람에게 도덕적 논증은 금지된 영역이어야 한다. 그의 길은 영적이며 금욕적인 신학의 숨겨진 길을 따라서 나 있을 뿐이다. 그가 먼저 전면적인 부정신학적 맹세를 하고서 현재의 모든 윤리적 논의에 관해 자신의 견해를 장황하게 늘어놓을 수는 없다. 그런 견해는 빌려 온 것, 즉 교회의 옷을 입고서 특정한 대중적 철학, 아마도 공리주의나 실존주의 철학을 복제한 비신학적 견해인 것으로 밝혀질 수밖에 없다. 윤리에서 특수한 문제에 관한 의견을 형성하거나 정당화하고자 한다면 신학적으로 해야 한다. 이는 윤리의 형식적 질문을 신학적인 해석과 비판으로 가져오는 것을 의미한다. 물론 이는 우리가 철학자들이 제시하는 이런 질문에 대한 현재의 해석을 아무런 주저함도 없이 받아들일 것임을 암시하지 않는다. 신학은 그 질문을 어떻게 답하는지에 관해서뿐만 아니라 그 질문을 어떻게 공식화하는지에 관해서도 말할 것이기 때문이다. 우리가 복음에 대한 인간의 반응이 어떤 형식을 취하는지에 관해 물을 때 복음 선포를 포기할 필요는 없다. 우리는 성 바울의 표현처럼(갈 5:22) "성령의 열매"에 관해 묻고 있다.

성 누가의 글에서 우리는 한 무리가 복음 선포를 듣고 나서 "우리가 무엇을 해야 하는가?"라고 물었던 때를 두 차례 본다. 각각의 경우에 답이 달랐다. 세례 요한(눅 3:10 이하)은 구체적인 도덕적 조언으로 답했다. "옷 두 벌 있는 자는 옷 없는 자에게 나눠 줄 것이요, 먹을 것이 있는 자도 그렇게 할 것이니라." 반면에 성 베드로(행 2:37-38)는 "너희가 회개하여 각각 예수 그리스도의 이름으로 세례를 받고 죄 사함을 받으라. 그리하면 성령의 선물을 받으리니"라고 대답했다. 율법과 복음의 대조, 그리스도께서 오시기 이전 설교와 이후 설교의 대조라는 관점에 이러한 차이를 해석하는 것은 잘못일 것이다. 세례 요한은

(예수의 이름과 성령의 약속을 제외한다면) 성 베드로가 했던 답을 충분히 할 수 있었고, 성 베드로는 요한이 했던 것처럼 쉽게 대답할 수 있었을 것이다. 오히려 핵심은 도덕적 삶의 형식에 관한 물음이 답에 대한 두 가지 다른 접근 방식을 불러올 수 있다는 것이다.

하나의 접근 방식은 복음이 불러일으키는 행동의 종류와 관계가 있다. 여기서는 도덕법의 내용을 설명하기 시작한다. 그리고 도덕법이 창조된 질서 자체의 다양한 복수형식성(pluriformity)을 반영하기 때문에 이 대답에서는 여럿 중 어딘가를 특수한 출발점으로 선택하여 무엇보다도 먼저 옷이 두 벌 있는 사람들을 향해 말한 다음 세리나 군인이나 다른 부류의 사람들이 처한 상황처럼 다른 종류의 상황에 대해 이야기해야—이 사례에서 그러하듯—한다. 다른 접근 방식은 도덕적 행위자의 성향과 관계가 있다. 이는 보편적이고 단순하며 모든 사람에게 동등하게 즉각 적용된다. 우리는 이 둘의 차이가 그저 **특수성**의 차이라고 생각하고 싶은 유혹을 느낄 수 있다. 즉, 베드로의 말은 마치 '이웃을 사랑하라'라고 말함으로써 세례 요한이 선명하게 구별하려고 애썼던 도덕적 책임의 모든 세부 사항을 한 번의 붓질로 덮으려 하듯이 대단히 일반적인 접근 방식을 취함으로써 보편적 단순성을 성취했다는 것이다. 하지만 이는 다른 성향 사이에서 구별되는 성향인 회개와 다른 행동 사이에서 구별되는 행동인 세례의 특수성을 간과하는 해석일 것이다. 따라서 예언자와 사도의 조언이 차이가 나는데, 이는 도덕적 삶의 양극단에 해당하면서도 상호 보완적인 양상, 즉 하나님의 구속 사역의 상호 보완적인 객관적·주관적 양상, 그리스도 안에서 이뤄지는 세계 질서의 갱신과 성령에 의한 도덕적 행위자의 갱신으로부터 기인하는 양상을 다루기 때문이다. 복음이 속량된 우주라는 현실 앞에서 자유로워진 행위자들에 관해 이야기한다면, 그들의 행위가 취하는 형식은 그들이 마주하는 식별 가능한 질서 및 그들의 그 안에서 행동하는 자유 모두와 조화를 이룰 것이다. 도덕적 삶의 형식은 한편으로는 행동의 **질서 잡힌 도덕 장**, 다른 한편으로는 행동의 **질서 잡힌 도덕 주체**의 형식일 것이다. 더 전통적인 용어를 사용하자면, 그것은 **인간의 행동**뿐만 아니라 **도덕적 성품**과도 관계있는 형식일 것이다.

질서 잡힌 도덕 장: 다원성에서 복수형식성으로

우리는 '인간 행동들'이라는 범주의 한 특징, 즉 그것이 복수형이라는 점에서 시작할 수 있다. 한 인간 행위자는 자신의 시대에 단 하나의 행동이 아니라 수많은 행동을 수행한다. 도덕적 삶을 '인간 행동들'로 본다는 것은 이를 인간이 행하는 일련의 분리되고 구별되는 사건들로, 즉 세계에 대한 단일한 반응이 아니라 복수의 반응으로 나누어 봄을 의미한다. 인간 행위에 대한 이 분석이 이상적인 과학적 관찰자가 수행할 수 있는 분석이 아니라 이미 도덕적 분석임을 주목하는 게 중요하다. 그러한 관찰자가 누군가 두 시간 동안 편지를 쓰는 것을 지켜본다고 상상해 보라. 이 시간 동안 관찰 대상이 되는 사람은 책상에서 여러 번 일어나고, 생각하기 위해 방을 돌아다니며, 괜히 책장에서 책을 뺐다가 다시 꽂아 넣고, 커피를 만들며, 편지에 서명하고 편지를 봉인할 것이다. 30분 정도 전혀 다른 일을 한 후에 결국 편지를 다시 열어 추신을 적을 수도 있다. 이 행동을 지켜보는 관찰자는 관찰 대상이 사지를 움직이거나 멈출 때마다 이를 완벽하게 정리할 수도 있지만 그런 움직임과 멈춤 자체가 행동은 아니다. 여기서 이뤄진 인간의 행동은 식별할 수도, 심지어 열거할 수도 없다. 그렇게 하기 위해서는 관찰자 이상의 어떠한 존재가 되어야 한다. 그는 스스로 도덕적 행위자가 되어야 한다. 도덕적 행위자는 행동의 목적을 인식할 수 있기에 다른 행동들을 도덕적으로 이해할 수 있다. (물론 그렇더라도 얼마나 많은 행동이 있었는지에 관해 두 도덕적 행위자가 의견을 달리할 수도 있다. 하지만 이는 이 행동의 한 단계나 다른 단계가 무엇을 위한 것인지, 그것이 독립적 중요성을 갖는지에 관해 도덕적으로 의견이 불일치한 것이다.) 하지만 이 모든 것은 한 인간과 다른 인간의 행동 차이가 그 행위자의 태도에 내재한 어떤 분열에서 기인하는 게 아니라 변화하는 행동의 장에서 기인한다는 뜻이다. 변화하는 행동의 장이 몇 시간에 걸쳐서 한 행위자 앞에 일련의 행동 목적들을 제시하며 그중 일부에 대한 그의 반응을 이끌어 낸다.

이를 깨달을 때 당혹스러운 질문이 떠오른다. 우리가 하는 행동의 시간적 구별, 그리고 그로 인한 우리 행동의 전개가 우리가 세계에 부과하는 것이 아니라 변화하는 세계가 우리에게 부과하는 것이라면, 우리는 어떻게 **새로운** 행동의 목적을 인식하고 그에 반응해야 하는지 물어야 한다. 새로움이라는 문제가 역사적 실존의 핵심 문제다. '역사적' 실존은 스스로 시간적 성격을 지니고 있음을 알고 있으며 시간적 연쇄의 의미, 즉 역사적 목적론에 관해 질문할 수 있는 실존 형식으로서 단순히 '시간적인' 실존과 구별된다. 그러므로 그것은 새로움에 대한 자각, 각각의 에피소드가 그보다 선행하는 것과의 관계 속에서 '새로운' 것이라는 감각을 포함한다. 하지만 여러 근대의 철학에서 지적해 왔듯 이러한 자각은 우려스럽다. 행동의 장이 해석되지 않은 채로, 따라서 어쩌면 이해할 수 없는 상태로 우리에게 다가옴을 암시하기 때문이다.

우리의 불안이 더 혹은 덜 근원적인 형태를 취할 수도 있다. 불안이 덜 근원적인 형태일 때 우리는 새로운 사건의 연쇄가 선을 인식하기 어려운 것으로 만든다고 생각할 수 있다. 따라서 우리는 인간 행위를 주기적으로 발생하는 일련의 의도적 혹은 반성적 위기로 인식하며, 이런 위기 속에서 우리는 무엇을 해야 할지 몰라서 당황하거나 특정한 과거의 결정이 우리의 기억에서 도드라져 나와서 우리를 괴롭힌다. 우리는 어려운 결정에 초점을 맞추면서 일차적으로 이런 위기의 순간을 통해 우리의 행위 주체성을 자각하게 된다. 전통적인 '결의론적' 윤리 형식은 많은 부분에서 인간의 행위 주체성의 본질에 대한 이런 이해에 대응하는 과정에서 형성되었다. 그것은 '도덕적 문제' 혹은 '난제'를 다루는 학문이다. 지금은 '난제 해결 윤리학'(quandary ethics)을 비판하는 것이 유행이지만(윤리가 위기에 **국한된다**고 생각하는 한 이런 비판은 정당하다), 그것이 우리가 행동이 장을 만나는 방식에 관해 우리에게 말해 주는 바를 간과하는 것은 실수일 것이다. 행동이라는 책무는 세계를 헤쳐 나가는 우리 경로의 역사적 차원에 의해 위험한 일이 된다. 우리는 매번 우리가 알지 못하며 인식할 수 없는 우주에 의해 위협을 받으며, 여기서 기억은 우리에게 도움을 주지 않거나 심지어 우리를 잘못된 길로 이끌 수도 있다. 삶은 일련의 도전이며 그 어떤 도전도 다른 도전과 동일한 규칙을 따르지 않는다.

하지만 우리의 불안이 더 위협적인 형태를 띨 수도 있다. 다음에 오는 것을 전에 있었던 것의 관점에서 정말로 인식할 수 없다면, 이는 행동하는 주체로서 우리의 연속성에 특별한 함의를 가질 것이다. 새로운 선을 인식하고 그에 반응하는 만큼, 그에 따라(ipso facto) 우리는 옛것을 고수하려는 태도를 약화해야 한다. 옛것과 새것은 동일한 도덕 장(moral field) 안에서 살아갈 수 없기 때문이다. 인식할 수 없는 것을 인식할 때 우리는 변화되고 우리 스스로 인식할 수 없는 대상이 된다. 우리의 현재가 아직 미래였을 때 우리의 과거가 그것을 이해할 수 없었듯 우리의 과거는 더 이상 우리의 현재가 이해할 수 없는 것이 된다. 우리의 정체성은 우리가 참여하는 세계와의 관계 속에서 우리에게 주어진다. 따라서 세계가 변형(metamorphosis)될 때 우리의 정체성도 바뀔 수밖에 없다. 도덕 장을 일련의 분리된 새로움으로 나눌 때 행동하는 주체는 근원적으로 변하는 속성이라는 산(acid)에 의해 용해될 수밖에 없다. 행위자는 다수의 행동을 수행하는 한 주체가 아니라 복수성이, 즉 세계의 변화하는 자기변형적 의미가 불러일으키는 역할과 반응의 연속, 혹은 (심지어 이렇게까지 말할 수 있을 텐데) 그가 행동해야 하는 서로 다른 세계의 연속이 되고 만다.

 도덕 사상에 대한 근대의 두 접근 방식이 어떻게 새로움이라는 문제를 다루는지를 살펴볼 때 이러한 불안의 본질이 더 명확히 드러날 것이다. 첫 번째 접근 방식에서는 **과거의 경험**을 불러내고, 우리 자신의 개인적 기억뿐만 아니라 우리의 기관과 공동체가 지닌 기억을 우리의 길을 밝히는 최선의 횃불로 사용하자고 제안한다. 우리는 우리 선배들이 그들의 미래를 향해 행동했던 것과 동일한 방식으로 알지 못하는 미래를 향해 행동해야 한다. 그리고 우리의 미래와 그들의 미래가 동일하지 않음을 알고 있음에도 우리의 새로운 환경이 허락하는 만큼 최대한 그들의 행동 방식을 모방하겠다고 의식적으로 결단함으로써 새로움이 지닌 묵시론적 힘을 길들여서 편안한 적응 과정을 통해 이를 관리할 수 있는 지점에 이를 수 있을 만큼 충분한 연속성을 확립하기를 바란다. 알 수 없는 것을 묶어 두려는 이런 전략을 '보수주의'라고 부른다. 그리고 이 명칭은 역사적 실존의 문제를 자의식적으로 다루는 이런 전략에만 적용되어야 한다. 하지만 보수주의의 끈은 델릴라가 삼손을 묶었던 새 밧줄만큼이나 그 책무에 부적합하다. 기억이 근원적 변화를 실제로 이겨 낼 수 있느냐는 문제를 차치하더라도 과거에 대한 지식이 현재에 대한 지식으로 단순히 변형될 **수 없다**는 문제가 남는다. 과거에 대한 지식은 우리가 지금 직면하는 것이 무엇인지를 우리에게 말해 줄 수 없고, 따라서 과거의 어떤 선례가 유효한지, 그것을 어떻게 적용해야 하는지를 우리에게 말해 줄 수 없다. 알 수 없는 것을 길들이는 유일한 방법은 그것을 아는 것뿐이다. 보수주의는 만족스러운 지식 경로를 제공하지 못하기 때문에 알 수 없는 것을 길들인다는 환상을 제시할 수 있을 뿐이다. 이 환상은 의심할 나위 없이 상당한 사회적 가치를 지닐 수도 있지만(그리고 이것이 보수주의가 철학적 태도보다는 정치적 태도로서 더 큰 타당성을 갖는 이유다), 삶을 살아갈 때 우리에게 실존적으로 필요한 이해를 제공하지는 못한다.

20년 전에 도덕 규칙에 대한 조지프 플레처(Joseph Fletcher)의 '상황주의'(situationist) 이론을 둘러싸고 격렬하게 벌어졌던 논쟁의 가장 가치 있는 성과는, 과거를 기억함으로써 새로움의 문제를 극복하려는 보수주의 전략이 안고 있는 어려움을 가능한 한 가장 명확하게 드러냈다는 점이다. 물론 플레처는 전형적인 보수주의자가 아니었다. 모든 상황이 독특하며 그 요구 사항을 '미리' 가늠할 수 없다는 그의 주장은 역사를 옛것으로부터 새것이 거의 지각할 수 없는 방식으로 출현하는 것으로 이해하는 진화론적 보수주의의 관점과 충돌했다. 하지만 우리가 옛것과 새것을 이해의 유일한 관점으로 삼고 역사주의가 그렇게 할 수밖에 없듯 모든 초역사적 중재를 배제한다면, 옛것으로부터 새것으로의 전환이 점진적이든 급작스럽든 그것이 무슨 차이를 만들겠는가? 플레처의 단절론은 보수적 역사주의를 포함한 모든 역사주의의 참된 구조를 드러냈다. 그가 사용한 방식이 보여 주듯, 보수주의적 기획의 명백한 무능함은 그것이 사용하기에 부적합함을 부각했을 뿐이다. 그의 사상에서 이 기획이 취한 형식은 '요약 규칙' 형식이다. 그는 이 형식이 전통적으로 해 왔던 주장을 인정하기에는 여전히 한참 미치지 못함에도 규범적 규칙에 적절하게 양보하는 방식이라고 생각했다. 따라서 그는 "거짓말을 금하는 규칙과 같은 규범적 규칙에 대해 바랄 수 있는 최대한은, 그것이 폭넓고 길며 성숙한 경험에 기초해 지혜롭게 간추려 낸 '요약'일 것이라는 점"이라고 말한다. 그런 규범적 규칙에 관해서는, "우리가 아가페와 카이로스(*kairos*)를 결합하려고 노력하는 주어진 상황을 해명할 수 있다"라고 언급된다("What's in a Rule?", p. 331). 하지만 이는 분명 지나치게 큰 기대다. 아무리 많은 과거의 경험으로부터 이끌어 낸 요약 규칙이라 하더라도, "**그 어떤** 도덕 규칙에 의해서도 실제로 미리 정해져 있어야 하는 행동이 **전혀 없는**" 현재의 상황에 대해 어떤 해명을 할 수 있는가? "구체적인 상황에서 규범을 초월하는 기준(즉, 아가페)과 우연하게도 조화를 이루기 때문에 규범적 윤리의 일반적 원칙이 때때로, 심지어는 자주 유효하며 구속력을 갖는다"고 말하는 것은 본질적으로 아무것도 양보하지 않는 것이다(p. 332). 규범적 원칙과 아가페의 우연한 일치는 사후적으로(*post factum*)만, 즉 그 원칙의 도움 없이 먼저 결정을 내린 후에만 인식할 수 있기 때문이다. 다시 말해, 미래가 더 이상 미래가 아니라 과거가 되었을 때 비로소―이전이 아니라 이후에―우리는 그것과 그것보다 선행하는 이전의 과거 사이의 합리적 연속성을 관찰할 수 있다! 하지만 "결정의 자유와 일반적으로 유효한 원칙 모두를 위한 공간을 마련하는" 윤리가 "보수적 입장"을 차지한다는 플레처의 주장은 완벽하게 옳지 않았는가?(p. 327)

두 번째 접근 방식에서는 **예상**을 통해 새로움의 위험을 극복하기를 제안한다. 미래는 우리에게 알려져 있지 않지만, 사건들 안에는 우리가 합리적 기대를 형성할 수 있고 일어날 일에 대해 제한된 수준의 책임을 질 수 있게 하는 어떤 규칙성이 존재한다. 인간 행동 각각은 그 결과를 통해 미래에 영향을 미친다. 이러한 행동-결과 결합체는, 새로움의 위협을 제어하고 그것을 인간의 재량권 범위 안에 둘 수 있다는 희망을 영어권의 주요한 사상 전통에 제공해 왔다. 우리가 '결과주의'(consequentialism)라고 부를 수 있는 것(덜 정확하게는 '공리주의'라고 부르지만 엄밀히 말해 이는 유 개념 안의 종 개념이다)은, 역사를 인간이 만든 일종의 인공물로 간주함으로써 역사적 실존의 공포를 제거하려는 프로그램이라는 것이 그 핵심이다. 한 행동의 결과는 너무나도 하찮아서 뒤따르는 사건이 무한한 연쇄 속에서 매우 일찍 무의미함 속으로 흡수될 수밖에 없음에도, 특정한 일반 정책을 통해 수행되는 많은 행동의 축적된 결과는 무시할 수 없기 때문이다. 그리고 미래가 결코 적극적으로 계획된 현재 행동의 결과로 배타적으로 구성될 수 없음에도, 놀라움과 예상치 못한 우연성조차 적어도 일반적 차원에서는 허용될 수 있고 그 결과 우리가 현재 책임지고 있는 것의 범위 안에 들어온다. 따라서 우리의 현재 행동은, 말하자면 우주를 위한 총체적 미래에 도움이 되는 전략적 선택일 수 있다. 그 미래를 만날 때 그것은 더 이상 우리에게 새롭지 않을 것이다. 더 많은 분별력을 통해서든 더 적은 분별력을 통해서든 우리 자신이 선택한 사물의 상태일 것이기 때문이다.

현대의 결과주의를 [고대 세계의 '행복주의'(eudaemonism)에 견줄 수 있는] 고전적 목적론 윤리의 한 형태일 뿐이라고 해석하며, 목적론 윤리와 의무론 윤리의 대조라는 관점에서 결과주의와 규칙 기반 도덕 사이의 문제를 이해하는 관점에서는 그것의 가장 놀라운 특징, 즉 **역사적 결과**라는 관점에서 최고선의 고전적 범주를 재해석한다는 점을 간과해 왔다. '…을 위하여'[투 헤네카(*tou heneka*)]라는 가치 질서가 '…을 발생시키는'이라는 의미를 갖는, 전혀 다른 '…을 위하여'에 의해 대체되었다. 기독교적이든 이교적이든, 목적론적이든 의무론적이든, 모든 고전적 윤리는 행동이 경향적으로 만들어 내는 결과라는 관점에 따라서만 행동을 평가하자는 제안에 의해 그 핵심에서 도전받고 있다. 이러한 제안은 **행동** 평가를 완전히 거부하는 것으로 이해할 수밖에 없다. 사실 우리는 그것이 더 나아가 행동이라는 **범주** 자체를 포기하자는 제안이라고 말할 수도 있다. 역사를 인공물로 재해석할 때 행동이 의미를 가질 수 있는 유일한 맥락을 폐기하기 때문이다. 행동은 위험을 암시한다. 즉, 완결된 행위를 수행하고, 가능한 결과라는 위험한 짐을 가득 실은 채 그것을 세상 안에 풀어놓아 다른 사람의 행동으로부터, 우연으로부터, 사고로부터, 쇠락으로부터 그것에 닥칠 운명을 마주하고, 그것을 우리가 헤아릴 수 없는 섭리의 돌봄에 전적으로 의탁하는 위험을 암시한다. 행동에 관해 말한다는 것은 우리가 **그 안에서** 행동하는 역사를 암시한다. 역사를 안전하게 행동으로 꾸려 넣고 이로써 모든 행동을 총체적 미래의 선택으로 이해하고 나면, 우리에게는 행동할 가능성이 전혀 남아 있지 않게 된다. 우리가 하는 모든 것이 하나의 거대한 제조 과정이 된다.

물론 역사의 불안을 극복하려는 이 두 근대적 시도 사이에 두드러진 수렴이 일어난다. 결과주의자는 우리의 현재 행동이 세계 역사에서 처음으로 이뤄진 행동이 아님을 숙고할 수밖에 없기 때문이다. 그 자체가 이전 세대가 선택한 우주의 일부, 과거의 행위자들에게 책임이 있는 '미래'의 일부다. 물론 그들은 다른 시대에, 다른 목적을 가지고, 대단히 다양한 성공을 이루며 행동했던 다수의 행위자였다. 하지만 원칙적으로 그들이 저마다 우주를 위한 총체적 미래를 선택하고 있었으므로, 우리는 과거에 내린 결정 안의 다양한 모순적 요소가 그 자체를 상쇄하도록 내버려두고 현재의 세계가 하나의 거대한 집단적 결정, 우리가 어떻게 행동하든 우리 자신의 행동과 그로부터 발생하는 모든 가능한 미래를 아우르는 결정의 산물이라고 상상할 수도 있다. 따라서 현재 우리가 내리는 결정은 그저 **해석적인** 결정처럼 보인다. 즉, 이 결정을 통해 우리는 과거의 선택, 의심할 나위 없이 오산이 동반되지만 그럼에도 우리가 지금 하는 일에 의미의 틀을 제공하는 선택에 의해 이미 개략적으로 결정되어 있는 세계에 실체를 부여한다. 따라서 우리가 우리의 후계자들이 직면할 결정을 이해할 수 있는 것으로 만든다는 확신은 우리의 선배들이 했던 행위가 지금 우리가 직면해야 하는 결정에 의미를 제공한다는 믿음을 강화한다. 따라서 우리의 결과주의자는 보수적 입장에서 이 문제에 접근하는 알래스테어 매킨타이어의 말에 결국 동의할 것이다. "전통에 대한 적절한 감각은 과거가 현재 이용 가능하게 만들어 준 미래의 가능성을 파악함으로써 자신을 드러낸다"(*After Virtue*, p. 207).

하지만 미래가 그 모든 예측 불가능성에도 불구하고 하나님의 세계의 미래, 그분의 창조된 질서의 역사라는 사실에 의해 이미 묶여 있지 않다면 아무것도 미래를 묶을 수 없다. 많은 이가 과거에 관한 연구를 통해 지혜로워진 것은 사실이다. 하지만 과거를 사물들의 초역사적 질서에 대해 숙고하고 연구하는 거울로 사용할 때만 그런 일이 일어난다. 우리가 역사 앞에서 공포 대신 확신을 가지고 살 수 있게 해 주는 이해는 새로움을 파악하고 이해하며 우리의 경험 안으로 통합할 수 있는 측정 기준을 제공해야 하기 때문이다. 우리의 경험을 통해 접촉할 수 있는 객관적 세계 질서로부터 실제로 그런 측정 기준을 이끌어 내지 않는다면 단순히 그것을 우리의 경험으로부터 소환해 낼 수는 없다. 변화를 측정하고 그리하여 변화 너머에 있는, 세상 속의 그것이 무엇인지에 대한 시각을 부여받을 때만 우리는 용기 있게 변화에 마주할 수 있다.

이러한 시각을 고대인들은 '지혜'라고 불렀다. 지혜란 모든 새로움이 그 나름대로 창조된 질서의 항구성과 안정성을 드러내며, 따라서 아무리 놀랍고 상상 못한 것이더라도 그것이 과거에 일어난 일과 전적으로 통약 불가능하지는 않다는 인식이다. 이는 새것이 옛것과 비슷하지 않다는 것은 비현실일 뿐이라는 주장을 암시하지 않는다. 비슷하지 않은 것들조차도 서로의 관계 속에서 그것을 아우를 수 있는 질서가 존재한다면 동일한 우주의 일부로 보일 수 있다. 역사의 경험을 특징짓는 상황과 사건의 **복수성**(plurality), 즉 모든 사건이 '새로우며' 다른 모든 사건과 다르다는 사실은 세계 질서 안의 **복수형식성**(pluriformity)으로 이해할 수 있다. 이것은 다른 것들이 그것들의 종류적 관련성을 이해할 수 있게 해 주는 이해 가능성의 총체적 틀 안에서 발생하고 서로를 뒤따를 수 있음을 의미한다. 종류적 질서가 없다면 새로운 것을 정말로 이해할 수 없을 것이다. 그것은 절대적으로 특수할 것이며 이는 인간의 사고력으로 파악할 수 없기 때문이다. 만약 우리가 철저하게 '독특한 상황'을 마주하게 된다면, 그것은 우리와 우주를 파괴하고 말 것이다. 지혜는 우리가 각각의 특수한 것은 그 모든 새로움 속에서 해석하고 이로써 다른 것들과의 차이를 가늠하여 그 종류에 따라 적절하게 그에 반응할 수 있게 함으로써, 말할 수 없고 알 수 없는 독특함에 대한 영속적 두려움에서 우리를 해방한다. 따라서 지혜는 새로운 것을 대할 때 이를 인식할 수 있게 하고 새로운 도덕적 결정을 내릴 수 있다. 그리고 이런 가능성과 더불어, 도덕적 행위자는 항상 새로운 것을 만나는 역사적 존재임에도 일관된 도덕적 태도를 유지할 수 있는 가능성도 생겨난다.

흔히 이스라엘에는 그리스 사상을 특징짓는, 변화와 역사에 대립되는 안정성과 영원에 대한 감각이 없었다고 말하지만 이는 옳지 않다. 이스라엘과 그 이웃에서 흔히 볼 수 있었던 잠언을 만드는 전통에 관해 이야기하듯이 지혜를 **토라**로 해석하는 경향이 이런 주장을 뒷받침할 수 있다. 즉, 임의적이며 역사적으로 결정된 하나님의 명령으로 사물의 영원한 안정성을 대체한다는 것이다. 이 주장은 구약성경에 대한 균형 잡히지 않은 해석에 기초하고 있지만(하나님의 명령이 '영원하다'는 말씀이 얼마나 많이 기록되어 있는가!) 여기에는 설명해야 하는 내용이 있다. 사실 지혜를 율법으로 표상하는 것은 이스라엘 신앙의 핵심, 즉 세계-안의-삶과 하나님-앞에서의-삶의 만남을 선언하는 일이다. 두 측면에서 이 주장에 접근할 수 있다. 한편으로, 세계-안의-삶을 위해 필요한 세계 질서 이해는 이스라엘을 택하셔서 자기 백성으로 삼으신 하나님의 은혜로운 선물로 알려져 있었다. 다른 한편으로, 선택이라는 타오르는 불, 주께서 자신을 계시하실 때 역사 전체를 휩쓸었던 초월적 폭풍의 의도는 바로 땅에 생명이라는 복을 내리려는 것이었다. 냉정하게 관찰하는 초연함이 필요하고 교육받은 이들에게 국한될 수밖에 없다는 태생적 한계를 지닌 지혜는 율법의 형태로 모두에게 즉시 이용이 가능하도록 주어졌으며, 언약 안에서 예배하고 기뻐하라는 명령과 짝을 이루었다. 세계-안의-삶이라는 기쁨은 하나님-앞에서의-삶이라는 기쁨과 함께 주어진 선물이었다. 동시에 역사의 초월적 주께서 내리신 임의적 명령은 질서 잡힌 삶을 살아야 할 책임을 전제한다. 출애굽과 정복의 하나님은 자신이 또한 창조의 하나님임을 보여 주셨다. **토라**에서 창조된 질서의 도덕적 권위와 선택하시는 하나님의 초월적 권위는 하나가 되었다. 이것이 이스라엘이 누리는 안전의 원천, 즉, 그로부터 예언자들이 언제나 해체와 무의미함을 초래할 것이라고 위협하는 고대 근동의 사건을 이해하고 그것을 찬양과 감사의 노래로 만들었던 망루였다.

하나님의 선물인 율법이 마주했던 실존적 문제를 이해해야만 구약의 예배자들이 **토라**에 관해 이야기할 때 기뻐했던 이유를 이해할 수 있다. 율법은 '죽음'이라는 위협으로부터 구원에 대한 가장 감동적인 감사의 표현들을 끌어냈다. 예를 들어, 시편 119편을 오랫동안 묵상한다면 누구든 율법(과 그 모든 동의어)이 생명, 건강, 기쁨, 안녕과 계속해서 연결되고 있다는 데 감명을 받지 않겠는가? 그것은 미래를 전적으로 알 수 없는 것으로서 마주해야 하는 것이 다름 아닌 죽음이기 때문이다. 우리는 세계 안의 다른 모든 것과 똑같은 불안정을 피할 수 없고 닥칠 수 있는 새로운 상황 때문에 해체될 수도 있다는 것만 알고 있는 상태에서 죽음을 마주해야 한다. 그러나 "여호와여, 주의 말씀은 영원히 하늘에 굳게 섰사오며"(시 119:89). 예배자가 자신과 세계를 그 말씀과 그 율법의 감독 아래에 둘 때, 그는 안정된 준거점을 갖게 되며 안전해진다. 도덕법에 대한 이러한 찬탄이 기독교가 마땅히 두려워해야 할 율법주의로 귀결될 수 있는가? 물론 그럴 수 있다. 율법의 구원론적 맥락을 더 이상 생생하게 경험하지 못하게 되자마자 그것은 자기만족을 위한 구실이 될 수도 있고 새로운 두려움의 원인이 될 수도 있다. 하지만 서정적 감정이 풍부하게 분출되는 이 시에서는 구원으로서의 율법이라는 의미가 다른 모든 생각을 압도한다.

결의론과 도덕적 배움

따라서 도덕적 행위자는 '도덕법'(명시적으로 직접적인 결정을 촉구하는 방식으로, 즉 의무론적으로 공식화된 창조된 질서에 대한 통찰을 담고 있는 지혜를 가리킨다)을 갖춘 상태에서 모든 새로운 상황에 접근한다. 그가 생각 속에서 특수한 상황과 도덕법을 연결할 때 도덕법은 상황을 조명하고 해석하여 그가 이에 관한 도덕적 판단에 이를 수 있게 한다. 하지만 동시에 이러한 조명은 그 원천으로 다시 반사되어, 그 결과 그는 특수한 상황뿐만 아니라 이에 관한 종류적 도덕법도 더 분명히 이해할 수 있게 된다. 그 상황이 그나 다른 누군가가 직접적으로 행동해야 하는 상황이든 그나 다른 누군가가 이미 행동한 상황이든, 심지어 그저 생각해 보기 위해 상정하는 순전히 가설적인 상황이든 그것은 중요하지 않다. 숙고든 반성이든 추상적인 도덕적 탐구든 특정한 사례에 대한 고찰은 도덕법, 즉 창조된 질서 자체에 관한 배움을 포함한다. 이른바 '결의론'의 핵심은 단지 문제를 해결하는 것이 아니라 지혜가 성장하는 것이다.

이 시점에서 우리가 이 논의에서 사용할 몇몇 용어를 명확히 설명해 두는 게 유익할 것이다. 이제는 명확해졌겠지만, **창조된 질서**는 객관성 안에 있는 세계의 구조이며, 6장에서 주장했듯 우리의 행동을 불러일으키는 권위를 포함한다. **도덕 장**은 특정한 순간 우리가 다음에 할 행동의 맥락과 경우로서 우리 앞에 나타나는 세계다. **지혜**는 창조된 질서에 대한 지식이며, **도덕법**은 행동을 불러일으키는 권위라는 관점에서, 즉 질서 있고 총체적인 요구로서 명시적으로 인식되고 체계화된 지식이다. **결의론**은 특수한 경우의 행동에 도덕법을 적용하는 것을 의미한다. **도덕 규범**은 그것을 통해 우리가 도덕법을 가르치거나 배우거나 기억하는, 교육을 위한 공식이다. 그것은 공적 문화의 산물이며, 그러한 산물로서 강점과 한계점을 지닌다. 우리는 지혜를 얻기 위해 그것을 활용하는 동시에 초월해야 한다.

다르게 보일 수도 있다. 특수한 상황과 관련하여 도덕적 이성의 책무란 단지 그것을 분류하여 특수한 사례를 관련된 종류적 규칙 아래에 '포함시키는' 것이라고 생각할 수도 있다. 그러므로 도덕적 사고에는 두 가지 동떨어져 있으며 연쇄적인 활동이 포함된다고 이해할 수 있다. 중세 스콜라주의의 용어를 사용하자면, 도덕법의 원리를 이해하는 '신데레시스'(*synderesis*)와 이를 특수한 사례에 적용하는 '콘스키엔티아'(*conscientia*)다. 도덕적으로 교육받은 사람은 특수한 사례에 관한 결정을 내려야 하는 상황을 맞기 **전에** 이미 간음이 그릇되고 사랑(charity)이 옳음을 알고 있어야 한다. 따라서 결의론적 질문은 "**이** 행동이 간음 행위인가?" "**이** 태도가 사랑을 구현하는가?"라는 형식을 취한다. 이 물음에 대한 답은 그가 간음이나 사랑의 옳고 그름에 관해 아직까지 알지 못했던 것을 그에게 전혀 말해 주지 않고, 그가 고찰하고 있는 특수한 사례의 성격에 관해서 말해 줄 뿐이다.

여러 해 전 남아프리카를 방문한 저명한 교회 고위 인사는 돌아오는 길에 언론을 향해 신랄하게 말했다. "아파르트헤이트가 잘못된 것임을 알아보기 위해 남아프리카에 가 볼 필요는 없었습니다!" 아마도 그는 **실제로** 아파르트헤이트가 자신이 들었던 규모와 방식으로 실행되고 있는지를 알아보기 위해 그 나라를 방문했을 것이다. 그는 자신의 눈으로 목격함으로써 '신데레시스'가 아니라 '콘스키엔티아'를 실행하는 데 도움을 받았을 것이다.

하지만 여기서 문제가 생긴다. 이렇게 정의할 때 '콘스키엔티아'는 순전히 직관적인 작용일 수밖에 없기 때문이다. 도덕적 이성은 특수한 것과 마주했을 때, 먼저 그것을 인식하고 종류적 범주 안에 넣지 않으면 그것에 대해 아무것도 할 수 없기 때문이다. 우리는 있는 그대로의 특수성에 관해 담론적으로 추론할 수 없으며, 특수한 사례에 대한 어떤 종류적 이해를 갖기 전에는 그것을 분석할 수 없다. 하지만 이 직관적 인식이라는 책무가 어렵다고 판명되면 어떻겠는가? 우리가 보고 있는 것이 명령에 따라 수행하는 사랑의 행위인지 금지된 아파르트헤이트인지가 즉각적으로 명백하지 않다면 어떻겠는가? 어쩌면 그러한 어려움이 선의로 일어날 수 있음을 부인하거나 이를 지나치게 세심한 양심 같은 순수하게 영적인 병리 현상 탓으로 돌리는 것이 가능할 수도 있으며, 개신교 사상가들은 종종 이런 논리를 채택해 왔다. 그러나 스콜라주의 전통에서는 인식 자체가 어려울 수 있음을 인정하기를 주저하지 않았다. 일군의 비판자들[그중 『시골 친구에게 보낸 편지』(*Lettres Provinciales*, 서울대학교출판문화원)를 쓴 파스칼(Pascal)이 가장 효과적인 비판을 제시했다]에게는 스콜라주의 전통이, 어려움이 존재하지 않는 곳에서 굳이 어려움을 만들어 내고 단순한 판단이었어야 하는 것에 관해 미묘한 의심을 제기함으로써 도덕적 직관을 혼란스럽게 만드는 것처럼 보였다. 그렇게 함으로써, 정당화할 수 있는 방식으로든 정당화할 수 없는 방식으로든 종류적인 '신데레시스'와 특수한 '콘스키엔티아'의 단순한 대립에 의해 배제되는 것처럼 보였던 무언가를 할 수 있다고 확신했다. 즉, 인식이라는 직관적 책무를 수월하게 만들기 위해 인간의 행동에 대한 순수하게 **형식적인** 분석을 수행하기 시작했다.

이러한 형식적 분석이 가장 유익하게 이뤄지는 예를 생각해 보자. 존스 씨가 자동차를 몰아 스미스 씨에게 돌진해 그를 죽였다고 상상해 보라. 우리는 이것이 살인인지 아닌지 결정해야 한다. 우리는 ('신데레시스'를 통해) 살인을 금지하는 도덕적 원칙을 이미 이해했고, 우리가 다뤄야 할 유일한 문제는 '콘스키엔티아'의 문제, 즉 **이** 행동을 그 원칙에 포함시키는 것이 마땅한지 여부다. 직접적 직관으로 문제를 풀 수 없다면, 혹은 직관에 의한 판결의 신빙성을 의심하게 된다면, 어떤 종류의 도움을 기대할 수 있는가? 스콜라주의 도덕 신학에서는 이른바 이중 효과 원칙(Principle of Double Effect)이라는 도움을 제시한다(이는 직접적으로 자발적인 행동과 간접적으로 자발적인 행동의 구별, 더 간단히 말해서 의도와 예지력의 구별로 묘사하는 편이 더 낫다). 이 원칙에서는 우리에게 이렇게 조언한다. (a) 한 사람의 행동이 악한 결과를 낳도록 직접 의도하는 것과 그런 결과가 뒤따르리라 단지 예견하는 것은 차이가 있다. (b) 한 사람이 자신이 하는 행동이 악한 결과를 낳기를 바라지 않으면서도 그런 결과를 예견할 수 있다. (c) 한 사람이 같은 정도의 선을 확보하거나 같은 정도의 악을 피하기 위해, (그 사람이 의도하거나 바라지 않는) 악한 결과를 예견 가능하게 낳을 방식으로 합법적으로 행동할 수 있다. 이것은 매우 계몽적인데, 존스-스미스 사례를 탐구하기 위한 유익한 질문을 몇 가지 구성하는 데 도움을 주기 때문이다. (i) 존스는 그 자체를 목적으로 삼든 다른 추가적 목적을 위한 수단으로 삼든 스미스를 살해하려는 **의도를 가지고 있었는가**? (ii) 스미스를 살해하려는 의도가 없었다면, 그럼에도 존스가 자동차를 운전하는 방식으로부터 스미스의 죽음이 뒤따를 수밖에 없음을 **예견했는가**? (iii) 예견했다면 그는 그것을 **바람직한** 결과라고 보았는가? (iv) 바람직하다고 여기지 않았다면, 그가 취할 수 있었던 다른 어떤 경로보다 스미스를 죽였던 행동의 경로를 합리적으로 선호하게 만들 수 있었던 합당한 이유(예컨대 한 무리의 학생들을 피하는 것)가 존재했는가? (i)이나 (iii)에 대한 답이 긍정이라면, 존스를 살인자로 간주할 수 있다. (ii)에 대한 답이 부정이거나 (iv)에 대한 답이 긍정이라면 우리는 그가 결백하다고 간주할 수 있다. (iv)에 대한 답이 부정이라면 우리는 그가 더 가벼운 과실치사의 죄를 저질렀다고 생각할 수 있다.

하지만 이 원칙이 어디에서 왔고, 직관적으로 만족스러운 결과를 제외한다면 왜 우리가 그 지침을 따라야 하는지 궁금해하게 된다. 이 원칙은 종류가 무엇이든, 선하든 악하든 **모든** 행동의 구조를 설명하고 가치를 지니는 요소(의도, 비례, 선의 등)를 지목하는, 인간 행동 자체에 대한 형식 분석으로 제시된다. 하지만 어떤 종류의 이성이 이러한 분석을 수행할 수 있는가? 이미 살펴보았듯 인간의 행동조차 다른 종류의 관찰이 아니라 도덕적 사고에 의해서만 구별될 수 있다면, 분명히 그것은 도덕적 이성의 작업일 것이다. 하지만 표면적으로 그러한 분석은 '신데레시스'에도 '콘스키엔티아'에도 속하지 않는다. 즉, '콘스키엔티아'는 특수한 것과 관계가 있기 때문에 결코 일반 이론을 만들 수 없고, '신데레시스'는 도덕법의 규범적 원리와 관계가 있기 때문에 결코 형식적 이론을 만들어 낼 수 없다. 따라서 스콜라주의의 결의론은 도덕적 이성의 세 번째 작용, 즉 선험적이며 분석적인 작용을 만들어 낸 것처럼 보일 수 있으며, 그 작용은 특수한 사례를 종류적인 도덕적 원칙에 포함시키는 작업을 통제하는 형식적 규칙을 제시한다.

   이런 개념은 기피하는 게 현명할 것이다. 이중 효과 원칙이 우리에게 제공한 통찰은 더 만족스러운 다른 가설로 설명할 수 있다. 즉, 그것이 인간 행동의 형태에 관한 형식적 진리가 아니라 살인에 관한 매우 특수한 도덕적 진리를 담고 있다는 것이다. 실제로 이중 효과 원칙은 일차적으로 살인과 다른 종류의 살해 행위 사이의 도덕적으로 중요한 차이를 이해하려는 노력으로부터 생겨났으며, 다른 영역의 도덕적 관심사에 적용할 때는 매우 불만족스러운 결과를 내놓을 때가 많다. 예를 들어, 이전 세대의 로마 가톨릭 윤리학자들이 이 원칙을 활용하여 태아에 대한 공격의 '간접적' 성격을 지키기 위해, 생명을 구하는 임신 중지가 자궁절제술을 통해 실행되어야 한다고 권고할 때, 이는 회의적 반응을 촉발할 뿐이었다. 우리가 인식하기에, 임신한 상태의 자궁에 대한 공격과 태어나지 않은 아이에 대한 공격을 구별하는 시도—전자를 '행동'으로 부르고 후자를 '결과'로 부를 수 있다—는 도덕 질서의 승인을 받을 수 없다. 오직 현실 자체만이 예지와 의도의 구별을 다르게 적용하는 것을 승인하거나 불허할 수 있다. 이런 구별이 살인의 성격 규정에 적용될 수 있음을 발견했을 때 우리는 다른 어떤 것이 아니라 구체적으로 살인에 관해 무언가를 알게 된 것이다. 이 원칙을 선험적 분석, 특수한 사례를 종류적인 도덕 규칙에 포함하는 작업을 통제하는 형식적 원리로 이해한 것은 잘못이었다.

따라서 폴 램지는 직접적 자발성과 간접적 자발성의 구별에 대한 변론을 마무리하면서, 제2차 바티칸 공의회 이전의 가톨릭 윤리학자들이 그 원리를 부적절하게 확장하여 적용되지 않는 사례에 적용하려고 했듯 더 최근의 가톨릭 윤리학자들은 그 대신 비례적 이성의 원칙을 부적절하게 일반화하고 있다고 불평한다. "가톨릭의 도덕적 분석의 악덕은 그 위대한 덕, 즉 언제나 도덕적 삶의 보편적 이해를 추구하는 태도의 이면이다.… 우리의 도덕적 삶은 어느 일반화보다도 더 다양하다"("Incommensurability and Indeterminancy in Moral Choice", pp. 136-137).

모든 종류의 행동에 똑같이 유효하게 적용되며 특수한 사례를 어떻게 바라볼지 몰라서 당혹스러워하는 사람에게 참으로 도움을 줄 수 있는 형식적 규칙이 존재할 수 있다는 생각은 마땅히 의심할 만하다. 물론 누구든지 후보가 될 만한 규칙을 제시할 수는 있다. 우리 역시 그런 규칙을 제안한 다음 기각할 것이다. "중요한 것은 행동만이 아니라 그 행동 이면의 생각이다"라는 규칙을 생각해 보라. 이 규칙이 적용되지 않는 도덕적 의무의 영역이 있는가? 하지만 이 규칙이 없다면 실제로 고의적인 죄와 단순한 부주의함을 구별할 수 없을 것이다. 그러나 그렇다면 부주의함 역시 죄가 아닌지 물어보아야 한다. 만약 그렇다면, 그것의 죄악성은 바로 그것이 고의적이지 않다는 데 있다. 부주의한 사람이 부주의하게 행동하고 있다는 생각이 떠오르지 않았다고 변명하는 것은 전혀 말이 안 된다! 그렇다면 행동 이면의 생각에 관한 규칙은 적어도 하나의 도덕적 원칙, 즉 부주의함의 금지에는 적용되지 않는 것처럼 보인다. 비록 신약성경의 도덕적 가르침, 특히 예수의 가르침의 몇몇 흐름에서는 생각의 도덕적 중요성을 매우 강조하지만, 그렇다고 해서 이 규칙이 도덕적 관심사의 특정한 영역에 대한 감수성이 아니라 인간 행동에 관한 일반 이론으로부터 기인했다는 뜻은 아니다. 예를 들어, 예수께서 "마음의 간음"에 관심을 두신 것(마 5:28)이 특히 적절한 것은 추상적인 인간 행동의 구조 때문이 아니라 성적 동기의 속성 때문이다.

하지만 이는 핵심적으로 중요한 논점이 아니다. 설령 도덕적 관심사의 모든 영역에 똑같이 적용되는 인간 행동에 대한 분석이 존재하더라도 우리는 여전히 그것이 제공하는 도움이 도덕법에 대한 이해로부터 유래한 **도덕적** 통찰이라고 말하고 싶어 할 것이기 때문이다. 중요한 것은 행동만이 아니라 그 행동 배후의 생각이라는 것을 우리는 어떻게 알 수 있는가? 어떻게 토마스 아퀴나스는 "일반적인 인간 행동 안의 선과 악"을 정교하게 설명하면서(Summa Theologiae II-1,18) 인간 행동에서 가치를 지닌 요소가 넷, 즉 행동 자체(ast-as-such), 목표(object), 환경(circumstance), 최종성(finality)이라고 확정할 수 있었는가? 오직 창조된 질서가 우리에게 바른 행동뿐만 아니라 바른 생각을, 바른 목적뿐만 아니라 바른 최종적 의도도 요구함을 발견함으로써 가능했다. 그것이 도덕적 지식이다. 그럼에도 이러저러한 이유 때문에 모호한, 특수한 행동을 숙고하거나 성찰할 때 그런 지식을 얻을 수 있다. 그리고 이것은 우리의 대안적 설명이 더 낫다는 가장 결정적인 논증을 제공한다. 즉, 그것은 순전히 공통된 경험의 자료인 것을 이해할 수 있게 해 주고, 그 결과 우리는 어려운 사례에 관해 생각할 때 도덕법에 관해 더 많은 것을 배운다. 특수한 것은 우리가 전에는 민감하게 의식하지 못했던 종류적인 것의 양상을 우리에게 드러낸다. 우리가 출발점으로 삼았던, 결의론에 대한 단순한 설명의 문제점은, 우리가 '콘스키엔티아'의 책무에 접근하기 전에 '신데레시스'가 이미 온전하다는 전제였다. 사실 도덕법을 이해하는 작업은 그에 비추어 사례를 해석하는 작업과 나란히 진행되며, 후자의 어려움이 전자를 위한 새로운 자료를 제공한다. 결국 우리는 처음 존스와 스미스의 사례를 다룰 때 살인 금지를 이해하지 못하고 있었다. 우리의 결의론은 존스가 살인자인지 여부만이 아니라 살인이란 정말로 무엇인지를 발견해야 했다. 사례를 다루는 과정에서 도덕적 원칙에 대한 우리의 이해가 상당히 흐릿하며 제대로 정의되어 있지 않다는 점이 드러났다. 특수한 것이 일반적인 것을 더 명료하게 보이게 해 주는 일종의 돋보기 역할을 했다. 우리는 여기서 도덕적 배움의 속성에 관해 말했던 내용(4장), 즉 도덕적 배움의 핵심은 도덕 질서에 관한 새로운 정보를 축적하는 것이 아니라 우리가 이미 개략적으로 알고 있는 바를 더 상세하게 발견하는 것이라는 점을 떠올린다. 우리는 처음 도덕법을 배울 때 활용했던 도덕 규범의 직접성을 뚫고 넘어가서, 그 법은 그것이 반영하는 창조된 질서만큼이나 복합적이며 복수형식임을 깨닫게 된다.

그리고 우리가 이런 식으로 배우지 못한다면? 우리가 처음 알았던 대로 규범의 단순성을 고수한다면? 그런 경우 역사적 우연성 때문에 우리에게 닥칠 수밖에 없는 새로운 경험의 압력으로 우리는 한계점에 이르고 말 것이다. 우리의 도덕적 이해를 위한 범주가 우리의 상황을 해석하는 데 더 이상 충분하지 않음을 문득 깨닫게 될 것이며, 그에 대해 거칠고도 무질서하게 반발할 것이다. 도덕 이론에서 이런 반발은 도덕 규칙에 대한 무작위적이며 무의미한 '예외'를 상정하는 형식을 취한다. 예외는 우리의 이해가 아우를 수 없는 사례, 우리가 설명할 수 없는 규칙의 불합리한 모순이다. 일단 우리가 (단지 해결을 요구하는 문제의 형식으로서가 아니라 정당한 권리로 거기에 있는 영구적 거주자로서) 우리의 도덕적 사고 안에 불합리한 것이 침입하는 것을 허용하면, 사실상 우리는 현실에 대한 우리의 책임을 포기한 셈이다. 비공식적으로 도덕의 입장 전체가 주의주의적 토대로 이동하게 된다. 이제부터 도덕은 우리가 그럴 수 있다고 느낄 때, 또한 그렇게 느끼는 대로 우리가 우리 자신에게 부과하는 무언가가 될 것이다. 도덕적 삶은 더 이상 하나님이 만드신 현실 세계의 질서가 우리에게서 끌어낸 일관된 시선과 기쁨이 아닐 것이다.

"좋은 도덕적 이성의 폭과 유연성이 시야에서 사라지면, 한때는 합리성으로 통했던 모든 것이 잔인한 주인처럼 보일 수밖에 없다." 폴 램지는 상황주의 논쟁에서 촉발된 형식에 관한 질문에 대해 최종적 답을 내놓은, 폭넓은 주제를 다루는 논문인 "흥미로운 예외의 사례"(The Case of the Curious Exception)에서 이렇게 말했다(p. 92). 램지는 우리가 도덕 규칙에 대한 '예외'에 관해 이야기할 때 사용하는 두 가지 폭넓은 의미를 지적했다. 즉, 예외가 규칙 **바깥에** 속한다고 보는 신학자들의 의미(그리고 그는 이 의미의 세 가지 하위 분류를 지적하지만 여기서는 이를 다룰 필요가 없다)와, 예외가 특징에 따라 결정되는 제한 사항으로서 규칙 안에 속한다고 보는 철학자들의 의미다. 이 논문의 전략은 철학자들의 개념을 사용하여 신학자들을 압도하는 것이었다. "정당화할 수 있는 예외"란 용어상 모순이라고 그는 주장했다. 정당화하기 위해서는 그것이 특징에 따라 결정되어야 하는데, 이 경우 그것은 종류적인 것이 되고 따라서 규칙 **안에** 놓이게 되어 더 이상 신학자가 요구하는 의미에서의 '예외'가 아니기 때문이다. (철학자들은 아마도 그들이 사용하는 의미에서 정당화할 수 있는 예외에 관해 이야기할 수 있을 테지만, 램지는 그들이 덜 모호한 용어를 사용하는 편을 선호할 것이다.) 정당화할 수 있는 예외처럼 보이는 것은 대체로 불완전한 도덕적 추론에서 기인한다. "누군가가 자신이 하는 행동에 대해 특징에 따라 결정되는 이유를 제시하기를 중단했다"(p. 77). 어떤 도덕적 원칙에 대한 특수한, 특징에 따라 결정되지 않는 예외가 정말로 존재한다면, 그것은 도덕적 원칙이 전혀 아닐 것이다. "전반적으로 그렇게 하는 것(하지 않는 것)이 더 많은 선을 행하는 경우를 제외하면" 간음을 금지하는 원칙을 지켜야 한다는 (상황주의에서 유래한) 주장을 논하면서 램지는 이렇게 말한다. "이렇게 함으로써 원칙을 격언이나 지침, 과거의 관례 준수에 대한 요약으로 바꾸어 버린다. 각 사례마다 자신의 궁극적 규범에 호소함으로써 그 준수나 위반이 동등하게 새로이 정당화되어야 하는 원칙으로 말이다.…예외를 두는 기준을 결혼의 원칙에 덧붙이는 것은, 현재의 상황에서 그것을 지키겠다고 결정하는 것이든 선을 행하기 위해 그것을 벗어나는 것이든, 이미 그 원칙을 파괴하고 거부하는 것이다"(pp. 84-85).

이는 램지가 경험"으로부터 발생하는" 도덕적 지식과 경험"과 함께 발생하는" 도덕적 지식을 구별하는—이런 구별이 특수한 사례에 관심을 집중함으로써 배움에 관해 우리가 주장했던 바를 부인한다고 오해할 수도 있다—이유를 이해하기 위한 맥락을 제공한다. 램지는 기독교 윤리학자들이 "지형이 옳고 그름에 대한 구별을 위한 조건을 제공한다"는 생각을 거부해야 한다고 주장한다. "도덕법 안에는 **암시된** 의미나 규정이나 설명이나 제한이 존재한다." 그것은 "경험에 의해 밝혀질 수 있다." 그것은 경험"과 더불어 발생하지만" 경험"으로부터 발생하는" 것은 아니다. 그것은 "원칙의 암시된 의미"로부터 발생한다(pp. 90-91, 강조 추가). 이는 경험을 통한 배움을 부인하는 말이 아니다(다만 도덕적 경험의 구조 안에 **생각**을 포함해야 한다는 램지의 주장을 간과해서는 안 된다). 오히려 이는 우리의 주장처럼 경험을 통해 배운 것이 바로 도덕적 삶의 모습이라는 주장이다. 우리는 특수한 상황 안에 도덕적 지혜의 독립적 원천이 있어서 그것이 어떤 식으로든 도덕법의 종류적 진리를 한정한다고 생각해서는 안 된다. 오히려 특수한 상황은 도덕법에 관한 새로운 발견을 위한 촉매제 역할을 한다.

램지에 따르면, '지형'에서 기인할 뿐이라고 말할 수 있는 도덕적 판단의 유일한 양상은 **"이것은** 이러이러한 규칙 아래에 들어가는 사례다"라는 특수한 판단이다. 사례를 포섭하는 것은 환원 불가능하게 특수하며, 도덕적 원칙의 범위를 좁히고 구체화하는 마지막 단계 혹은 연역 과정의 결론이라고 생각해서는 안 된다. 따라서 램지가 '신데레시스'와 '콘스키엔티아'를 날카롭게 구별해야 한다고 주장하는 것으로 보일 수 있다. 흥미롭게도 그는 더 나아가 그 포섭이 도덕적 이성의 일부가 아니라 "실제적 실천"의 일부라고 말한다. 다만 그는 이것을 "신중함 혹은 실천적 지혜"의 작업이라고 일관되게 설명한다(pp. 104-105). 이런 구별을 강요하는 이유는 명확하다. 특수한 사례 안에서 도덕법 자체에 대한 지식이 아닌 **다른** 종류의 도덕적 지혜를 찾을 수 있다는 제안에 맞서려는 것이다. 램지는 동일한 관심사에 자극받아 "포섭-지배 규칙"이라는 생각을 논박한다. 그는 우리와 달리 이 규칙을 형식적 규칙이 아니라 특수한 것을 연역하려는 결의론의 마지막 항으로 이해하며, 따라서 도덕적 지혜가 언제나 특수한 판단의 모음이라는 부적절한 주장을 한다. 특수한 판단이 "실제적 실천"이라는 말이 지닌 어색함은 램지의 사상 안에서 해결되지 않은 채로 남아 있는 문제를 드러낸다. 즉, 특수한 판단이 합리적 사고의 활동일 수 있음을 인정하면서도 어떻게 도덕적 지혜의 종류적 성격을 옹호할 수 있는가?

이 논문에서 종류적 판단에 대한 변론은 대체로 (그리고 저자에게는 이례적으로) 이러저러한 방식으로 '보편화 가능성'(universalizability) 논제를 주장하는 영미 도덕철학자들의 사상에 근거하여 전개된다. 램지가 이것을 도중에 잠시 합류하는 것 이상으로 여긴다고 암시하는 것은 없다. 램지는 마지막 부분에서 기독교가 그 나름의 독특한 "규범적 메타 윤리"를 제공한다고 주장하며, 따라서 이 철학이 중립적이며 보편적인 메타 윤리, 최종적인 항소 법원 역할을 할 수 있는 "도덕적 판단의 논리"를 제시한다는 주장을 명확히 거부했다. 램지는 어떻게 참으로 신학적인 메타 윤리가 도덕적 지혜의 종류적 성격을 필요로 하는지 보여 주어야 한다. 물론 이는 그의 반대자 중에서도 진지한 신학자들, 예컨대 카를 바르트가 주장했던 바와 정반대다. 하지만 이 공백을 적절하게 채움으로써 동시에 특수한 판단이라는 해결되지 않은 문제에 답할 수 있다. 만약 기독교의 창조론을 따르며 도덕의 종류적 성격을 **정신**의 구조가 아니라 **세계**의 질서에 뿌리내리게 한다면, 우리는 어떻게 특수한 것을 종류적 원칙 아래 포섭하는 것이 합리적 판단일 수 있는지 알 수 있다. 우리가 종류적 질서라는 겉옷을 임의로 그 주위에 두를 때까지 우리가 만나는 특수한 것은 **벌거벗은** 상태가 아니기 때문이다. 그것은 다른 것들과의 관계로 인해 이미 종류와 목적이라는 질서 안에 존재하며, 스스로를 드러냄으로써 종류와 목적에서 어떤 관계를 맺고 있는지를 우리에게 드러낸다. 따라서 포섭은 참된 인식의 문제다. 이것이 우리가 끈질기게 주장해 온 내용, 특히 앞서 2장에서 전개한 내용이었다. 2장은 램지의 논문에 대한 신중한 각주로서 그 안에 누락된 사항을 보충하는 글로 읽을 수도 있다.

질서 잡힌 도덕 장: 복수형식성에서 보편성으로

특수한 판단을 내릴 수 있는 모든 경우가 도덕적 배움의 기회이기도 한 것은 아니다. 실정법에서 간단한 예를 들어 보겠다. 온타리오에서는 봄에 삼림 지대에서 자라는 매력적인 야생화인 연령초를 꺾는 행위가 금지되어 있는데, 나는 이 금지 규정을 잘 알고 있지만 실제로 연령초를 알아보지는 못한다. 나중에 누군가 나에게 "저게 꺾어서는 안 되는 그 꽃이야!"라고 말한다면, 나는 물론 무언가를 배운 셈이지만 **법**에 관해 무언가를 배우지는 않았다. 반면에, 도덕적 배움의 계기를 제공하는 특수한 판단은 그 상황에 대해 하나 이상의 설명을 제시할 수 있고, 따라서 우리에게 (일단 그것을 알아보는 법을 배우고 나면 그것이 매우 명백한 문제가 될 수 있긴 하지만) 단순한 인식을 요구할 뿐만 아니라 우리가 어떻게 그것을 합당하게 명명할 수 있는지에 관한 해석적 결정도 요구하는 판단이다. 다시 말해, 우리가 배우는 판단은 딜레마 혹은 '난제'로, 우리의 상황은 하나 이상의 방식으로 이해될 수 있기 때문에 우리에게 숙고나 반성의 위기를 초래한다. 만약 누군가가 죄를 범할지 고민한다면, 그는 아무리 불안해하더라도 도덕적 숙고를 하는 것이 아니라 그저 유혹과 씨름하고 있을 뿐이다. 다른 관점에서는 죄로 볼 수도 있는 무언가를 행해야 할 그럴듯한 이유가 있다고 생각할 수 있을 때 비로소 그의 망설임은 도덕적 차원으로 올라가게 된다. 그렇다고 해서 유혹이 더 약해지는 것은 아닐 테지만, 적어도 유혹으로서의 그 성격은 도덕적 딜레마라는 형태로 모호해진다. 고전적인 기독교 도덕 이론에서 주장하듯 모든 유혹이 암묵적으로 이런 형태를 띠며, 인간이 죄를 범할 때 그 행위로부터 무언가 선한 것을 얻으리라 생각하면서 선이라는 명목하에(sub specie boni) 죄를 짓는다는 것이 사실이든 아니든, **진정한** 도덕적 딜레마에서 각 대안은 선이라는 명목하에(sub specie boni) 인식된다. 하지만 바로 이 때문에 우리는 선을 더 가깝게 이해할 수 있게 된다. 이는 우리가 '난제 윤리'를 너무 빨리 거부하려는 태도를 삼가야 할 또 다른 이유다.

    윤리학자 사이에서 일어나는 논쟁 같은 전형적 딜레마를 생각해 보자. 친구가 갑자기 정부(情婦)에게 빠져 많은 돈을 쓰고 있는데 그의 아내는 이 사실을 모르고 있음을 내가 알게 되었다고 가정해 보라. 나는 내가 행동을 취하거나 취하지 않을 때 발생할 다양한 상황을 따져 보고, 두 사람과의 관계에 내재되어 있는 관계적 선에 대한 종류적 견해에 도달해야 한다. 한 남자가 평생을 알고 지낸 친구와의 의리를 지키는 것이 그의 아내와 맺은 더 최근에 시작되고 덜 친밀한 관계에 의한 의리보다 더 중요한가? 아니면 결혼이라는 제도는 부부가 서로 반목할 때조차도 그 사람이 **부부** 모두와 관계를 맺고 있음을 암시하는가? 아니면 (아내와 자녀에게 중대한 재정적 위해가 가해질 가능성이 있다는) 정보의 성격 자체가 모든 사적 관계보다 우선하는 정의의 주장을 제기하는가? 그리고 나는 내가 각 사람에게 할 수 있는 서로 다른 봉사의 상대적 중요성에 관한 종류적 견해에 도달해야 할 것이다. 즉, 아내에게는 진실을 알리고 그와 자녀의 재정적 지위를 보호하기 위한 방어 조치를 할 기회를 줄 수도 있고, 짧은 기간 지속된 후 결국 끝나고 말지도 모를 일에 관해 알지 못하는 상태로 내버려둠으로써 마음의 평화를 누리게 할 수도 있다. 부부 모두에게는 함께 이 상황을 직시하게 하는 건전한 자극을 제공할 수도 있고, 그것 없이는 성공적인 결혼 생활을 유지할 수 없는 사생활 보호라는 신비로운 선을 제공할 수도 있다. 특수한 판단에 이르고자 할 때의 어려움은, **모든** 행동의 경로가 이러한 선을 **특정한** 방식으로 순위를 매김으로써 정당화할 수 있다는 사실로부터 기인한다. 그렇게 선의 순위를 매기는 행동의 가치는 그렇게 함으로써 우리가 그 선에 관해 더 많이 생각해야 한다는 것이다.

도덕 장이 복수형식성을 갖기 때문에 딜레마가 발생한다. 그것은 행위자가 우연히 배웠거나 스스로 공식화했던 도덕 규범의 적절성이나 부적절성에서 기인하는 것이 아니다. 한 규범이 형식상 다른 규범보다 도덕적 딜레마를 더 많이 만들어 낼 가능성이 있는 것이 아니다(다만 규범마다 양심의 세심함을 장려하는 정도가 다르고, 따라서 그 신봉자들이 딜레마를 인식하고 그 딜레마에 영향받는 정도에 차이가 있기는 하다). 옳든 그르든 두 가지 도덕 원칙에 관해 생각할 수 있고, 이 두 원칙이 모순적 요구를 할 만한 상황을 상상하기란 그다지 어렵지 않다. 체계적으로 그 원칙들을 하나로 축소한 도덕 규범만이 딜레마를 제거할 수 있다. 하지만 그런 규범은 쓸모없을 것이다. 그 단일 원칙이 무엇이든 그것은 행위자의 상황을 그에게 만족스럽게 해석해 줄 수 없을 것이다. 행동의 장에 대한 어떤 이해를 얻기에는 너무 조악한 도구일 것이다. 복수형식성은 규범의 우연이나 결함이 아니다. 규범은 도덕 장 자체가 개별적으로 분화되어 있기 때문에 복수형식성을 갖는다(십계명 속 10개의 명령, 오경 속 613개의 명령 등). 현실의 질서는 수많은 상이한 종류의 도덕적 관계를 묶어 내고, 그 차이를 폐기하지 않으면서 그 관계의 질서를 정한다. 도덕 규범은 분화되고 복합적인 현실의 질서에 상응하는 도덕법을 가르쳐야 한다.

하지만 질서는 분화와 복합성에 통일성을 부여하기도 한다. 그것은 서로 다른 종류의 도덕적 관계를 한 우주 안에서 묶어 내고, 그것에 의해 이런 관계들이 공존할 수 있는 공통된 총체적 의미를 부여한다. 그렇기 때문에 딜레마가 발생할 뿐만 아니라 합리적으로 해결될 수 있다. 모호한 상황에 적용될 수 있는 서로 다른 설명들은 서로 다른 담론의 우주에 속하지 않고 하나의 동일한 우주에 속하며, 이는 이런 설명들을 서로 견주어 볼 수 있음을 의미한다. 딜레마에 관해 숙고할 때 우리는 다른 종류의 도덕적 주장이 서로 연결되어 있는 보편적 질서에 대한 관점을 획득하게 된다. 우리는 이것을 "도덕 규범의 직접성을 뚫고 넘어감"이라고 묘사했는데, 이에 대한 설명이 필요하다. 규범이 도덕법을 열 개든 613개든 도덕적 주장의 **목록**으로 제시하되, 이러한 주장들이 하나의 도덕적 총체 안에서 서로 맺는 관계들을 이해할 수 있게 하는 질서의 원칙들을 제시하지 않는 한, 규범은 도덕법을 '직접적으로' 제시한다고 말할 수 있다. 명백히 여기에는 교육적 목적이 있다. 이를 유감스럽게 여기거나 도덕적 배움의 수단으로서의 규범을 없애자고 제안하는 것은 오만한 태도일 것이다. 우리는 우리의 기본적 헌신을 공식화해야 한다. 하지만 동시에 마치 도덕적 요구를 모으기만 해도 도덕법의 전체 내용을 표현할 수 있는 것처럼 그것을 되풀이하는 데, 심지어 거기에 무언가를 추가하는 데 만족해서는 안 된다. 규범 안의 항목들과 도덕법의 관계는 벽돌과 건물의 관계와 같다. 지혜를 얻기 위해서는 벽돌이 어떻게 결합되어야 하는지 이해해야 한다.

이는 우리가 성경을 읽는 방식에 즉각 영향을 미친다. 십계명과 산상설교의 중대한 명령을 인용하고 다시 인용하는 것만으로는 불충분할 뿐만 아니라(이론에 관해서는 아니더라도 실천에 관해서는 이를 받아들이도록 설득해야 하는 사람들이 여전히 많긴 하지만), 명령이나 금지를 완전히 담은 목록을 작성하여 거기에 다른 것을 추가한다 하더라도 그것만으로는 불충분하다. 설령 의미론적 형식의 상대성을 예민하게 의식하면서 그런 목록에 내러티브, 비유, 애가처럼 성경 안에 있는 다른 형식의 도덕적 가르침으로부터 추론해 낸 원칙을 포함한다고 하더라도 여전히 불충분할 것이다. 그저 분리된 도덕적 주장을 진술하는 방식이 아니라 성경이 우리의 생각을 인도하여 **포괄적인** 도덕적 관점에 이르게 하는 방식으로 성경을 사용할 때만 우리가 성경을 진지하게 읽고 있다고 말할 수 있다. 그 안에서 도덕적 벽돌뿐만 아니라 그 벽돌을 하나로 묶는 질서의 증거를 찾아야 한다. 이에 대한 저항이 있을 수 있다. 그렇게 하면 성경이 가르치는 바의 '명백한' 의미를 회피하는 결과가 빚어지리라고 의심하는 이들뿐만 아니라, 성경의 침묵을 존중하는 편이 더 낫다고 보아야 할 문제에 관해서까지도 법을 정하려는 전체주의적인 신학적 구축 작업의 전조를 예감하는 이들까지도 이에 저항할 것이다. 하지만 우리의 도덕적 사유가 성경에 의해 중요한 방식으로 형성되기를 원한다면 다른 대안적 정책은 없다. 성경의 가르침이 아무리 명백하더라도 그것을 어떤 상황에든 적용하는 일에 관해 의심을 제기하는 것은 아주 제한된 회의주의적 기질만 있어도 충분하기 때문이다. 그리고 일단 그러한 의심이 제기되면, 모든 중요한 도덕적 질문이 본문에 의해 명백히 해결된다고 믿지 않는 한, 우리는 그것을 잠잠하게 할 성경적 근거가 없다. 이는 우리가, 의심할 만한 가치가 있는 모든 질문에 대해 성경이 불확정적이라고, 그리고 모든 질문은 사실상 명시적으로 비성경적인 방식으로 해결될 것이라고 가장하게 만들 것이다. 구약의 도덕법을 이해하기 위해 그 안에 발견해야 할 질서의 원칙에 주의를 기울여야 함을 신약성경에서도 계속해서 강조하고 있다는 점은 굳이 덧붙일 필요도 없을 것이다.

여기서 우리는 호세아서(6:6)에서 "나는 인애를 원하고 제사를 원하지 않는다"라는 원칙을 발견했던 성 마태가 소중하게 여기는 주제에 주목한다. 이것은 예수의 **토라** 이해를 그분을 반대한 바리새인들의 **토라** 이해와 구별시키는 질서의 원칙이다. 예수께서 누구와 함께 식사하시는지를 발견하고 이를 불쾌하게 여겼던 바리새인들에게 그분은 "너희는 가서 '내가 긍휼을 원하고 제사를 원하지 아니하노라' 하신 뜻이 무엇인지 배우라"라고 말씀하신다(마 9:13). 제자들이 안식일에 밀 이삭을 잘라 먹는 이야기에서 이 인용문이 특별한 무게를 지닌 채 다시 등장한다(마 12:1-8). 복음서 저자는 바리새인들이 율법을 잘못 해석하는 잘못을 범했다고 강조한다. "'나는 자비를 원하고 제사를 원하지 아니하노라' 하신 뜻을 너희가 알았더라면 무죄한 자를 정죄하지 아니하였으리라." 해석적 주장을 강화하기 위해 그는 "안식일이 사람을 위하여 있는 것이요. 사람이 안식일을 위하여 있는 것이 아니니"라는 마가복음 2:27 말씀을 빼고 율법으로부터 가져온 추가 고려 사항을 보충한다. 또한 그는 다윗의 병사들과의 유사점을 끌어내기 위해 제자들이 배고픈 상태였음을 언급한다. 따라서 논증 전체를 이렇게 요약할 수 있다. (a) 다윗이 진설병을 취한 사례는, 배고픔을 특정 유형의 제한 규정보다 우선할 수 있는 요인으로 간주할 수 있다는 선례를 제공한다. (b) 모세의 질서 안에 안식일에 수행해야 할 거룩한 책무에 관한 예시가 존재한다(예컨대 진설병이 교체, 레 24:8, 그리고 번제를 두 배로 드리는 것, 민 28:9-10). 하지만 예수를 중심으로 모인 메시아 공동체의 존재로 인해 이 상황은 그런 책무보다 훨씬 더 거룩한 것이 된다. (c) 이 두 가지를 고려할 때 이 사건은 호세아 6:6에서 말하는 바에 해당하고, 따라서 바리새인은 제자들의 필요와 지위를 고려할 때 그들이 안식일 규정의 엄격한 준수에 얽매이지 않음을 이해했어야 했다. "인자는 안식일의 주인이니라"라는 말씀은 율법의 의도와 전적으로 조화를 이루는 우선성에 관한 진술이다. 호세아 6:6은 바리새인들을 향한 '화'의 선언 중 하나인 마태복음 23:23의 배경을 이루기도 한다. 여기서 그들은 "율법의 더 중한 바"인 "긍휼"을 저버렸다는 책망을 받는다(눅 11:42의 병행 구절과 대조하라).

도덕법의 의무를 통합하는 질서의 원칙 중 최고의 원칙은 이른바 율법의 '요약'이다. 이를 통해 예수께서는 신명기의 한 본문(6:5)과 레위기의 한 본문(19:18)에서 "온 율법과 선지자의 강령"인 두 명령을 찾으라고 가르치셨다(마 22:37-40). "네 마음을 다하고 목숨을 다하고 뜻을 다하여 주 너의 하나님을 사랑하라"와 "네 이웃을 네 자신같이 사랑하라"라는 이 두 명령이 어떤 종류의 우선성을 갖는다고 주장하는가? 사랑 명령(love-command)을 언급하는 신약성경 본문 안에서 이를 이해하는 두 가지 대조적 방식을 확인할 수 있다. 한편으로, 사랑 명령은 **포괄성**으로 인해 우선성을 갖는다고 여겨진다. 다른 모든 명령이 그 안에 들어 있다. 사랑 명령이 '다른 모든 명령을 요약하거나' 다른 모든 명령이 '그것에 의존한다.' 다른 한편으로, 사랑 명령이 다른 명령보다 **우선**하므로 충돌하는 주장들이 있을 때 (긍휼이 제사보다 우선하듯) 사랑 명령을 우선시해야 한다고 주장한다. 그것은 '첫째 되는' 혹은 '큰' 계명이다. 분명히 그 우선성을 이해하는 이 두 방식은 그것의 명확성에 대한 다른 관념을 암시한다. 그것이 다른 명령을 능가하려면 높은 수준의 명확성과 구체성을 가지고 있어야 한다. 우리는 일정한 명료성과 객관성을 가지고 "**저것**이 공평한(혹은 신중하거나 담대한) 행동 경로이기는 하지만 **이것**이 사랑의 행동 경로다"라고 말할 수 있어야 한다. 다른 한편으로, 사랑이 그 경계 안에 다른 도덕적 요구를 포함한다면, 그런 만큼 불명확해야 한다. 즉, 사랑이 실제로 취할 수 있는 구체적 형태가 공평함, 신중함, 용기 등의 요구 사항에 의해 결정될 수 있게 해야 한다.

예수께서 신명기 6:5과 레위기 19:18을 통해 율법을 설명하신 것을 기록한 본문은 마가복음 12:28-34과 그 병행 본문인 마태복음 22:35-40이다. 성 누가 (10:25-28)는 '율법 교사'가 이 말을 했다고 기록한다. 이로써 예수께서 이것을 가르치셨음을 부인하는 것이 아니라 이 가르침이 당시에 일정하게 통용되고 있었음을 암시한다. 성 바울은 레위기 19:18만 두 차례 인용하며(롬 13:8-9; 갈 5:14), 성 야고보는 2:8에서 한 차례만 인용한다. 마가복음의 질문자는 "모든 계명 중에 첫째" 되는 계명을 묻는다. 마태복음에서는 이렇게 바꾸어 표현된다. "율법 중에서 어느 계명이 크니이까?" 이는 상벌이나 속죄의 수단, 다른 방식으로 큰 계명과 작은 계명을 구별하는 랍비 전통을 암시한다. 이는 호세아 6:6에서 긍휼이 우선하듯, 충돌이 발생하는 경우 사랑 명령이 **우선함**을 암시할 수도 있다. 그리고 마가복음 12:33에서 하나님과 이웃을 사랑하는 것이 "모든 번제물과 기타 제물보다 낫다"고 말하는 서기관의 답은 그 본문을 떠올리게 한다. 하지만 사랑 명령이 **보편적 포괄성**을 지닌다는 암시도 존재한다. "이 두 계명이 온 율법과 선지자의 강령"이라는 마태의 결론은 주석가들에게 안식일에 관한 할라카(랍비 율법 전승)가 머리카락 한 올에 매달려 있는 산과 같다는 랍비 시믈라이(Rabbi Simlai)의 불평을 떠올리게 한다. 즉, 그 전승이 기록된 율법으로부터 유래했다고 보기에는 근거가 너무 빈약하다는 것이다. 사랑 명령이 다른 모든 명령을 '요약한다' 혹은 '총괄한다'고 말하는 성 바울(롬 13:9)은 율법 전체가 이 한 본문 안에서 성취되었다고 말하기도 하며(갈 5:14), 더 놀랍게도 "남을 사랑하는 자는 율법을 다 이루었느니라"라고 말한다(롬 13:8). 랍비 전통 안에서 율법 전체가 암묵적으로 그 안에 포함되는 핵심 원칙을 가려내고자 하는 수많은 선례를 찾을 수 있다. 그중에서 가장 유명한 사례는 랍비 힐렐(Rabbi Hillel)이 한 발로 서 있는 동안 율법 전체를 배우기 원했던 사람에게 답하는 이야기다[마 22:35 이하에 대한 스트랙(Strack)과 빌러벡(Billerbeck)의 주석을 보라].

상황주의 프로그램을 옹호하는 이들은 사랑 명령의 명확성에 관한 딜레마를 제시하기를 좋아했다. 즉 그들이 주장하기를, 우리는 사랑을 나머지 율법에서 실질적 내용을 가져와 채워 넣어야 할 공허한 개념으로 간주하거나 사랑이 나머지 율법을 능가하는 그 나름의 내용을 가지고 있음을 인정함으로써 그것을 모든 결정을 해결하는 유일한 기준으로 삼을 수밖에 없다. 명확한 내용을 지닌 단 하나의 명령이 모든 종류의 도덕적 결정에 적용될 수 있다는 관념―도덕 장의 분화된 복수형식성을 무시하는 관념―에 대한 우리의 반론을 더 자세히 설명할 필요는 없다. 그 딜레마는 또 다른 이유로도 거짓이다. 명확성과 불명확성은 절대적 용어가 아니라 상대적 용어이기 때문이다. 다수의 명령에 대한 해석에 아무런 기여를 하지 않는 완전히 불명확하고 형식적인 사랑 명령과 그런 명령을 지지하거나 반박해야 하는 완전히 명확한 사랑 명령 사이에서 한쪽을 택해야 하는 것은 아니다. 이런 식의 선택을 제시할 때 상황주의자는 그가 거부하는 율법주의와 마찬가지로 복수형식의 규범이 그 자체로 해석 없이 우리의 도덕적 사유에 대한 지침을 제공하기에 충분하다는 근거 없는 관념을 공유하는 것처럼 보인다. 하지만 그 안에 하나 이상의 원칙을 가지고 있는 어떤 도덕 규범도 어떤 해석 없이는 적용될 수 없다. 이것이 단일한 질서 원칙이 제공하는 바다. 그리고 그것이 질서를 부여하는 다수의 명령보다 덜 구체적이지만 여전히 이 원칙은 그 명령들을 이해하고 순종하는 방식에 독특한 성격을 부여할 만큼 명확하다.

하지만 우리는 더 나아갈 수 있다. 앞서 말했듯 하나의 도덕 규칙 체계가 그것을 통해 우리가 그 자체로 하나의 총체인 창조된 질서에 대한 지식을 전달하는 문화적 형식에 불과하다면, 질서를 부여하는 우리의 원칙이 규칙을 적용하기 위한 단순한 절차적 규칙보다 훨씬 더 중요한 무언가라는 점이 명확하다. 이 원칙은 규칙이 진정 무엇에 관한 것인지에 대한 통찰을 제공할 것이다. 예를 들어, 안식에 관해 하나님이 "제사가 아니라 긍휼"을 요구하신다는 것을 배울 때, 우리는 안식일 규칙을 언제 적용하고 언제 적용하지 말아야 하는지만 배우는 게 아니다. 우리는 하나님이 주신 제도인 안식일이 정말 무엇인지에 관해서도 배우고 있는 것이다. 도덕법에서 안식일 명령은 관련된 제한 사항과 더불어 하나님의 은총에 대한 인간 반응의 모든 다른 양상과의 관계 속에서 그 의미를 갖기 때문이다. 제한 사항이 특정한 한계를 넘어서 특정한 맥락 바깥에서 적용되지 **않는** 방식에 의해 우리는 그 의미를 깨닫게 된다. 도덕적 책임의 모든 영역이 다른 모든 영역에 의해 어떻게 밝혀지고 해석되는지에 대한 이 깨달음이 도덕과 율법주의의 진정한 차이를 만든다.

10 · 도덕적 주체

지난 장에서 우리는 역사적 실존이라는 딜레마를 논의의 출발점으로 삼았다. 이 딜레마는 먼저 파편화되고 해석되지 않은 채로 우리에게 다가와, 도덕적 행위자를 주체로서의 온전성이 없는 일련의 무관한 역할로 해체하겠다고 위협하는 새로운 것에 계속해서 직면하는 상황을 의미한다. 그런 다음 우리는 그 안에서 모든 변화가 발생하는 창조된 실재의 질서를 그 본성상 반영하는 도덕법이 각각의 새로운 상황과 다른 상황들 사이의 종류적 관계를 추적함으로써 행동의 장에 질서를 부여한다고 주장했다. 행동의 장 안에 있는 이 질서는 그것과 상응하는 우주 안의 창조된 질서와 마찬가지로 분화되어 있으면서도 통합되어 있다. 그것은 창조된 자연의 복수성을 반영하는 동시에 전체에 통일성을 부여하여, 우리가 '하나의' 질서와 '하나의' 도덕법에 관해 이야기할 수 있게 해 준다. 이제 우리는 이것이 딜레마에 직면한 도덕적 주체에게 어떤 함의를 갖는지 살펴보아야 한다. 도덕법의 통일성은 그것을 존중하는 도덕적 주체의 통일성과 온전성을 보장한다. 그렇기 때문에 우리가 살펴보았듯 **토라**의 존재 자체가 구약의 신자에게는 구원의 실재였다. 그에게는 한 가지가 요구된다. 물론 이것은 그 형식에서 고도로 분화되어 있지만 여전히 한 가지다. 삶의 단계에서 어떤 서로 다른 책무를 수행하든 그와 관계없이 어려서부터 나이가 들 때까지 생의 모든 날에 그는 한 가지를 요구받는다. 그 결과 그는 단지 다수의 연속적이며 비일관된 역할을 담당하는 존재가 아니라 하나의 인격체가 될 수 있다. 그는 키르케고르의 주장처럼 "한 가지를 지향하는" "마음의 순수함"을 가질 수 있다. "'너희는 내 얼굴을 찾으라' 하실 때에 내가 마음으로 주께 말하되 '여호와여 내가 주의 얼굴을 찾으리이다' 하였나이다"(시 27:8).

따라서 도덕 사상은 도덕적 행동의 장으로부터 도덕적 주체로 초점을 이동시킨다. 주체가 행했거나 행할 수 있는 이런저런 행동(행위든 생각이든)에 관해 그것이 좋은 행동인지 나쁜 행동인지, 또한 무슨 특징 때문에 그러한지만 묻는 게 아니다. 그 자신에 관해, 즉 이런 행동을 수행했거나 행할 수 있는 행위 주체에 관해 그가 좋은 사람인지 나쁜 사람인지, 또한 무슨 특징 때문에 그러한지도 묻는다. 도덕 사상은 '인간의 행동'뿐만 아니라 '도덕적 성품'에도 관심을 기울인다. 사실 기독교 도덕 사상은 여기에 관심을 기울일 만한 특별한 근거를 지니고 있다. 행동을 둘러싼 상황에만 지나치게 초점을 맞추면서 예수께서 "마음"이라고 부르시는 것에 관해 진지하게 생각하지 못했던 당시의 결의론에 대해 그분이 정확히 이의를 제기하셨기 때문이다. "속에서 곧 사람의 마음에서 나오는 것은 악한 생각 곧 음란과 도둑질과 살인과 간음과 탐욕과 악독과 속임과 음탕과 질투와 비방과 교만과 우매함이니 이 모든 악한 것이 다 속에서 나와서 사람을 더럽게 하느니라"(막 7:21-23).

이 "마음", 이러한 타락의 원인으로 지목된 "속"을 어떻게 이해해야 하는가? 어쩌면 이것이 공적으로 조사를 할 수 없도록 숨겨진 특별한 종류의 행동, 즉 생각함이라는 행동을 지칭한다고 해석할 수도 있을 것이다. 이 경우에는 예수께서 (이 목록의 첫 항목을 수사적인 혹으로 취급하시면서) 외적 행동으로 나타나는 이런 타락이 모두 타락한 생각에서 기인한다고 말씀하셨다고 이해하게 될 것이다. 다른 사례로, "마음의 간음"에 관한 유명한 가르침(마 5:28)에서 예수께서는 생각의 자리라는 뜻으로 "마음"이라는 용어를 사용하셨다. 하지만 그런 해석으로는 이 본문을 제대로 이해할 수 없고, 그분의 다른 가르침도 그런 취지로 이해할 수 없다. 예수께서는 모든 어리석은 행동에 앞서 어리석은 생각이 있다는 뜻으로 말씀하셨을 수도 있지 않겠는가? 모든 비방의 말에 앞서 비방하는 생각이 있고, 모든 교만한 행동에 앞서 교만한 생각이 있다는 뜻으로 그렇게 말씀하셨을 수도 있지 않겠는가? 어쩌면 그분은 이런 행동이 즉흥적이며 고의적이지 않다면 그 어떤 것도 도덕적으로 진지하게 관심을 기울일 만한 문제가 아니라는 뜻으로 그렇게 말씀하신 게 아닐까? 명백히 그분의 말씀은 다른 이해를 요구한다. 이런 악은 행동으로 그것을 표현한 사람의 **개인적 행위 주체성**(personal agency)으로부터 기인한다. 이런 악은 그가 먹는 음식과 달리 "사람을 더럽게 한다." 정말로 그에게 속한 것이기 때문이다. 그는 이런 악으로부터 자신을 분리할 수 없다. 도덕적 행위자인 그 자신이 악한 생각을 하는 사람, 음란한 사람, 도둑질하는 사람이다. 그는 단지 우연인 것처럼 음행, 도둑질, 비방을 행한 사람에 그치지 않는다. 그 개인은 타락한 행동의 주체다. 그는 자신의 행동이 선언하는 절정의 도덕적 실재다. 하나님이 한 사람의 마음을 보신다는 말씀은, 하나님이 그 사적 특성으로 인해 인간 관찰자들의 정밀한 조사로부터 숨겨져 있는 특정한 행동을 보실 뿐만 아니라 도덕적 존재인 그 주체 전체를 바라보고 파악하신다는 뜻이다.

하지만 예수께서 행위자에 대한 평가를 행동에 대한 평가로 **대체**하는 데서 멈추자고 말씀하신 것이 아니라는 점 역시 이 본문을 통해 명백히 드러난다. 주체에 관한 생각과 그의 행동에 관한 생각은 서로를 대체하는 게 아니라 서로 연관되어 있다. 이 연관성을 어떻게 이해해야 하는가는 '성품의 윤리'가 해결해야 할 가장 까다로운 질문이다. 다음의 내용이 철저한 답이 된다고 말할 수는 없다. 우리는 두 가지를 지적하는 데 만족할 것이다. 이 물음에 대한 만족스러운 답변은 이 두 사안을 다룰 수밖에 없을 것이며, 이 두 사안은 만족스럽지 못한 답변에 잠정적 비판을 제기할 수 있는 출발점을 제공할 것이다. 이 두 사안은 서로를 보완한다. (a) 주체의 성품을 그가 하는 행동의 한 기능으로 축소해서는 안 된다. (b) 주체의 행동이 그의 성품을 드러내도록 해야 하며, 이는 성품이 행동을 통해서만 알려질 수 있기 때문이다.

이 두 사안은 바리새인의 '위선'을 책망하시면서 "그 열매로 나무를 알 수 있다"고 하신 예수의 가르침을 형식적으로 표현하려는 시도다. 이 이미지와 성 마태와 성 누가의 복음서에 나오는 관련 이미지들이 보여 주는 바는, 가장하는 태도는 궁극적으로 성공할 수 없다는 것이다. 여기서 말하는 가장이란 행위자의 성품을 충실하게 반영하지 **않는** 행동을 수행함을 의미한다. 거짓 예언자들은 "양의 옷을 입고 너희에게 나아오나 속에는 노략질하는 이리"일 뿐이다(마 7:15). 하지만 열매 맺는 계절이 오면 나무의 정체가 드러나듯 그들의 참된 성품은 결국 알려질 수밖에 없다. 그리고 그때 가장하는 태도의 부조리

함이 밝혀진다. 특히 그 내적 실재는 말에 의해 폭로된다. "마음에 가득한 것을 입으로 말함이라"(마 12:34). 인간의 도덕은 실재(마음)가 외형의 영역(행위와 말)으로 침투하여 정체를 드러내고 그것을 숨기고 있는 가장이라는 장막을 찢어 버리는 일련의 폭로다. 행동은 사람들이 볼 수 있도록 드러나 있지만 성품은 공적 시야로부터 숨겨져 있다. 하지만 예리한 관찰자는 비밀을 폭로하는 행동을 통해 성품을 읽어 낼 수 있을 것이다. 행동을 뒷받침하는 성품이 없다면 행동만으로 그것을 그럴듯하게 보이도록 만들 수는 없기 때문이다.

마태복음 7:15-20의 산상설교에서는, 양의 옷을 입고 있는 이리 같은 거짓 예언자들에게 경고하는 맥락에서 나무와 열매에 관한 말씀이 주어졌다. 누가의 병행 본문인 평지설교(6:43-45)에서도 위선의 문제를 다루면서 이 말씀을 언급한다. 이 말씀 바로 앞에는 티와 들보의 비유가 기록되어 있다. 그런 다음 누가는 구체적으로 말의 문제를 다루는 말씀을 기록한다. "선한 사람은 마음에 쌓은 선에서 선을 내고 악한 자는 그 쌓은 악에서 악을 내나니 이는 마음에 가득한 것을 입으로 말함이니라." 말은 행동에 관한 일반 원칙을 위한 전형적 사례다. 선한 말을 하는 척 가장할 수는 있지만 그런 가장은 성공할 수 없다. 그 원천이 선해야만 정말로 선할 수 있다. 그런 다음 마태와 누가는 모두 "주여! 주여!"라고 말하는 이들에 대한 비판을 기록한다.

마태복음 12:33-37에서도 말이 다시금 관심사가 된다. 바로 앞에는 예수께서 바알세불의 힘을 입어 사역한다고 비난받으신 사건이 기록되어 있다. 그분은 먼저 성령을 모독하는 죄에 관한 말씀으로, 그다음에는 나무와 열매에 관한 말씀으로 답하신다. 그러고 나서 책망이 뒤따른다. "독사의 자식들아! 너희는 악하니 어떻게 선한 말을 할 수 있느냐?" 이는 분명히 바리새인의 말이 실제로 선하다는 뜻이 아니라 그들이 선한 척하고 있다는 뜻이다. 그들의 성령 모독은 그들 안에 있는 것을 드러내는, 비밀을 폭로하는 말이다. 그런 다음 이 논점을 보강하기 위해 누가복음의 평지설교에 포함된 말에 관한 가르침이 이어진다. 이 단락은 말이라는 외적 증거가 궁극적으로 진지하게 받아들여지리라는 경고로 마무리된다. "네 말로 의롭다 함을 받고 네 말로 정죄함을 받으리라."

이런 본문에 바리새인에게 내릴 '화'에 관한 말씀을 추가할 수 있다(마 23:25-26; 눅 11:39-41). "잔과 대접의 겉은 깨끗이 하되 그 안에는 탐욕과 방탕으로 가득하게 하는도다!" 이런 규탄 중 하나 이상이 외형과 실재의 대조에 초점을 맞추고 있지만, 이 규탄은 이어지는 말씀 때문에 두드러진다. "너는 먼저 안을 깨끗이 하라. 그리하면 겉도 깨끗하리라"(마태복음 말씀. 누가복음은 더 모호하지만 취지는 동일하다).

성품의 환원 불가능성

우리 시대는 성품을 행동-분석으로 환원하는 근원적 형식에 익숙해졌다. 이를 두 사안 중 첫째로 지적했다. 분석철학의 '행동주의적' 경향이 근대 사상의 습관으로서 성품을 일련의 행동을 묘사하고 예측하는 것에 관한 일종의 약어로서 해석하는 원자론적 태도를 부추기는 데 많이 기여했다. 흔히 말하듯 성향을 표현하는 용어는 사실을 묘사하지 못한다. "존이 말하고 있다"라는 문장은 실재의 한 항목인 특정한 사건을 가리킨다. 하지만 그와 달리 "존이 수다스럽다"라는 문장에 상응하는 실재의 항목은 존재하지 않는다. 그것은 우리가 추론을 통해 존이 말하는 한 사건으로부터 같은 종류의 다른 사건으로 넘어가도록 '허용할' 뿐이다. 그것은 이런 사건들이 발생하는 순서상 규칙에 주의를 환기한다. 그러한 철학이 **행위자**의 성향이라는 개념을 아이러니 없이 사용할 수 없음은 명확하다. 성향에 관한 진술이 알리거나 예측하는 규칙성에 어떤 지위를 부여하든, 규칙성은 명백히 존 자신에게 본래 속하는 어떤 것으로 여겨지지 않는다. 만약 그렇다면 그런 규칙성이 그에 관한 새로운 사실을 구성할 것이기 때문이다. 따라서 이 철학에서는 우리가 제시한 첫 사안을 거부할 뿐만 아니라 둘째 사안에 대한 형식적인(*pro forma*) 인정만을 제안할 수 있다. 드러나는 행동 말고는 실재 안에 아무것도 존재하지 않을 때 행동이 성품이나 성향을 '드러낸다'고 말하는 것은 공허한 일이기 때문이다.

이런 근원적 환원론과 성 토마스 아퀴나스가 주창하는 아리스토텔레스주의적 덕 이론을 연결하는 것이 이상해 보일 수도 있다. 심리적 형이상학 차원에서 이것은 환원과 전적으로 대립하는, 성향(혹은 '습관')에 관한 실체론적 설명을 제시하기 때문이다. 습관은 그것을 형성한 사람에 관한 사실이다. 존의 수다스러움은 그가 말하는 일련의 사건을 가리키는 약칭에 불과한 게 아니다. 그것은 빈복되는 말하기 행위에 의해 형성되고 추가로 말하는 행위를 야기하기 쉬운, 존의 영혼이 지닌 성향이다. 하지만 평가 차원에서 성 토마스는 훨씬 더 행동-분석 접근 방식에 기울어져 있다. 그는 성향이 실재한다고 주장할 것이다. 하지만 성향이 근원적으로, 그리고 그 자체로 평가의 대상이 될 수 있는지는 분명하지 않다. 존의 수다스러움은 그것을 형성했고 계속해서 그것을 표현하는 모든 행위와 독립적으로 생각할 수 있는 습관이다. 하지만 그것을 평가하고 악덕이라고 부를 때, 우리는 말하기 **행동**이 통제되지 않기 때문에 그렇게 부른다. 그리고 제인의 신중함을 칭찬할 때, 우리는 제인의 성향이 적절한 판단에 따른 행위와 말을 야기하기 때문에 그렇게 한다. 도덕에서 일차적으로 중요한 것은 행위와 말과 생각, 즉 '인간의 행동'이며, 그런 행동을 만들어 내는 성향을 우리는 인간 행동의 '원칙'으로서만 평가한다.

성 토마스 아퀴나스는 『신학대전』에서 도덕에 관한 그의 탁월한 논의를 이렇게 시작한다. "우리가 지복에 이르는 것은 우리의 행동을 통해서이므로, 우리의 다음 책무는 인간의 행동에 대해 고찰하고, 우리가 지복을 향해 나아가게 하는 행동과 우리를 가로막는 행동을 구별하는 것이다. 하지만 작용과 행동은 구체적 상황(circa singularia)과 관계가 있다. 따라서 전체적으로 볼 때 실천의 문제를 다루는 연구는 특수한 것에 관한 연구를 통해서만 그 목적을 달성할 수 있다. 그러므로 인간 행동에 관한 연구인 도덕 연구는 먼저 일반적 물음에서 시작하고 그 후에 특수한 것으로 나아간다. 인간 행동에 관한 일반적 물음을 먼저 인간 행동 자체에 관한 물음으로, 둘째로 행동의 원칙(principia)에 관한 물음으로 체계화해야 한다"(II-I.6). 그런 다음 이 원칙은 내재적(intrinseca) 원칙과 외재적(extrinseca) 원칙으로 나뉜다. 인간 행동의 외재적 원칙은 율법과 은총임이 드러날 것이다. 내재적 원칙은 잠재력과 습관이다.

물론 우리가 제시하는 더 근원적인 입장은 길버트 라일(Gilbert Ryle)이 『마음의 개념』(*The Concept of Mind*, 문예출판사)에서 주창한 유명한 관점에 대한 언급으로 쉽게 알아차릴 수 있을 것이며, (저자의 말처럼 "무해하게") "행동주의"로 특징지을 수도 있다. 다만 라일은 더 전적으로 환원론적인 프로그램에 맞서 성향을 강조하는 입장을 옹호한다고 공언한다. 하지만 그의 옹호는 성향-**진술**의 유효성을 변호하는 데만 초점을 맞추며, 이런 진술이 "실질적인" 것을 가리키지 않음을 인정하는 데서 출발한다. "세계는 존재하고 발생하는 것을 넘어서고 초월하여 그저 존재할 법한 것이나 일어날 법한 사건에 불과한 다른 어떤 것들을 포함하지 않는다"(p. 115). 그러므로 "그런 진술을 별도의 사실 문제에 관한 주장으로 이해하는" 성향-진술에 관한 어떤 설명에도 유효한 반론이 존재한다. 성향-진술은 법처럼 "그것을 지닌 사람이 사실 진술을 주장하는 데서 다른 사실 진술을 주장하는 데로 넘어갈 수 있도록 허용하는…추론 허가증(inference-ticket)"이다(p. 117). 이러한 성향-진술은 "대상의 행동, 반응, 상태에 적용되거나 그런 것들에 의해 충족된다. 그것은 우리가 이런 행동, 반응, 상태를 예측하고, 추리하며, 설명하고, 수정하도록[?] 허용하는 추론 허가증이다"(p. 119). "모든 참된 직설법 문장이 존재하는 것을 묘사하거나 사건을 보고한다는 미신에 중독된 이들은 당연히 '이 전선에는 전기가 통한다' 혹은 '존 도우는 프랑스어를 안다' 같은 문장이 사실적 정보를 전달한다고 해석해야 한다고 주장할 것이다." 하지만 "이런 문장은 아무런 사건도 서술하지 않는다"(p.120). 우리는 라일이 성향-진술이 존재하는 것을 묘사**하거나** 사건을 보고한다는 것을 부인하는 것을 넘어, 사건을 보고하지 **않는** 존재에 대한 묘사가 있을 수 있다는 가능성까지 부인하는 데 어느 정도까지 이르렀는지 물어볼 필요가 없다. 그에게는 성향이 '사실', '존재하는 것', '실질적인 것'이며, 그것이 '세계 안에 포함되어 있고', 그것이 '사건'이라는 다양한 주장을 한꺼번에 부정해야 한다고 말하는 것으로 충분하다. 따라서 성향-진술은 하나의 사실, 존재하는 것, 사실성, 세계 안에 있는 것, 사건과 다른 것 사이의 규칙성을 지적할 수 있을 뿐이다. 혹은—'성향'이 세계 안에 있는 게 아니듯 '규칙성'도 세계 안에 있는 게 아님을 기억하면서—우리는 성향-진술이 우리가 추론을 통해 A에서 B로 나아갈 수 있도록 허용하는 규칙성-진술이라고 더 엄밀하게 말해야 한다. 물론 어떤 종류의 권위가 이처럼 추론 허가를 발급한다고 추정할 수 있는지는 묻지 말아야 한다!

환원론적 접근 방식을 옹호하는 이들 중 일부는 이를 부인하지만,

행동 분석은 더 극단적인 묘사의 분석이든 더 온건한 묘사의 분석이든 같은 종류의 행동의 **반복적** 연속이라는 차원에서 성향을 설명하는 데 분명히 관심을 기울이는 것으로 보인다. 따라서 수다스러움은 말하기 행동의 반복적 연속, 지혜는 지혜로운 행동의 반복적 연속 등으로 설명한다. 왜냐하면 **다른** 종류의 행동의 연속으로 이뤄진 성향, 이를테면 '적응력'이라는 성향이 있다면, 그 성향(혹은 그 가치)의 사실성이 오직 그 구성 요소인 행동 자체에만 존재한다고 말할 수는 없기 때문이다. X라는 성향이 $a^1\ a^2\ a^3\ a^4$ 등 반복적 연속성을 이루는 a라는 종류의 행동으로 이루어진다면, 행동을 분석하는 사람은 a라는 종류의 행동이 가치가 있기 때문에 X가 가치가 있다고 말하는 데 아무런 어려움이 없다(혹은 그가 강경한 경험주의자라면, X에 관한 진술이 추론을 통해 a^1에서 a^2로 넘어가게 하는 허가증일 뿐이라고 말하는 데 아무런 어려움이 없을 것이다). 다른 한편으로, 그가 a, b, c, d라는 종류가 다른 일련의 행동으로 이루어진 Y라는 성향을 만날 때, Y의 가치는 a나 b나 c나 d의 가치에 있는 게 아니라 다섯 번째 종류의 것, 즉 a b c d의 연속 전체가 지닌 가치에 있는 것처럼 보인다. 그 결과 그는 성향의 가치가 전적으로 그것을 구성하는 요소인 행동의 가치 안에 존재한다는 그의 견해를 포기하든지, a b c d의 연속을 복잡한 거대 행동 e의 지위로 격상시켜야 한다. 물론 그렇게 하면 그는 반복적 연속으로 되돌아가는데, Y라는 성향은 이제 $e^1\ e^2\ e^3\ e^4$의 연속이라는 관점에서 설명되기 때문이다.

그러므로 각각의 성향에 관해 그에 상응하는 행동이 반복되는 것을 찾으려는 행동 분석의 경향성이 있음을 알 수 있다. 따라서 '적응력'과 같은 덕의 경우, 그것은 우리에게 도덕적 행동의 종류적 질서가 그 환경에 의해서도 결정되므로 그렇지 않다면 종류가 달랐을 일련의 행동을 환경적 관계에 의해 모두 '적응력 있는' 것으로 부를 수 있음을 우리에게 상기시키기 원한다. (결국 그것은 지혜를 드러낸다는 공통 요인을 제외하면 무한하게 다양할 수 있는 '지혜로운' 행동과 별로 다르지 않다.) 그렇다면 단일한 유형의 행동, 심지어 환경에 의해 특정된 행동에서 초점이 맞춰지지 않은 덕과 악덕은 어떠한가? '성숙'이라는 덕은 어떤 종류의 행동에 상응하는가? 누군가의 '침착함'에 관해 이야기할 때 그는 무엇을 반복해서 행했는가? 혹은 '진취성 결여'라는 낙인을 찍을 때는 어떠한가? 마치 행동-분석을 옹호하는 사람이 그의 프로그램을 일관되게 수행할 수 없는 것처럼, 이런 종류의 반론으로 그를 논박해서는 안 된다. 그는 의심할 나위 없이, 행동을 유발할 수 있는 경우에 자제하고 행동하지 않는 것 자체가 행동의 한 형태라고 대답할 것이다. 이런 덕과 악덕은, 누군가가 어리석을 수도 있었지만 그렇지 않았거나, 냉정함을 잃어버리고 화를 낼 수도 있었지만 그렇지 않았거나, 유용한 무언가를 활용하리라 기대를 받았을 수도 있지만 그럴 수 없었던, 일련의 반복된 상황을 가리킨다. 우리의 반론은 이런 환원론적 접근 방식을 엄격하게 추구할 수 없다는 게 아니다. 그것을 일관되게 적용할 때 그것이 해석한다고 주장하는 도덕적 실재의 특정 요소를 왜곡하고 만다는 것이다.

나는 이것이 로마 가톨릭교회 내부와 주변에서 벌어지는 피임 논쟁에서 **형식적으로** 매우 중요하다고 생각한다(**실질적으로** 매우 중요한 논점도 있음을 부인하지 않는다). 다수의 그리스도인이 여전히 그러하듯, 출산에 대한 개방성이 결혼에서의 정결이라는 덕의 중요한 측면이라고 믿는 이들에게 핵심 논점은, 개방성이라는 성향이 오직 각 행동이 그 자체로 출산에 열려 있는 '열린' 성적 행동의 반복된 연속에 의해서만 구성되는지, 아니면 결혼 생활의 특정 단계 동안 피임 수단을 활용하는지 여부와 무관하게 결혼 생활 전체의 덕으로서 이해할 수 있는지다. 이런 문제는 형식적 규정에 의해 해결될 수 없고, 결혼 생활 안에서 성과 출산의 본질에 관한 도덕적 분별에 의해서만 해결될 수 있다. 바오로 6세의 회칙 『인간 생명』(Humanae Vitae)의 가르침에서 그토록 많은 사람이 당혹스러워 했던 점은, 그 가르침이 결혼에서의 성관계와 단순한 음행 사이의 구조적 차이를 이해하지 못한 것처럼 보인다는 것이었다. 결혼에서의 정결은 성적 결합이라는 일련의 특수한 행동으로 분석되었는데, 이는 무의식적이지만 명백하게 외설적인 암시를 수반하는 절차였다. 결혼한 부부는 단절된 순간이나 하룻밤의 정사로 서로를 알 수 없다. 그들에게 성적 결합의 순간은 그들이 함께하는 삶 전체에 마땅히 근거해야 하는 육체적 관계를 집중적으로 나타내는 순간이다. 따라서 출산에 열려 있는 태도로서의 정결이라는 덕은 출산에 열려 있는 정결의 행동이라는 반복된 연속이라는 차원에서 설명될 수 없다. 한 부부의 정결은 그들이 하는 행동의 정결과 무관하지 않지만 그것 이상을 의미한다. 물론 그렇다고 해서 행동 분석이라는 형식적 원칙을 보편적으로 대체하는 '총체성의 원칙' 혹은 그 무엇이든 대안적인 형식적 원칙을 추천하는 것은 아니다. 어떤 덕이 어떻게 그 행동을 통해 드러나는지에 관한 물음은 **형식적** 원칙에 의해 해결될 수 없고, 그 덕이 가리키는 실질적인 도덕적 실재, 이 경우에는 부부 간 사랑의 올바른 모습에 달려 있다는 뜻이다.

행동의 인식론적 우선성

성품의 환원에 대한 이런 반론은 최근의 기독교 윤리에 참여하는 이들에게 공감을 얻으리라고 예상할 수 있다. 이들은 부분적으로 아리스토텔레스 윤리에 대한 관심이 되살아나고 있는 상황에 영향을 받아 도덕적 삶에 대한 설명에서 덕의 중요성을 강조해 왔다. 하지만 우리가 지적한 두 번째 사안은 그들에게서 어느 정도 저항을 불러일으킬 것이다. 우리는 행동이 성품보다 인식론적으로 우선한다고 주장해 왔다. 즉, 성품은 행동을 통해서만 알려진다. 용기 있는 행위에 대한 증거를 목격하지 않고서는 누군가의 '용기'에 관해 이야기할 수 없다. 이것은 환원론적 행동 분석의 오류를 야기하는 진리다. 용기라는 특성이 사람이 아니라 오직 행동에 존재한다고 말하는 게 틀렸을지라도, 우리가 말하듯 "그가 무엇으로 이뤄져 있는지"를 보여 주는 것은 바로 행동이기 때문이다. 성경의 범주에서 용기라는 특성은 '마음'에 존재한다. 하지만 행위와 말이 그것을 선언할 때까지 마음은 인간의 눈에서 숨겨져 있다. 대조적으로 신아리스토텔레스주의자들의 글에서는 이와 상충하는 주장처럼 보이는 것, 즉 행동에 대한 성품의 인식론적 우선성에 대한 주장을 자주 발견한다. 행위자의 서로 다른 삶의 역사라는 맥락에서 바라볼 때 비슷해 보이는 두 행위가 전혀 다른 의미를 취할 수도 있다는 데 감명받아서 그들은 모든 행동의 의미가 인격적 총체의 한 순간을 형성할 뿐이라는 점에 비추어 그 행동을 해석하는 방식에 따라 달라질 수 있다고 주장해 왔다.

분명 여기에는 진실이 담겨 있으며, 우리는 그것이 우리의 주장과 어떻게 연결되는지 살펴보아야 한다. (이 학파의 몇몇 논의에서 비중 있게 다루는 사례에 관해 생각해 보자면) 행위자가 어떤 종류의 사람인지, 어떤 경험의 역사가 그를 형성했는지, 그가 결정을 내릴 때 어떤 가치를 추구하는지 알지 못한 상태에서 누가 임신 중지의 도덕적 성격에 관한 판단을 내릴 수 있단 말인가? 행위자와 그의 이야기에 관한 지식만이 도덕적 관점에서 이 임신 중지에서 정확히 **무슨 일이 일어났는지** 우리에게 이야기할 수 있다. 하지만 그렇다면 **어떤** 도덕적 관점에서 이 지식이 필요한지 주목해 보자. 임신 중지의 도덕적 성격을 '판단'하기 위해서는 지식이 필요하다. 이 여성이 행했거나 행하고자 하는 임신 중지를, 가설이든 실제든 다른 성품과 이야기를 지닌 다른 여성들이 행했거나 행하고자 하는 다른 임신 중지와 구별하기 위해서는 지식이 필요하다. 생각하는 사람이 행위자와 그의 행동으로부터 거리를 두고 관찰자의 입장에서 평가하는 도덕적 사유의 **평가** 과정을 위해서는 행위자의 성품에 관한 정보가 필수다. [이는 다른 사람의 행동에 대한 제3자의 평가가 적절하거나 필수적인 활동인지에 대한, 산상설교에서 던지는 질문(마 7:1)을 제기한다. 예수의 말씀에 관해서는 pp. 403-404에서 다시 다룰 것이다.]

하지만 임신 중지에 대한 평가가 아니라 숙고가 필요한 경우를 생각해 보라. 나 자신이 임신한 여성이고, 내가 직접 결정을 내려야 하며, 그 결정의 배경이 되는 삶의 이야기가 내 삶의 이야기라고 생각해 보라. 관찰자가 나의 행동을 바르게 판단하기 위해 알아야 하는 나에 관한 정보 중 일부는 나 자신의 숙고와 관련해서는 부적합하거나 심지어 접근 자체가 불가능할 수도 있다. 접근이 불가능한 것은, 내가 결코 나 자신의 성품을 정확하게 판단할 수 없기 때문이다. 부적합한 것은, 어떤 조언자가 나에게 나의 모습을 정확하게 묘사하더라도 그 묘사는 **도덕 장**에 관한 나의 견해를 명료하게 설명하는 경우를 제외하면 나의 결정에 영향을 미쳐서는 안 되기 때문이다. 우리는 이러한 부인이 무엇을 의미하지 않는지 주의 깊게 주목해야 한다. 그것은 내가 선택의 장을 결정하는 모든 개인적 요인을 무시하고 나의 결정이 마치 다른 모든 여성의 임신 중지 결정과 똑같은 것처럼 취급하겠다고 다짐해야 함을 의미하지 않는다. 나는 현재 존재하는 내 자녀의 필요, 내 재정적 자원의 규모 등을 적절하게 고려할 수 있다. 또한 그것은 내가 나 자신의 성향과 성격에 관한 요인이 도덕 장에 대한 객관적 묘사에 기여하는 한 그것을 무시해야 함을 의미하지도 않는다. 내가 압박을 느낄 때 무너지기 쉽고 나의 정서적 안정성과 정신 건강이 섬세한 균형 상태에 있음을 어느 정도 객관적으로 알고 있다면 이 역시 나의 결정에서 적절한 요인이 될 수 있다. (전통적 결의론에서는 언제나 그렇게 주장해 왔다. 물론 임신 중지 문제에서는 그런 것들을 **결정적** 요인으로 간주하지 않았던 것도 사실이다. 하지만 그것은 원칙적으로 고려할 수 있는 것에 관한 형식적 판단이 아니라 태어나지 않은 아이의 생명이라는 압도적 주장에 관한 실질적 판단이다.) 하지만 나의 결정과 관계가 있다고 인정할 수 없는 것은, 숙고의 과정을 방해하고 도덕 장에 대한 적절한 숙려를 왜곡할 수 있는, 나의 도덕적 성품에 관련된 요인들이다.

    제3자로서 판단자는 내가 '양심적'이었다고 생각할지도 모른다. 그는 이 하나의 결정만을 보지 않고 내 삶 전체의 증거를 보고서 이런 견해를 형성할 것이다. 내 삶 전체가 이 결정을 이해하고 그에 관해 호의적 판결에 이를 수 있게 하는 맥락을 그에게 제공할 것이기 때문이다. 하지만 내가 임신 중지를 해야 할지 고민하는 상황에서 나 자신이 양심적이라는 이 지식이 어쩌면 선의를 가진 상담자에 의해 나에게 제공된다고 생각해 보라. 그것은 어떤 영향을 미치는가? 어쩌면 내가 내 안에 양심적 결정을 할 수 있는 능력을 가지고 있다고 믿으면서 덜 불안해하게 되고, 그 결과 기껏해야 더 수월하게 결정을 내리게 하거나 최악의 경우에는 자기만족에 빠져서 내가 지금까지 획득한 성품을 거짓되게 드러내는 결과에 이를 수도 있다. 혹은 내 성품 자체가 걸려 있다는 사실을 깨닫게 하여 이 상황에서 내가 더욱더 양심적으로 행동하도록 촉구할 수도 있다. 어떤 경우에도 그것은 결정의 실질적 내용에 영향을 미치지 않는다. 내가 결정에 직면한 상황에서 나를 안심시키거나 긴장시킬 수 있을 뿐이다. 만약 그것이 결정에 도움이 되거나 해가 된다면, 옳은 방식이나 그릇된 방식으로 나를 안심시키거나 긴장시킴으로써 그렇게 할 것이다.

하지만 그렇다면 우리는 충분히 구체적이지 않은 사례를 택한 셈이다. 이제 결정 내용에 영향을 미칠 수 있는 성품의 판단을 생각해 보자. 판단자가 내가 자녀를 돌보는 데서 양심적이고 실용적이었다고 생각하면서, 임신 중지를 하겠다는 나의 결정을 부모로서 지닌 책임감을 보여 주는 또 하나의 사례로 칭찬한다고 말해 보자. 만약 **그** 지식이 나에게 주어진다면, 나 자신에 대한 그 지식이 내가 저렇게 결정하는 게 아니라 이렇게 결정하는 데 도움을 줄 수 있는가? 분명히 그럴 수 있다. 나는 자신에게 이렇게 말할 수 있다. "나는 자녀의 물질적 행복과 관련한 문제에 대해서는 언제나 신중했고, 이제 와서 그런 태도를 바꾸려 하지는 않을 거야!" 하지만 이는 도덕적 주장의 장을 성급하게 좁히려는 셈이다. 그것은 양심적이지 않은 결정을 초래할 것이다. 태어나지 않은 아이의 생명이 걸려 있는 상황에서 이미 존재하는 자녀의 물질적 행복조차 부차적 고려 사항이 될 수 있다는 가능성을 직시하기를 거부하는 셈이기 때문이다. 그런 경우 나 자신이 탁월한 성품을 가지고 있다는 강한 자의식은 내가 고려해야 할 행동의 의미를 분명히 밝혀 주기는커녕 모호하게 만들 것이다. 그것은 나와 내가 반응해야 할 도덕 장 사이에 서 있는 셈이다.

이 논의에서 우리는 스탠리 하우어워스가 했던 말을 떠올린다. 신학적 윤리학자들은 우리가 여기서 다룰 수 없는 새로운 문제를 제기했을 뿐만 아니라 성품의 문제에 관한 관심을 다시 일깨워 준 그에게 감사의 빚을 지고 있다. 데이비드 버렐(David Burrell)과 함께 쓴 논문에서 하우어워스는 그가 "도덕적 합리성에 관한 표준적 설명"이라고 부르는 것(사실 이것은 특정 누군가로부터 시작되었다고 말하기 어렵다)이 임신 중지 논의에 부과하는 형식적 금지를 지적한다. "따라서 임신 중지 문제를 다룰 때, '왜 임신이 발생했는가?', '당신은 어떤 종류의 공동체에서 살고 있는가?', '자녀의 위치에 관해 당신은 무엇을 믿는가?' 같은 물음은 심리적으로 흥미로울 수 있지만 그것이 결정의 정당화에 개입하도록 허용할 수는 없다. 그런 문제는 행위자마다 다를 수밖에 없기 때문이다"(*Truthfulness and Tragedy*, p. 18. 더 최근의 글에서 하우어워스는 공동체의 관점에 대한 강조로 행위자가 지닌 관점의 독립성에 대한 이런 강력한 주장을 누그러뜨리는 경향이 있다). 임신 중지에 관한 심포지엄에서 제임스 거스타프슨(James Gustafson)이 발표한 글-존 누넌(John T. Noonan)이 편집했다-에서도 전통적인 도덕적 논증 방식에 반대하는 비슷한 접근을 확인할 수 있다. "'어머니의 생명을 구하는 것'에 관한 논증에서는 그가 돌보아야 할 여섯 자녀의 어머니인지, 그에게 다른 자녀는 없는지 같은 요인을 중요한 증거로 인정하지 않는다. 임신 중지를 논하는 다른 방식에서는 그런 정보가 논증에 영향을 미칠 수도 있다. 나의 주장은 '사례'가 무엇인지를 확인하기 위해 사용하는 시간과 공간의 한계가 논증 방식에 상당한 영향을 미친다는 것이다"(pp. 104 이하). 둘 다에 대해 우리는 두 가지 점이 혼동되어 있다고 답할 수 있다. 이 주제에 관한 전통적 기독교 결의론이 태어나지 않은 아이의 생명이라는 최우선적 주장에 직면해 특정 요인을 결정적인 것으로 간주하지 않았다는 실질적인 점과, 특정 고려 사항이 행위자 자신의 숙고에 적합하지 않으며 관찰자의 관점에서만 고려될 수 있다는 형식적인 점이다. 행위자가 무엇을 '믿는가' 하는 문제도 마찬가지다. 그가 자녀의 위치에 관해 무엇을 **믿는지**는 그에게 중요하지 않다. 그에게는 자녀의 위치가 무엇인지가 중요할 뿐이다. 다시 말해, 그는 자신이 그릇된 신념을 가지고 있음을 깨닫는다면 그것을 바로잡는 데 열려 있어야 한다.

    이 대답은 다소 역설적이다. 하우어워스는 그 학파의 다른 이들과 마찬가지로 ('표준적 설명'과 대조되는) '행위자 관점'의 중요성을 강조하기 때문이다. 그는 "관찰자가 이상적인 심판자이며 한 행동에 대한 그의 묘사가 모든 설명을 능가한다"라는 전제에 이의를 제기한다(*Vision and Virtue*, p. 79). 하지만 앞서 지적했듯, 그는 관찰자의 배타적 관점에 기인하는 요인을 부적절한 방식으로 도덕적 숙고에 대한 그의 설명 안에 도입한다. 우리의 비판을 뒷받침하기 위해 작지만 시사하는 바가 큰 증거를 제시할 수 있다. 즉, 그와 버렐이 물어야 한다고 생각하는 임신 중지에 관한 모든 질문은, 행위자에게 묻는 것처럼 1인칭 형식이 아니라 마치 상담가가 묻는 것처럼 "**당신은**…에 관해 무엇을 믿는가?"라는 2인칭 형식으로 구성되어 있다. [이와 비슷하게, 거스타프슨의 논문에서는 "책임 있는 관계" 속에서 "이 여성에게 대답해야" 하는 "기독교 윤리학자"의 관점에서 이 질문을 다룬다(pp. 107-108). 우리는 이렇게 물을 수 있다. 기독교 윤리학자는 스스로 원치 않는 임신을 결코 하지 않는가?] 기독교 윤리학자가 상담자와 그의 한계에 관해 아무런 말도 할 수 없다는 말이 아니다. 하지만 1인칭 관점에서 단순한 사례를 조사한 **후에** 그렇게 말할 수 있다고 기대할 수 있으며 상담자의 입장이 '행위자의 관점'을 취한다고 묘사해야 한다는 것은 상당히 놀라운 일이다!

    하지만 물론 행위자의 관점을 평가 대상의 일부로 **포함하는** 것을 기억해야 하는 사람은 바로 3인칭의 판단자다. 행위자는 자신이 그저 행위자라는 사실만으로도 실제로 그것을 지니고 있기 때문에 그것을 포함할 필요가 없다. 판단자는 자신이 행위자가 **아니기** 때문에 행위자의 관점을 기억하기 위해 노력해야 하며, 행위자는 자신이 행위자**이기** 때문에 그것을 초월하기 위해 노력해야 한다. 상담자는 한편으로는 3인칭 관점을 유지하면서도 다른 한편으로는 숙고하는 과정에 기여하는 위험한 위치에 있다. 그래서 그는 자기 훈련이 되어 있어야 하는데, 만약 그가 행위자를 긍휼히 여기거나 칭송하는 마음이 행위자의 숙고에 영향을 미친다면 그는 유혹하는 사람이 되기 쉽기 때문이다. 거스타프슨의 논문은 그가 길게 논의한 사례를 언급하며 다음과 같이 결론짓는다. "내가 내린 결정은 (a) 내가 그 여성이 겪는 인간적 곤경에 처하게 된다면 나는 임신 중지를 도덕적으로 정당화할 수 있다고 믿으며, 따라서 (b) 이 경우에 그것이 도덕적으로 적절하다고 주장할 것이다"(p. 117). 이런 결론의 구성은 흠잡을 데가 없다. 이 윤리학자는 자신이 그 여성의 상황에 처한다면 어떻게 할 것인지에 관한 가상의 1인칭 판단에서 출발하여 그 판단을, 오직 그 판단만을 조언으로 전환하기에 이른다. 하지만 그는 곧바로 이렇게 덧붙인다. "그것은 그 여성을 위한 긍휼의 분별이다." 이는 결국 3인칭 관점이 배제되지 **않았음**을 암시한다. 이 상담자는 행위자를 안타깝게 여기기 때문에 그녀에게 이런 식으로 행동하라고 조언하는 것인가? 따라서 그 함의에 따르면 그는 그녀에게 자기 연민을 기초로 행동하라고 부추기고 있는가? '행위자 관점'이 이것을 의미한다면 이는 망가진 상담 관계일 뿐이다!

따라서 행위자의 성품에 관한 지식은 **숙고하는** 도덕적 사유에 기여할 수 없다. **평가하는** 도덕적 사유에만 기여할 수 있는데, 그런 종류의 도덕적 반성은 그로부터 성품이 이미 명확하게 시야에 드러난 닫힌 행동의 서사를 전제하며, 따라서 서사의 각 요소를 전체에 비추어 해석할 수 있기 때문이다. 그렇다면 평가하는 사유 안에서조차도, 성품이 행동을 통해 알려진다는 규칙에 대한 예외가 없다. 반면에 숙고의 경우에는 서사가 닫혀 있지 않고 열려 있다. 다음 행동이 아직 결정되지 않았다. 그리고 그런 경우에 우리 자신의 성품은 말할 것도 없고 다른 사람의 성품에 관한 지식조차도 단지 잠정적인 것이 되며 추가적으로 드러나는 증거에 따라 달라질 수 있다. 관련된 성품-지식이 이용할 수 없는데, 그것이 아직 이뤄지지 않은 결정에 달려 있기 때문이다. 성품-지식이 숙고라는 책무에 부적합하다는 사실은 성품을 드러내는 데서 행동이 인식론적으로 우선함을 가장 명확한 예증한다.

하지만 이런 논증에 대해 우리는 추가 대답을 예상할 수 있다. 우리가 행동의 의미를 결정할 때 행위자의 **의도**가 하는 역할에 충분한 비중을 부여하지 않았다는 반론이 있을 것이다. 이는 성품과 의도의 연관성이라는, 신아리스토텔레스주의 접근 방식의 핵심을 이루는 새로운 주제로 연결된다. 행동은 적어도 한 가지 중요한 측면에서는 자명하지 않다. 즉, 행위자가 무엇을 하려고 의도했는지 알기 전까지는 무슨 행동이 이뤄졌는지 정확히 안다고 결코 확신할 수 없다. 하지만 그 정보는 행위자 자신에게만 즉각적으로 알려진다. 그것은 그의 자기-지식의 일부이며, 따라서 그가 숙고하는 동안 그에게 접근할 수 있을 뿐 아니라 그의 결정에 가장 중요하게 기여하는 요소 중 하나를 이룬다. 하지만 그가 여전히 숙고하는 동안 행위자의 의도는 어떤 의미에서 이미 '지식'일 수 있는가? 의도를 형성하는 것이 숙고의 최종 결과가 아니며, 따라서 그 의도는 숙고가 진행하는 동안에는 여전히 형성되지 않은 상태여야 하지 않는가? 여기서 우리의 응답자는 중요한 의미에서 그 의도는 그의 성품으로부터 발생하기 때문에 이미 형성된 것이라고 답한다. 숙고할 때 행위자는 그의 자기-지식을 활용하여 어떤 **종류**의 의도성을 과거로부터 가져와서 이 선택에 부여할지를 결정하고, 이 특수한 결정과 관련해 어떤 구체적 의도들이 그 자신의 자아에 충실한지 알아본다. 따라서 모든 도덕적 결정은 일종의 자기-해석, 과거의 의도와 선택에 의해 구축된 자아가 생애에 의미 있는 발전을 이루도록 행동하는 방식이 된다. 그러므로 이 응답에서는 그러한 성품-지식이 자신의 결정에 대한 행위자의 관점에 부적합하다는 우리의 주장에 이의를 제기한다. 모든 결정을 이런 방식으로 의식적인 자기 발전의 한 형태로 이해한다면, 이런 형태의 자기-지식은 행위자가 소유할 수 있는 가장 적합한 자산이기 때문이다. 그리고 이것이 도덕 장에 대한 개방적 고려를 사전에 봉쇄한다는 우리의 반론에 대해, 도덕 장에 대한 **불확정적** 개방성은 요구되는 바가 전혀 아니라고 답할 것이다. 행위자가 도덕 장에 가져오는 덕과 성품과 조화를 이루는, 도덕 장에 대한 반응성만을 합리적으로 요구할 수 있을 뿐이다. 행위자가 자신을 배제하거나 자신을 대상으로서만, 도덕 장의 일부로서만 포함하기를 기대하는 것은 도덕적 결정이 존재할 이유가 전혀 없는 무언가가 되어야 한다고 요구하는 것과 마찬가지다.

따라서 새로운 형식으로 성품의 인식론적 우선성을 옹호할 수 있다. 이 형식은 성품이라는 개념을 의도의 개념, 즉 본질적으로 의지라는 개념에 동화시킨다. 이는 G. K. 체스터턴(Chesterton)이 "회개하지 않음의 논증"(argument of impenitence)이라고 부른 종류의 논증이다. 이 명칭은 유용한데, 기독교 사상에서 도덕 장에 대해 전적으로 열려 있는 태도를 취하면서 새로운 방식으로(*de novo*) 모든 도덕적 결정에 접근해야 한다고, 즉 그것이 회개의 기회를 제공하기도 한다고 주장하는 경향을 보이는 실증적 이유에 주의를 환기하기 때문이다. 새로운 결정이 우리가 기대와 삶의 기획(life-project) 안에서 가지고 있는 것과 일치하기를 요구하는 것은, 심판과 회심을 통해 하나님이 베푸실 수도 있는 은총에서 우리 자신을 차단해 버리는 일과 같다. (그리고 3인칭 관점에서 볼 때 절대적 개방성이 절대로 성취될 수 없어 보일 수도 있다는 사실로 인해서 개방성이 적어도 행위자에게 적합한 도덕적 책무가 될 수 없는 것도 아니다. 여기서 우리는 관찰자의 설명이 다른 모든 설명을 능가하도록 허용해서는 안 된다는 점에 기꺼이 동의할 수 있다!) 우리가 막 하려는 어떤 일에 관해 숙고하거나 이미 한 일을 반성할 때, 최종 분석에서 우리에게는 해결해야 할 단 하나의 문제가 있다. 그것은 **옳은** 일인가? 혹은 **옳은** 일이었는가? 물론 우리는 그 행동이 표현하거나 하지 않았을 수도 있는 덕과 악덕에 관해 더 구체적으로 질문할 수도 있다. 그것은 긍휼의 행동인가? 정의로운가? 비겁한가? 하지만 이런 것들은 상황에 의해 제기된 도전이 어디에 자리하는지를 파악할 수 있도록 도와주는 예비적 탐구에 불과하다. 그것은 마치 이렇게 묻는 것과 같다. 이것은 내가 보이려는 경향보다 더 많은 긍휼을 요구하는 상황인가? 더 세심한 공정함을 요구하는 상황인가? 비겁함이 심각한 유혹으로 다가오는 상황인가? 상황이 어떻든 우리가 긍휼의 행동, 정의로운 행동, 용감한 행동을 하겠다고 미리 다짐할 수 없다. 이는 긍휼, 정의, 용기 중 무엇이 그 특수한 상황에 가장 중요한 요소인지를 확인하기도 전에 도덕적 질문에 대해 결론을 내리는 것과 마찬가지이기 때문이다. 이는 이 상황이 미리 형성된 우리의 도덕적 성향에 영향을 미쳐서 우리를 **바로잡을 수 있는** 가능성에서 우리 자신을 차단해 버리는 것과 같을 것이다. 물론 삶의 형성기에서 특수한 한 덕, 이를테면 그에게 용기가 요구되는 상황에 끊임없이 처하는 누군가에게는, 이후 자신이 직면한 모든 결정을 용기의 필요성이라는 관점에서 해석하는 경향이 있을 수도 있다. 하지만 이것은 덕이 아니다. 악덕이다. 이는 그가 자신이 가지고 있는 전제 때문에 자신이 직면한 실재를 분별할 수 없음을 의미한다. 이는 군인 출신 정치인이 지닌 문제점이다. 한동안 우리는 그의 굳은 결의를 칭찬할지도 모르지만 그가 상황에 맞지 않는 방식으로 상황을 해석하는 태도를 더 많이 고집할수록 우리는 『라케스』(Laches, 아카넷)에 실린 플라톤의 주장, 즉 제대로 이해하지 못하는 사람은 결코 용감할 수 없고 성급할 뿐이라는 주장에 더 절실히 공감하게 된다.

여기서 신아리스토텔레스주의 입장이 아리스토텔레스가 제시한 성품 개념에 다소 아리스토텔레스주의적이지 않은 해석을 부과해 왔음을 알 수 있다. 물론 아리스토텔레스는 우리가 어떻게 우리 자신과 시민을 훈련시켜 좋은 습관을 가질 수 있게 하는지에 관한 이차적 숙고를 구상했다. 하지만 습관은 일차적으로 숙고의 범주가 아니라 서술의 범주다. 특정한 결정에서 결정을 좌우하는 것은 도덕 장, 즉 "바른 이성"에 의해 판정되는 쾌락과 고통의 장이다(*Nicomachean Ethics* 1103 a 14-1105 a 16). 따라서 "습관은 습관과 연관되는 활동으로부터 형성된다"(1103 b 21). 도덕적 결정이 한 사람이 가진 성품의 의식적 투사라는 관념은 사실 자아가 역사적 기획이라는 근대적인 주의주의적 관념으로부터 생겨났으며, 이 학파를 대표하는 많은 이가 이 관념에 대한 대안을 발견했다고 자랑한다.

하우어워스의 초기 논문 "성품의 윤리를 향하여"("Towards an Ethic of Character", *Vision and Virtue*, pp. 48-67)에서는 이 계보를 더 분명히 끌어내는데, 논문

은 "자기 창조자로서의 인간에 초점을 맞추고" "자유와 책임"이라는 개념으로 시작하기 때문이다. 이 두 개념은 "우리가 객관적인 옳고 그름과 아무런 관계가 없는 결정을 내리기 위해 다시 우리 자신을 의지할 수밖에 없게 만드는" 도덕적 진공 상태로 이끌 뿐만 아니라 윤리적 담론을 "'문제들', 즉 한 사람이 무엇을 해야 하는지 알기 어려운 상황들"에 집중시킨다. 하우어워스가 우리에게 대안을 제시하려 한다는 점은 분명하지만, 그 대안은 인간의 자기 창조에 대한 거부라기보다 그것의 정교화임이 드러난다. "성품의 긍정적 중요성을 인식하지 못하면 자유와 책임을 올바른 맥락에서 이해할 수 없다. 우리는 특정한 상황에 대한 우리 반응의 총합 이상이기 때문이다." 다시 말해, 자기 창조는 선형적 지속성을 고려해야 한다. "우리의 행동을 통해 우리는 특정한 상황을 만들 뿐만 아니라 특정한 방식으로 미래의 상황에 대체하도록 우리 자신을 형성해 간다"(pp. 48-49). 하지만 이 논문에서 성품의 자기 결정을 옹호하는 강력한 주장, 아웃카(Outka)가 저자의 사상을 비판하면서 지적한 것처럼 하우어워스의 전반적 관점에 전적으로 부합하는 특징이 아닐 수도 있는 주장을 강조할 필요는 없다. 우리는 이 출발점을 떠나서 행위자가 스스로 밝히는 성품과 별개로는 행동을 이해할 수 없다고 주장하는 몇 페이지에 초점을 맞추고자 한다. 하우어워스는 문제가 되지 않을 만한 방식으로 "행위자의 의도를 참고할 때만 행동을 궁극적으로 설명하고 이해할 수 있다"고 주장한다(p. 57). 있는 그대로의 목적이나 목표의 선택만이 아니라 우리가 상황을 해석하는 관점의 선택까지 포함하도록 폭넓게 의도를 설명한다. 행위 주체성은 한 사람이 "특정한 서술을 마음속에 그리고 거기에 자신의 주의를 집중하며 그에 따라 그의 행동을(따라서 그 자신을) 형성하는 능력에 달려 있다. 한 사람의 성품은 대체로 이렇게 지속적으로 주의를 집중한 결과다"(p. 58). 물론 "결과"는 성품이 그에 상응하는 행동을 통한 성품의 실행에 의해 형성된다는 정통 아리스토텔레스주의 관점을 나타낸다

(*Nicomachean Ethics* 1103 a 31 이하). 하지만 잠시 후 새로운 성품 개념이 등장한다. "인간의 행위 주체성은…그것이 다른 방향이 아니라 한 방향으로 결정되어 있을 때만, 즉 **한 사람이 특정한 신념과 의도에 따라 삶을 살기로 선택하고**…구체적 선택 안에서 이 **근본적 선택**을 구체화할 때만 유효하다"(강조 추가). 일련의 구체적 선택의 **결과**였던 것이 이제는 그 자체로 일종의 거대한 선택, 즉 "근본적 선택" 혹은 삶의 기획이 되었고, 따라서 이것은 그 이후로 구체적 선택 안에서 구현되어야 한다. 이제 하우어워스는 의도를 위해 이제 막 확립된 모든 해석의 힘을 성품에 자유롭게 부여할 수 있게 되었다. 하지만 명백히 이로 인해서 그는 곧바로 앞서 언급한 아리스토텔레스의 교리와 다투게 된다. "아리스토텔레스는 '덕은 상응하는 활동으로부터 계발된다'고 말하기를 좋아했으며, 이는 덕과 공적으로 합의된 서술을 할 수 있는 일군의 행동 사이에 매우 직접적인 관계가 존재함을 입증할 수 있음을 암시한다. 하지만 아리스토텔레스는 이 관계를 지나치게 단순하게 이해한다." 하우어워스는 이 다툼의 본질을 완벽하게 확인한다. 이 다툼은 행동의 공적 이해 가능성과 성품의 은폐성에 관한 것이다. 아리스토텔레스는 행동이 공적 해석에 열려 있는 한 성품도 공개적으로 드러낸다고 생각했다. 하우어워스는 성품의 은폐성이 행동을 모호성이라는 어스름 안으로 다시 끌고 들어간다고 생각한다. 그렇기 때문에 행동에 대한 상충하는 서술이 존재한다고 그는 주장한다. 그가 이렇게 생각하는 것은 행위자의 의도가 지닌 은폐성으로 인해 행동에는 어떤 모호성이 덧붙어 있음을 이미 보여 주었고, 이제 그는 성품을 삶의 기획을 위한 일종의 총체적 의도성으로 이해하기 때문이다. 따라서 그는 '의도'와 '성품'이라는 단어가 동의어인 것처럼 다음과 같이 쓴다. "우리의 **성품**은 어느 정도까지는 언제나 비밀스럽다. 우리의 공적 행동이 관찰자에게 어떻게 보이든 상관없이 결국에는 우리가 직접 공언한 것만이 **우리가 행하던 바**에 대한 서술로 받아들여질 수 있다"(p. 59, 강조 추가).

덕의 다원성과 통일성

도덕 이론에서는 두 특징, 주의주의와 다원주의가 함께하는 경향이 있다. 성품을 삶을 형성하는 의도로 이해하는 근대화된 아리스토텔레스주의 역시 마찬가지다. 일단 행위자가 자신의 해석틀을 자신이 행동하는 상황에 정당하게 부과한다고 판단한 다음에는, 다수 행위자의 서로 다른 삶의 의도에 상응하는 다수의 서로 다른 해석틀이 존재하며 모두가 동등하게 유효하다고 주장해야 한다. 몇몇 삶의 의도가 다른 것들보다 스스로를 유지하는 데 더 나은 능력을 지님을 인정함으로써 이런 주장에 제한을 가할 수 있다. 더 적합한 해석틀과 덜 적합한 해석틀이 존재할 수 있다. 일부는 너무 조악해서 그것이 직면하는 현실을 제대로 처리하지 못하고, 그 결과 어떤 종류의 전환으로 귀결되는 위기를 촉발할 수도 있다. 그럼에도 한 사람의 삶의 의도를 형성하는 기준은 기능적 기준이어야 한다. 실재 자체의 요구에 의해 이 결정이 즉각적으로 규정되지는 않는다. 합리적으로 사고하는 행위자가 유지할 수 있으며, 그의 삶 전체를 통해 그가 일관된 경로를 유지할 수 있게 하는 다수의 서로 다른 삶의 의도가 존재한다. 이 다원주의 원칙이 적용되는 세 가지 서로 다른 방식을 지적할 수 있다. 다만 우리는 그중에서 마지막 방식만을 다룰 것이다. 일부 옹호자는 도덕적 다원주의가 종교 다원주의와 직결된다고 생각한다. 그들 중 다수는 이것이 양립 불가능한 도덕적 전망의 충돌이라는 비극을 이해하는 열쇠라고 생각한다. 그들 중 대부분은 이것이 덕의 통일성이라는 플라톤의 교리에 심각한 도전을 제기한다고 생각한다.

플라톤은 하나의 덕을 예증한 사람이 모든 덕을 예증해야 한다는 단순한 필요성 안에서 덕의 이론적 다원성이 해소된다고 주장했다. 지혜롭지 않은 사람은 용감할 수 없었고, 용감하지 않은 사람은 신중할 수 없었으며, 신중하지 않은 사람은 정의로울 수 없었다 [*Protagoras* 349-350. 『프로타고라스』(아카넷)]. 표면적으로 이런 주장은 서로 다른 사람들 안에서 덕이 다르게 나타난다는 사실을 무시하는 것처럼 보인다. 만약 누군가를 '정의롭다'고 칭찬하고 다른 누군가를 '긍휼이 넘친다'고 칭찬한다면, 우리는 그들 사이의 도덕적 성품의 차이를 지적하는 셈이다. 이런 대조가 특정한 상황에서 그들이 정반대로 행동하리라는 함의를 가질 수도 있다. 긍휼과 정의 사이의 일견 긴장을 드러내는 결정이 있을 때, 한 사람은 긍휼을 베풀려 하기보다는 정의롭게 행동할 것이며 다른 사람은 정의롭게 행동하기보다는 긍휼을 베풀려 할 것이다. 하지만 반드시 이렇다는 의미는 아니며, 정의로운 사람이 긍휼의 요청을 느낄 수 없다거나 긍휼을 베푸는 사람이 정의의 요청을 느낄 수 없음을 시사하는 것도 아니다. 그것이 실제로 암시하는 바는 두 삶이 서로 다른 두드러진 특징을 드러내며 두 특징 모두 적절하게 그리고 위장 없이 선이라고 불릴 수 있다는 것이다. 더욱이 그것은 두 특징을 하나의 같은 삶을 동일한 정도로 특징짓는다고 쉽사리 여길 수 없음을 암시한다. 여기 빈민가에서 사회적으로 장애를 가진 이들을 위해 일하면서 평생을 살아온 용감한 여성이 있다. 여기 헌신적으로 자녀를 기르며 친척과 공동체를 떠받치는 반석이 되어 온, 가족을 위해 최선을 다하는 또 다른 여성이 있다. 세 번째로 여기 성실하게 자신을 다스리면서 지적 탐구에 에너지를 쏟아 온 여성이 있다. 이들은 서로를 존경하며, 더 나아가 어느 정도 서로의 덕을 본받으려고 노력할 수도 있다. 하지만 각 여성의 삶이 다른 덕이 아니라 하나의 덕에 의해 형성된 한, 다른 여성들의 삶이 보여주는 특수한 탁월성을 수용할 만한 여지는 없다. 물론 이 세 생애 모두의 요소를 결합하고 각각을 덜 매진하며 추구해 온 네 번째 여성이 있을 수도 있다. 그리고 이러한 성취의 폭 자체를 탁월성의 한 종류로 간주할 수도 있다. 하지만 핵심은 이 네 번째 여성이 다른 세 여성보다 반드시 더 좋은 사람인 것은 아니리라는 점이다. 다른 세 여성의 삶을 네 번째 여성이 표상하는 이상에 미치지 못한 것뿐이라고 이해할 수는 없다. (물론 플라톤의 입장을 덜 엄격하게 해석할 수도 있으며, 덕이 서로 다른 사람들 안에서 서로 다른 비율로 나타날 수 있다고 인정할 수도 있다. 하지만 그런 설명에서조차도 그는 덕의 어떠한 동질성을 주장하며, 이것이 바로 도덕적 다원주의가 이의를 제기하는 목적이다.)

다원주의가 플라톤에게 제기하는 이런 반론에 우리는 당혹스러워할 필요가 없다. 우리가 옹호하려는 성품의 윤리, 평가하는(3인칭) 입장으로 제한된 이 윤리는, 숙고하는(1인칭) 다원주의가 수반할 수밖에 없는 상대주의에 끌려 들어가지 않으면서도 도덕적 탁월성의 다원성을 자유롭게 인정할 수 있다. 이 단어의 흔한 용례처럼 '상대주의'는 주의주의의 한 양상일 뿐이다. 그것은 숙고하는 도덕적 사고에서 채택하는 회의주의적 자세로, 거기서 우리는 우리가 숙고할 수 있는 합리적 해결책이란 원칙적으로 없다고 선언한다. 대안들 사이에서 하는 선택은 벌거벗은 선택, 의지를 있는 그대로 발휘하는 것 이상일 수 없다. 하지만 우리는 다양성을 그저 행위자들 의지의 다양한 선택 탓으로 돌리지 않으면서도, 또한 숙고가 상대주의라는 교착 상태에 빠지도록 내버려두지 않으면서도, 우리의 평가에서 다원주의적일 수 있다. 무엇이 우리가 언급한 세 여성이 그토록 다른 형태의 탁월성을 성취할 수 있게 했는가? 그들의 생애는 그들의 서로 다른 습관에 의해 형성되었다. 그들이 서로 다르게 선택하는 상황에 직면함에 따라 이런 습관이 나타났다. 서로 다른 상황은 그들이 받은 서로 다른 교육의 결과로 그들에게 주어졌다. 그리고 그들의 교육은 서로 다른 타고난 재능에 의해 규정되었다. (이것은 가장 단순한 형태의 이야기로서, 사회적 혹은 정치적 환경 같은 다른 결정 요인을 고려하지 않는다.) 다시 말해, 그들의 덕이 차이가 나는 것은 그들의 의도에 달려 있지 않다. 물론 다른 의도도 있었을 것이며, 일부는 도덕적으로 중요하고 일부는 그렇지 않았을 것이다. 하지만 그들이 그 상황에서 무엇이 옳은지 분별하고 그것을 행하려는 열린 의도가 아닌 다른 어떤 의도를 가지고 중요한 결정을 내렸다고 가정하지 않고도 그들이 지닌 성품의 차이를 설명할 수 있다. 의도에 따른 선입견이 도덕적 다양성을 만들어 냈다고 볼 필요는 없다. 도덕 장의 차이만으로도 충분히 도덕적 다양성이 만들어질 수 있다. 신학적 논의에서는 이를 '소명'이라는 개념으로, 혹은 신약성경의 용어로는 '은사'라는 개념으로 이해한다. "우리에게 주신 은혜대로 받은 은사가 각각 다르니"(롬 12:6), 우리는 이 은사의 객관성에 응답하며 하나님이 우리를 부르신 그 모든 독특함 속에서 살아간다.

현대의 해석자들에게 아리스토텔레스는 덕에 관한 다원주의적 설명을, 상대주의를 방어하고 근대 주의주의의 숙고적 교착 상태에서 벗어나는 방법을 허용하는 "인간을 위한 선"이라는 통일된 목적론적 개념과 결합하는 모델을 제공하는 것처럼 보인다. 『니코마코스 윤리학』(*Nicomachean Ethics*) 첫 단락에서 (1094 a 1-b 7)에서 아리스토텔레스는 모든 인간 활동이 어떠한 선을 추구한다는 통찰로부터 출발한다. 하지만 "다수의 실천, 기예, 학문"이 존재하며, 따라서 "행동의 목적도 다수다." 하지만 그것이 통일된 윤리학이 존재할 수 없음을 의미하지는 않는다. 몇몇 선과 활동은 목적을 이루기 위한 수단으로서 위계적으로 다른 선과 활동에 종속되기 때문이다. 따라서 우리는 다른 모든 선과 활동이 그것에 종속되며 그것을 이루고자 하는, 모든 행동의 단일한 목적을 생각해 볼 수 있다. 아리스토텔레스는 이러한 "인간을 위한 선"[탄트로피논 아가톤(*tānthrōpinon agathon*)]을 "행복"[에우다이모니아(*eudaimonia*)]과 동일시한다. 현대에 그를 해설하는 이들은 선에 대한 이러한 설명이 플라톤의 설명보다 다원주의를 위해 훨씬 더 많은 공간을 열어 준다고 강조하는데 이는 매우 정당하다. 아리스토텔레스는 서로 다른 활동에 공통적인 일의적 의미의 선을 명시적으로 거부한다(1096 b 25). 또한 그들은 다른 모든 선이 그것을 이루기 위한 수단이 되는 궁극적 선이 아리스토텔레스의 윤리학에 부여하는 통일성이 합리적 숙고의 가능성을 위해 대단히 중요하다고 강조하는데 이 역시 동일하게 정당하다.

하지만 우리는 (여기서는 알래스데어 매킨타이어로 대표되는) 현대의 해설자가 이 단락들에 표현된 사고의 연쇄를 전유하는 데 어려움을 겪고 있음을 관찰할 수 있다. 어려움을 겪는 것은, 아리스토텔레스와 달리 현대의 해설자는 실천과 덕의 다원성의 근거를 사회적 결정 요인이 아니라 의지에 두기 때문이다. 매킨타이어는 아리스토텔레스로부터 유래한 "덕이라는 핵심 개념"을 제안하지만 두 가지 보류 사항을 덧붙인다. 보류 사항은 다음과 같다. 첫째, 아리스토텔레스의 자연적 목적론은 대안적 목적론으로 대체되어야 한다. 둘째, "선과 선의 충돌"이라는 비극을 적절하게 설명할 수 있을 만큼 충분히 구별되는 다원주의가 있어야 한다. 아리스토텔레스조차도 우주의 통일성이라는 플라톤의 교리에 유혹되어 이에 관해 얼버무리는 경향이 있었다(*After Virtue*, pp. 152-153, 183). 그는 이 "핵심 개념"을 세 단계로 재구축하고자 한다. 첫째로 덕과 실천을 관련짓는다. 이는 다수의 목적을 지닌 "다수의 실천, 기예, 학문"이 존재한다는 아리스토텔레스의 주장을 따른 것이다. 이로써 덕의 다원성을 보증하고, 가장 중요하게는 매킨타이어가 요구하는 대안적 목적론을 제안한다. "실천에 내재적인 선"의 목적론, 즉 다양한 인간 활동 안에 구현된 암묵적 의도성의 목적론을 제시한다. 그런 다음 매킨타이어는 이 설명을 그대로 받아들일 때 부적절한 부분이 무엇인지를 스스로 묻고, 그것이 반대하고자 했던 근대적인 상대주의적 주의주의와 구별되지 않는다고 매우 정확하게 대답한다(pp. 187-188). 상대주의를 극복하기 위해 그는 아리스토텔레스를 따라 "행동을 위한 다수의 목적"으로부터 하나의 "인간을 위한 선"으로 나아가야 한다. 하지만 아리스토텔레스의 자연적 목적론까지 함께 채택하지 않는다면 어떻게 그리할 수 있겠는가? 그의 두 번째 단계는 암묵적 의도성의 범위를 개별 실천으로부터 "통일체로서의 각 인간의 삶"까지 확장함으로써 이 책무를 수행한다. 이는 분명히 도덕적 주체의 다원주의적 파편화로부터 멀어지는 움직임이다. 하지만 그것은 인간으로서 인간을 위한 통일된 선을 위해 필요한 것을 거의 제공하지 못한다. "무엇이 나에게 선인가?"라는 물음에 대한 유효한 대답은 그렇게 묻는 사람만큼이나 다양할 것이기 때문이다. 이 지점에서 매킨타이어는 놀라운 전략을 구사한다. 그는 "'인간을 위한 선이란 무엇인가?'라고 묻는 것은 앞의 물음에 대한 모든 답이 공통으로 가지고 있어야 하는 것이 무엇인지를 묻는 것이다"라고 말한다(p. 203). 다시 말해, 개별 인간의 모든 삶의 기획으로부터 공통 요소를 추출함으로써 인간으로서의 인간을 위한 선을 찾아낼 수 있다. 하지만 이런 개별적 삶의 기획이 중요한 무언가를 공통으로 가지고 있다는 것을 우리는 어떻게 알 수 있는가? 먼저 그런 기획이 공통된 인간 소명에 대한 유효한 해석이라고 가정함으로써만 알 수 있다! 따라서 인간을 위한 선은 인간을 위한 수많은 선으로부터 추출해 낸 것이 아니라 오히려 인간을 위한 선으로부터 인간을 위한 수많은 선이 추출된 것이다. 하지만 그렇다면 다양한 삶의 기획에 담긴 의도성이라는 관점에서 공통된 인간 선의 규범성을 설명하기는 불가능해진다. 이런 기획 안의 의도는 그런 의도와 별개로 알려져야 하는 그 선에 비추어 합리적이거나 비합리적이라고 판단해야 한다.

따라서 매킨타이어의 세 번째 단계에서는 다른 방식으로, 즉 암묵적 의도성을 더욱 확장하여 개별적 삶을 살아가는 문화적 전통을 포함하게 함으로써 인간을 위한 통일된 선에 이르고자 한다. 다시 말하지만, 이는 상대주의를 극복하지 못할 것이다. 우리에게 가장 흔한 형식의 상대주의, 즉 대안 전통 사이에서 선택할 수 없는 문화 상대주의를 남길 뿐이다. 그렇다면 결국 매킨타이어는 그가 거부하는 근대성과 단절할 수 없으며, 이는 그가 자연적 목적론이라는 문제에서 아리스토텔레스보다는 근대인들을 더 신뢰하기 때문이다.

하지만 기독교는 이 문제를, 분화된 자기실현의 윤리에 불과할 소명이나 은사 차원에 남겨 두려고 한 적이 결코 없었다. 개별적인 은사와 소명은 신약성경에서, 특히 교회를 하나님이 부여하신 차이로 이뤄진 공동체로 이해할 때 중요한 역할을 한다. 하지만 다양한 은사, 다양한 직분, 다양한 사역이 있음에도 성부, 성자, 성령 하나님의 통일성이 있으며—하나님의 일하심이 이 모든 차이의 기초를 이룬다—성령의 참된 임재를 보여 주는 '예수는 주시다'라는 고백의 통일성이 있다(고전 12:3-6). 개인의 도덕적 성품의 다원성 배후에서도 이러한 통일성을 식별해 낼 수 있어야 한다. 덕 안의 통합하는 요인, 즉 교회의 한 신앙의 표현이 있어야 한다. 따라서 성 바울은 계속해서 "내가 사람의 방언과 천사의 말을 할지라도 사랑이 없으면 소리 나는 구리와 울리는 꽹과리가 되고 내가 예언하는 능력이 있어 모든 비밀과 모든 지식을 알고 또 산을 옮길 만한 모든 믿음이 있을지라도 사랑이 없으면 내가 아무것도 아니요"라고 말한다(13:1-2). 이 낯익은 말씀을 읽을 때 우리는 이 말씀이 자리 잡은 논의의 맥락에 주의를 기울여야 한다. 바울이 사랑 없이는 무의미하다고 생각하는 위대한 업적은 성령의 은사, 소명, 특수한 부르심—우리가 개인적으로 받은, 그리고 그 사람의 섬김을 이웃의 섬김과 구별하고 그의 역사를 독특하고 개인적인 역사로 표시할—이다. 바울이 개인적인 것과 개인마다 독특한 것을 경시한다는 게 아니다. 그 놀라운 발현을 모두 은밀한 위선이라고 의심하는 게 아니다. 그의 주장은, 삶을 개인적 운명의 성취, 개인의 은사를 활용하는 것으로만 이해한다면 그런 삶은 공허한 추상일 뿐이라는 것이다. 소명의 특수성은 모든 그리스도인의 삶의 보편적 성격이 나타날 수 있는 창이 되어야 한다. 교회 안의 다양한 목소리가 '예수는 주시다'라는 공통된 고백 안에서 통일되듯, 다양한 형식의 삶은 하나님의 질서에 따른 공통된 형식의 삶, 즉 사랑의 삶 안에서 통일된다.

서양 기독교가 덕의 통일성 교리에 부여한 형태는 플라톤보다 성 바울의 이 본문에 더 많이 빚지고 있다. 플라톤의 유명한 네 가지 '주요' 덕(사주덕) 목록은 인간 영혼을 세 부분으로 나누는 그의 분석에 기초한다[*Republic* 435a-441e. 『국가·정체』(서광사)]. 즉, 절제는 욕망의 덕, 용기는 기개의 덕, 지혜(prudence)는 이성의 덕이라면, 정의는 전체의 덕으로서, 지성이 주권을 갖는 위계질서 안에서 각 부분이 그 위의 부분에 적절히 종속됨을 의미한다. 이를 성 아우구스티누스의 가르침과 대조해 보라(*De moribus ecclesiae* 15.25). 참된 덕은 하나님을 향한 사랑이며, 이 사랑이 인간 실존이 우리를 이끄는 특정한 유형의 관계 안에서 나타나는 것이 사주덕이다. 절제는 사랑하는 주체가 하나님을 위해 자신을 망가뜨리지 않고 지켜 내는 것, 용기는 그가 하나님을 위해 모든 것을 기쁘게 견디는 것, 정의는 하나님 앞에서 복종하고 인간이 아닌 피조물을 다스리는 그의 자세, 지혜(prudence)는 그가 하나님을 향한 그의 순례를 돕는 것과 방해하는 것을 분별하는 것이다. 가장 두드러지는 차이는, 아우구스티누스가 덕 자체와 그것이 주요한 덕으로 분화되는 것을, 분화되지 않는 영혼이 역사 안에서 만나는 분화된 외적 실재와, 하나님과, 역경과, 더 열등한 피조물과 맺는 관계라는 관점에서 설명한다는 점이다. 그에 반해 플라톤은 분화된 영혼의 자기 충족적 조직화와 작용이라는 관점에서 이를 설명한다. 그리고 이 설명이 초월적 선이라는 교리를 전제하는 한 영혼은 지성을 통해서만 비역사적으로 만날 수 있는, 분화되지 않는 실재를 지향한다. 플라톤처럼 아우구스티누스는 덕의 통일성이 초월적 선에 대한 영혼의 지향을 반영하기 때문에 중요하다고 생각한다. 그와 달리 아우구스티누스는 영혼이 그 선을 추구하는 일이 역사 안에서 영혼의 삶의 환경과 조건을 형성하는 다른 실재들과의 관계라는 맥락 속에서 발생할 수밖에 없기 때문에 덕의 분화가 중요하다고 생각한다. 성 토마스 아퀴나스는 아우구스티누스의 교리를 사소한 수정만을 가하고서 받아들였고, 사랑을 가리켜 "덕의 형식"이라고 말했다(*Summa Theologiae* II-II.23.7, 8).

고린도전서의 잘 알려진 구절로 돌아가면 우리는 이제 초점이 바뀌는 것을 알아차릴 수 있다. "사랑은 오래 참고 사랑은 온유하며 시기하지 아니하며 사랑은 자랑하지 아니하며 교만하지 아니하며 무례히 행하지 아니하며 자기의 유익을 구하지 아니하며 성내지 아니하며 악한 것을 생각하지 아니하며 불의를 기뻐하지 아니하며 진리와 함께 기뻐하고 모든 것을 참으며 모든 것을 믿으며 모든 것을 바라며 모든 것을 견디느니라"(13:4-7). 여기서 우리는 더 이상 소명과 은사를 다루지 않고 도덕법을 다룰 뿐이다. 순교는 선택된 소수의 소명일지도 모르지만, 시기하지 않는 것은 모두에게 주어진 요구다. 바울의 사상에서 이 단계의 중요성은 아주 명확하다. 개별적인 선의 다양한 형식 배후에서 확인할 수 있는 통일성은 바로 도덕법의 성취다. 이것이 바로 이처럼 다양한 성품을 선으로 만든다. 다양한 성품은 각각 독특한 소명의 틀 안에서 이뤄진 하나의 도덕적 삶, 모든 사람이 살아가야 할 삶에 대한 참된 해석이다. 사랑이 도덕법 안의 다양한 명령을 통해 종류적으로 분화되는 하나의 요구인 것처럼, 사랑은 또한 개인적 소명의 독특함 안에서 특수하게 분화된 하나의 삶의 책무다. 사랑은 창조된 질서의 종류적 다양성에 대한 독특하게 다양한 모든 반응 배후에 놓여 있는 단일한 지향성이다.

성품 윤리의 기능

다뤄야 할 문제가 하나 남아 있다. 성품 윤리는 평가하는 (3인칭) 입장으로부터 전개되어야 하며 숙고하는 사고의 연쇄에서 어떤 역할도 할 수 없다는 우리의 주장으로부터 기인하는 문제다. 그렇다면 도덕 사상에서 성품 윤리는 어떤 기능을 하는가? 그리고 우리는 이 질문과 앞서 암시했던 또 다른 질문, 즉 '성품 윤리 자체가 도덕적으로 정당한가?'라는 질문을 연결할 수 있다. 그것은 "비판을 받지 아니하려거든 비판하지 말라"라는 예수의 경고(마 7:1)에 암시된 정죄를 피할 수 있는가?

첫째로, 성품 평가는 도덕적 숙고의 본질이 무엇인지를 우리에게 상기시킨다. 성품 평가는 도덕적 숙고를 구원론적 맥락 안에, 즉 '옳은 일을 하는 것'뿐만 아니라 '한 사람의 영혼을 구원하는 것'에 관한 문제로서 자리 잡게 한다. 덕과 악덕의 명칭은 영혼의 구원과 멸망의 여러 양상을 우리에게 나타낸다. 용기, 지혜(wisdom), 충성은 도덕적 행위자 안에 있는 안녕의 형태인 반면 비겁함, 무지, 이기심은 부패의 형태다. 그런 안녕과 부패를 관찰할 때 우리는 '옳은 일을 하는 것'과 '잘못된 일을 하는 것'이 실제로 우리에게 어떤 영향을 미치는지 안다. 그러므로 이런 덕목은 특수한 도덕적 숙고가 아니라 더 양심적인 도덕적 숙고에 대한 헌신에서 실천적 고려 대상이 된다. 그리고 이런 덕목이 분화되어 있는 한, 미래에 숙고할 때 더 적극적으로 인식할 수 있는 특별한 유혹이나 도전을 경계하는 태도를 갖게 할 수 있다. 그러므로 성품 윤리는 도덕과 관련한 구원론적 질문을 제기한다. 그렇기 때문에 가톨릭 도덕 신학 전통에서 성품 윤리를 유지해 온 것은 옳았다. 하지만 성품 윤리는 이 질문에 충분히 답하지 못한다. 그렇기 때문에 개신교 전통에서 성품 윤리의 가능한 주장을 의심해 온 것은 옳았다. 덕스러운 성품의 형성에 관해 이야기함으로써 우리 영혼을 구원하는 법을 배울 수는 없다. 그럼에도 그런 이야기는 영혼이 멸망하거나 구원을 받는 것이 무엇을 의미하는지 다른 어떤 것보다 더 잘 가르쳐 줄 수 있고, 따라서 우리 자신과 다른 이들을 위해 이에 관심을 기울이라고 가르쳐 줄 수 있다.

두 번째로, 이 때문에 도덕적 성품에 관한 생각이 회개에서 핵심 역할을 한다고 말할 수 있다. 다른 사람뿐만 아니라 우리 자신에 관해서도 평가가 이뤄진다. 관찰자의 거리는 숙고하는 상황으로부터 우리를 배제하지만, 그럼에도 우리 자신의 과거 삶을 돌아볼 수 있는 관점을 우리에게 제공한다. 우리는 우리의 역사가 드러내는 성품에 관해 (의심할 나위 없이 부분적이지만 무가치하지 않은) 판단을 형성할 수 있으며, 특수한 행동에 관한 판단이 아니라 이런 판단이 우리가 구원의 필요를 대단히 예리하게 느끼도록 할 것이다. "나는 입술이 부정한 사람이요. 나는 입술이 부정한 백성 중에 거주하면서"라고 외칠 때(사 6:5) 예언자는 자신이나 자신의 백성이 잘못된 말을 하는 특수한 행동을 범했다고 비판한 것이 아니라, 만군의 주께 드리는 거룩한 예배를 유지하기에 자신이 도덕적으로 불충분함을 이 구절을 통해 요약하여 표현한 것이었다. 따라서 성품 윤리에 관해 우리는 루터교 신학이 모든 형태의 도덕법에 관해 했던 말을 할 수 있다. 즉, 도덕법이 우리를 정죄함으로써 우리가 하나님의 은총을 구하게 만든다고 말할 수 있다.

하지만 셋째로, 이러한 자기 평가는 자신과 다른 이들을 비교하는 데 기초한다. 우리는 우리의 이기적인 야심이나 나태함을 고발하는 하나님의 율법 아래 서 있다. 하지만 우리 자신의 성품과 다른 이들의 성품 사이의 유사점을 인식할 때 우리 자신 안에서 그런 특징을 알아보는 법을 배운다. 우리 자신에 대한 심판 안에는 다른 이들에 대한 잠정적 판단도 내포되어 있는데, 도덕법은 종류적으로 말하기 때문이다. 다행히도 이런 판단은 호의적일 때가 많을 것이다. 우리는 다른 이들의 악덕뿐만 아니라 덕도 관찰하며 이는 우리에게 다행인데, 바로 그러한 관찰이 우리가 사랑하도록 가르치기 때문이다. 그럼에도 우리의 관찰은 호의적이든 호의적이지 않든 잠정적이어야 하며, 그런 의미에서 우리는 '판단하지 않는다.' 하나님의 은총으로 우리에게 주어진 것을 자기만족이나 부주의로 인해 잃어버릴 수 있음을 알기에 우리 자신에 대한 우리의 호의적 판단이 잠정적이어야 하듯, 다른 이들에 대한 우리의 호의적 판단도 마찬가지로 그들 역시 유혹에 넘어갈 수 있다는 지식에 의해 조절된다. 더 중요하게는, 회개와 변화에 대해 절망하지 않기 위해 우리 자신에 대한 우리의 비판적 판단이 잠정적이어야 하듯, 다른 이들에 대한 우리의 비판적 판단도 기대를 품으면서 하나님의 은총에 열려 있는 판단이어야 한다. 그리고 다른 이들을 바라볼 때 우리는 아직 일어나지 않은 회개와 변화뿐만 아니라 우리가 보기에는 드러나지 않지만 이미 일어났을 수도 있는 일에 관해서도 생각해야 한다. 따라서 죽을 때까지는 그 어떤 사람도 행복한 사람이라고 부르지 말라는 솔론의 경고는 예수의 경고보다 덜 신중하다. 죽은 사람에 관해서조차도, 마지막 날에 어떤 숨겨진 하나님의 일이 우리에게 드러날지 우리는 알 수 없다.

11 • 도덕적 삶의 이중적 양상

우리는 사랑이 도덕 장과 도덕적 주체의 성품 모두에 통일하는 질서를 부여하는 원칙이라고 말해 왔다. 사랑은 한편으로 도덕법의 성취이며, 다른 한편으로는 덕의 형식이다. 하지만 공관복음에 기록된 예수께서 주신 사랑의 명령은 "너는 마음을 다하고 뜻을 다하고 힘을 다하여 네 하나님 여호와를 사랑하라"라는 신명기 6:5의 예배 규칙과 "네 이웃 사랑하기를 네 자신과 같이 사랑하라"라는 레위기 19:18의 사회적 삶 규칙을 결합하는 이중 명령이다. 성 아우구스티누스가 이 공관복음 본문에 서양의 도덕 사상 안에서 핵심적으로 중요한 지위를 부여한 이래로 서양의 교회는 이 이중성의 함의에 매료되었으며 어쩌면 약간은 놀라워했다. 키르케고르는 "하나님을 향한 사랑과 그분이 우리 마음에 심어 주신 사랑으로 대하는 이들을 향한 사랑 사이에 충돌이 있을 수 있다는 것보다 더 무시무시한 것은 생각할 수 없을 것이다"라고 말했다[*Either-Or* II, p. 205. 『이것이냐 저것이냐』(치우)]. 이런 "무시무시한" 생각은 여러 다른 모습으로 교회에 출몰해 왔다. 중세에는 실천적 삶과 관조적 삶을 나누는 아리스토텔레스적 구별이라는 고전적 옷을 입고 나타났다. 근대에는 예배에 대한 주장과 봉사에 대한 주장 사이의 갈등, 또한 전도에 대한 주장과 긍휼 활동에 대한 주장 사이의 갈등으로 나타났다. 물론 이것들은 서로 다른 문제다. 하지만 공통되는 근본적 문제가 있다. 그 "무시무시한" 생각은 우주가 그 자체와 전쟁을 벌이고 있을 수도 있고, 인간이 양측 모두에게서 동맹이 되기를 요청받고 있을 수도 있다는 생각이다. 만약 결국 우리가 이 두 사랑에 관해, 사도 요한이 세상을 향한 사랑에 관해 말하는 바, 즉 "누구든지 세상을 사랑하면 아버지의 사랑이 그 안에 있지 아니하니"(요일 2:15)라는 말을 해야 한다면, 그것은 하나님을 향한 사랑과 그분이 우리 마음에 심어 주신 사랑으로 대하는 이들을 향한 사랑 사이의 끔찍한 충돌일 것이다.

    이것이 의무의 충돌에 관해 교회가 반복해서 느끼는 불안에 대한 올바른 해석이라면, 우리는 이에 대해 교의적 주장으로 대담하게 맞서야 한다. 이런 충돌은 만물의 창조자이신 한 분 하나님이 계시는 우주에서는 발생하지 않고 발생할 수도 없다. 이런 불안의 배후에는 은폐된 마니교 사상, 즉 끊임없이 전쟁을 벌이는 두 개의 제일 원리―우리가 그 사이에 갇혀 있는, 양립 불가능한 주장과 반대 주장의 원천―에 대한 믿음이 놓여 있다. 하지만 우리가 "세상"에 대한 경고를 받을 때, 그것이 우리가 하나님 대신 사랑할 수 있는, 하나님에 대한 대안이 실재한다고 생각하도록 의도된 것은 아니다. 이런 의미에서 "세상"은 하나님이 만드신 실제로 존재하는 선한 세상이나 다른 어떤 실재하는 세상이 아니라 죄악된 상상력이 만들어 낸 환상의 세상, 우리가 그것을 사랑한다면 그것이 아무것도 아니며 우리에게 아무런 양분도 제공할 수 없기 때문에 우리를 파괴할 무(nothingness)일 뿐이다. 또한 이 이중 명령이 하나님을 향한 사랑과 다른 어떤 사랑 사이에 다리를 놓기 위한 시도라고 생각해서도 안 된다. 성 마태가 기록하듯(22:36) 예수께서는 '큰' 명령에 관한 질문에 대해 답하시면서 이 명령이 이중적이기는 하지만 한 분 하나님의 통일된 요구 안에서 나타나는 요구라고 설명하신다. 한 분 하나님이 우리에게 한 사랑―그분을 향한 사랑과 우리 이웃을 향한 사랑―을 요구하신다. 이 요구의 통일성은 하나님의 통일성과 목적의 단일성에 의해 보증된다. 이 요구를 통일된 요구로 이해하고자 할 때에야 그 요구는 우리의 반응이 마치 두 물길로 갈라지는 한 시냇물처럼 두 측면을 지녀야 함을 우리에게 드러낸다.

하지만 이 직유조차도 오해를 불러일으킬지 모른다. 우리는 하나님 사랑과 이웃 사랑으로 갈라지기 전 본래의 시냇물은 무엇인지 물을 수 있다. 그것은 그저 명확한 대상이 없는 '사랑'인가? 실재에 대한, 존재하는 모든 것에 대한 사랑인가? 하지만 대상 없는 사랑 같은 것은 없으며, 모든 실재의 근원보다 더 큰 대상을 제시한다면 실재에 대한 사랑은 우상숭배적 사랑일 수밖에 없다. 하나님과 이웃에 대한 사랑은 분화되지 않은 모든 것에 대한 사랑으로부터 펼쳐져 나올 수 없다. 하나님과 이웃이 분화되지 않은 모든 것으로부터 펼쳐져 나오지 않았기 때문이다. 실재는 시원적으로 하나님과 다른 무언가를 아우르지 않는다. 실재는 하나님이며, 그분은 실재에 자신이 아닌 것들을 부여할 수 있는 능력을 통해 그분의 통일성과 나란히 존재에 이중성을 가져오신다. 창조는 전체의 자기 분화가 아니라 무로부터(*ex nihilo*) 세상을 만드는 것이다. 따라서 우리가 실재를 사랑하는 사랑은 우리가 사랑하는 실재가 이중적인 것과 마찬가지로 이중적이어야 한다. 즉, 이차적 대상은 일차적 대상에 의해 주어지며 일차적 대상에 의존한다. 하나님이 그분과 별개로 새로운 실재를 창조하셨음에도 어떤 의미에서 계속해서 그분이 유일한 실재이시듯, 하나님을 향한 사랑 역시 정확히 같은 의미에서 우리에게 요구되는 유일한 것이다. "네 마음을 다하고 목숨을 다하고 뜻을 다하고 힘을 다하여 주 너의 하나님을 사랑하라"(막 12:30). 이는 아우구스티누스가 말했듯 우리에게 다른 사랑을 위한 어떤 여지도 남기지 않는다.

조너선 에드워즈(Jonathan Edwards)의 논문 『참된 미덕의 본질』(*The Nature of True Virtue*, 부흥과개혁사)을 통해 이 점을 예증할 수 있다. 이 논문은 덕을 "존재 일반에 대한 인애(benevolence)"라고 정의하면서 시작하는데, 이는 "큰 전체와의 연합과 일치"로 표현되며, "전체에 속한 작은 부분에 불과한 존재들의 사적인 영역이나 체계에 대한 인애"와 대조된다(pp. 3-4). 이로부터 에드워즈는 다음과 같은 주장을 전개한다. "만약 단순하게 생각할 때 존재가 참으로 덕스러운 인애의 첫 대상이라면, 다른 조건들이 동등한 경우, 한 존재가 우리의 능력에 대해 나타나 있는 한, 가장 많은 존재를 가지고 있거나 존재의 가장 큰 몫을 지닌 대상이 마음의 성향과 인애하는 정서의 가장 큰 몫을 가지고 있을 것이다"(p. 9). 그리고 그가 의도하길, 이는 그가 다음과 같이 (하지만 2장에 가서야 비로소!) 결론을 내리는 것을 정당화할 것이다. "참된 덕은 일차적으로 존재들 중의 존재(Being of beings), 무한히 가장 크고 가장 선한 존재이신 하나님에 대한 사랑으로 이뤄져 있다.…따라서 다른 모든 존재는, 심지어는 우주 전체까지도 신적 존재와 비교하면 아무것도 아니다.…그리고 모든 덕이 근원적으로, 본질적으로, 또한 이를테면 요약적으로 그 안에 있다. 하나님은 다른 모든 존재보다 무한하게 더 크고 더 탁월하실 뿐만 아니라 그분이 존재의 보편적 체계를 다스리시기 때문이다"(pp. 14-15). 2장의 이러한 신학적 주장을 받아들이는 에드워즈의 진지함을 의심할 필요는 없다. 하지만 이 에드워즈와 1장의 형이상학적인 에드워즈의 관계는 불편하게 느껴질 수밖에 없다. 만약 누군가가 '존재 일반'을 다루는 것으로 시작해 하나님을 그런 존재의 특수한 예로 간주할 것이라고 선언한다면, 이어지는 모든 주장, 즉 우주가 신적 존재와 비교해 '무와 같다'는 주장은 필연적으로 무시당하는 경향이 있을 것이다. 그는 이미 하나님의 사랑을 우주에 대한 이전의 사랑으로부터 **끌어냈다**. 덕과 우주 사랑의 동일시를 대전제로 삼는 논증을 위해 하나님과 그분의 피조물의 관계에 관한 가장 훌륭한 기독교 신학의 주장을 **소**전제로 활용하는 데 그친다면, 그 주장은 힘과 의미를 상실하고 말 것이다.

두 가지 상호 보완적인 주장, 하나는 통일성으로부터 시작하고 다른 하나는 이중성으로부터 시작하는 주장을 통해 사랑 명령이 갖는 통일성 안의 이중성을 탐구할 수도 있다. 첫째로, **이웃이 하나님의 사랑을 지향하기 때문에** 우리는 이웃을 사랑해야 한다.

자신과 이웃은 하나님 안에 그 기원과 목적을 두고 있는 우주 안에서 동등한 협력자다. 어느 쪽도 상대의 기원이나 목적이 아니다. 그는 나와 존재론적으로 동등하다. 그는 내가 존재를 부여받은 것과 똑같은 조건으로 존재를 부여받는다. 하지만 이런 동등성은 단지 스스로 존재할 수 없다. 이웃을 나와 동등한 존재로 인식한다는 것은 우리 둘보다 앞서는, 종류적 질서 부여를 인식한다는 것이다. 이 질서 부여를 통해 우리는 공통된 종류를 이루는 구성원으로서, 인간 대 인간으로서 서로 관계를 맺는다. 하지만 종류적 질서는 목적론적 질서를 암시한다. 실재하는 종류는 실재하는 목적이라는 관점에서 정의된다. 인간의 평등이 실재의 권위를 가지고 나에게 요구하고 그것이 단순한 생각의 추상화가 아니라면, 이는 한 인간이 다른 인간과 공통된 목적을 공유하기 때문이다. 인간의 평등이 설득력을 얻는 것은, 내가 이웃을 나와 비슷한 부차적 실재이자 나와 마찬가지로 존재와 의미를 위해 일차적 실재에 의존하도록 창조된 존재로 볼 때뿐이다.

사상사에서 동료 인간에 대한 존중이 최고선을 향한 사랑이라는 신학적 맥락과 분리될 때 이는 두 가지 타락 중 하나로 귀결될 때가 많았다. 동료 인간의 행복에 대한 책임을 그의 손에서 빼앗음으로써 그를 압제하려고 시도하거나, 욕망과 필요의 대상이 된 동료 인간에게 자아가 예속되는 것이다. 첫째 타락은, 아무리 자비를 베풀려는 의도에서 시작되었다고 하더라도 현대의 자선 기업 기획이 계속해서 위협하고 있듯 인간에 의한 인간의 전체주의적 지배로 이어질 수밖에 없다. 둘째 타락은 한 사회와 그 사회의 영웅들이 이루는 특징적 관계인데, 약하고 예민한 이들이 아름다운 이들과 강한 이들의 자연적 권위에 에로스적으로 복종하는 것을 절대화함으로써 폭정의 기회를 제공한다. 하나님을 향한 사랑을 제거하면, 참된 이웃 사랑을 가능하게 하는 존재론적 동등성이 전복되고 만다. 한 인간이 하나님의 자리를 차지하고 다른 이들에게 가치와 의미를 부여한다. 아가페와 에로스를 대조했던 안데르스 니그렌의 유명한 이론에서는 사실상 다른 형태의 사랑이 불가능하다고, 사랑할 때 우리는 지배하거나 지배당할 수밖에 없다고 말하는 셈이다.

참된 이웃이 되기 위해서는 최고선을 인식해야 한다. 그래야 우리가 그 본질에 따라 이웃을 볼 수 있다. 하지만 이는 우리가 이웃의 행복을 추구하기 위해서 우리 자신처럼 그 역시 그 목적이 하나님 안에 있는 존재라는 생각을 진지하게 받아들여야 함을 의미한다. 이 근본적 진리를 존중하지 않고 그를 '사랑'한다면 이는 환상 속에서 이뤄지는 활동일 것이다. 성 아우구스티누스는 이웃에 대한 우리의 첫째 의무는 "하나님을 위해 그를 붙잡는 것"이라고 말하곤 했다. 이는 일부 비판자들이 우리에게 경고하듯 이웃을 향한 모든 사랑의 몸짓이나 행동 배후에 종교적 목표가 '숨은 동기'로 도사리고 있으리라는 뜻이 아니다. 그것은 단지 이웃을 향한 우리의 사랑 안에 하나님과의 사귐이라는 고귀한 소명과 운명이 그에게 주어져 있다는 인식과 그의 행복에 대한 관심이라는 맥락 안에서 그 운명을 이루려는 바람이 자리 잡고 있음을 의미한다. 물론 성 아우구스티누스가 권하는 전도의 열정은 일종의 종교적 자기 과시를 위한 평계가 될 수도 있고, 이웃이 누려야 할 행복의 다른 양상에 대한 둔감함과 병행될 수도 있다. 과거와 더 최근의 기독교 선교 역사에는 두 비판 모두에 개연성을 부여하는 사업들이 있다. 하지만 과연 이것이 일반적 상황이라고 편견 없이 말할 수 있는가? 세계 곳곳에 그런 주장이 거짓임을 드러내는, 교육과 의료를 위한 기독교 교육 기관이 존재한다. 대신 우리는 일부 교계에서 유행하고 있는, 전도에 대한 다소 호전적인 거부가 이웃의 소명을 진지하게 받아들이기를 거부하는 태도를 드러내는 것인지, 아니면 기껏해야 기독교의 인간 이해를 시험대에 올리는 것을 두려워하는 소심함인지 물어보아야 한다.

하지만 둘째로, 창조는 하나님이 그분의 피조물에게 주신 진정한 타자성이라는 선물이므로 우리는 사랑 명령의 이중성을 주장해야 한다. 이웃 사랑은 하나님 사랑에서 기원했으며 하나님 사랑 안에서 그 목적을 가지고 있지만, 여전히 **하나님 아닌 무언가에 대한 사랑**이고, 따라서 하나님에 대한 사랑과 다르다.

하나님의 창조 행위는 그분 자신이 아닌 **하나**, 그분이 유일한 너(Thou)가 되실 수 있는 단일한 창조된 주체성을 만드시는 일이 아니라 다수를 만드시는 일을 수반했다. 그분은 다양한 종류를 만드셨다. 한 종류 안에서 그분은 인류를 만드셨다. 그분은 그들이 도시로서 함께 살아가게 하셨다. 그분은 단지 목적론적으로 그분과 사귐을 나눌 뿐만 아니라 종류적으로 서로와 사귐을 누릴 사람들을 존재하게 하셨다. 다원성이 타락의 상태가 아니며, 인류가 그로부터 나뉘지 않은 통일성으로 돌아가야 하는 것이 아님을 강조하는 게 중요하다. 인류의 다원성은 창조된 질서 전체의 복수형식성과 마찬가지로 하나님의 첫 번째이자 마지막 말씀이다. 그분은 처음에 아담을 홀로 만들지 않으셨고, 마지막에 그를 홀로 내버려두지 않으실 것이다. 인간은 평등한 자들의 공동체를 이루도록 부름받았고, 자의식을 지닌 개인으로서 존재할 수 있는 그의 능력도 이 공동체에 의존한다. 영혼이 "홀로인 자와 홀로" 있고자 하는 신플라톤주의적 신비 추구는 구속의 공동체적 성격을 거부하기에 결코 기독교의 순종일 수 없다. 이는 기독교 경건에서 고독의 적절성, 더 나아가 필요성을 부인하는 게 아니다. 하지만 고독한 상태에서조차, 공동체가 영혼에 가할 수 있는 억압에서 해방되어 하나님께만 보이고 들리는 사적인 방 안에서조차 한 사람은 다른 사람들과 함께하며 다른 사람들을 위한 사람이다. 초기 은수자들은 교회를 위해 기도하고 있다는 근거로 자신들이 받은 물러남의 소명을 변호했다. 이는 적절한 변론이다. 중보 기도는 기독교 교회가 개인들의 공동체로서 기능하는 가장 핵심적인 방식일 것이기 때문이다. 서로를 위해 기도할 때 교회의 개별 구성원은 고독하게 하나님의 얼굴을 구하는 개인적 책임을 다하는 동시에, 공동체로서 하나님 앞에 나아가 그분 앞에서 자신의 개인적 필요뿐만 아니라 서로의 필요를 아뢴다.

특히 마태복음 6:5-6에 비춰 볼 때 고독의 요구에 관해 얼버무리고 넘어갈 수 없다. 이 본문에서는 사적 기도를 은밀한 구제 및 금식과 연결한다. 이를 연결하는 주제를 6:1에서는 이렇게 표현한다. "사람에게 보이려고 그들 앞에서 너희 의를 행하지 않도록 주의하라. 그리하지 아니하면 하늘에 계신 너희 아버지께 상을 받지 못하느니라." 의로운 행위를 공적으로 드러낼 때의 위험은 종말에 되면 이런 행위가 언급되지 않으리라는 점이다. 그 행위의 지평은 현재 종교 공동체의 요구와 만족에 전적으로 사로잡혀 있다("그들은 자기 상을 이미 받았느니라." 6:2, 5, 16). 반면에, 은밀한 구제, 사적 기도, 남들 모르게 하는 금식은 끝이 열려 있다. 이런 행위의 가치는 현재의 공동체를 위해 소비되지 않았고, 따라서 하나님 나라라는 종말론적 공동체 안에서 인정받게 되리라고 기대할 수 있다. 공동체와 고독의 대조는 잠정적일 뿐이다. 궁극적으로 이 대조는 두 공동체, 즉 현세의 공동체와 종말의 공동체의 대조다. 저 공동체에 마음을 둔 신자는 이 공동체의 요구와 보상에 마음을 빼앗기지 않기 위해서 이 공동체와 어느 정도 거리를 두려고 한다. 4절과 마찬가지로 6절에서도 하나님의 보상 약속에 '엔 토 파네로'(*en tō phanerō*), 즉 '공개적으로'라는 구절을 추가한 주석가는 본문을 오해한 게 아니다. 종말론적 보상 약속에는 공개성, 모든 마음의 비밀이 드러나는 공동체의 특성인 공개성이 암시되어 있기 때문이다. 지금 사적 기도에 힘쓰는 사람은 그 공개성을 위해 스스로 준비하는 셈이다. 지금 그의 은밀함과 그때 그의 공개성을 묶는 연결 고리가 "은밀한 중에 보시는" 아버지의 현전이기 때문이다. 그때 그의 안전은 지금 그가 부르도록 배운 "은밀한 중에 계신" 그의 아버지께[토 파트리 수 토 엔 토 크륍토(*tō patri sou tō en tō kryptō*), 6절] 사적으로 나아감으로써 보장된다. 이사야 26:20의 참회하는 사람처럼 그는 골방에 들어감으로써 진노를 피할 수 있다. 엘리사처럼(왕하 4:33) 그는 거기서 하나님 나라의 권세에 예언자적으로 접근할 수 있다.

하지만 고독을 강조하는 접근 방식이 공동체 안의 구속이 뜻하는 바를 제대로 표현하지 못한다면, 역설적으로 그와 비슷한 접근 방식, 즉 우리가 하나님 앞에서 개별 주체로서 가지고 있는 개인의 독특성이라는 감각을 초월하여 일종의 보편적 자의식을 기르자고 제안하는 접근 방식 역시 마찬가지다. 우리는 이웃과 우리 자신 사이의 차이라는 모든 감각을 잃어버리고 근원적 공감을 통해 그를 포함하도록 우리의 자의식을 확장함으로써 이웃을 '우리 자신처럼' 사랑해야 한다는 것이다. 사실 이것은 고독을 강조하는 접근 방식이라는 동전을 뒤집은 것에 불과하다. 홀로인 자와 홀로 있는 것은 자신 안에 우주를 포함하고 이로써 우주의 나머지와 구별되는 자기 자신이기를 멈추는 것이기 때문이다. 하지만 그것은 하나님이 우리를 공동체 안에서 살아가도록 부르실 때 우리에게 명하신 바가 아니다. 공동체적 주체는 공동체에 참여하는 개별 주체의 억압이나 폐지에 의해 구성되지 않는다. 공동체적 주체는 개인들로서 생성되는데, 이런 개인은 서로 조화를 이루고 서로의 행동에 반응하며 공동의 계획을 위해 협력함으로써 여전히 다수이면서도 하나로서 행동한다. 하나님의 창조 행위는 개인을 독특하고 초월적인 자의식 안으로 흡수하는 것을 목적으로 삼지 않는다. 공유와 상호성이라는 공통성을 통해 개인을 온전히 실현하는 것을 목적으로 삼는다.

교회의 특징이 되어야 할 '통일성'을 언급하는 신약성경의 많은 본문은 모두 공통된 신념과 우선성을 지닌 공동체를 형성할 수 있게 하는 개인 간의 관계를 다룬다. 따라서 성 바울은 빌립보서 2:2-4에서 오해를 야기할 수 있는 '토 아우토 프로네테'(*to auto phronetē*), 즉 "마음을 같이하여"를 '텐 아우텐 아가펜 에콘테스'(*tēn autēn agapēn echontes*), 즉 "같은 사랑을 가지고"로 설명한다. 그런 다음 '쉼프쉬코이'(*sympsychoi*), 즉 "뜻을 합하여"와 '토 헨 프로눈테스'(*to hen phronountes*), 즉 "한 마음을 품어"를 다음과 같이 해설한다. "아무 일에든지 다툼이나 허영으로 하지 말고 오직 겸손한 마음으로 각각 자기보다 남을 낫게 여기고." 다시 한번, 다음 구절 '메 타 헤아우톤 헤카스토스 스코푼테스'(*mē ta heautōn hekastos skopountes*), 즉 "각자 자신의 일을 생각하지 말고"(개역개정에서는 "각각 자기 일을 돌볼뿐더러"라고 번역함—옮긴이)가 나와 너의 차이를 어느 정도 잃어버리는 것을 암시한다고 이해할 수도 있지만, 결론부에서는 '알라 카이 타 헤테론 헤카스토이'(*alla kai ta heterōn hekastoi*), 즉 "또한 각각 다른 사람들의 일을 돌보아"라고 말하면서 그 차이를 회복시킨다. 성 누가가 사도행전의 첫 부분(4:32 이하)에서 묘사하는 초기 예루살렘 교회의 유명한 모습은 이러한 인상을 확증한다. 믿는 이들이 "한마음과 한 뜻이 되어 모든 물건을 서로 통용하고 자기 재물을 조금이라도 자기 것이라 하는 이가 하나도 없더라." 이러한 '통일성'과 물건의 '공동' 소유에 어떤 의미를 부여할 수 있는가? 이어지는 절에서 성 누가가 설명하는 의미는 이렇다. 즉, 더 부유한 그리스도인들은 더 가난한 형제들의 필요를 위해 자신의 물건을 거저 쓸 수 있게 내놓았는데, 이런 나눔의 행동을 통해 줌과 받음이라는 역동적 양극성이 공동체 안에서 폐지되지 않고, 도덕적으로 연합된 교회의 집단적 행위 안에서 부자와 가난한 이들의 개인적 행위가 상실되지 않는다. 또한 요한복음 17:22에 기록된 하나 됨을 위한 그리스도의 위대한 기도를 언급할 수 있다. "이는 우리가 하나가 된 것같이 그들도 하나가 되게 하려 함이니이다." 하지만 신성의 영원한 삶 안에서의 성부와 성자의 통일성은 두 위격의 사귐에서 '나'와 '너'를 제거하거나 극복할 수 없다. "내가 그들 안에 있고 아버지께서 내 안에 계시어." 이것이 교회와 사벨리우스주의 이단자들 사이의 논쟁에서 핵심 논점이었다.

하나님이 우리를 복수(plurality)의 타자들로 만드셨기 때문에 우리의 관계는 한편으로는 하나님과의 관계, 다른 한편으로는 하나님이 아닌 이들과의 관계라는 이중적 양상을 띨 수밖에 없다. '종교적' 실천 영역과 '세속적' 실천 영역 사이의 구별이 존재할 수밖에 없다. 우선적으로 하나님을 향하는 기도와 찬양이 있어야 한다. 또한 우선적으로 하나님을 향하지 않는 이웃과의 사귐과 이웃의 행복을 위한 섬김이 있어야 한다. 하지만 적극적인 사랑의 구별되는 이 두 영역은 두 사랑을 표현하는 것이 아니다. 하나를 지향해야 하는 마음의 순수성을 위협할 경쟁은 없다. 그렇다면 어떻게 우리는 이 둘을 하나로 생각할 수 있는가? 고전적 표현을 사용하자면 '카리타스 오르디나타'(caritas ordinata)—구별되어 있으며 질서 안에 자리 잡은 사랑—를 어떻게 이해할 수 있는가? 이를 이해하는 만족스러운 방식을 다루기 전에 이에 답하려는 두 가지 부적절한 제안에 대해 논평할 것이다.

사랑의 질서 정하기

대중적 경건에서 널리 통용되는, 두 사랑의 질서 정하기에 대한 한 접근 방식에서는 이를 갈등이 벌어지는 상황에서 선택의 우선성이라는 관점에서 이해한다. 어렸을 때 우리는 "하나님을 첫 번째 자리에, 다른 이들을 그다음에, 너 자신을 마지막에 두라"고 배웠다. 우리는 키르케고르의 "무시무시한 생각"이 실현되는 경우를 상상하고, 그런 상황에서 하나님의 주장을 이웃의 주장보다 우월한 것으로 대하겠다고 다짐해야 한다. 다른 많은 인간의 상황과 마찬가지로 연장자를 우선하는 주장이 승리한다. 하나님은 그분이 요청하시는 바를 가지실 것이다. 남은 것은 다른 이들에게 제공할 것이고, 거의 얼마 없는 정도로 남았을 때에야 비로소 우리가 그것을 취할 수 있을 것이다.

물론 이는 우리의 동료 인간들이 우리에게 하는 주장이 상충할 때 우리가 이를 중재하는 것과 똑같은 방식으로, 하나님과 이웃 사이에서 중재하는 것이라고 말할 수 있다. 그런 중재의 특징적 덕은 정의(justice)의 덕으로서, 그 주장의 참된 상대적 가치에 기초해 주장하는 이들 사이에서 결정하는 것을 의미한다. 그리고 물론, 하나님에 대한 우리의 의무라는 점에 관해서도 요구들 사이에서 중재가 이루어져야 하는 차원이 있다. 우리 모두는 성스러운 실천 영역과 세속적 실천 영역이 우리의 시간에 요구하는 바 사이에서, 즉 기도하는 시간과 세상에 참여하는 시간과 잠자는 시간 사이에서 중재해야 한다. 우리 모두는 교회 기관의 요구, 사회적 활동 및 자선 활동의 요구, 생존을 위한 자신의 필요에 따른 요구 사이에서 자신의 돈을 배분해야 한다. 하지만 우리가 하나님과 이웃에 대해 가지고 있는 의무 **전체**의 질서를 정하고자 할 때 이 모형을 사용하는 것은 명백히 부적합하다. 첫째 반론은, 인류에게 하나님이 현존하신다는 사실이 세속 영역과 구별되는 성스러운 실천과 의무의 영역을 창조하기는 하지만, 하나님의 주장은 성스러운 영역에 국한되지 않고 총체적이라는 것이다. 따라서 하나님의 주장이 그에 맞서 제기되는 다른 모든 주장을 배제하지 않는 상황은 결코 없을 것이다. 예수께서는 제자들에게, 요구된 모든 일을 다 한 후에 "우리는 무익한 종이라"라고 말하라고 가르치셨다. 그들은 명령받은 대로 행했을 뿐이기 때문이다(눅 17:10). 이는 하나님의 요구를 철저하게 충족하고 나면 우리가 자유롭게 다른 요구를 충족하거나 쉴 수 있게 된다는 식으로 (성스러운 영역을 구별할 수 있는 것처럼) 하나님의 요구를 구별해 내려는 모든 시도에 대한 경고다. 하나님의 요구는 다른 여러 요구 중 하나가 아니다. 우리는 다른 사람이나 영역이 우리에게 하는 요구, 충돌할 수 있고 그 우선성이라는 관점에서 질서가 정해져야 하는 요구에 관해 이야기할 수 있다(성스러운 영역조차 그러한 요구자 가운데 포함할 수 있다). 하지만 하나님의 요구는 그러한 요구 중 하나가 아니다. 하나님의 요구는 우리의 의무 전체를 아우르며, 다른 요구들이 질서에 따라 배치되어야 하는 것처럼 우리 앞에서 그 요구들의 질서를 정한다. 하나님은 개찰구에서 차례를 기다리며 줄을 서시지 않으며, 심지어 그 줄 맨 앞에 서 계시지도 않는다. 오히려 그분은 이 이웃이나 저 이웃을 줄 맨 앞으로 데려오셔서 우리에게 최선을 다해 그를 돌보라고 요구하신다. 그리고 어쩌면 또 다른 순간에는 개찰구를 닫으시고, 줄 서 있는 모든 사람을 돌려보내시며, 우리의 장부를 검사하겠다고 말씀하신다.

이 모형에 대한 두 번째 반론은, 해소해야 할 갈등이라는 관점에서 문제를 제시함으로써 하나님이 이웃의 사랑 대상일 때만 그의 선이 실현될 수 있으며, 하나님이 모든 인간의 사랑 대상일 때만 온전히 실현될 수 있다는 사실을 모호하게 만든다는 것이다. '난제 윤리'의 부적합성이 이보다 더 명백해지는 경우는 없다. 이것은 요구의 충돌이라는 관점에서는 적절하게 분석할 수 없는 종류의 질문이기 때문이다. 하나님과 이웃 사이의 양자택일로 질문을 제시함으로써, 중재 모형은 처음부터 잘못된 관점을 취할 수밖에 없다. 누군가를 사랑한다는 것은 모순을 이루는 다른 요구보다 그의 요구를 선호하는 것과 같지 않다. 사랑과 정의의 관계와 관련해 서양 사상을 괴롭혔던 많은 난점이 이로부터 기인했다. 이중적 사랑 명령은 "내가 누구의 요구를 선호해야 하는가?"라는 물음—이 물음에는 어쨌든 보편적인 답을 하기 어렵다—에 대해 답하고자 의도된 것이 아니다. 우리는 이익의 충돌이 존재하는 상황에서 이웃에게 반대하기로 결정해야 할 때도 그를 사랑할 수 있다. 우리는 그를 진지하게 받아들여서, 그의 요구를 듣고 그 무게를 가늠해 보아야 하는 존재로, 또한 그에게 직접 이익이 가는 것을 거부해야 할 때조차도 그의 궁극적 선이 추구되어야 하는 존재로 여김으로써 그를 사랑한다. 성 아우구스티누스로부터 유래한 서양 기독교 윤리의 존재론적 전통에서 자주 그렇게 하듯 자아를 하나님 및 이웃과 나란히 사랑할 세 번째 대상으로 끌어들일 때, 중재 모형이 부적합하다는 점이 훨씬 더 명백해진다. 사랑을 요구에 대한 선호로 이해하는 관념에서는 자기애라는 언급 자체를 불쾌하게 여길 수밖에 없다. 그렇게 함으로써, 갈등의 중재자로서 자신의 요구를 배제해야 하는 존재를 하나님과 이웃에 대한 경쟁자로 도입하기 때문이다. 하지만 당연히 문제는 그런 관념이지 자기애(이 용어가 분명 역설적이기는 하지만)에 대한 언급이 아니다. 우리는 이익 충돌에 관해, 또한 경쟁하는 요구들을 중재하는 것에 관해 이야기해서는 안 된다. 하나님 사랑과 이웃 사랑이라는 두 사랑이 어떤 관계인지 이해하고자 할 때, 사랑하는 주체와 사랑받는 대상 모두의 참된 선은 그들이 하나님을 사랑함으로써 실현되어야 함을 잊어서는 안 된다.

사랑의 질서 정하기에 관한 두 번째 해석은 적어도 이 마지막 요점을 진지하게 받아들인다는 장점을 지닌다. 이 해석에서는 두 사랑의 관계를 목적을 위한 수단의 질서 정하기로 이해한다. 나는 하나님 사랑을 통해 내 앞에 제시된 초자연적 목적을 성취하기 위한 필수 요건으로서 내 이웃을 사랑해야 한다. 아우구스티누스의 용어를 사용하자면 나는 '하나님을 위해' 이웃을 사랑해야 한다. 즉, 그를 '사용해야' 한다. 이것은 사상사에서 지지받기보다는 거부당함으로써 더 두드러진 영향력을 행사했던 드문 견해 중 하나다. 특히 우리가 모든 "합리적 본성을…그저 수단이 아니라 동시에 목적으로" 대해야 한다는 칸트의 주장을 통해 이를 부인하는 것이 진지한 도덕 사상의 필수 요건으로 간주되기에 이르렀다.

아우구스티누스는 『그리스도교 교양』(*De doctrina Christiana*, 분도출판사) 1권에서 이중 명령을 '사용'과 '향유'(*usus, fruitio*)라는 한 쌍의 용어와 연결했으며, 이는 중세 사상에 광범위한 영향을 미쳤다. 아우구스티누스는 말한다. "무언가를 향유한다는 것은 그것 자체를 위해(*propter se ipsum*) 사랑으로 그것을 붙잡는 것이다. 무언가를 사용한다는 것은 우리가 사용하는 대상을 우리가 사랑하는 것—그것이 적합한 사랑의 대상이라고 가정할 때—을 획득하려는 목적에 적용하는 것이다"(4.4). '사물'(*res*)의 세계는 적합한 사용 대상들(*utenda*)과 적합한 향유 대상들(*fruenda*)로 나뉜다. 혹은 더 엄밀히 말해서 적합한 향유 대상은 **하나**다. 오직 거룩하신 삼위일체만이 향유할 가치가 있으며 다른 모든 사랑은 그 사랑에 종속되어야 하기 때문이다. 하지만 그런 다음 우리는 우리 자신에 관해 묻는다(22.20). "인간이 서로를 향유해야 하는지 서로를 사용해야 하는지 둘 다 해야 하는지 묻는 것은 훌륭한 질문이다. 우리는 서로 사랑하라는 명령을 받았기 때문이다. 하지만 인간이 인간 자신을 위해 사랑받아야 하는지 다른 무언가를 위해 사랑받아야 하는지에 관한 물음이 남는다. 인간 자신을 위해서라면 우리는 그를 '향유하는' 것이다. 다른 무언가를 위해서라면 우리는 그를 '사용하는' 것이다. 내가 보기에 인간은 다른 무언가를 위해 사랑받아야 할 대상이다." 명백한 비난을 피할 수 있는 방식으로 아우구스티누스의 말을 해석하려는 다양한 시도가 있어 왔다. 나의 견해(이에 관해서는 나의 글 "*Usus* and *Fruitio* in Augustine, *De doctrina Christiana* I"을 보라)는 아우구스티누스의 체면을 살릴 수 없다는 것이다. 하지만 『그리스도교 교양』 1권은 아우구스티누스의 성숙한 사상을 대표하지 않으며, 이후의 글에서는 그가 그 책에서 제시한 답변을 조용히 뒤집은 것처럼 보인다. 즉, 그는 이웃을 "하나님 안에서 (혹은 하나님을 위해) 향유할" 대상으로 이해한다.

'수단'(means)과 '목적'(ends)의 대립은 사랑의 질서 정하기를 표현하기에 부적합하다. 칸트와 함께 이를 부인하든지, 젊은 아우구스티누스와 함께 이 개념을 지지하든지 똑같이 부적합하다. '수단'은 계획에 속한다. 우리가 수단을 결정하며, 수단은 우리를 결정하지 않고 우리를 위해 결정되어 있지도 않다. 무엇이 무엇을 위한 수단인지는 행위자마다, 기획마다 완전히 달라진다. '목적'은 더 복잡하다. 앞서 자세히 다루었듯 사물의 창조된 질서 안에서 우리에게 주어진 목적에 관해 이야기하는 것이 분명히 가능하기 때문이다. 하지만 '목적'이라는 용어를 '수단'이라는 용어와 결합해 사용할 때, 목적은 논의의 동일한 맥락 안으로 들어가 인간이 수행하는 기획에서 주관적으로 결정된 목표(goal)에 대한 표현이 된다. 따라서 수단-목적이라는 쌍은,

성 바실레이오스를 따르자면(앞의 p. 81), 우리가 "자연적(natural) 질서"라기보다는 "숙고적(deliberative) 질서"라고 부른 것에 속한다. 칸트의 항의는, 한 인간과 다른 인간 사이의 관계를 숙고적 기획으로 환원할 수 없다고 말함으로써 더 적절하게 표현될 수 있었을 것이다. 사랑은 이웃의 주어진 실재를 감사해하는 인식을 포함하는데, 이 실재는 주체의 의지가 창조한 것이 결코 아니며, 그의 야심으로부터 그 중요성을 끌어내지도 않는다. 우리는 '수단으로서' 이웃을 사랑할 수 없고, '수단으로서가 아니라 목적으로서' 그를 사랑할 수도 없다. 수단과 목적은 우리가 실천적 숙고를 통해 우리 스스로 결정한 것인 반면, 사랑은 그 대상에 의해 우리를 위해 결정되어 있기 때문이다.

다른 인간을 '수단'이라고 말할 때 느끼게 되는 불쾌함은 그 다른 인간이 어떤 목적을 이루기 위해 자의적으로 사용된다는 사실에 기인한다. 우리가 인간의 기획에만 적합한 용어로 말하는 한 우리가 사랑한다고 주장하는 형제의 행복은 우리 자신의 목적에 의도적으로 종속되어 있는 것처럼 보일 수밖에 없다. 따라서 이러한 '사랑'은 조작에 불과한 것으로 드러난다. 하지만 우리가 말하고 싶은 바는, 이웃이 하나님께 종속되어 있다는 것이 결코 주체의 자의적 야심에 의해 강요된 게 아니라 존재론적으로 주어져 있다는 것이다. 목적론은 주체의 목적이 아니라 이웃의 존재에 기인한다. 실제로 이웃은 피조물이며, 그의 운명은 실제로 하나님을 영화롭게 하는 것이다. '질서 잡힌 사랑'은 이런 범주화를 외부로부터 이웃에게 부과하기 위해 그에게 접근하지 않는다. 범주화가 이웃에게 본질적으로 속해 있음을 인식하며 다가온다. 이웃의 존재가 사랑에 질서를 부과하는 것이지, 사랑이 이웃의 존재에 질서를 부과하는 게 아니다. 우리는 그의 창조주와 사귐을 이루도록 창조된 피조물로서 이웃을 사랑해야 한다. 그것이 그의 본질이 우리에게 요구하는 바이기 때문이다. 이웃의 가치에 대한 다른 모든 관념─그를 '수단이 아니라 목적으로', 즉 우리 **기획**의 끝항으로 대한다는 관념을 포함해─은 환상에 불과하며 조작적이다. '그를 위해', 따라서 동시에 '하나님을 위해' 그를 사랑하는 그 사랑만이 이웃의 실재 앞에서 참으로 겸손하다.

이는 사랑의 질서 정하기를 이해하는 세 번째 방식으로 우리를 이끈다. 그것은 우리의 행위 주체성을 실재 안에 주어진 사물의 질서와 자유롭게 일치시키는 것이다. (앞의 p. 208에서) 성숙한 아우구스티누스가 삼위일체 교리, 특히 성자와 성령의 동일 본질(consubstantiality)과 동일한 영원성(coeternity)에 대한 니케아의 주장을 기초 삼아 이성과 의지에 관한 자신의 이론을 전개했다고 이미 언급했다. 성부와 성자의 사랑(즉, 성령)은 언제나 이성의 안내를 받는 의지이며, 결코 고립되고 독립적인 의지가 아니다. 하나님의 사랑이라는 이미지를 따르는 참된 인간의 사랑에서는 그 대상의 진리와 일치를 이루는, 합리적이고 이해하는 정서 안에서 의지와 이성이 언제나 통합을 이룬다. 사랑은 이해 가능성이라는 진공 상태에서의 사랑일 수 없다. 인간의 영혼은 그 대상에 대한 이해라는 토대 위에서만 사랑할 수 있다. 따라서 질문은, 그것이 하나님과 이웃을 사랑할 때 근거가 되는 그 이해가 그들이 실제로 서로 맺고 있는 관계 안에서 서로 참으로 이해하는 것인지 여부다. 아우구스티누스를 따라 더 나아가자면, 우리는 "하나님을 하나님으로서", "이웃을 이웃으로서", 즉 "동등한 존재로서", "자신처럼" 사랑해야 한다(*Sermo de disciplina Christiana* 3.3). 보텀을 향한 티타니아의 사랑(셰익스피어의 희극 『한여름 밤의 꿈』에 등장하는 내용─옮간이)은 기괴한 사랑이었다. 보텀이 괴물이고 티타니아가 그를 그토록 사랑했기 때문이 아니라, 괴물인 보텀이 티타니아에게 아름다운 대상처럼 보였기 때문이다. 그녀는 눈으로 허상을 보았다. 그녀의 사랑은 진실 없는 사랑이었다. 사랑의 질서 정하기에서 핵심은 진실성이다. 즉, 이웃이 무엇인지, 하나님이 무엇인지, 피조물과 창조주의 참된 질서는 무엇이어야 하는지를 우리의 사랑이 인식하는지 여부다. 같은 원칙이 인간이 아닌 피조물에 대한 사랑에도 적용된다. 물질세계에 대한 사랑은, 그 사랑이 물질적 선이 무엇이며 그 선은 무엇을 위한 것인지에 대한 인식 위에 세워진다면 선하다. 그러므로 이웃 사랑이 하나님 사랑에 의존하는 것과 마찬가지로 물질세계에 대한 사랑은 이웃 사랑에 의존한다.

사랑 명령과 인격체 존중

따라서 우리는 다시 출발점으로, 즉 하나님의 우주와 세계가 창조주에 대한 피조물의 질서 정하기에 의해 하나로 묶이고 분화되는 것과 마찬가지로 하나님 사랑과 이웃 사랑이라는 두 사랑이 한 질서에 의해 하나로 묶이고 분화되는 하나의 사랑이라는 주장으로 돌아간다. 사랑의 질서 정하기가 한 사랑이 다른 사랑을 지워 버리는 것에 관한 문제도, 사랑하는 주체의 기획 안에서 한 존재가 다른 존재에게 복종하는 것에 문제도 아님을 깨닫게 된 후 우리는 돌아간다. 그것은 질서 잡혀 있으며 이해할 수 있는 두 대상의 관계로부터 유래하며, 사랑이 이해할 수 있는 실재의 질서에 의해 상호 관통되고 형성된다고 전제한다. 하지만 하나님 사랑과 이웃 사랑이 단순히 실재의 질서에 대한 관심과 동일하다는 말은 아니다. 하나님 사랑과 이웃 사랑이 그러한 관심을 전제하며, 그렇지 않다면 사랑하라는 명령에 순종할 수 없으므로, 그 사랑이 관심을 요구한다고 말해야 한다. 하지만 하나님과 이웃을 사랑하라는 명령은 실재의 질서에 관심을 기울여야 한다는 명령보다 더 구체적이다. 첫째로 '하나님과 이웃'은 우리가 관심을 기울이는 대상을 더 자세히 정의한다. 모든 창조된 실재가 이 두 용어 안에 포함되지는 않는다. 예를 들어, 우리 자신이나 인간이 아닌 피조물에 대해 우리가 지닌 의무에 관해서 이 두 용어는 아무것도 말하지 않는다. 둘째로, '사랑'은 이런 대상에 적절하게 관심을 기울이는 방식을 더 자세히 정의한다. 모든 실재가 어떤 형태의 존중을 요구할지도 모르지만, 모든 실재가 사랑의 대상이 될 수 있는 것은 아니다.

이는 우리가 앞서(pp. 362 이하) 언급했던 질문과 다시 연결된다. 하나님 사랑과 이웃 사랑이라는 두 명령은 도덕적 의무에 관한 다른 규칙에 대해 어떤 종류의 우선성을 가지는가? 율법과 예언자들이 이 두 명령에 '의존한다'고 말할 때 이는 이 두 명령이 의무에 대한 가장 일반적인 진술을 이룰 수 있음을 의미한다고 답할 수 있다. 다른 모든 명령은 논리적으로 이 두 명령 안에 암시되어 있다. 이 답으로부터, 가장 일반적인 진술 외부에서는 어떤 주장도 제기되지 않는다고 결론 내릴 수 있다. 하나님과 이웃 외의 어떤 존재도 우리에게 어떠한 요구를 하지 않는다. 우리는 우리 자신에게 아무것도 빚지고 있지 않으며, 더 위험스럽게는 무생물과 동물의 세계에도 아무것도 빚지고 있지 않다. 우리의 의무에 대한 이러한 협소한 해석을 따르면서 도덕과 실재의 상관관계를 계속해서 진지하게 받아들인다면, 우리는 실재 자체에 대해 하나님과 이웃만이 절대적 실재를 지니는, 똑같이 협소한 형이상학을 다시 투사하는 셈이다. "인격체"가 "그 자체로 목적"이라는 관점에서 정언 명령을 다루는 칸트의 유명한 '형이상학적 공식화'에 그런 종류의 무언가가 내포되어 있다. 칸트를 계승하는 관념론자들을 통해 이것은 '인격성'이나 '합리적 본성'에 대한 배타적 존중을 강조하는 서양의 인본주의를 형성하는 데 깊은 영향을 미쳐 왔다. 이러한 종류적 범주로 '하나님과 이웃'이라는 구체적이며 관계적인 용어를 대체할 때, 사랑 명령을 의무에 대한 **보편적** 요약으로 더 쉽게 이해할 수 있기 때문이다.

고전적 기독교 사상에서도 인간을 '인격체'로 이해했다. 그리고 과거에 이 용어가 의미했던 바와 현재의 용례에 따른 의미를 비교함으로써 이 둘 사이의 불일치가 왜 중요한지 가장 분명히 드러날 것이다. 교부 시대의 기독교 사상가들은 삼위일체와 그리스도의 위격에 관해 논쟁하는 과정에서 인간의 개별성(individuality)을 이해하는 고전적 사유 패턴이 만들어 내는 교착 상태에서 벗어나기 위해 '위격'(person, 인격)이라는 용어를 신학적으로, 결국에는 철학적으로 통용시켰다. 그들은 개별성이 '이성'[누스(*nous*)]이나 '영혼'[프쉬케(*psychē*)] 안에 자리해 있다는 관념을 고대 세계로부터 물려받았다. 하지만 이러한 종류적 범주를 그리스도의 개별성에 적용했을 때, 그들은 생각할 수도 없는 다양한 선택지에 도달하게 되었다. 즉, 그리스도께서는 하나님인 동시에 인간이시므로 두 개인(two individuals)이시거나, 그분은 한 개인이시므로 인성과 신성의 모든 속성을 가지고 계시지 않았거나, (고전 세계와 가장 가까운 입장으로는) 인간 안에 있는 최고의 속성은 어쨌든 신적인 것이라는 선택지였다. 이 교착 상태를 벗어나기 위한 그들의 해법은 칼케돈 정의의 유명한 주장처럼 '위격'과 '본성'(nature)

이라는 개념을 날카롭게 구별하는 것이었다. 칼케돈 공의회에서는 "두 본성 안의 한 위격"이신 그리스도에 관해 이야기하면서 개별적 실존이라는 비-종류적 원칙을 의미하는 '위격'[휘포스타시스(*hypostasis*)]이라는 용어를 사용했고, 신성과 인성이라는 종류적 독특성을 구성하는, 신적 혹은 인간적 속성의 복합체를 의미하는 '본성'이라는 용어를 사용했다. 보에티우스(Boethius)의 다섯 번째 논고가 철학자들에게 영향을 미침으로써, 이 개념은 그리스도의 독특한 인격에서 모든 인격으로 일반화되었다. 따라서 인간 개인은 단지 그의 인간적 속성의 구체화가 아니라 그런 속성을 지닌 자로 이해되었다. 그는 단지 총체적 인간성이라는 덩어리에서 떨어져 나온 한 조각이 아니라 인간으로 **존재하는 누군가**다. 이런 관념은 개인적 소명에 대한 성경적 이해에 뿌리를 내리고 있다. 우리의 인간성이 존재하게 한 그 사건들 이전에 우리는 하나님께 부름받았다. "내가 너를 모태에 짓기 전에 너를 알았고"(렘 1:5).

 근대의 관념론에서 '인격'(person)이라는 용어는 한때 기독교 사상에서 그 용어를 중요한 것으로 만들어 주었던 바로 그 요소를 상실했고, '합리적 본성'을 통해서든(칸트) '인격성'을 통해서든(헤겔) 종류적 속성에 뿌리를 둔 개별성을 표현하는 용어로 다시 한번 축소되었다. (구체적인 '인격'을 대체하는 추상적 형태의 명사 '인격성'이 이러한 관점의 변화를 확증한다.) 이러한 속성의 개별적 특징은 사상가마다 다르다. 하지만 대체로 이성, 의지, 자의식의 활동과 관계가 있다. 사실 이것은 개별 인간성을 '누스'로 이해하는 기독교 이전 관점의 범위로 회귀하는 것이다. '인격체에 대한 존중'이 뜻하는 바는 개별 인간 안에 있는 구체적 실존을 성취하는, 최고의 존재 형식에 대한 존중이다. "우리 자신의 인격체 안에 있든지 다른 인격체 안에 있든지" "합리적 본성"을 그 자체로 목적으로 대해야 한다고 주장하는, 칸트의 유명한 두 번째 형식의 정언 명령 공식(*Groundwork* 429)은 '두 본성 안의 한 위격'이라는 공식과 형식적으로 정확히 대조를 이룬다.

기독교 이전의 세계와 마찬가지로 근대 세계에서 개별성은 합리적 본성이 존재하는 형식(form)이다. 반면에 고전적인 기독교 세계에서 합리적 본성은 개인이 존재하는 방식(mode)이다. 따라서 근대 세계는 인격체를 진지하게 받아들이는 것처럼 보임에도 개인을 인격성이라는 동질화된 영역의 양적·질적 개선이라는 목적에 개인을 종속시키는 전체주의적 유용성의 기획에 의해 계속해서 유혹을 받는다. (나는 *Begotten or Made?*, pp. 49-66에서 그러한 근대적 기획과 관련해 이런 주장을 펼친 바 있다.)

이 대답을 고전적 대안과 대조해 볼 수 있다. 성 아우구스티누스는, 우리가 하나님과 이웃만 사랑하라는 명령을 받은 것은 만약 우리가 이 두 사랑의 대상에 올바르게 주의를 기울이는 법을 배운다면 다른 모든 대상이 저절로 제자리를 찾을 것이기 때문이라고 생각했다. 다른 사랑들의 적절성은, 실재의 질서에 순종하여 그 질서가 정해질 때 부정되지 않는다. 예를 들어, 이웃을 '너 자신처럼' 사랑해야 한다는 요구는 명백히 자신에 대한 사랑을 전제한다. 하지만 교육의(pedagogical) 관점에서, 인간에게 결코 부족하지 않았던 자기애를 주장하는 것은 상당히 잘못일 것이다. 일단 마음과 목숨과 뜻과 힘을 다해 하나님을 사랑하라는 명령을 들었다면, 자신에 대한 사랑이 그 목적을 향하게 하는 데 필요한 모든 지침이 주어진 셈이다. 이 대답에서는 이중적인 사랑 명령의 우선성을, 포괄적 일반성이라기보다는 교육적 우선성의 문제로 이해한다. 우선성은 교육적일 **뿐**이다. 하나님과 다른 모든 존재 사이에 주장의 궁극적 충돌은 없기 때문이다. 주장의 즉각적 충돌은 인간의 치우친 출발점을 바로잡기 위해 필요한 금욕적 조치에 기인한다. 모든 인간 행위자는 세계가 자신의 필요와 욕망을 충족하기 위해 존재한다고 이해하는 도덕적 유아론자로서 시작한다. 하나님과 그의 옆에 있는 인간은 독립적이며 다른 실재의 패러다임이며, 이 실재는 우주를 자기중심적으로 질서 잡는 그의 태도에 도전하고 그것을 박살낼 수 있다. 이중 명령은 키르케고르의 생생한 표현처럼[Works of Love, p. 34.『사랑의 역사』(카리스아카데미)], "자기애라는 자물쇠를 비틀어 여는 열쇠" 역할을 한다.

이런 대안적 대답이 어떻게 날카롭게 대조되는 도덕 사상의 경향성을 통해 펼쳐졌는지 암시하는 것 이상을 할 수는 없다. 사랑 명령을 도덕적 의무에 관한 가장 일반적인 진술로 간주한다면, 그것이 도덕적 의무가 발생한다고 생각하는 경험의 영역에 관해 결정적 경계를 설명할 것이라고 예상할 수 있다. 그렇다면 이후의 도덕적 탐구는 무엇이 그 경계 안에 포함되고 포함되지 않는지를 분별하는 데 집중된다. "그러면 내 이웃이 누구니이까?"(눅 10:29) 사랑 명령을 이런 식으로 이해한다면, 율법 교사의 물음은 그저 부적절하지 않은 질문일 뿐만 아니라 물을 만한 가치가 있는 유일한 질문, 즉 모든 가능한 도덕적 질문의 형식이다. 현대에 이와 동등한 가치를 지닌 질문은 '누가 인격으로 간주될 것인가?'이다. 하지만 도덕 신학자들이 끈질기게 지적하듯, 선한 사마리아인의 비유는 "내 이웃이 누구니이까?"라는 물음에 그 질문이 의도하는 방식대로 제시하는 대답이 아니다. 율법 교사에게는 그가 요구하는 분별 기준이 주어지지 않는다. 물론 암시적으로 인종적 제한 기준에 관한 물음을 제기하고 예수께서도 암시적으로 그런 생각을 거부하신다는 점에서 그의 물음에 대한 대답이 주어진다. 하지만 예수께서 그것을 거부하시는 방식을 통해 그분은 예상된 대답뿐만 아니라 질문의 전제까지도 무너뜨리신다. 이웃이라는 개념을 뒤집으셔서 그것을 사랑이라는 행위의 대상이 아니라 행위자에게 적용하심으로써("네 생각에는 이 세 사람 중에 누가 강도 만난 자의 이웃이 되겠느냐?") 예수께서는 이웃 됨이 **상호적** 관계라는 사실에 주목하게 하신다. 아우구스티누스는 "이웃에 대해서가 아니라면 그 누구도 이웃이 될 수 없다"라고 해설한다. 그리고 예수께서는 이야기를 우연히 일어난 모험이라는 형식으로 제시하심으로써, 우리가 다른 이들과 예상치 못하게 이웃 관계를 맺게 되는 상황의 **우연성**을 강조하신다. 그 사마리아인은 그 유대인의 판단이나 평가에 의해서가 아니라 그 사건에서 이웃'임이 밝혀졌기' 때문에 그 유대인의 이웃이라는 것이 알려지게 되었다. 유대인 율법 교사는 멀리서 누가 그의 이웃인지 판단하기보다는, 삶의 우연성 속에서 우연히 그들 곁에 있음으로써 그들과 마주치거나 그들이 그와 마주쳐야 했다.

이웃 관계의 우연성, '우연히 일어남'이라는 요소는 물론 **가까움**(nearness)의 한 형식이다. 사랑 명령을 일반화하는 해석은 '이웃'(라틴어로 *proximus*)이라는 용어 안에 담긴 근접성(proximity)이라는 요소 때문에 혼란스러워진다. 그리고 그리스도의 가르침을 해석하는 이들 중 일부는 자신들의 혼란스러움을 더 밀어붙여서 신약 윤리에서 중요성을 띠는 다른 가까운 관계에 노여움을 표한다. 우리 세대의 성경 주석가들은 서신서의 가정 규범(Household Codes)과 심지어 (예를 들어, 요 13:34에서 제자들이 "서로" 사랑하라는 가르침을 받은 것처럼) 요한이 기록한 사랑 명령조차도 예수께서 가르쳤다고 주장하는, 모든 사람에 대한 무차별적 사랑이라는 고상한 윤리로부터 후퇴한 것이라고 생각하는 경향이 있다. 이는 매우 경솔한 생각이다. 가까운 관계에 대한 적용을 허용하지 않는 무차별적 사랑의 윤리는, 한 번에 한 공간에만 있을 수 있고 다른 이들보다 어떤 이들과 더 가까이 있을 수밖에 없는 몸을 입은 인간과는 거의 관련성이 없다. 선한 사마리아인의 비유를 그러한 추상적인 도덕적 도식화를 지지하는 데 사용해서는 안 된다. '인격체에 대한 존중'이나 '동등한 관심'이라는 관점에서 사랑 명령을 해석한다면, 이 비유가 가장 강하게 주장하는 우연적 근접성이라는 요소를 제거해 버리는 셈이다. 이 비유에서는 다른 종류의 근접성, 즉 우리가 끊임없이 모든 종류의 사람들을 만날 때 경험하는 우연적 가까움이라는 다른 종류의 근접성으로 인종적·공동체적 근접성에 도전함으로써, 인종적·공동체적 근접성의 제한하는 구조에 대항한다.

성 요한의 인도를 따라 이 둘을 하나의 명령으로, 즉 우리가 예수를 사랑해야 한다는 명령으로 결합할 때 이 두 뛰어난 명령의 교육적·금욕적 우선성이 훨씬 더 분명해진다. 예수를 통해 하나님은 사랑 안에서 하늘로부터 우리에게 다가오셨으며, 우리는 그에 반응하여 그분이 보내신 분을 믿음으로써 그분을 사랑한다. 하지만 예수 안에서 이 사랑은 이웃 사랑의 형식을 취한다. 즉, 우리의 인간성이라는 망가진 지형 위에서 우리 가까이에 사시는, 또한 악에 맞서는 그분의 증언을 통해 우리에게 이웃에 대한 충성과 지지를 요구하시는 분이 우리에게 베푸신 섬김의 형식을 취한다.

"너희가 나를 사랑하면 나의 계명을 지키리라. 내가 아버지께 구하겠으니 그가 또 다른 보혜사를 너희에게 주사 영원토록 너희와 함께 있게 하리니"(요 14:15-16). "나의 계명을 지키는 자라야 나를 사랑하는 자니 나를 사랑하는 자는 내 아버지께 사랑을 받을 것이요"(21절). "사람이 나를 사랑하면 내 말을 지키리니 내 아버지께서 그를 사랑하실 것이요"(23절). 이 본문에서 반복되는 구절을 살펴볼 때 놀라운 사실은 성부 하나님을 향한 제자의 사랑에 대해 의식적으로 언급하지 않는다는 점이다. 성부께서는 그분의 아들을 사랑하는 이들을 사랑하실 것이다. 이는 "내가 아버지 안에 거하고 아버지는 내 안에 계신다"는 두 위격의 일치가 암시하는 바다(10-11절). 성부를 사랑하는 별도의 방식은 없다. 빌립은 "주여, 아버지를 우리에게 보여 주옵소서. 그리하면 족하겠나이다"라고 말했다(8절). 신학자라면 "주여, 우리를 위해 하나님에 대한 사랑 **자체**를 정의해 주소서!"라고 말할 것이다. 하지만 그가 받는 유일한 답은 이렇다. "내가 이렇게 오래 너희와 함께 있으되 네가 나를 알지 못하느냐?"(9절)

알렉산드리아 교부들의 신학적 진술(*theologoumenon*)에서는 선한 사마리아인의 비유를 해설하면서 우리가 사랑해야 할 의무가 있는 이웃은 그리스도라고 말하곤 했다. 그 이웃은 사마리아인이었음이 밝혀졌고, 그리스도께서는 사마리아인처럼 우리의 상처를 싸매고 기름과 포도주를 부으신 분이기 때문이다. 알레고리에 대한 교부들의 별난 취향을 보여 주는 증거일 뿐이라고 미소 지으며 이런 전통을 무시하기 쉽다. 분명히, 이것**만** 말하고 이로써 비유의 요지 중심에 있는 예상치 못한 이웃에 대한 개방성을 경건주의적 신심으로 굴절시키는 것은 부적절할 것이다. 하지만 이것은 교부들이 우리에게 가르침을 받을 필요가 없는 논점이다. 예를 들어, 알렉산드리아의 클레멘스는 이러한 동일시에서 출발해 (그리스도에 대한 사랑이 그분의 계명을 지키고 그분 아버지의 뜻을 행함을 의미한다고 강조하는 요 14:15과 마 7:21을 경유해) 마태복음 25:31-46에 기록된 양과 염소 비유에 도착한다. "한 사람이 제자를 위해 어떤 섬김을 하든지 주께서는 자신을 위해 그 섬김을 받으신다"(*Quis dives salvetur* 28 이하). 훨씬 더 분명하게 오리게네스는 보편적인 것—"사랑은 모든 사람을 이웃으로 여긴다"—에서 출발해, 다시 한번 이 비유를 근거로 악함에 빠져 있는 사람에게도 이웃 사랑을 마땅히 베풀어야 한다고 지적한다. 이웃 됨은 한 사람이 다른 사람과 맺는 자연적 **관계**에 기초해 있지만, 다른 의미에서 우리는 자비를 베풂으로써 '이웃이 될' 수 있다. "그렇기 때문에 우리 구주께서도 우리에게 이웃이 되셨고, 우리를 지나치지 않으셨다"(*in Canticum*, prooem.). 아우구스티누스가 이 비유를 우의적으로 해석하면서 동일시를 활용한 것은 잘 알려져 있다(예를 들어, *Quaestiones Evangeliorum* II.19). 하지만 그 역시 이것을 보편적인 이웃 됨에 대한 주장과 자연스럽게 연결한다. "따라서 우리는 그분이, 필요로 하신다면 긍휼을 베풀어야 할 우리의 이웃이시며…또한 우리에게 긍휼을 베푸시는 그분이 우리의 이웃이심을 이해해야 한다"(*De doctrina Christiana* I.31.30).

일단 본문의 일차적 의미를 이런 방식으로 이해하는 것을 선의를 가지고 이해한다면 이 신학적 진술이 유익하다고 명확히 말할 수 있을 것이다. 그리스도께서는 두 가지 보완적 방식으로, 즉 그분의 이름으로 다른 이들에게 베푸는 긍휼의 사역을 받아들이심으로써(마 10:40-42; 18:5; 25:31-46; 요 13:20), 또한 궁핍하고 가난한 이들이 마땅히 받아야 할 사랑의 관심을 스스로 취하심으로써(마 26:6-13) 자신이 우리가 이웃으로서 관심을 기울이는 대상이라고 말씀하시기 때문이다.

복음이 선포되고 받아들여진 곳에서만 그리스도를 사랑할 수 있다. 본디오 빌라도 치하에서 십자가에 달려 죽으시고 사흘 만에 부활하신 나사렛 예수를 배제한다면 '그리스도에 대한 사랑'이라는 구절은 공허하고 가리키는 바 없는 말일 뿐이다. 그 사랑은 인류의 일부에게만 의무였을 뿐이므로, 그 사랑을 의무의 보편적 형식으로 이해할 수는 없다. 만약 그렇게 이해하려고 한다면 '그리스도'라는 이름을 나사렛 예수라는 역사적으로 구체적인 인물로부터 떼어 내고, 그 결과 칼케돈 기독론의 한계 밖으로 나가 버리는 셈이다. 이는 둘 중 하나의 결과를 낳을 것이다. 우리는 아마도 우리 사랑의 대상이 비록 나사렛 예수라는 인물에 대한 감상적 애정이 동반되기는 하겠지만 신적 원칙에 불과한, 정태적인 네스토리우스주의적 신론에 만족하게 되거나, 근대에 더 특징적으로 나타나듯 신화된(divinized) 인간성이라는 떠오르는 사상에 우리의 경건을 바치는 단성론적 인본주의를 받아들이고 말 것이다. 만약 이 두 경로가 마땅히 그래야 하듯 우리에게 막혀 있다면, 그리스도의 사랑은 그러한 보편화하는 방식으로 이해될 수 없으며 종말론적으로, 즉 하나님의 구속 사역이 절정에 이르는 이 마지막 날에 우리의 도덕적 의무가 취한 형식으로 바라보아야 한다.

그 사랑으로부터 가장 가깝게 뒤따라 나오는 사랑, 요한 문서에서 매우 중요하게 다루는, 그리스도의 백성이 행하는 서로를 향한 사랑에 관해서도 똑같이 말해야 한다. 예수께서는 이것을 "새 계명"이라고 부르신다(요 13:34). 그분의 공동체 이전에는 상호 사랑으로 결합된 공동체가 있을 수 없었다는 뜻이 아니라 그분의 공동체와 그 공동체의 사랑이 새로운 무언가를 기초로 삼았다는 뜻이다. 새 계명은 "내가 너희를 사랑한 것같이", 하나님과 이웃을 향한 그리스도의 사랑에 대한 반응이자 순종으로서 인류를 사랑하라는 명령이다. 하지만 동시에 역설적으로 이는 "옛 계명"이다(요일 2:7). 새 실재는 언제나 존재했던 실재, 죄에 의해 부인되었음에도 전제된 실재인 인간의 형제 됨이라는 실재를 확정하고, 명확히 하며, 확증한다. 그리스도와 동료 신자를 향한 신자의 사랑은 인간을 향한 인간의 보편적 사랑을 부인하기는커녕, 그 사랑이 회복되고 세상 안으로 다시 들어오는 형식이다.

교회는 회복된 인류를 예기하며, 모든 인류는 암묵적으로 교회 안에 존재하기 때문이다. 그러므로 교회를 사랑한다는 것은 교회의 현재 경계를 넘어 담대히 나아가, 그 경계 밖에 있는 이들을 하나님의 도성 안에 있는 그들의 자리로 이끄는 것을 의미한다.

"사랑하는 자들아, 내가 새 계명을 너희에게 쓰는 것이 아니라 너희가 처음부터 가진 옛 계명이니"(요일 2:7). 요한1서의 저자가 쓴 이 말은 요한복음 13:34에서 주께서 "새 계명을 너희에게 주노니 서로 사랑하라. 내가 너희를 사랑한 것같이 너희도 서로 사랑하라"라고 하신 말씀과 의식적으로 역설적인 변증법 관계를 이룬다. 계속해서 그는 "이 옛 계명은 너희가 들은 바 말씀이거니와"라고 말한다. 사도의 말은 교회의 2세대에 이르게 된 지금 그리스도에 대한 메시지와 함께 "처음부터" 선포되었기 때문에 이 명령이 더 이상 새롭지 않다는 뜻인가? 그는 분명히 그런 의미로 말하지만, 그 이상의 의미가 있다. "처음부터"라는 표현은 두 가지를 가리킨다. 바로 교회의 출발점이었던 사도들의 선포(1:1)와 이를 넘어서서 "태초부터 계신 이", 즉 사도들이 선포한 그 하나님의 시원적 본원성이다. 이 더 광범위한 대상이 여기서 드러난다. "다시 내가 너희에게 새 계명을 쓰노니, 그(즉, 그리스도) 안에서와 너희 안에서 그 실재를 가지는 메시지라. 이는 어둠이 지나가고 참빛이 벌써 비침이니라"(2:8, 저자 번역). 이 명령의 새로움은 그리스도의 나타나심이라는 종말론적 새로움이다. 따라서 그 오래됨은 밝아 오는 빛이 세상에 쏟아질 때 확증되는 창조된 질서의 본원적 오래됨이다. 따라서 이런 명령이 주어진다. "빛 가운데 있다 하면서 그 형제를 미워하는 자는 지금까지 어둠에 있는 자요"(2:9; 참조. 요이 5).

이 "형제"는 누구인가? 신자의 공동체라는 폐쇄적 '서로'를 생각해야 하는가? 아니면 보편적 인류를 생각해야 하는가? 사도는 이 표현이 뜻하는 바를 어느 한쪽으로 확정하기를 거부한다. 그는 "서로" 사랑하고 "형제"를 사랑하는 것에 관해 말하고, "낳으신 이를 사랑하는 자마다 그에게서 난 자", 즉 신자를 "사랑하느니라"라고 말한다(5:1). 동시에 그는 각자가 자신의 '형제', 즉 우연히도 자신과 이런 관계를 맺고 있는 사람을 사랑해야 한다고 말하며, 이 사람은 긍휼의 마음을 불러일으키는 가난한 사람이거나(3:17) 심지어 죽이고 싶은 누군가일 수도 있음을 암시한다!(3:12) 그리고 교회가 세상에 쏟아질 밝아 오는 빛 안에서 살아가는 사람들로 이뤄진 인류의 한 부분임을 고려할 때 이러한 모호성은 전적으로 적합하다. "형제"라는 용어가 제한된 공동체의 사귐과 회복된 인류의 보편적 형제 됨 사이를 중재한다. 그 빛이 세상의 빛이라면, 우리가 어떻게 우리에게 주어진 사람이 누구든 우리의 형제가 **아니라고** 생각할 수 있겠는가?

그리스도를 향한 사랑은 다른 모든 의무보다 우선한다. 그 사랑이 그리스도**이신** 예수에 대한 사랑, 그분을 성부께서 보내신 분으로 받아들이는 것이기 때문이다. 우리가 실재 전체를 그 합당한 질서에 따라 하나님, 이웃, 자신, 세상이라는 순서로 사랑해야 한다는 결론이 거기서부터 나온다. 또한 실재 안에서 우리에게 주어진 바를 해석하는 권위 있는 가르침과 삶에 순종해야 한다는 결론도 거기서부터 나온다. "너희가 나를 사랑하면 나의 계명을 지키리라"(요 14:15). 그 사랑은 믿음으로부터 솟아나며, 따라서 특수한 것 안에서 보편적인 것을 사랑하는 사랑이다. 이를 통해 예수께서, 그분 안에서 모든 이웃이 하나님 앞에 나타나도록 부름받고 그분 안에서 인간 아닌 피조물이 구속을 기다리는 바로 그 머리이심을 발견한다. 이는 우리를 출발점으로, 즉 하나님이 예수를 그리스도로 지명하시고 예수 안에서, 즉 죽은 자 가운데서 다시 살아나신 그분의 부활을 통해 피조물을 확증하신 신적 행위로 되돌린다. 이 행위 안에서 보편적인 것으로부터 익숙한 것에 이르는 모든 그리스도인의 사랑이 그 원천을 발견한다.

튜더 왕조기의 시인 에드먼드 스펜서(Edmund Spenser)의 말로 이번 장을 마무리하고자 한다.

> 지극히 영화로우신 생명의 주님! 주께서 이날
>   죽음과 죄를 이기고 승리하셨습니다.
>   지옥에 내려가셔서 사로잡힌 우리를 구하시려고
>   사로잡힘을 꺼내 오셨습니다.
> 이 기쁜 날, 사랑하는 주님, 기쁨으로 시작하셔서
>   우리가 주께서 우리를 위해 죽으셨음을 알고
>   주님의 귀한 피로 죄에서 깨끗이 씻음을 받아
>   영원히 행복 안에서 살게 하소서!
> 그리고 우리가 주님의 사랑을 귀하게 여겨
>   우리도 마찬가지로 주님을 사랑하게 하시며
>   주께서 똑같이 귀하게 사신 모든 이가 주님을 위해
>   사랑으로 서로를 대하게 하소서.
> 사랑이신 주님, 우리가 마땅히 사랑해야 하는 대로 사랑하게 하소서.
>   사랑이 주께서 우리에게 가르쳐 주신 교훈입니다.
>
> (*Amoretti*. Sonnet 68)

12 • 도덕적 삶의 목적

사랑에 관한 성 바울의 위대한 찬가는 "그런즉 믿음, 소망, 사랑, 이 세 가지는 항상 있을 것인데"라는 주장으로 마무리된다(고전 13:13). 믿음과 소망처럼 사랑은 본질적으로 그것에 속해 있는 종말론적 의미를 지니고 있다. 사랑은 교회의 존재가 가리키는 목적과 별개로 교회의 역사적 존재라는 조건 안에서도 충분한 정당성을 갖는 예언이나 지식이나 무아지경의 방언 같은 '은사'와 같지 않다. 이런 은사에 관해 생각한다는 것은 교회가 하는 일들이나 교회 안에서 이뤄지는 일들, 그로부터 교회의 역사가 그 자체로 만족스러우며 그 자체를 정당화하는 인간 활동에 관한 이야기로 구축되는 일들에 관해 생각하는 것을 의미한다. 교회는 복음을 선포하고, 하나님을 찬양하며, 시대의 의미를 분별하고, 인류를 섬기며, 생각하고, 신학화하며, 의심할 여지 없이 교리를 발전시킨다. 선의를 가진 모든 사람이 동의할 수 있듯, 이 모든 활동은 교회가 시간을 보내는 탁월한 방식이다. 만약 교회가 이런 일들을 영원히 계속하고 인자께서 나팔 소리와 함께 영광 중에 오지 않으시더라도, 대단히 가치 있는 이 활동들의 내재적 가치는 전혀 상실되지 않을 것이다.

반면에, 교회의 믿음과 소망에 관해 생각할 때 우리는 그 믿음과 소망을 목적과 분리해서 바라본다면 무의미할 수밖에 없는 성향에 관해 생각하는 셈이다. 믿음과 소망은 믿고 소망하는 바와 별개로는 어떤 타당성도 갖지 못한다. 교회는 역사적 순례 여정 내내 믿고 소망하지만, 그 순례 여정을 아무리 연장하거나 발전시켜도 믿음과 소망을 의미 있는 역사적 기획으로 만들 수 없다. 인자께서 큰 영광 중에 오시지 않는다면, 믿고 소망하는 바에 관한 물음에 대한 긍정적인 답을 이미 전제하고 있는 '믿음'과 '소망'이라는 단어 자체가 교회의 무의미한 기대를 묘사하기에 부적합하게 될 것이다. "그리스도께서 만일 다시 살아나지 못하셨으면 우리가 전파하는 것도 헛것이요 또 너희 믿음도 헛것이며"(고전 15:14). 순례 여정이 하나님이 미리 정하신 목적에 도달할 때에만 교회의 믿음과 소망은 확증되고 정당화될 수 있다.

도덕적 삶의 형식인 사랑이 그 나름의 이해 가능성을 가지고 있는 영적 은사가 아니라 이해 가능성이 역사의 목적에 의존하는 믿음이나 소망과 묶이는 이유를 이해했다면, 어떻게 도덕이 구원과 연결되는지, 어떤 의미에서 기독교 윤리가 복음적인지를 파악한 셈이다. 인류의 도덕적 삶은 하나님이 그리스도 안에서 회복하신 창조된 질서를 다루시는 순간이다. 이 회복된 질서가 온전히 드러날 때 인간 도덕의 의미를 이해할 수 있다. 교회가 하는 활동의 다양한 측면은 교회의 삶의 총체성으로부터 분리해 낼 수 있으며 그 내재적 가치라는 관점에서 논의할 수 있다. 기독교 사상과 교육, 기독교 선교 사역, 기독교 예술, 기독교 정치, 기독교적 가정생활을 이런 관점에서 이해하고 비판할 수 있으며 아마도 개선할 수 있을 것이다. 하지만 이 목록에 '기독교 윤리'라고 부르는 것을 추가한다면, 이는 단순히 분리해 내는 것이 아니라 잘못 표현하는 것이다. 기독교 공동체의 참된 도덕적 삶은 그 공동체의 사랑이며, 그 사랑은 사랑으로부터 자신을 우리에게 계시하신 분의 삶에 참여하는 것으로 보지 않는다면, 즉 인류와 회복된 피조물이 그 초자연적 목적에 들어가는 것으로 보지 않는다면 이해할 수 없다.

물론 사랑이 '항상 있을' 것이라는 바울의 주장을 정반대 의미로, 즉 바울이 어떤 종말론적 변화도 세계 안에서 사랑이 이뤄 낸 의심할 나위 없는 성취를 쓸모없는 것으로 만들지 못하리라는 취지로 말했다고 이해할 수도 있다. 이런 해석의 즉각적 함의는 사랑을 믿음, 소망과 연결한 것을 이해할 수 없게 된다는 것이다. 믿음과 소망이 분명히 대체된다면 어떻게 믿음과 소망이 **그런** 의미에서 '항상 있을' 것이라고 말할 수 있겠는가? 종말이 올 때 믿음과 소망은 봄과 소유함으로 변화될 것이다. 믿음은 "보이지 않는 것들의 증거"(히 11:1)다. 그리고 "보는 것을 누가 바라리요?"(롬 8:24) 따라서 우리는 크리스토퍼 워즈워스(Christopher Wordsworth) 주교의 도움을 받아 성 바울을 유익하게 바로잡는다.

> 믿음은 사라지고 보게 될 것입니다.
> 소망은 사라져 기쁨이 될 것입니다.
> 사랑은 천국에서 더 밝게 빛날 것입니다.
>   그러니 우리에게 사랑을 주소서.

어쩌면 우리는 이 말에 담겨 있을 수도 있는 진리를 의심하지 말아야 할지도 모른다. 어쩌면 우리는 믿음, 소망과 달리 사랑이 (워즈워스의 찬송가에서 말하듯 그것을 성령께서 오순절에 주신 은사로 이해했을 때) 영속하리라고 주장할 수 있고 주장해야 할지도 모른다. 그렇다고 해도 사랑이 아주 독특하지는 않을 것이다. 지식에 관한 바울의 말에도 그러한 연속성이 암시되어 있기 때문이다. 워즈워스의 찬송가에 포함된 구절은 아니지만, "지금은 내가 부분적으로 아나 그때에는 주께서 나를 아신 것같이 내가 온전히 알리라"(고전 13:12). 또한 우리는 사랑에 대해서조차도 어느 정도 불연속성이 존재한다고 말해야 하지 않겠는가? 더 오래된 전통에서는 사랑이 바람(*desiderium*)에서 기쁨(*delectatio*)으로 변화되는 것에 관해 말했다(비록 지금 우리는 '기쁨'이 무분별하게 소망과 연결되고 있다는 데 주목하지만 말이다!). 그럼에도 우리가 이런 단어 자체에 어떤 진리를 부여하든, 이런 단어로 성 바울의 단어를 대체하는 것은 잘못된 관념을 드러낸다. 즉, 사랑의 지속성 안에서 우리는 우리에게 익숙하고 이미 편안함을 느끼는 무언가의 안심시키는 영속성과 관계한다는 관념 말이다. (앞 장의 주제로 돌아가자면) 예수께서 "너희도 서로 사랑하라"(요 13:34)라는 명령을 **새** 계명으로 가르치셨을 때 그분은 어떤 의미로 그렇게 가르치셨는가? 핵심은, 우리가 하나님 사랑과 이웃 사랑의 이중 명령이라는 완벽하게 '자연적인' 관점 안에서조차도, 사랑을 진지하게 받아들일 때마다 우리는 종말의 그림자 아래에 서 있다는 것이다. 사랑의 질서, 창조된 도덕 질서는 그 자체 안에 영원을 담고 있지 않지만, 그것을 성취하고 온전히 이해할 수 있는 것으로 만들어 줄 새 창조를 고대한다.

물론 여기서 사랑의 종말론적 차원이라는 관점에서 제기하는 논지를 다른 관점에서도 제기할 수 있다. 예를 들어, **하나님 나라**와 관련해 기독교 도덕에 관해 이야기할 때 우리는 동일하게 현재가 미래에 의존한다고 주장한다. 하나님의 뜻이 최종적으로 승리하고 이로써 다른 모든 창조된 의지가 그분의 의지와 일치될 것이라는 확신을 통해, 우리가 지금 하나님의 뜻을 행하는 데 상대적이고 불완전하게 헌신하고 있음을 이해할 수 있다. 또한 그리스도인의 삶이 **그리스도 안의** 삶이라고 말할 때, 우리는 그분의 삶처럼 우리의 삶도 그분이 나타나셔서 그분의 원수가 그분의 발아래 엎드릴 때까지 "감춰져 있고"(골 3:3) "기다리는"(히 10:13) 중이라고 말하는 셈이다. 우리는 회복된 창조 질서에 완벽히 참여하는 삶이 어떤 모습일지 감히 묘사하려 하지 않는다. 이런 묘사를 위한 유일한 모형이 그분이 영화롭게 되실 때 구름에 가려져 우리가 볼 수 없도록 감춰져 있었기 때문이다. 그래서 사도 요한은 우리가 지금 하나님의 자녀임에도 우리가 장차 어떠하게 될지 우리에게 아직 나타나지 않았다고 말한다(요일 3:2). 또한 우리가 그리스도인의 도덕적 삶을 **성령 안에서** 사는 삶이라고 말할 때, 우리는 이 삶 자체가 하나님의 자기 계시의 일부이며 따라서 우리를 그 자기 계시의 목표로 이끈다고 선언한다. 성령이 일하는 영역 밖에서는 그리스도인의 도덕적 삶을 상상조차 할 수 없으며, 이 성령은 미래를 가리키는 이정표, 즉 하나님의 소유 된 백성을 속량하셨음을 가리키는 "우리 기업의 보증"이다(엡 1:14).

그러나 믿음과 소망 모두가 우리를 미래의 변화와 연결함에도 둘을 구분해야 할 차이점이 있다. 소망 안에서 그 미래는 기대에 의해 우리 마음에 나타난다. 그것은 비록 모호하기는 하지만 우리의 현재 경험 앞에서 그것을 이해할 수 있게 할 완성을 약속함으로써 우리를 격려하고 계속 살아가게 한다. 믿음 안에서 우리의 마음은 그 미래를 우리의 현재와 분리된 무언가, 현재로부터 전적으로 독립되어 있으며 현재를 심판하는 위치에 서 있는 무언가로 인식한다. 종말론적 미래에 대한 이 두 상호 보완적 관계가 독특한 방식으로 그리스도인의 사랑을 한정한다.

사랑과 그 상급

먼저 사랑이 소망으로 차 있다는 것, 즉 감지된 불완전성을 지니고 있으며 그것을 이해 가능하게 만들기 위해 기대하는 미래에 의지하는 것이 무엇을 의미하는지 살펴보고자 한다. 우리는 복음서의 용어처럼 사랑의 **상급**에 관해 생각해 보아야 한다. 이것은 두세 세대 전 철학적 관념론의 전성기에 특히나 강력하게 제기된 익숙한 유형의 비판에 대한 대응으로서 여전히 해명이 필요한 사상이다. 이런 비판은 두 부류로 나눌 수 있다. 첫째, 우리가 참여하는 사랑이라는 선보다 더 고귀하며, 그 선에 결핍된 완성을 가져다줄 수 있는 상급이라는 또 다른 선이 존재할 수 있다는 생각에 반론을 제기하는 비판이 있다. 둘째, 그러한 더 고귀한 선이 존재한다고 가정할 때 그것이 사랑에 대한 행위자의 헌신을 약화하지 않으면서 도덕적 행동을 위한 동기가 될 수 있다는 생각에 문제가 있다고 지적하는 반론이 있다.

명백히 첫째 부류가 기독교적 사랑의 신학적 진정성에 더 직접적인 도전을 제기한다. 관념론의 범신론적 가능성을 대단히 명확하게 드러내기 때문이다. 인간이 현재 참여하는 것보다 더 고귀한 선이 존재하지 않는다고 주장하는 것은, 창조된 선과 창조되지 않은 선의 차이를 폐기하고 따라서 인간의 사랑이라는 활동을 신성화함을 의미한다. 인간의 초자연적 목적이 하나님의 삶에 참여함이라고 말할 때, 물론 그리스도인들은 신성이 인류도 갈망할 수 있는 실존의 이전 가능한(transferable) 특성에 불과하다고 말하고 있다는 오해의 가능성을 추정하는 위험을 감수한다. 하나님과 함께 살도록 우리에게 주어진 사랑의 삶은, 사랑이 그분으로부터 우리에게 주어졌기에 처음부터 마지막까지 본원적 사랑이신 그분을 지향하는 사랑이다. 인간에게 사랑의 삶은 결코 털 많은 동물처럼 혼자 웅크리고 그 자체의 신성이라는 단열재로 온기를 지켜 내려는 삶일 수 없다.

하지만 이 반론이 노골적으로 범신론적 형식을 취할 수밖에 없는 것은 아니다. 신적 삶이 인간 사랑의 삶을 능가한다고 고백하면서도 사랑이 신적 삶에 참여함으로써 종말론적 상급을 얻게 된다는 모든 말을 피하는 게 가능하다. 우리는 이 수줍음에 표현된 가치 있는 경고가 있음을 즉시 인정해야 한다. 교회는 도덕적 삶을, 목적을 위한 수단에 불과한 것으로, 즉 우리가 '영광 속의'—그 영광은 아마도 하나님의 사랑의 영광과는 아무 관련이 없을 것이다—존재로 들어가기 위해 당분간 짊어지고 마지막 날에 비로소 우리 어깨에서 벗겨질 성가신 짐으로 만드는 도덕 이하의 종교적 신화를 떨쳐 버렸다고 완전히 확신하며 자랑할 수 없다. 하나님과 이웃을 사랑하는 삶을 통해 회복된 창조 질서에 참으로 참여할 수 있다면, 그런 삶이 그 안에서 신적 삶의 방식이 우리 삶의 방식이 되는 하나님의 사랑에 대한 반응으로 사랑을 행하는 삶이라면, 어떤 더 고귀한 선을 말할 수 있겠는가? 이 선과 본질적으로 동일한 선, 즉 우리가 지금 가지고 있는 이 선의 갱신과 완전에 관해 말할 수 있을 뿐이다. 그러므로 언제나 "그분 자체가 상급이시다!"(*ipse praemium*)라는 아우구스티누스의 유명한 표현을 통해 상급이라는 관념의 의미를 명확히 설명해야 한다. 하나님이 이미 우리에게 주신 것, 즉 그분의 존재 자체가 우리 존재의 빛이 되게 하신 것 이상으로 그분이 우리에게 무엇을 주실 수 있겠는가?

하지만 이 경고를 충분히 받아들이더라도 우리는 여전히 지금의 사랑과 장래의 사랑의, 수고와 상급의, 바람(*desiderium*)과 기쁨(*delectatio*)의 대립에 관해 이야기하지 않을 수 없다. 첫째로, 이것이 필요한 것은 회복된 피조물에 참여하는 것은 그리스도의 죽음과 부활을 따름을 의미하기 때문이다. 사랑의 삶이 그 자체로 부담은 아니더라도, 그런 삶을 살 때 우리는 부담을 질 수밖에 없다. 그리스도인의 도덕적 삶에 관한 어떤 설명도 그것이 부활을 가리킴을 인정하지 않는다면 적절할 수 없다. 예수께서 수고와 상급이라는 차원에서 사랑에 관해 가르치신 것은, 우리가 결국 그리스도와 함께 다시 살아나기 위해 그분과 함께 죽어야 한다는 사도의 가르침과 상응한다. 둘째로, 이렇게 말할 필요가 있는 것은, 하나님의 새 창조가 지금 숨겨져 있다는 사실이, 하나님이 만유 안에서 모든 것이 되실 그 우주에 대한 인자의 공적 나타남, 즉 파루시아 또는 '현존' 안에서 새 창조의 성취를 요구하기 때문이다. 신자가 하나님과 그분의 새 피조물과 너무나 완전한 사귐을 이미 누리고 있어서 더 이상의 나타남이 필요하거나 가능하지 않다는 주장은, 옛적 후메내오와 빌레도의 거짓 가르침처럼 우주의 공적 구속이 분리되고 제거된 사적 구속을 주장하는 영지주의의 주장을 은폐한다.

하지만 어느 정도까지 교회나 신자는 하나님의 최종적 통치를 실제로 바라거나 욕망할 수 있는가? 여기서 우리는 두 번째 부류의 반론에 직면한다. 이 반론에서는 상급이라는 관념이 신학적으로 아무리 필요할 것이더라도 도덕적 관점에서는 유혹으로 볼 수 있다고 주장한다. 욕망은 사랑의 본질인, 타자 안에서의 참된 자기 상실을 약화하는 이기심이라는 요소를 끌어들인다고 주장하는 것이다. 욕망할 때 주체는 자신을 사랑한다. 하나님의 최종적 통치라는 선은, **그가** 장차 그 통치에 기쁘게 참여함으로써 행복을 누릴 것임을 암시하며, 따라서 그가 하나님의 통치를 욕망하는 것은 암묵적으로 자신의 행복을 욕망하는 것이다. 따라서 사랑은 이기적인 것으로 타락하고 만다. 그러므로 미래의 영광에 대한 우리의 갈망이 하나님을 그분의 보좌에서 제거하는 결과를 피하기 위해, 미래의 영광에 대한 우리의 지식은 초연함과 분주한 무관심의 태도로 유지되어야 한다.

이런 주장은 실재로부터 도덕을 역설적으로 분리하라고 부추기며, 여기에는 분명히 의심스러운 바가 있다. 바로 이러한 분리 안에서 우리는 그 주장의 참된 성격에 대한 실마리를 발견할 수 있으며, 그 안에서 우리가 이미 주의주의의 영감을 받았음을 간파했던, 목적론적 윤리에 대한 의심이 반영되어 있음을 확인할 수 있다. 우리는 사랑을 내향화하여 자기애로 변질시켜서는 안 된다는 전제를 문제 삼지 않을 것이다. 하지만 어떻게 **어떤** 대상을 선으로 인식하는 **모든** 경우에 이런 위험이 발생하는가? 이 반론에서는 그렇게 주장하는 것과 마찬가지다. 선을 알아차린 다음 그것을 지나치는 것은 그것을 선으로 인식하는 것이 아니다. 선에 대한 유일하게 참된 인식은 사랑이며, 사랑은 그 선이 (그저 가능성의 영역 안에 있는 한) 실현되기를 욕망하는 마음을 내포한다. 한 대상이 선하다면 주체인 나는 그 대상에 관여한다. 그것은 **나를 위해서도** 선한데 이는 내가 그 대상이 선으로 존재하는, 또한 그 대상을 위해 존재하는 세상의 일부라는 사실 때문이다. '나를 위해서'는 단지 그 대상의 선함이 지닌 함의일 뿐이다. 왜 '나를 위해서'라는 것을 당혹스러워한 나머지 그것을 바라볼 때 내가 반사경을 들여다보고 있음을 발견할까 봐 그 선을 피하고 그것을 철저히 외면해야 하는가? 아마도 우주 안에서 나에게 선한 모든 것이 반사경이라고 생각하기 때문일 것이다! 나는 우주의 질서 안에서 내가 인정하고 받아들일 수밖에 없는 실재로서 나에게 주어진, 내 선의 **객관성**(objectivity)을 이해하지 못한 것이다. 내 불안의 핵심에는 나의 선이 내가 스스로 만들어 내거나 불러일으킨 무언가라는 주의주의적 전제가 자리 잡고 있다. 따라서 하나님 나라를 나의 선으로서 사랑한다는 것은 그것을 나 자신의 의도대로 조작하고 그것에 나의 목적을 강요함을 의미하며, 따라서 나는 마땅히 거룩한 두려움으로 이를 피한다. 하지만 진정한 우상숭배란 무엇인가? 하나님 나라를 나의 선으로 인식하는 것인가? 아니면 내가 스스로 그것을 나 자신의 선으로 삼았다는 생각인가? 이 반론의 역설적 성격은, 유아론적 범주를 사용해 유아론을 공격하면서 안으로부터 주체의 자기 관여에 이의를 제기하려는 시도에 기인한다. 이 반론에서는 자기 지시(self-reference)의 순환을 끊어 내고 선이라는 객관적 실재와 사랑의 외향성(extroversion)을 명확히 인식하는 데로 나아가지 못하고, 내향성(introversion)을 그 자체의 부정적 반영, 즉 '자기 망각'(self-forgetfulness)이라는 공허한 환영과 마주하게 할 뿐이다.

아우구스티누스의 "그분 자체가 상급이시다"(*ipse praemium*)에서는 상급(*praemium*), '나를 위해서'가 전혀 문제가 되지 않는다. 여기서는 그분 자체(*ipse*)를 강조하기 때문이다. 모든 것이 그 대상에 의존한다. 이기심이라는 비판은 부적절한 사랑의 대상, '사적인', 즉 축소되거나 제한된 선에 대한 비판으로 표현된다. 사랑의 대상이 모든 사랑과 사랑하는 모든 주체를 지으신 분이신 하나님일 때, 더 이상 불안한 마음으로 올바른 사랑과 그릇된 사랑, 이기적인 사랑과 이기적이지 않은 사랑, 고귀한 사랑과 비천한 사랑에 관해 물을 필요가 없다. 사랑의 대상에 관한 물음이 해결될 때 이런 물음이 모두 해결된다. 사랑의 주체이신 그분이 자신을 내어 주셔서 우리 사랑의 대상이 되심으로써 그분은 그분을 사랑하기에 적합한 그 사랑까지도 우리에게 주셨다. 그 사랑은 소망의 방식에서 스스로 부끄러워할 필요도 없고 그것을 확실하게 소유하지 못할까 스스로 두려워할 필요도 없는 사랑이다.

케네스 커크는 칸트의 영향을 받아 예수의 가르침에서 언급한 천국의 상급을 "어렵고 당혹스러운 문제"로 여기는 도덕 신학 전통을 대표하는 사람이라고 말할 수 있다(*The Vision of God*, pp. 140-146). "기독교가 그토록 꾸준히 '이기적'이라고 비판받아 온 것이 전혀 타당성 없지는 않다.…상급과 처벌에 대한 언급을 참되지 않은 것으로 배제한다면 예수의 가르침에는 아무것도 남지 않을 것이기 때문이다"라고 커크는 생각했다. 하지만 "자기중심성을 조금이라도 용인한다면 이는 자기 망각이라는 이상에 대한 반역과 다름없다. 그리고 주께서—덜 중요한 문제를 어떻게 다루셨는지와 상관없이—이처럼 중요한 문제에 관해 잠깐이라도 타협하셨으리라고 믿기는 어렵다." 예수의 가르침을 상급에 대한 대중적 기대를 비판적으로 수정하는 일련의 시도로 해석했던 폰 휘겔(von Hügel)을 따르면서 커크는 이렇게 결론 내린다. "예수께서는 어떤 다른 동기에서 그분을 따르고 그분께 순종할 준비가 된 이들에게만 상급을 약속하셨다.…단지 이를 통해 상급을 받을 뿐만 아니라 자신이 선을 행하고 있다는 것조차 전혀 의식하지 않고 선을 행하는 사람들만 오른편에 앉게 되고 주의 기쁨에 참여했다." 하지만 그렇다면 왜 예수께서는 순전한 의무의 윤리를 선포하지 않으시고 상급에 관해 말씀하심으로써 논점을 흐리셨는가? 커크는 이렇게 답한다. "참된 그리스도인은 자신을 잊는 사람이다. 하지만 그 누구도 자기 망각을 **추구함**으로써 참된 그리스도인이 될 수는 없다.…계산된 자기희생의 실천은 다른 모든 활동만큼 자기중심적이다." 이것은 논점을 정확히 짚지 못한 답이다. 상급에 대해 생각하기를 금하기 위해서만 상급을 언급하는 가르침은 처음부터 상급이라는 생각을 도입하지 않는 가르침보다 **계산된** 자기 망각을 불러일으킬 가능성이 더 커 보이기 때문이다!

우리는 이것이 칸트의 영향이라고 말한다. 하지만 칸트는 특히 신비주의 신학, 경건주의와 관련 있는 전통의 상속자였다. 이 전통에서는 정서(affections)의 대상이 아니라 형식적인 내적 성향이라는 견지에서 정서를 평가했다. 커크의 선조에는 [보쉬에(Bossuet)와 논쟁하는 과정에서 인상적인 글을 남겼던] 17세기의 페넬롱(Fénelon)과 중세의 성 베르나르(Bernard)가 포함된다. 이 전통의 중세적 원천은 대단히 중요하다. 피에르 루셀로(Pierre Rousselot)의 훌륭한 연구서 『중세에 사랑의 문제를 다루는 방식의 역사』(*Pour l'histoire du probleme de l'amour au Moyen Age*)에서는 그가 '황홀경' 학파라고 부른 것, 즉 사랑을 주관적으로 해석하는 전통과 아우구스티누스로부터 토마스 아퀴나스로 이어지는 존재론 전통의 차이를 탁월한 통찰력으로 추적한다. 분명히 커크는 황홀경 학파의 근대적 후예다. 칸트 역시 마찬가지인데, 경건주의자와 청교도 사이에서 이 전통이 강력히 개신교적 형태로 나타났음을 확인할 수 있기 때문이다. 아마도 고전적인 신비주의 형식에서 이 학파의 특징은, 로마서 9:3에서 "나의 형제 곧 골육의 친척을 위하여 내 자신이 저주를 받아 그리스도에게서 끊어질지라도 원하는 바로라"라고 했던 성 바울의 기도에 열정적으로 초점을 맞춘다는 점이다. 그들이 느끼기에 이것은 참으로 이타적인 사랑, 우리 모두가 추구해야 할 사랑이다. 하나님을 위한 바울의 섬김과 사랑은 영원한 상급에 대한 소망과 철저히 분리되장할 수 있는지 우리는 여전히 당혹스러워할 수 있다. 하지만 에드워즈는 여기서 한 가지 양보를 하며, 그 덕분에 우리의 당혹감이 누그러질 수도 있다. "의심할 나위 없이 은혜로운 감사 같은 것이 있다.…은혜로운 감사를 통해 인간은 하나님의 선하심과 거저 주시는 은총이라는 속성에 감동받는다. 인간은 그 속성에 관심을 갖거나 그 속성이 인간의 이익에 영향을 미칠 뿐만 아니라 그 속성이 하나님 본성의 영광과 아름다움의 일부임을 깨닫고 감동받는다. 구속 사역을 통해 드러난 이 놀랍고도 비할 데 없는 하나님의 은총은…그 자체로 무한히 영광스럽다.…그것은 하나님 본성의 도덕적 완전성과 아름다움의 위대한 일부다." 따라서 우리는 구원의 역사를 실제로 잊어버리거나 무시할 필요가 없다. 우리는 추상적인 하나님 자체로 나아가기 위해 하나님의 은혜로운 자기 계시 뒤로 갈 필요가 없다. 구원의 역사를 하나님의 **자기** 계시, **그분의** 탁월하심의 계시로 인식하기만 하면 된다. 그리고 이것이 우리 자신의 구원에 관한 모든 사고를 위한 올바른 맥락을 제공한다. 이 지점에서 황홀경 전통의 기저에 자리 잡고 있는 진리의 요소가 적절하게 표현된다. 존재론적 전통의 관심사로 회귀함으로써, "그분 자체가 상급이시다"(*ipse praemium*)라는 구절의 "그분 자체"를 재천명함으로써 이 진리의 요소를 적절하게 표현할 수 있다고 말할 수 있지 않겠는가?

사랑과 칭의

믿음과 소망은 각각 미래에 대한 우리의 의존을 표현한다. 즉, 우리가 그 안에서 행동해야 하는 현재는 현재에 이해 가능성을 부여하고, 이로써 우리의 행동에 의미의 틀을 부여하는 하나님 나라라는 미래를 필요로 한다. "우리가 성령으로 믿음을 따라 의의 소망을 기다리노니"(갈 5:5). 하지만 현재와 미래 사이에서 생각이 움직이는 방향은 어느 경우든 상이하다. 소망할 때 우리는 문제가 있는 현재의 상황으로부터, 그것의 모호성과 불만족스러운 미완결성으로부터 시작하여 현재의 불완전함을 완전하게 하고 완성을 약속하는, 미래에 있을 하나님의 심판을 감사하는 마음으로 지향한다. 믿음 안에서 우리는 반대 방향으로 움직인다. 인류의 창조된 삶과 사랑을 긍정하는 마지막 심판으로부터 시작하여 감사하는 마음으로 다시 현재로, 우리에게 주어진 행동의 장으로 돌아와서 그러한 긍정을 단지 소망의 대상이 아니라 즉각적 실재로 주장하고 누린다. 따라서 믿음은 소망을 넘어서 두 결정적 걸음을 내딛는다. 믿음은 불완전한 현재에 관한 소망의 지향을 바로잡고, 인간에게 호의적인 신적 심판의 객관적 완결성에 먼저 주의를 기울인다. 그리고 현재**로부터** 멀어지기보다는 현재**를 향해** 움직이며, 이로써 바라는 바에 실천적 "실상"을 부여한다(히 11:1). 따라서 믿음은 더 관조적인 동시에 더 활동적이다.

우리는 "의의 소망을 기다린다." 하나님의 최종적 행위를 표현하기 위해 바울이 "의"라는 단어를 선택했다는 사실은 우리를 윤리와 종말론을 하나로 묶는 결합체의 중심으로 이끈다. 개신교 사상에서는 이 중심을 '칭의'라는 개념으로 (결코 만족스럽지는 않지만 여전히 필수 불가결하게) 보호한다. 이 개념은 도덕을 하나님의 약속에 종속시키고, 이로써 도덕적 삶이 하나님이 먼저 베푸신 자비하심에 대한 의존으로부터 자유로워져서 자율적인 자기충족성이 될 수 없게 한다. 인간의 삶에 대한 하나님의 마지막 은총의 심판을 **의**의 소망으로 이해한다는 것은, 인간의 행동이나 성품에 속해 있을 수 있는 올바름은 그것이 무엇이든 이 마지막 심판으로부터 유래했다고 주장하는 것이다. 그것은 인간이 하나님을 기쁘시게 하기 위해 할 수 있는 일을 하고, 하나님이 그에 대해 '그렇다' 혹은 '아니다'라고 말씀하시는 것에 관한 문제가 아니다. 그것은 하나님이 가장 확실하게 '그렇다'라고 말씀하실 것이기 때문에 인간이 하나님을 기쁘시게 할 수 있음에 관한 문제다. 그 '그렇다'로부터 인간 도덕의 가능성과 조건 모두가 유래한다. 그것은 최종적인 동시에 본원적이다. 하나님이 창조의 마지막 날에 창조하신 모든 것을 보시고 심히 좋다고 말씀하셨듯, 이제 그분의 오른손으로 행하신 일을 통해 속량된 인간의 삶과 그 사랑의 관계에 그분의 선하신 기쁨의 인을 치시는 창조적인 '그렇다'다. 그러므로 오늘 우리가 인간의 행동이나 성품을 통해 성취하는 것은 그 형식, 의미, 가치에서 의롭다 하시는 하나님의 '그렇다'에 의존한다. 영원한 가치의 모든 성취는 하나님의 '그렇다'를 전제한다. 그것은 가능한 모든 사랑의 행위의 기초이며 그 어떤 사랑의 행위도 전제하지 않으므로 율법의 행위와 무관하다(롬 3:28).

'칭의'(justification)라는 개신교 용어는 이 교리가 성 바울에게 크게 의존함에도 그가 사용하는 어떤 그리스어 용어와도 상응하지 않는다. 사실 이 개신교 개념은 바울이 '의로움'이라는 도덕적 상태를 표현하기 위해서도, '누군가를 옳다고 하다'라는 뜻의 능동 동사 '디카이오오'(*dikaioō*)에 상응하는 명사로서도 하나의 동일한 명사[디카이오쉬네(*dikaiosynē*)]를 사용하는 것을 발견한 데서 그 기원을 찾을 수 있다. [어휘와 관련한 논점을 더 정확히 설명하자면, 로마서에서 바울은 두 차례 능동 동사 어간에서 유래한 명사 '디카이오시스'(*dikaiōsis*)를 실험적으로 사용하며(4:25; 5:18), 수동 동사 어간에서 유래한 명사 '디카이오마'(*dikaiōma*)를 한 차례 사용한다(5:16). 이 단어는 '정의의 행동'을 뜻하기도 하며, 여기서는 '정죄'를 뜻하는 '카타

크리마'(*katakrima*)에 대응하는 '무죄 판결'이라는 뜻을 갖는다. 하지만 이 교리가 근거로 삼는 바울서신의 인용 구절 다수는 '디카이오쉬네'를 사용한다. 롬 1:17의 위대한 선언을 대표적 예로 들 수 있다.] ('디카이오시스'와 '디카이오마'에 대한 불가타 역본의 번역어에서 유래한) '이우스티피카티오'(*iustificatio*)라는 용어의 본래적 가치는, 바울의 사상에서 도덕적 의로움과 인간을 옳다고 하시는 하나님의 호의적 판결 사이의 관계를 명확히 설명했다는 것이다. 하지만 물론 두 용어를 사용해 '디카이오쉬네'를 번역하는 것은 정확히 반대의 효과를 낳을 수도 있고, 그 관계를 **모호하게 만들어** 개신교가 우리를 그로부터 구해 내고자 했던 비종말론적 도덕주의로 회귀하게 만들지도 모른다. '의로움'과 아무 관계가 없는 '칭의'는 칭의와 아무 관계가 없는 '의'와 연결되며, 이는 곧 '성화'라는 이름으로 개신교 사상 안에 나타났다. 칭의에서 성화를 부적절하게 분리한 결과로 개신교회는, 세상에서의 삶에 무관심한 복음과 복음과의 접촉을 상실한 세상 속 삶에 대한 관심이 대립하는 긴장 관계라는 특징을 물려받게 되었다.

칭의 교리가 보호하는 논점을 이해하고자 한다면 인간의 성취가 하나님의 호의에 의존한다는 일반적 차원에서 이야기하는 것으로는 충분하지 않다. 개신교 사상의 일부 흐름에서는 이러한 의존을 단순한 전기적 연속(biographical succession)으로 이해하는 경우가 많았다. 그 결과 사랑의 행위를 위한 근거가, 하나님이 은총으로 개입하셔서 아무런 대가 없이 그를 의롭다 하셨던 그의 과거 속 어느 순간인 신자의 회심 체험을 통해 충분히 주어진 것으로 보았다. 여기에서 견인(perseverance)을 위해 신자가 계속해서 은총에 의존해야 한다고 덧붙이더라도 상황은 그다지 나아지지 않았다. 하나님의 도우심에 의존하는 것은 우리가 가장 소중히 여기는 모든 활동에 대한 은밀한 자기 정당화로 재빨리 변질될 수 있기 때문이다. 우리의 행동을 결정한 권한이 우리에게 남아 있고 하나님은 우리의 일에 중요성을 부여하는 권한만 가지고 계시는 한, 우리는 신이 나서 우리가 하는 일이 하나님의 도우심 덕분이라고 말할 수 있다! 물론 회심 및 협력하는 은총에 관해서는 합당한 존경심을 갖고 이야기해야 한다. 여기서 핵심은 그것에 관해 말한다고 해서 하나님의 호의에 대한 우리의 의존에 관해 말할 필요가 있는 모든 것을 말하는 것은 아니라는 점이다. 그 어느 것도 하나님의 마지막 결정적 말씀과는 무관하기 때문이다. 이러한 준궁극적(penultimate) 말에 관해서만 이야기하고 마지막 말씀에 관해 이야기하기를 피하려 할 때, 기독교 사상가들은 하나님의 최후 심판을 원천적으로 '행위와 무관한' 것으로 만들고, 최후의 심판을 그들의 마음이 이상하게 따뜻해진 경험과 그들이 열정적으로 꾸준히 노력을 기울인 일들의 성공에 기초한 심판으로 대체하려는 죄를 범하는 셈이다.

하나님이 그것을 계시하신 곳에서, 즉 예수 그리스도와 죽은 자 가운데서 그분을 다시 살리심으로써 하나님이 이루신 인간의 칭의(롬 4:25)에서 그 최후의 심판을 찾으려고 하지 않는다면, 이런 식의 선점이 아마도 불가피할 것이다. 그 사건을 제외한다면 하나님의 마지막 말씀에 관한 우리의 이야기는 이데올로기적인 자기 정당화 시도가 되거나 불가지론적 침묵으로 다시 빠져들 수밖에 없다. 그리스도 안에서 무슨 일이 이뤄졌는지에 관해 이야기할 때에만 '행위와 무관한' 심판에 내용을 부여할 수 있다. 거기서 이미 드러난 미래의 심판, 인류에 대한 하나님의 최종적 결정이 (비록 잠정적이거나 미완이기는 하지만) 보충을 전혀 허용하지 않고 이전과 이후 모든 세대를 위해 결정적으로 창조적인 형식으로 우리 앞에 나타나 있으며, 그 결과 하나님이 단번에 영원히 그분의 승인을 선언하신 그 삶 속에서 사랑의 행위가 생명으로 솟아나기 때문이다. 칭의 교리의 핵심은 (비록 중요하기는 하지만) '믿음으로 말미암아'라는 꼬리표가 아니라, "우리로 하여금 **그 안에서** 하나님의 의가 되게 하려 하심이라"(고후 5:21)는 '오직 그리스도'(*solus Christus*)를 통해 표현되고 있다.

    심판에 관해 이야기할 때 우리는 칭의와 정죄의 상관관계, 즉 '그렇다'에 동반되며 그것에 형식을 부여하는 '아니다'를 염두에 둔다. 그리스도 안에서 인간에게 '그렇다'라고 말씀하실 때, 그분에 대한 모든 거부에 대해, 시편 저자의 말처럼 주께서 "비웃으시는"(시 2:4) 반역하는 권위에 대해 하나님은 '아니다'라고 말씀하셨다. 이 '아니다'는 그분이 그분의 피조물을 향해 말씀하신 '그렇다'를 결코 제한하지 않는다. '그렇다'를 모호하고 오락가락하는 '그렇다와 아니다'로 만들지 않는다. "하나님의 아들 예수 그리스도는 예 하고 아니라 함이 되지 아니하셨으니 그에게는 예만 되었느니라"(고후 1:19). 그리고 이는 창조주께서 그분이 만드신 개별적인 피조물에 결코 의존하시지 않기 때문이다. 피조물은 심판을 위한 재료 자체도 제공하지 않는다. 그것은 그리스도 안에 존재하기 때문이다. 창조주께서 피조물의 머리이신 분의 인격 안에서 피조물을 향해 말씀하신 것으로 충분하다. 그분 안에 모든 사람과 모든 것이 표상되어 있다. 그분을 받아들이실 때 하나님은 인간 전체를, 또한 인간과 함께 창조된 우주를 받아들이셨다. 그분을 거부하는 모든 것을 거부하실 때 하나님은 인간의 그 어떤 것도, 창조된 우주의 그 어떤 것도 거부하지 않으셨고, 인간과 창조된 우주를 부인하고 손상시키는 것만 거부하셨다. 하나님이 행하신 바를 거부하면서 수행된 어떤 행동도, 살아가는 어떤 삶도 그분에 대해 아무런 주장을 하지 못한다. 만약 하나님이 그 행동이나 삶에 굴복하지 않으신다면, 그분의 회복된 피조물로부터 무언가가 결핍되리라는 주장조차도 할 수 없다.

따라서 우리의 믿음은, 인간에 대한 하나님의 최종적인 '그렇다'를 묵상할 때 사랑의 행위가 의롭다 하심을 입었음을 알기에, 그 믿음이 필요로 하는 모든 것을 가지고 미래로부터 현재로 돌아올 수 있다. 우리는 다른 어떤 것에 관해서도 우리 자신을 안심시킬 필요가 없다. 특히 우리는 **과거** 우리의 삶과 행동에 관한, 우리 성품의 성취된 형성물에 관한 어떤 재확신도 필요하지 않다. 이런 것들은 정죄하는 '아니다'에 해당할 수도 있고 그렇지 않을 수도 있다. 하지만 행위자인 우리가 하나님이 그리스도를 향해 말씀하신 '그렇다' 아래에 서 있는 한 우리의 과거 역시 '그렇다'가 우리 삶 전체에 부여하는 호의적 의미 안에 포함된다. 우리는 우리 과거 자아의 체면을 지킬 필요가 없다. 우리의 과거 자아는 하나님이 우리의 현재 자아를 위해 하시는 일을 통해 구원받기 때문이다. 우리의 과거와 관련해 우리가 두려워해야 하는 바는, 하나님의 '아니다'에 맞서 우리의 과거를 지키려고 하다가 지금 여기서 하나님의 '그렇다'에 비추어 살기를 멈출지도 모른다는 것뿐이다. 그러므로 믿음은 언제나 회개에 열려 있으며, 과거에 대한 자기 정당화라는 강박적 집착을 완화할 수 있다. 믿음에 의해 제한되는 사랑은 그런 의미에서의 '자기애'로부터 자유롭다. 다시 말해, 사랑은 현재의 행위나 태도를 과거와 일관성 있고 연속되게 유지하기 위해 실재에 대한 사랑의 인식을 조정할 필요가 없다. 사랑은 행위자의 확립된 성품으로부터가 아니라 지속적인 회심에 의해 갱신되고 유지된다. 하지만 이것이 사랑이 행위자의 삶 전체에 존재하는 일관성과 이해 가능성을 암시한다는 것을 부인하지는 않는다. 어떻게 그럴 수 있는가는 우리가 조금 더 자세히 살펴보아야 할, 믿음에 의한 사랑의 제한이 보여 주는 두 양상 중 첫 번째에 해당한다.

회심과 삶의 의미

예언자 에스겔은 죄악된 길을 버리고 하나님의 율법을 지키는 악인은 "살" 것이라고 말하고, 반대로 의로운 길을 저버리는 의인은 "죽을" 것이라고 말한다(겔 18:21 이하). 우리는 이 두 사람의 덕과 악덕, 즉 오랜 시간에 걸쳐 그들이 형성한 확립된 성향에 관해 무엇을 물을 수 있는가? 악인은 의로운 기간 동안에도 여전히 그가 싸워야 할 몇몇 악덕을 여전히 지니고 있는가? 그리고 의인은 악을 추구할 때에도 많은 덕을 드러내는가? 특히 각각의 경우에 첫 번째 시기는 길고 두 번째 시기는 짧았다면, 각 사람이 행한 바에 관한 객관적인 역사적 기록은 어떠한가? 분명 이런 문제를 여전히 논할 수 있다. 하지만 이 두 사람에 대한 최종적 평가, 즉 하나님이 내리실 평가라는 관점에서 이런 문제는 부차적이다. 각 사람이 이루었던 전환, 즉 하나님의 율법을 지향하거나 멀리하는 전환이 그의 삶을 특징짓고 삶 전체에 결정적 형태를 부과한다. 형성의 순간, 즉 회심의 순간이 있으며, 그로부터 그 사람의 나머지 생애가 좋은 의미나 나쁜 의미를 취하게 된다. 에스겔은 이렇게 말하면서 이스라엘의 서기관 학파에서 흔히 가르쳤던 지혜, 즉 생애의 마지막이 전체의 가치를 결정한다는 가르침을 원용한다.

　예수께서도 이 지혜를 원용하셔서, 십자가에서 참회하는 강도에게 하신 말씀 속에서 비범한 울림을 주셨다. 하지만 강도의 회심에는 새로운 요소도 있다. 강도에게 회심은 그저 마지막 순간에라도 삶의 이야기를 바꿀 수 있는 임종의 회개, 의지의 전환에 관한 문제가 아니다. 그 회심은 무언가가 그에게 도전하면서 그의 예배를 강요했던, 인식과 인정의 순간이었다. 그 순간이 그의 삶을 형성했던 것은, 단지 그것이 전기적(biographical) 관점에서 볼 때 그가 의지를 발휘하여 행한 마지막 행동이었기 때문이 아니라 그 순간 그가 결정적 실재를, 즉 언제 만나든 그의 삶을 이런저런 방식으로 형성할 수밖에 없는 실재를 마주했기 때문이다. 예수께서는 두 채무자에 관한 비유를 이야기하셨다. 한 사람은 많은 액수, 한 사람은 적은 액수를 빚지고 있었지만 두 사람 모두 그 자리에서 빚을 탕감받았다. "둘 중에 누가 [돈을 빌려준 사람을] 더 사랑하겠느냐?"라고 그분은 물으셨다(눅 7:42). 하나님의 용서하시는 은총을 만나는 것은 삶 속에서 형성적 순간이다. 그것이 사랑을 불러일으키기 때문이다. 그 사랑의 현존이 전체의 의미를 결정한다. 다시 한번 우리는 확립된 성향과 성품, 행하거나 행하지 않은 선행의 기록이 인간의 도덕에서 중요한 특징이기는 하지만, 그것들은 이 형성적 순간, 즉 삶에 사랑의 표시를 결정적으로 남기는, 예수 안에 있는 신적 임재와의 만남과 비교해 부차적 위치를 차지할 뿐이라고 말할 수밖에 없다.

물론 그런 순간은 관찰하기 어렵다. 에스겔이 말하는 두 사람의 경우 각자의 삶에서 회심의 순간을 미리 예측할 수 없을지도 모르지만 일단 회심이 발생한 후에는 그 현상이 충분히 명백했을 것이다. 다른 한편으로, 이 만남의 순간에는 외적 모호성의 가능성이 여전히 남아 있다. 삶을 형성하는 힘으로서의 사랑은, 관찰 가능한 방식으로 즉각 나타나지 않을 수도 있다. 개혁과 변화의 가장 외적이며 공적인 몸짓이 가장 심한 착각을 불러일으킬 수도 있다. 우리는 행동을 통해 성품이 드러남에 관해 10장에서 말했던 바를 철회하지 않으면서 회심의 형성적 순간이 이러한 드러남을 복잡하게 만든다는 것을 인정해야 한다. 그 형성적 순간이 내적 모순, 성 바울의 말처럼 "육체"와 "성령"의 갈등(갈 5:17)을 성품 자체의 숨겨진 실재 안으로 끌어들이기 때문이다. 그리고 그렇기 때문에 그리스도인은 사람을 '판단'하지 말도록 경고를 받는다. 우리는 겉모습만 보고서 누군가가 좋은 사람인지 나쁜 사람인지, 구원받은 영혼인지 저주받은 영혼인지 성급하게 결론 내릴 수 없다. 인간의 삶을 건드리고 형성하는 침투적 실재는 그리스도 안에서 이뤄지는 하나님의 종말론적 심판뿐이다. 그리고 심판이 마침내 드러날 때만 우리는 그것이 어떤 의도로 인간 행동의 구조를 관통하고 지나갔는지 분명히 볼 수 있으리라고 기대할 수 있다. "비판을 받지 아니하려거든 비판하지 말라"라는 말씀(마 7:1)이 의도하는 바는 자유주의적 무관심주의(liberal indifferentism)에서 너무나 쉽게 해석하듯 도덕적 판단을 금지하려는 게 아니다. 우리가 인간 행동에 직면할 때 느끼는 모호함 때문에 옳고 그름의 차이에 회의적 태도를 취함으로써, 도덕적 질문을 진지하게 받아들이지 않는 데서 오는 관용이 있다. 이와 전혀 다른 취지의 또 다른 관용이 있는데, 이는 도덕적 질문을 너무나 진지하게 받아들여서 그 질문이 우리의 해결 능력을 넘어섬을 인식하는 데서 온다. 우리는 행동의 옳고 그름, 덕과 성품의 특징이 갖는 가치에 관해 말하고 생각할 수 있다. 하지만 한 인간의 삶 전체에 대한 판결을 선언하는 일에 관해서는 너무나 많은 것이 우리에게서 숨겨져 있으므로 하나님의 최종적 말씀을 어떤 식으로든 예상하는 것이 허용되지 않음을 우리는 안다.

하지만 무엇이 삶에 최종적 형태를 부여하는지를 드러내는 동시에 감추는, 다른 사람들의 행동과 경험을 둘러싼 모호성이 우리 자신의 삶에도 덧붙어 있다. 물론 우리는 우리 자신을 이해하기에 훨씬 더 나은 위치에 있다. 우리는 우리 자신이 한 행동에 대한 훨씬 더 풍부한 기억을 가지고 있으며, (가장 중요한 차원에서) 우리의 의도와 내적 경험에 대한 기억을 가지고 있다. 우리는 우리 자신에 관해 그저 불가지론적 태도를 취할 필요가 없으며, 우리의 기억 속에서 회개와 감사를 위한 재료를 찾으면서 우리 삶의 방향을 잠정적으로 판단할 수 있다. 하지만 그렇더라도 우리의 판단은 잠정적이다. 우리는 현재 감정의 압박을 받아 자신의 내적 경험을 잘못 기억할 수 있고, 자신을 이해하려는 고통스러운 노력 속에서 자신의 동기를 찾아야 할 때처럼 우리 자신이 과거에 한 행동이 전적으로 이해하기 어렵다고 느낄 수도 있다. 그렇다면 우리 자신의 역사에 주관적으로 접근하는 방식으로는 우리 자신에 관한 확실성으로 도약할 수 있는 발판을 마련할 수 없다. 내적 성찰을 통해 우리 삶의 최종적 의미가 우리에게 밝히 드러난다고 주장할 수 없다. 확실성, 즉 칼뱅주의 그리스도인들이 그토록 올바르게 주장해 온 '확신'을 위한 자리가 존재한다. 하지만 그것은 내적 성찰이 아니라 하나님의 객관적 말씀에 대한 믿음에 기초한다. 우리 자신의 과거 삶의 드러난 의미를 살펴볼 때 우리는 그 삶의 모호함, 즉 그 삶을 형성해야 하는 실재를 명료하게 표현하는 데 실패했음을 고백해야 한다. 그러므로 우리는 계속해서 우리 자신의 이러한 외형으로부터 실재 자체로 되돌아간다. 이런 의미에서 회심은 한 번이 아니라 여러 번 일어난다고 말하는 게 옳다. 하지만 회심은 언제나 하나의 종말론적 실재이며, 회심이 삶에서 일으키는 변화는 마지막에 비추어 볼 때 하나의 결정적 변화다. 따라서 더 심오한 의미에서 우리는 회심이 단 한 번만 일어나며 이후에 일어나는 모든 돌이킴은 그 하나의 결정적 만남을 찾고 되찾는 것이라고 말할 수 있다.

형성적 순간의 은폐성과 대조적으로 우리에게는, 형성적 순간을 계속 우리 마음 앞에 두어, 우리가 다른 사람에 관해 숨겨진 것을 너무나도 쉽게 무시할 수 있는 것처럼 우리가 그 순간을 무시하는 것을 막아 주는 공적 표지가 주어져 있다. 그 표지는 세례. 세례는 의례이며, 따라서 모든 의례가 그렇듯 올바른 이해의 맥락 밖에서 받아들여질 때 의미를 상실할 가능성이 있다. 세례는 표지이며, 따라서 세례가 가리키는 실재와 구별된다. 그럼에도, 의례의 표지는 회심의 숨겨진 순간이 공적 형식을 취할 수 있는 유일하게 적합한 방식이다. 그러한 형식이 없다면, 인간의 활동 영역 외부로부터 주어졌으며 심지어 인간의 종교적 능력의 범위 너머에 존재하는 실재를 회개와 그것이 만들어 내는 믿음이라는 단순히 인간적인 행동과 혼동할 위험에 처할 것이기 때문이다. 개인의 믿음, 하나님을 향한 그의 사랑, 그가 겉으로 보여 주는 회개와 도덕적 진지함이 아무리 대단하더라도 이런 것들은 우리에게 그리스도의 구속적 임재를 확신시켜 줄 수 없다. 표지 자체만이 하나님의 구속적 은총이 세상 안에서 활동하고 있으며 이 사람 역시 그것을 만나리라는 공적 확신을 줄 수 있다. 그리스도께서 그 표지를 주셨기 때문이다. 따라서 우리는 희망을 품은 채 후보자의 주관적이고 활동적인 삶 속에서 성령의 활동에 대한 증거를 찾아내려 시도할 수 있다. 세례는 경건이 높은 수준에 이른 순간이나 인간의 영혼이 성취하고 유지할 수 있는 도덕적 자질을 가리키는 게 아니라, 과거와 미래의 한 사람의 삶 전체가 하나님이 그리스도 안에서 말씀하셨고 말씀하실 '그렇다' 안에서 그분에 의해 받아들여지고 선언되는 형성적 순간을 가리킨다. 세례는 그 자체로 '아니다'에 들어가는 모든 것을 포함해 출생에서 죽음에 이르기까지 삶의 전체 과정에 대한 속량을 상징한다. 그리스도께서 세계의 역사 위에 서 계시듯 세례가 그 개인의 삶 위에 서 있으며, 이로써 영원이 시간적인 것을 장악하는 그 지점을 표시한다.

결정의 단순성

복음은 이 만남의 순간에 의해 인간 삶의 형태가 결정적으로 확립된다고 우리에게 말한다. 이는 도덕적 관점에서 인간의 삶을 특징짓는 다른 모든 요소를 묵살하거나 무시한다는 뜻이 아니다. 범죄가 정직한 시민의 삶과 다르지 않다거나 금욕주의가 방종과 다르지 않다는 주장이 아니다. 인간 삶의 가능성에서 소중한 것도 있고 무가치한 것도 있음을 부인하는 게 아니다. 이 모든 요소에 관해, 이런 요소가 형성하는 다양한 조합과 경향에 관해, 이런 요소가 구현하는 가치와 무가치함에 관해 물어야 할 마지막 질문이 남아 있다는 말일 뿐이다. 즉, 그런 요소는 영원을 위해 무엇을 구성하는가? 그리고 바로 그 질문을 통해 최종적 심판이 이뤄지며, 이 심판은 창조된 질서에 대해 내재적 기준이 아니라 그 질서 너머로부터, 그 질서의 초자연적 목적으로부터 오는 기준에 의해 이뤄진다. 마지막 질문은 이 삶, 이 행동, 이 성품이 하나님이 만들어 내시는 갱신되고 변화된 세상에 속하는지 여부이며, 그분 안에서 변화된 세상이 이미 우리 앞에 존재하는 바로 그 그리스도와의 관계라는 차원에서만 이 질문에 답할 수 있다.

이 질문에 비추어 볼 때, 그 문제를 야기하는 창조된 질서만큼 복잡하고 다양한 도덕의 문제는 완전하고 놀라운 단순성으로 환원된다. 우리는 하나님의 새 창조에 대한 찬성 혹은 반대라는 단순한 선택, 넓은 길과 좁은 길이라는 단순한 양자택일, 죄와 덕이라는 간단한 양자 대립에 관해 이야기할 수 있다. 사랑만 있고 죄는 없는 신자의 삶과 죄만 있고 사랑은 없는 불신자의 삶에 관해 이야기할 수 있다. 이것이 믿음에 의해 제한된 사랑이 독특하게 종말론적인 형태를 취하는 두 번째 방식이다. 기독교 사상에서는 이러한 절대적인 대립을 피할 수 없다. 이 대립 없이는 도덕이 새 창조와의 종말론적 관계를 상실하고 이 세상의 모호성과 복잡성에 대한 반영에 불과한 것이 되고 말기 때문이다. 동시에 종말론적 단순성이라는 용어를 잘못 적용하여 창조된 선의 중층성과 그것이 야기하는 모호성을 흐릿하게 만들도록 내버려둘 가능성도 분명히 있다.

신약성경에서 '완전주의적'(perfectionist) 언어를 사용하는 가장 유명한 본문인 요한1서 3:1-12에서는 양자택일이 바르게 제시될 수 있는 종말론적·계시적 맥락을 명쾌하게 설명한다. 이 장은 성부께서 주신 '사랑의 선물'로 시작하는데, 이 선물은 인간을 양자 삼으셔서 하나님의 자녀가 되게 하신 것으로, 가장 단순한 형태로 선포된 종말론적 변화다. 이 신분은 명칭에 불과한 것이 아니라 현재의 종말론적 실재다. "하나님의 자녀라 일컬음을 받게 하셨는가, 우리가 그러하도다." 하지만 이 변화의 행위에는 "우리"와 그분을 알지 못하는 "세상"의 분리가 수반된다. '알지 **못했다**'고 우리가 말하는 것은, 이 종말론적 선물이 그리스도 안에서 단번에 영원히 주어졌으며, 그분이 야기하신 분리를 통해 최종적 심판이 이미 과거의 역사가 되었기 때문이다. 이 현재의 종말론적 신분은 온전히 드러남을 여전히 기다리고 있다. "장래에 어떻게 될지는 아직 나타나지 아니하였으나." 그 내용이 숨겨져 있지만, 미래의 드러남은 틀림없이 **그리스도 안에 있는** 삶의 드러남이다. 따라서 사도는 이미 우리의 것이나 아직 우리에게 전적으로 분명하지는 않은 실존 양식에 관해 말한다. 이는 우리의 실존 양식이 될 수 있기 전에 그리스도의 실존 양식이다. 그렇다면 그러한 드러남에 대한 소망 안에서 살아가는 그리스도인의 삶은 "그의 깨끗하심과 같이" 자신을 정화하는 삶, 이미 자신의 것인 그 실존 양식을 꾸준하고도 진지하게 붙잡는 삶이다.

이것은 사도가 다룰, 죄인과 그리스도의 대립이라는 주제를 위한 머리말이다. 한쪽은 율법을 깨뜨리며(이로써 하나님 거부라는, 죄의 신학적 핵심을 부각하며), 다른 한쪽은 죄를 제거하기 위해 나타나셨다. 그분 안에는 죄가 없다. 그러므로 "그 안에 거하는 자마다 범죄하지 아니하나니"(6절). 물론 사도가 방금 우리에게 그리스도 안에 있는 우리의 실존이 온전히 드러나지 않았다고 말했음을 명심하지 않는다면 이 주장이 터무니없게 들릴 것이다. "범죄하지 아니하나니"의 종말론적 차원은 "거하는"이라는 동사 안에서 주어진다. 그리스도 안에 "거하는 것"은 그저 그분과 함께 시간을 보내는 게 아니라 그분과 함께 역사를 마무리하고, 그리스도의 삶의 죄 없음이 우리 안에서도 뚜렷하게 나타날 종말까지 그분과 함께 견디는 것이다. 마찬가지로 종말은 그리스도 안에 있는 삶의 죄 없는 특징을 드러내듯 그와 반대가 되는 삶의 특징, 즉 죄악된 삶은 그리스도 없는 삶이라는 것도 드러낸다. "자녀들아, 아무도 너희를 미혹하지 못하게 하라!" 미혹은 역사의 도덕적 경험 안에 모호함이 존재한다거나 죄를 범하고 성부 앞에서 변호자가 필요한 신자가 존재한다거나 가치 있고 합당한 선행을 하는 불신자가 존재한다고 상상하는 것을 의미하지 않는다. 미혹이란 하나님의 심판의 성격이 그리스도 안에서 이미 분명해졌음에도 이런 모호함이 궁극적 상황을 표상한다고 생각하고, 하나님의 심판에 품위 있고 이해심 많으며 세상 물정에 밝은 일군의 전제를 몰래 끼워 넣는 것을 말한다. 모호함이라는 관점에서 말할 때, 우리는 왔다가 갈 역사에 관해서만 이야기하는 셈이다. 역사의 원천과 목적에 관해 말할 때, 우리는 그와 정반대인 것을 이야기하는 셈이다. "마귀는 처음부터 범죄함이라. 하나님의 아들이 나타나신 것은 마귀의 일을 멸하려 하심이라."

따라서 하나님의 자녀라는 우리의 신분—요한은 "하나님께로부터 난"라는 구절로 이를 요약한다(9절)—안에는 어떤 불가능성이 존재한다. 즉, 그는 죄를 지을 수 없다. 이 불가능성은 능력과 성향에 뿌리내린 역사적 불가능성이 아니며, 심지어 신자의 회심한 능력과 성향에 뿌리내린 것도 아니다. 그것은 지금 신자 안에 (다시 한번 종말론의 함의를 갖는 말을 사용하자면) 거하는 "씨"에 뿌리내린 종말론적 불가능성이다. 아들들의 신분이 나타나는 것(물론 교회 안에 이를 예기하는 것이 없지는 않지만 우리는 여전히 이를 기다린다)이 바로 이것, 즉 "의를 행하지 아니하는 자"에 맞서 "의를 행하는 자"가 나타나는 것이다. 하지만 다소 형식적인 이 구절은 그 내용, 즉 미움이 아닌 형제 사랑으로 표현되어야 한다. 후대의 기독교 사상가들과 마찬가지로 요한은 가인과 아벨이 역사의 모호함이 뒤섞여 나오는 도덕적 원천을 표상한다고 보기 때문이다. 그에게 우리가 이해해야 할 가장 중요한 사안은 바로 이것이다. 즉, 최종적 분석에서 이 원천은 매우 독특하며 그렇게 보이리라는 점이다. 그러므로 우리의 책무는, 우리 자신의 태도 안에 있는 모호함을 받아들이기를 거부하거나 필요하다고 여기는 불명료성 혹은 타협 뒤에 숨기를 거부하고, 그 대신 그분이 순결하신 것처럼 우리 자신을 순결하게 하는 것이다.

하지만 기독교 도덕 사상에서만 이처럼 복잡성을 단순성으로 환원하는 것은 아니다. 도덕적 사유가 더 지시적이려 할수록, 행동의 가능성을 두 반대되는 부류로 구별하는 분리의 범주를 확립할 필요가 더 커진다. 도덕의 언어는 좋고 나쁨, 옳고 그름, 고귀하고 비천함처럼 반대되는 용어의 쌍을 중심으로 구축되어 있다. 예수께서 도덕적 결정을 두 삶의 방식 중 하나를 선택하는 것으로 보는 관념을 처음으로 제시하신 것은 아니었다. 이는 오래전부터 서양 윤리에서 반복해서 다루는 주제였다. 따라서 그런 의미에서 하나님의 마지막 심판에 대한 선언은 인간이 이미 암묵적으로 알고 있던 바를 말한 것에 불과하다. 즉, 구체적인 결정의 모호성 아래, 대안적 행동의 경로 안에 존재하는 대안적 선들 사이에서의 모든 주저함 아래에는 선과 악 사이의 단순하고 최종적인 선택, 영혼의 운명이 달려 있는 선택이 자리 잡고 있다는 것이다.

어려움은, 도덕 사상이 종말론적 토대를 만들지 않았거나 그 토대와의 접촉을 잃어버렸을 때 선택의 단순성에 대한 강조가 내재화될 것이며, 그 결과 구체적인 도덕적 결정이 실제로 나타내는 복잡성과 모호성을 모호하게 만들 것이라는 점이다. 바리새파 도덕의 특징으로 알려져 있지만 이후의 기독교 윤리에서 자주 재등장했던 율법주의가 이런 문제의 분명한 사례를 제공한다. 율법주의에서는 성문화된 법을 전적으로 포괄적인 것으로 만듦으로써 구체적 결정의 단순성을 보장하려 한다. 정교한 도덕 규범으로 모든 우연성을 예측하고 대비할 수 있다면, 결정의 순간이 찾아올 때 그것을 가장 단순한 형태로, 하나님의 율법에 순종할지 불순종할지에 대한 선택으로 맞이하게 된다. 전문가들이 모호성을 제거했으므로, 도덕적 행위자가 전문가의 조언을 따른다면 골치 아프게 분별의 책무를 담당할 필요가 없고 의지의 단순한 결정을 진지하게 받아들이기만 하면 된다. 조금씩 변하기는 하지만 스토아주의자로부터 칸트에 이르며 근대 낭만주의에도 큰 영향을 미친 전통 안에서도 이와 비슷한 점을 발견할 수 있다. 이 전통에서는 도덕 사상이 전개되는 두 차원이 존재한다고 생각한다. 즉, 의무와 보편적 도덕법을 따르는 단순한 도덕적 결정을 하는 의도―칸트에게는 의지―라는 근본적 차원과, 말하자면 그 결정을 구체적으로 집행하기만 하는 경험적 분별이라는 이차적 차원이 존재한다. 선택이라는 도덕적 요소는 의지와 의무의 형식적 관계로 협소해지는 반면, 복잡성의 분별에 대해서는 실질적인 도덕적 의미를 전혀 부여하지 않는다.

이런 종류의 율법주의와 도덕주의에서는 도덕적 선택을 실질적 결정의 특정한 요소, 즉 그들의 주장에 의하면 복잡성을 분별하는 책무와 분리할 수 있고 따라서 기술이나 통찰력, 성공적 수행 능력에 아무것도 빚지지 않는 '순수하게 도덕적인' 요소라고 말할 수 있는 요소 안에 배타적으로 자리 잡게 함으로써 도덕적 선택의 궁극적 단순성을 정당화하려고 한다. 그 결과 대단히 진지하게 모든 도덕적 결정을 내려야 한다. 어떤 의미에서는 영혼의 운명이 그 결정에 달려 있기 때문이다. 결정에 직면할 때마다 행위자는 선에 대한 절대적 배교 가능성에 직면한다. 비록 그의 책임이 의지의 형식적 성향으로 좁혀져 실수로 자신을 저주할 위험이 없다고 하더라도 부담은 줄어들지 않는다. 오히려 그 책임이 의지에 더 날카롭게 초점을 맞출수록 의지가 결핍되어 있을 수도 있다는 가능성이 더 무시무시해 보인다. 이런 주의주의적 전통이 기독교 경건 안에서 구현될 때 이 전통들은 극도의 세심함을, 또한 복음적 자유의 결핍을 초래한다. 인간이 자신의 결정을 통해 마땅히 하나님의 결정에 속한 마지막 심판의 종말을 불러일으킬 수 있다고 생각할 때 틀림없이 이런 필연적 결과가 나타날 것이다.

이에 대한 반작용으로, 종말론적 결정을 모든 역사적 결정과 분리한 나머지 전자가 후자에 어떻게 영향을 미치는지가 더 이상 분명해지지 않는 경향을 보이는 다양한 반율법주의적 입장이 있다. "담대하게 죄를 지으라"(Pecca fortiter)라는 루터의 유명한 역설은 신중한 해석이 필요하지만 이것이 그런 경향을 예증한다는 사실은 분명하다. 칭의의 최종적 결정이 '행위와 별개로' 절대적으로 내려져서 우리 자신이 결정하는 바가 그 최종적 결정과 아무런 관계가 없다면, 죄는 반어적 의미를 제외하고는 더 이상 죄가 아닐 것이다. 따라서 기독교 역사에서 자주 출몰했던 두 번째 형식의 '완전주의'가 생겨난다. 율법주의 형식은 단순한 최종적 결정을 내재화하여, 그 결정을 계속해서 즉각적 가능성으로 만나게 한다. 반면에 반율법주의 형식에서는 그 결정을 절대화하여, 인간의 결정이라는 동학과 무관한 무력한 추상으로 여길 수 있게 한다.

그렇다면 우리는, 반율법주의에 대한 공포와 함께 단순한 결정의 윤리가 기독교를 통해서 명확히 나타날 수 있었으며 성육신에 의존했다는 키르케고르의 발견에 감탄할 수밖에 없다. 모든 결정이 하나의 결정, 즉 '믿음'과 '범죄' 사이의 결정으로 환원되는 것은 인간이 신인(God-man)과 맞닥뜨렸을 때뿐이기 때문이다. 기독교에서만 볼 수 있는 죄와 믿음의 대립이 "모든 윤리적 개념에 대한 정의를 바꾸어 놓는다. 이 대립의 기저에는 '하나님 앞에서'라는 결정적인 기독교의 개념이 자리 잡고 있다"[*The Sickness unto Death*, p. 214. 『죽음에 이르는 병』(치우)]. 죄는 계시를 전제한다(p. 226). 죄를 무지로 보는 소크라테스의 이해는 죄를 전혀 이해하지 못했다. 소크라테스의 이해에는 "반항하는 의지"라는 개념이 없었기 때문이다(p. 220). 그러므로 죄는 "부정이 아니라 입장이다"(p. 227). 대죄, "죽음에 이르는 병"은 죄를 용서받을 수 없다는 절망이다. 이것은 우리의 죄를 용서하시는 신인에 대한 '죄'이기 때문이다.

키르케고르의 발견이 일방적임을 인정해야겠지만 우리는 그 발견에 감탄해야 한다. 기독교 종말론이 도덕적 결정의 단순성에 초점을 맞출 수 있게 해줌을, 그리고 칸트의 윤리 같은 윤리는 단순성을 그토록 중시하면서도 고백하지 않은 신학적 밀수품을 끌어들이고 있음을 파악했기 때문이다. 하지만 소크라테스와 무지의 문제에 대한 관심 때문에 키르케고르는 기독교 이전의 고전적 윤리가 (예를 들어, 스토아주의의 덕 개념에서처럼) 단순성과 의지의 반항을 설명하려고 시도했다는 점을 보지 못했다고, 또한 기독교 종말론 자체가 키르케고르가 열성적으로 주장하는 '하나님 앞에서' 내리는 단순한 결정의 즉각성을 제한한다는 점을 보지 못했다고 덧붙일 수 있다. 우리는 하나님이 인내하시는 시간 안에서 살고 있다. 이 시간 동안 주께서는 그 누구도 멸망하기를 바라시지 않으며, 모두가 회개가 이르도록 그분이 도둑처럼 오실 날을 늦추신다(벧후 3:9). 믿음으로 우리는 우리의 즉각적이며 잠정적인 결정의 복잡성을 통해 형성되는 궁극적이며 단순한 결정을 분별하기 시작한다. 우리가 준비될 때 우리는 그 결정을 볼 것이며 분명하게 그 결정을 내릴 것이다. 최종적 멸망과 하나님의 정죄라는 절대적 절망이 너무 일찍 찾아오지 않도록 우리는 천국과 지옥 사이에서의, 완전한 사랑과 성령을 거스르는 죄 사이에서의 아찔한 선택이 서둘러 계시되지 않기를 기도해야 한다.

요한계시록의 저자는 역설을 표현하는 특유의 생생한 방식으로 큰 심판의 때에 "또 내가 보니 죽은 자들이 큰 자나 작은 자나 그 보좌 앞에 서 있는데 책들이 펴 있고 또 다른 책이 펴졌으니 곧 생명책이라. 죽은 자들이 자기 행위를 따라 책들에 기록된 대로 심판을 받으니…누구든지 생명책에 기록되지 못한 자는 불못에 던져지더라"라고 말한다(계 20:12 이하). 하나님의 마지막 심판은, 한편으로 인간의 행위에 내려지는 심판이며 다른 한편으로는 인간의 행위와 독립적인 원천으로부터 표현된 창조적인 새로운 말씀이다. 하나님의 심판이 지닌 이 두 측면은 상호 보완적이다. "다른 책"을 통해 인간의 행위가 기록된 책들을 해석할 때 인간의 행위는 그 자체로 그것이 아닌 무언가, 하나님의 은혜로우신 목적에 관한 이야기가 된다. 하나님이 그분의 주권적 은총으로 하신 일에 비추어 인간이 한 일을 해석할 때 그것은 하나님의 호의적이거나 호의적이지 않은 심판의 근거가 된다. 궁극적이며 단순한 결정은 인간의 행위가 기록된 책이 아니라 그 결정이 '그렇다' 혹은 '아니다'의 문제인 생명책에서 발견된다. 하지만 생명책이 인간의 행위가 기록된 책들을 보충하는 것은 아니다. 오히려 생명책에 비추어 해석할 때 인간의 행위가 기록된 책들 역시 단순하고 최종적인 결정, 하나님의 은총에 대한 '그렇다' 혹은 '아니다'의 성격을 띠게 된다. 아무리 열심히 명료함을 추구하더라도 우리의 도덕적 결정은 우리 자신에게조차도 결코 명백하거나 투명하지 않다. 하지만―이것이 복음적 윤리의 핵심에 자리 잡고 있는 복음이 아니겠는가?―그것은 그리스도 안에 있는 하나님의 은총에 의해 그들에게 주어져서 최종적이며 명백한 '그렇다'에 더해진다. 이것이 영원토록 계속될 사랑의 일이다.

해설 _ 올리버 오도너번의 신학 사상
『부활과 도덕 질서』를 중심으로*

김동환

연세대학교 연합신학대학원 교수

기독교 윤리학

『부활과 도덕 질서』 한국어판 출간의 의의

유럽의 신학자이자 영국의 성공회 사제이며 기독교 윤리 분야의 권위자인 올리버 오도너번(Oliver O'Donovan)의 대표 저서 『부활과 도덕 질서』의 한국어판 출간을 진심으로 환영하며 기쁨과 감사를 표한다. 유럽이라는 주요 활동 범위로 보나 영어권이라는 언어적 범주로 보나, 영미권 신학을 통틀어 현존하는 가장 영향력 있는 기독교 윤리학자 중 한 명으로 손꼽히는 오도너번이 국내에 아직까지 제대로 소개되지 못한 점은 사실 의아하다. 아마도 국내에 그동안 소개된 유럽계 신학자가 주로 독일어권 신학자들이었고 영미권 신학자 가운데서는 영국보다도 미국의 신학자들이 주로 소개되어 왔기 때문으로 보인다.

현재까지 국내에 번역된 오도너번의 저서는 그가 강사 시절 평신도 그리스도인들을 대상으로 출간한 소책자 『그리스도인과 태어나지 않은 아이』(The Christian and the Unborn Child, Grove Books, 1973)가

---

* 이 해설은 김동환, "올리버 오도노반의 정치신학,"「기독교사회윤리」32(2015)의 내용을 수정 및 보완한 것이다.

『크리스찬과 낙태』(서울서적, 1985)라는 제목으로 출간된 것이 유일하다. 그런데 생명의 근원을 창조 신앙으로부터 찾아내어 현대 의료 기술을 비평적으로 조명해 나가는 그의 생명 윤리 관련 대표 학술 저서는 그 책보다『낳았는가, 만들어졌는가?: 인간의 출산과 의료 기술』(Begotten or Made?: Human Procreation and Medical Technique, Oxford University Press, 1984)이라는 점에서 다소 아쉬웠다. 더욱이 기독교 윤리학자로서 그가 평생토록 연구해 온 분야는 생명 윤리가 아닌 정치 신학 분야이기에, 정치신학 분야의 도서가 아닌 다른 분야의 도서가 번역된 것도 아쉬웠다. 그러하기에 그의 정치신학을 구성하는 기본 틀과 사상이 가장 잘 담겨 있는 대표 저서『부활과 도덕 질서』(Resurrection and Moral Order, Eerdmans, 1986)가 40여 년 만에 한국어로 번역되어 소개된다는 사실은 몹시 뜻깊은 일이다.

오도너번의 생애와 학문 배경

오도너번은 1945년 6월 28일 영국 런던에서 태어났다. 그의 부친 마이클 오도너번(Michael O'Donovan)은 유명한 아일랜드계 작가로서 그의 업적을 기리며 제정된 '프랭크오코너 국제단편소설상'을 통해 알려진 프랭크 오코너(Frank O'Connor)다. 오도너번은 이른바 옥소니언(Oxonian)으로 불리는 영국 옥스퍼드 대학교 출신으로, 그의 박사 학위 논문은 아우구스티누스의 자기애 문제를 다룬 논문이었으며, 이 논문은 차후『성 아우구스티누스에게서 자기애의 문제』(The Problem of Self-Love in Saint Augustine, Yale University Press, 1980)라는 저서로 출간되었다. 이때 그의 박사 학위 지도 교수 두 명이 아우구스티누스 전문가인 영국 옥스퍼드 대학교의 헨리 채드윅(Henry Chadwick)과

미국 프린스턴 대학교의 폴 램지(Paul Ramsey)였다는 사실은, 왜 오도너번이 아우구스티누스 계열의 정치신학을 펼쳐 나가게 되었는지를 미루어 짐작하게 한다.

오도너번은 옥스퍼드 대학교에서 1982년부터 2006년까지 24년간 교수로 재직하면서, 영국 내 기독교 윤리학 분야에서 강세를 이어 온 옥스퍼드 대학교에서 해당 분야의 대가로 자리매김하였으며, 2006년에는 에든버러 대학교로 교편을 옮겨 2012년까지 기독교 윤리학 교수로 재직하였다. 그는 영미권에서 가장 영향력 있는 기독교 윤리학회 중 하나인 Society for the Study of Christian Ethics의 회장을 역임하였으며, 기독교 윤리와 정치신학에 관한 업적과 공헌을 인정받아 2000년에 영국 학술원 회원으로, 2009년에 에든버러 왕립학회 회원으로 추대되었다.

철학적 사유로서의 실재론, 그리고 권위

오도너번의 신학 사상은 기독교 윤리에 관한 그의 첫 번째 학술 서 서이자 대표 저서인 『부활과 도덕 질서』 2판 서언에서 그가 제시하는 세 가지 원칙, 즉 '실재론 원칙, 복음적 원칙, 부활절 원칙'을 통해 살펴볼 수 있다. 첫째로, 실재론 원칙(Realist Principle)은 그가 현실주의적(realistic) 관점을 지닌 정치신학자임을 보여 준다. 흔히 정치신학에서 현실주의를 지향한다고 하면, 미국의 대표적인 정치신학자 라인홀드 니버의 기독교 현실주의(Christian Realism)를 떠올리게 된다. 물론 니버와 마찬가지로 오도너번도 뚜렷한 아우구스티누스 계열의 정치신학자이기에, 예컨대 아우구스티누스의 정의로운 전쟁(just war) 논리를 긍정하는 니버 못지않게 오도너번 또한 정의로운 전쟁 논리를 긍정하는 입장을 보인다. 그러나 동일한 아우구스티누스 계열의 두 기독교 현실주의자가 정치신학을 펼쳐 나가는 방법론을 살펴보면 둘 사이에 큰 차이가 있음을 알 수 있다. 실제 정치적 정황에 초점을 두면서 현실적인 기독교적 분석을 해 나가는 니버와 달리, 오도너번은 정치적 정황을 '철학적'으로 숙고해 가면서 현실적인 기독교적 분석을 해 나간다.

이런 점에서 오도너번은 니버의 기독교 현실주의적 방식이라기보다는 기독교 철학적 방식을 택하는 정치신학자라고 볼 수 있다. 예를 들어, 핵 문제 같은 실제 전쟁 이슈에 대해, 오도너번은 정의로운 전쟁이 궁극적으로 지향하는 하나님의 평화가 "창조의 근본적인 존재론적 진리"(*The Just War Revisited*, Cambridge University Press, p. 2)라고 표현하면서 이를 철학적으로 분석한다. 이처럼 실제 정치적 이슈에 관한 그의 분석도 현실적이기 이전에 철학적이다. 사실 이런 점에서 그의 저서들이 대중적으로 쉽게 읽히지는 않는다. 『부활과 도덕 질서』가 그의 사상에서 기본적인 내용이 담긴 저서라고 하지만, 실제로 읽어 보면 '기본적'이라고 하기에는 너무 철학적이어서 결코 쉽지 않다. 그럼에도 그의 철학적 사유를 도움 삼아 정치 현실을 이해해 나가다 보면, 그가 제시하는 깊이 있는 철학적 사유만큼이나 정치 현실을 깊이 이해하게 된다.

실재론 원칙에 따라 정치 현실을 바라볼 때 오도너번에게 중요한 화두는 '권위' 해석이다. 아우구스티누스 계열의 정치신학자로서 그는 '두 가지 권위'의 관계에 집중한다. 이런 점에서 『부활과 도덕 질서』 2부를 읽어 나갈 때 특별히 6장 "권위"와 7장 "그리스도의 권위" 부분에 집중할 필요가 있다. 아우구스티누스의 『신국론』에서 제시하는 이

분법적 분석을 염두에 둔다면, 오도너번이 말하고자 하는 두 권위, 곧 세속적 권위와 영적 권위의 관계는 이미 예측 가능하다. 즉, 아우구스티누스가 도성(city)이라는 키워드를 통해 신의 도성이 항상 지상의 도성에 앞섬을 논증했듯, 오도너번은 권위(authority)라는 키워드를 통해 영적 권위가 항상 세속적 권위에 앞섬을 논증한다.

특별히 권위를 말할 때, 오도너번은 권력(power)과 권위(authority)를 구별함으로써 세상적 권력이 영적 권위가 될 수 없음을 분명히 하며, 영적 권위가 세상에 관여하는 경우에도 권위가 아닌 권력으로 변질되어서는 안 된다는 점을 강조한다. 권력이 아닌 권위를 강조할 때 그가 초점을 두는 구체적 권위의 예시는 '그리스도의 권위'다. 오도너번은 물론 구약 예언자들의 권위도 다루지만 주로 신약에 나타나는 그리스도의 권위에 집중한다. 그리스도의 권위에 집중할 때 그가 주로 채택하는 복음서가 마가복음이라는 점은 특이하다. 권위적인 교사라는 이미지가 잘 부각되는 마태복음과 달리 마가복음에서 부각되는 그리스도는 고난 받는 하나님의 종이기 때문이다. 그런데도 오도너번이 마가복음에 주목한 것은, 마가복음이 세속적 권력과는 차별화되는, 오히려 세속의 권력 아래 억눌려 고난 받는 하나님의 종에게서 상대적으로 더욱 부각되어 나타나는 영적 권위의 위용을 대조적으로 더 잘 표현할 수 있는 복음서이기 때문이다.

두 권위에 대한 오도너번의 이분법적 해석은 이후 『심판의 길들』(*The Ways of Judgment*, Eerdmans, 2005)을 통해서 보다 심도 있게 논의된다. 이 저서는 영적 권위와 세속적 권위의 이분법적 구도를 심판(judgment)이라는 또 다른 키워드를 통해 보다 구체적으로 발전시킨다. 즉, 심판의 실존적 장(場)인 이 세상 속에서 최종적인 하나님의 심판을 어떻게 이해하고 적용하고 접목시킬 수 있는지에 대한 깊이 있는 공공신학적 정치 담론을 쌓아 간다. 2015년에 오도너번의 신학 사상(특별히 그의 정치사상)을 기념하는 책이 그의 제자들에 의해 『복음의 권위』(The Authority of the Gospel, Eerdmans, 2015)라는 제목으로 출간되었다. 이로 보아, 정치신학의 핵심 내용인 하나님 나라와 이 세상과의 관계를 현대 신학자 한 명이 '권위'라는 키워드로 풀어 나갔다는 사실은 현대 정치신학 담론에서 회자될 만한 의미 있는 시도로 여겨진다.

복음적 기독교 윤리와 성경적 정치신학

둘째로, 복음적 원칙(Evangelical Principle)은 오도너번 신학의 바탕이자 방향이 되는 원칙이다. 『부활과 도덕 질서』의 부제가 "복음적 윤리를 위한 개요"(An Outline for Evangelical Ethics)인 것만 보더라도, 기독교 윤리는 '복음적'이어야 한다는 그의 신학적 기조를 느낄 수 있다. 그러하기에 이 책의 1장 제목 역시 "복음과 기독교 윤리"다.

    오도너번에게 신학은 무엇보다 복음적(evangelical)이어야 하는데, 여기서 신학이 복음적이라는 말은, 모든 신학 논의가 근본적으로 "예수 그리스도의 복음으로부터 기원해야 한다"는 말이다(『부활과 도덕 질서』, p. 39). 또한 신학이 복음적이라는 말은, 그리스도의 복음에 근거한 신학은 복음의 역동성으로 인하여 그 자리에 안주할 수 없으며, 복음에 근거한 신학으로서 이론을 넘어 실천적으로 세상을 향해 복음 전파의 사명을 감당해야 한다는 말이다. 이때 신학이 세상을 향해 복음적 사명을 제대로 감당하기 위해서는 정치라는 현실에 무관심해서는 결코 안 되며, 오히려 적극적으로 정치에 관심을 보이면서 세상의 정치 흐름을 신학적으로 의심(suspicion)하며 깊이 파고들어야 한다.

한편, 복음적 정치신학을 말하기 위해 오도너번이 강조하는 것은 '성경'이다. 복음에 근거한 정치신학을 말하기 위해서는 당연히 예수 그리스도의 복음이 기록된 성경의 말씀에 기초를 두어야 한다는 것이다. 달리 말하면, 성경에 기반하여 정치를 말할 수 있어야 정치신학이 복음적일 수 있다. 따라서 그는 그동안의 정치신학적 분석이 현실 정치적 분석에 치중함으로써 상대적으로 성경에 관한 관심이 취약해졌음을 지적하면서 성경에 대한 관심을 회복하기를 주장한다. 그는 정치신학 대표 저서인 『열방의 갈망』(The Desire of the Nations, Cambridge University Press, 1996) 초반부에서 이를 분명히 밝힌다. "우리 시대에 정치신학의 회복을 이끌어 내는 기쁨은 아주 분명하게도 성경을 읽는 데서부터 일어난다"(p. 21). 정치신학이란 신학의 분야 중 하나인 정치라는 주제를 다루는 것이지 정치학의 분야 중 하나인 신학의 주제들을 다루는 것이 아니며, 다시 말해 정치'신학'(political theology)이지 신학'정치'(theological politics)가 아니며, 그러하기에 정치신학은 성경적이어야 한다는 그의 입장은 현대 정치신학자들을 향한 따끔한 조언일 것이다.

이러한 그의 성경 중심적 입장은, 아우구스티누스적인 정의로운 전쟁 사상을 주장하는 그가 (일견 어울리지 않아 보이는) 존 하워드 요더(John Howard Yoder) 같은 저명한 평화주의(pacifism) 정치신학자와도 연결되는 다리 역할을 한다고 볼 수 있다. 하지만 성경을 보는 관점에 초점을 맞추어 더 깊숙이 들여다보면, 요더는 '예수'의 말씀과 지상에서의 사역 자체에 집중하는 반면 오도너번은 신학적으로 해석된 구세주로서의 '그리스도'에게 더욱 집중한다는 점에서 둘 사이에는 근본적인 차이가 있다. 말하자면, 요더는 성경을 통해 예수론(Jesusology)를 주장하는 반면, 오도너번은 성경을 통해 그리스도론(Christology)을 주장한다. 이러하기에 오도너번이 성경에서 초점을 두는 사건은 예수 사건(Jesus-event)이 아니라 그리스도 사건(Christ-event)이다. 그리스도 사건이라는 그의 관점에서 보면, 평화주의 사상이냐 정의로운 전쟁 사상이냐 하는 정치신학적 입장 차이에 관한 논쟁 이전에, 요더식 예수 사건 중심의 정치신학은 그 기본 방향에서부터 잘못되었을 수 있다. 이런 점에서 오도너번은 이렇게 단언한다. "핵심은 그리스도론이다. 만약 정치신학이 예수론 속으로 자신을 던짐으로써 이 직무를 이행할 수 없다면, 반드시 그리스도론적으로 어떻게 직무를 이행해야 하는지 배워야 한다"(*The Desire of the Nations*, p. 123).

창조의 확증인 부활과 그 정치신학적 함의

셋째로, 부활절 원칙(Easter Principle)은 오도너번 신학의 진수가 '부활'임을 알려준다. 이는 그의 주요 저서 제목의 시작이 "부활"(resurrection)이라는 사실만 보아도 알 수 있다. 정치신학자로서 그가 세상의 "도덕 질서"(Moral Order)를 바라보는 안목이자 기준이 '부활'에 있기에 저서의 제목이 『부활과 도덕 질서』인 것이다. 따라서 오도너번이 말하는 그리스도 사건(Christ-event)의 핵심은 단연 부활 사건이다. 그는 그리스도 사건의 네 단계로 강림(Advent), 수난(Passion), 회복(Restoration), 높임(Exaltation)을 말하는데, 부활 사건은 회복에 해당한다. 부활 사건이 회복인 것은 그리스도의 부활을 통해 하나님의 영적 권위가 회복할 수 있기 때문이다. 부활 사건을 통해 회복된 영적 권위는 그리스도의 궁극적 통치가 힘을 얻었음(empowerment)을 뜻한다. 이처럼 그리스도의 영적 권위의 힘 있는 회복을 가져다주는 부활이야말로 그리스도 사건의 절정이다.

특별히 오도너번은 부활을 '창조'의 확증으로 해석한다. '확증'(vindication)은 오도너번이 특별히 많이 사용하는 단어인데, 이 단어가 함축하는 바는 이 단어가 사용되는 내용 이전에 무언가가 먼저 근원적으로 있었다는 것이다. 오도너번에게 그 이전 무언가의 근원적 주체는 하나님이며, 하나님 사건(God-event)의 핵심은 창조다. 그러므로 그리스도 사건의 핵심인 부활은 하나님 사건의 핵심인 창조와 직결된다. 그리스도의 부활은 인간에 의해 어그러진 창조 질서의 회복이자 새로운 창조 그 자체이기 때문이다. 죽음으로부터 부활하심으로써 그리스도는 창조를 '확증'하셨다. 부활이 창조의 확증이라는 사실은, 부활이 예수 사건으로서만이 아니라 그리스도 사건으로서 확증되는 것을 의미한다. 성경을 통해서 보면, 부활은 예수 이후에 그의 사도들에 의하여 신학적으로 정립된 그리스도의 구속 사건이다. 그리스도의 부활을 선포함으로써 사도들은 그리스도 안에서 전 인류의 부활을 선포하였다. 이런 점에서 부활은 예수 사건이 그리스도 사건으로, 더 나아가 그리스도 사건이 인류 구원의 사건으로 나아가게 하는 신앙적·신학적 출발점이다.

부활이 정치신학에서 조명받게 되면, 현대 정치신학은 십자가의 고난 신학을 넘어서 부활의 희망을 품는 정치신학으로 나아가게 될 힘을 얻는다. 또한 부활이 창조의 확증으로 분명히 인식되면, 지상에서의 영적 권위의 실현은 세상과의 무분별한 타협을 통한 세속 권력의 기독교적 표출이 아니라, 항상 근본적으로 하나님의 창조 질서와 하나님 나라의 통치에 귀속된다는 사실이 보다 명확해질 수 있다. 이런 점에서 창조의 확증인 부활에 초점을 둔 정치신학은 세상과 지나치게 적극적으로 타협하는 데 제한을 둘 수 있으며, 이와 동시에 고난의 십자가에 집중하며 세상과 지나치게 타협하지 않으려는 소극적 태도에 대해서는 보다 열린 정치신학적 방향을 제시해 줄 수 있다.

이제껏 살펴본 세 가지 원칙, 곧 실재론 원칙, 복음적 원칙, 부활절 원칙 중 『부활과 도덕 질서』를 읽어 나가는 데 우선 집중해야 할 키워드이자 그의 신학 사상의 핵심은 역시 '부활'이다. 독자들도 오도너번이 그랬듯 기독교 윤리의 도덕적 담론을 부활이라는 키워드로 조명해 보고, 그리스도의 부활 사건을 통해 하나님의 창조 사건을 확증해 볼 수 있기를 바란다.

끝으로, 그리스도 사건의 정점으로서의 부활에 초점을 두는 오도너번의 신학 사상이 『부활과 도덕 질서』 한국어판을 통해 국내에 소개됨으로써, 식민지, 전쟁, 군사 정권으로 이어지며 시대적인 암울함 속에서 예수의 십자가 고난에 초점을 두어 온 한국 교회와 신학의 과거와 함께, 그러함에도 그 속에서 그리스도의 부활에 초점을 두고 하나님의 창조가 확증되는 부활의 미래를 힘차게 바라볼 수 있게 되기를 기대한다.

참고 문헌

본문에서 언급한 저작만 참고 문헌에 수록했다. 전문가가 아닌 독자를 돕기 위해, 인용된 출간 연대가 저자의 생애 기간에 해당하지 않는 경우 저자의 생몰연도를 표기했다. 일부 예외가 있기는 하지만, 비영어 저작은 적절한 영어 번역본이 널리 이용 가능할 경우 접근하기 쉬운 번역본을 제시했다.

총서에는 다음과 같은 표준 약어를 사용했다.

ANCF: *The Ante-Nicene Christian Fathers*. Grand Rapids: Eerdmans, 1975.

CCCM: *Corpus Christianorum Continuatio Mediaevalis*. Turnholt, 1971-.

NPNF: *The Nicene & Post-Nicene Fathers*. Grand Rapids: Eerdmans, 1974-1976.

PG: *Patrologia Graeca*, ed. J.-P. Migne. Paris, 1857- .

PL: *Patrologia Latina*, ed. J.-P. Migne. Paris, 1844- .

Abelard, Peter (1079-1142). *Commentaria in epistulam Pauli ad Romanos*. CCCM xi.

Aquinas, Thomas (1225?-1274). *Summa Theologiae*. Ed. T. Gilby, with translations. London: Eyre & Spottiswoode, 1963- . 『신학대전』(바오로딸,

한국성토마스연구소).

Arendt, Hannah. *Between Past and Future*. New York: Viking Press, 1961. 『과거와 미래 사이』(한길사).

Aristotle (384-322 BC). *Nicomachean Ethics*. Tr. W. D. Ross. *The Works of Aristotle*, ed. W. D. Ross, ix. Oxford University Press, 1925. 『니코마코스 윤리학』(길).

Arndt, W. F. and Gingrich, F. W. *A Greek-English Lexicon of the New Testament*, 4th ed. University of Chicago Press, 1952.

Athanasius of Alexandria (373년 사망). *Against the Arians* (*Contra Arianos*). NPNF (2nd ser) iv.

Augustine of Hippo (354-430). *Against Faustus* (*Contra Faustum*). NPNF (1st ser) iv.

_____. *The City of God* (*De civitate Dei*). Tr. H. Bettenson. Harmondsworth: Penguin Books, 1972. 『신국론』(분도출판사).

_____. *On Christian Doctrine* (*De doctrina Christiana*). NPNF (1st ser) ii. 『그리스도교 교양』(분도출판사).

_____. *On the Holy Trinity* (*De trinitate*). NPNF (1st ser) iii. 『삼위일체론』(분도출판사).

_____. *On the Morals of the Catholic Church* (*De moribus ecclesiae catholicae*). NPNF (1st ser) iv.

_____. *On Nature and Grace* (*De natura et gratia*). NPNF (1st ser) v.

_____. *Quaestiones Evangeliorum*. PL xxxv.

_____. *Sermo de disciplina Christiana*. PL xl.

_____. *Speculum 'Quis ignorat'*. PL xxxiv.

Barth, Karl. *Church Dogmatics*. Tr. G. W. Bromiley and T. F. Torrance. Edinburgh: T. & T. Clark, 1956- . 『교회 교의학』(대한기독교서회).

_____. *The German Church Conflict*. Tr. T. H. L. Parker. *Ecumenical Studies in History* i. London, 1965.

_____. "Gospel and Law." In *God, Grace and Gospel*. Tr. J. S. McNab.

Edinburgh: Oliver & Boyd, 1959.

Basil of Caesarea (379년 사망). *Adversus Eunomium. PG* xxix.

_____. *On the Holy Spirit (De Spiritu Sancto). NPNF* (2nd ser) viii.

Boethius (480?-524). *Tractates*. Tr. H. F. Steward *et al*. (Loeb Classical Library). London: Heinemann, 1918.

Bonaventure (1217?-1274). *Commentaria in iv Libros Sententiarum* (Commentary on the Sentences). In *S. Bonaventurae Opera Theologica Selecta*, i-iv. Florence, 1934-1949.

Brunner, Emil. *Justice and the Social Order*. Tr. M. Hottinger. London: Lutterworth Press, 1945. 『정의와 사회 질서』(대한기독교서회).

_____. "Nature and Grace." In *Natural Theology: comprising 'Nature & Grace' by E. Brunner & the reply 'No!' by K. Barth*. Tr. P. Fränkel. London: Bles, 1946. 『자연신학』(대한기독교서회).

Butler, Joseph (1692-1752). *Sermons*. Ed. W. E. Gladstone. Oxford: Clarendon Press, 1896.

Calvin, John (1509-1964). *Institutes of the Christian Religion*. Tr. F. L. Battles (Library of Christian Classics). London: SCM, 1961. 『기독교 강요』(생명의말씀사).

Chrysostom, John (347?-407). *Homilies on the Statues (De statuis). NPNF* (1st ser) ix.

_____. *In epistulam ii ad Corinthios homiliae. PG* lxi.

Church of England (Mortimer Commission). *Putting Asunder: Divorce Law for Contemporary Society*. London: SPCK, 1966.

Clement of Alexandria (200년경 활동). *The Rich Man's Salvation (Quis dives salvetur)*. Tr. G. W. Butterworth (Loeb Classical Library). London: Heinemann, 1919. 『어떤 부자가 구원받는가?』(분도출판사).

Cranmer, Thomas (1489-1556). *42 Articles*. In Charles Hardwick, *A History of the Articles of Religion*. Cambridge, 1851.

D'Arcy, Eric. *Conscience and its Right to Freedom*. London: Sheed & Ward,

1961.

Dooyeweerd, Herman. *The Christian Idea of the State*. Tr. J. Kraay. Nutley, NJ: Craig Press, 1968.

_____. *A New Critique of Theoretical Thought*. Tr. D. Freeman and W. Young. Presbyterian & Reformed Publishing Company, 1969.

_____. *Roots of Western Culture*. Tr. J. Kraay. Toronto: Wedge, 1979. 『서양문화의 뿌리』(크리스챤다이제스트).

Edwards, Jonathan (1703-1758). *The Nature of the True Virtue*. Ed. W. K. Frankena. Ann Arbor: University of Michigan Press, 1960. 『참된 미덕의 본질』(부흥과개혁사).

_____. *Treatise Concerning the Religious Affections*. Ed. J. E. Smith. New Haven: Yale University Press, 1959. 『신앙감정론』(부흥과개혁사).

Finnis, John. *Natural Law and Natural Rights*. Oxford University Press, 1980.

Fletcher, Joseph. "What's in a Rule?" In *Norm and Context in Christian Ethics*, ed. P. Ramsey and G. Outka. London: SCM, 1969.

Grant, George. *Time as History*. Toronto: Canadian Broadcasting Corporation, 1969.

Grotius, Hugo (1583-1645). *On the Right of War and Peace* (*De iure belli et pacis*). Tr. F. W. Kelsey *et al*. (Classics of International Law). Oxford, 1925.

Gustafson, James M. *Theology and Ethics*. Oxford: Blackwell, 1982.

_____. 'A Protestant Ethical Approach'. In *The Morality of Abortion*, ed. John T. Noonan. Cambridge, Mass.: Harvard University Press, 1971.

Hauerwas, Stanley. *Truthfulness and Tragedy*. University of Notre Dame Press, 1977.

_____. *Vision and Virtue*. Notre Dame: Fides, 1974.

Hegel, G. W. F. (1770-1831). *The Philosophy of Right*. Tr. T. M. Knox. Oxford University Press, 1952. 『법철학』(한길사).

Hume, David (1711-1776). *A Treatise of Human Nature*. Ed. L. A. Selby-Biggs. Oxford: Clarendon Press, 1888. 『인간 본성에 관한 논고』(서광사).

Irenaeus of Lyons (202년경 사망). *Against Heresies* (*Adversus haereses*). ANCF i.

Jonas, Hans. *Philosophical Essays*. University of Chicago Press, 1974.

Junghans, H. *Ockham in Lichte der Neueren Forschung*. Berlin, 1968.

Justin Martyr (165년경 사망). *Dialogue with Trypho*. ANCF i.

Kant, Immanuel (1724-1804). *Critique of Practical Reason*. Tr. Lewis White Beck. University of Chicago Press, 1949. 『도덕형이상학 정초, 실천이성비판』(한길사).

_____. *Fundamental Principles of the Metaphysic of Morals* (Groundwork). Tr. T. K. Abbott. London, 1925. (Page references to Prussian Academy edition) 『도덕형이상학 정초, 실천이성비판』(한길사).

Kierkegaard, Søren (1813-1855). *Either-Or*. Tr. D. Swenson and W. Lowrie. Princeton University Press, 1944. 『이것이냐 저것이냐』(치우).

_____. *Fear and Trembling and The Sickness unto Death*. Tr. W. Lowrie. Princeton University Press, 1954. 『두려움과 떨림』(카리스아카데미), 『죽음에 이르는 병』(치우).

_____. *Training in Christianity*. Tr. W. Lowrie. Princeton University Press, 1941. 『그리스도교의 훈련』(다산글방).

_____. *Works of Love*. Tr. H. and E. Hong. New York: Harper & Row, 1962. 『사랑의 역사』(카리스아카데미).

Kirk, Kenneth E. *Conscience and its Problems*. London: Longmans Green, 1927.

_____. *The Vision of God*. London: Longmans Green, 1931.

Lombard, Peter (1095?-1160). *Sententiae in iv Libros Distinctae* (Sentences). Rome, 1971-1981.

Luther, Martin (1483-1546). *Lectures on Galatians*. (Luther's Works xxvi-xxvii). St. Louis: Concordia, 1963. 『마르틴 루터, 갈라디아서』(복있는사람).

_____. *The Sermon on the Mount*. (Luther's Works xxi). St. Louis: Concordia, 1956. [References to volume and page of the *Weimar Ausgabe* (*WA*).]

MacIntyre, Alisdair. *After Virtue*. University of Notre Dame Press, 1981. 『덕의 상실』(문예출판사).

MacNamara, J. V. *Faith and Ethics*. Dublin: Gill & Macmillan, 1985.

Mann, Thomas. *Doctor Faustus*. Tr. H. T. Lowe-Porter. New York: Vintage Books, 1971. 『파우스트 박사』(문학과지성사).

Maximus Confessor (662년 사망). *Disputatio cum Pyrrho*. *PG* xci.

Melanchthon, Philipp (1497-1560). *Loci Communes*. Tr. W. Pauck (Library of Christian Classics). London: SCM, 1969. [References to volume and page of *Corpus Reformatorum* (*CR*).] 『신학총론』(CH북스).

Milton, John (1608-1674). *Paradise Lost*. In *Poetical Works*, ed. D. Bush. Oxford University Press, 1966. 『실낙원』(문학동네).

Moltmann, Jürgen. *Hope and Planning*. Tr. Margaret Clarkson. London: SCM, 1971. 『신학의 미래』(대한기독교서회).

Nygren, Anders. *Agape and Eros*. Tr. P. S. Watson. London: SPCK, 1932-1939. 『아가페와 에로스』(CH북스).

O'Donovan, Oliver. *Begotten or Made?* Oxford University Press, 1984.

_____. "Usus and Fruitio in Augustine, De doctrina Christiana I." *Journal of Theological Studies* xxxiii (1982).

Ockham, William of (1285?-1347). *Quaestiones in ii Librum Sententiarum*. In *Guillelmi de Ockham Opera Philosophica et Theologica* v. St. Bonaventure, NY, 1981.

Origen (254년경 사망). *Commentary on the Song of Songs* (*In Canticum*). Tr. R. P. Lawson (Ancient Christian Writers). New York: Newman Press, 1957.

Outka, Gene. "Character, Vision and Narrative." *Religious Studies Review* vi (1980).

Pannenberg, Wolfhart. *Theology and the Kingdom of God*. Ed. R. J. Neuhaus. Philadelphia: Westminster Press, 1969. 『신학과 하나님 나라』(대한기독교서회).

Pascal, Blaise (1623-1662). *Provincial Letters*. Tr. A. J. Krailsheimer. Harmondsworth: Penguin Books, 1967. 『시골 친구에게 보낸 편지』(서울대학교출판문화원).

Paul VI, Pope. *Humanae Vitae*. In *Humanae Vitae and the Bishops*, ed. J. Horgan. Shannon: Irish University Press, 1972. 『인간 생명』(한국천주교중앙협의회).

Pierce, C. A. *Conscience in the New Testament*. London: SCM, 1955.

Plato (427?-348 BC). *Laches. Protagoras. Republic*. Tr. E. Hamilton *et al*. In *Collected Dialogues*. Princeton University Press, 1961. 『라케스』(아카넷), 『프로타고라스』(아카넷), 『국가·정체』(서광사).

Rahner, Karl. *Theological Investigations* xiii, xiv. Tr. D. Bourke. London: Darton, Longman & Todd, 1975-1976.

Ramsey, Paul. *The Just War*. New York: Scribners, 1968.

———. "The Case of the Curious Exception." In *Norm and Context in Christian Ethics*, ed. P. Ramsey and G. Outka. London: SCM, 1969.

———. "Incommensurability and Indeterminacy in Moral Choice." In *Doing Evil to Achieve Good*, ed. P. Ramsey and R. McCormick. Chicago: Loyola University Press, 1978.

Rousselot, Pierre. *Pour l'histoire du problème de l'amour au Moyen Age*. Paris: Vrin, 1933.

Ryle, Gilbert. *The Concept of Mind*. Harmondsworth: Penguin Books, 1963. 『마음의 개념』(문예출판사).

Schleiermacher, Friedrich (1768-1834). *On Religion: Speeches to its Cultured Despisers*. Tr. J. Oman. New York: Harper & Row, 1958. 『종교론』(대한기독교서회).

Scotus, John Duns (1266?-1308). *Ordinatio*. In *Ioannis Duns Scoti Opera*

Omnia i-vii. Vatican City, 1950-1973.

Spenser, Edmund (1552-1599). *Poetical Works*. Ed. J. C. Smith and E. de Selincourt. Oxford University Press, 1912.

Strack, H. L. and Billerbeck, P. *Kommentar zum neuen Testament aus Talmud und Midrasch*. Munich, 1922-1961.

Strauss, Leo. *Natural Right and History*. University of Chicago Press, 1953. 『자연권과 역사』(인간사랑).

Thielicke, Helmut. *Theological Ethics* i. Tr. W. Lazareth. London: A. & C. Black, 1968.

Torrance, Thomas F. *Theological Science*. Oxford University Press, 1969.

Vatican Council. *Documents of Vatican II*, ed. W. Abbott. London: Chapman, 1967. 『제2차 바티칸 공의회 문헌』(한국천주교중앙협의회).

성경 찾아보기

창세기
1:26 132-133
2장 160
2:2 126
2:19 63
4:10 148

출애굽기
34장 283-285

레위기
19:18 276, 364, 365, 407
24:8 363

민수기
28:9-10 363

신명기
6:5 276, 364, 407
21:22-23 149
32:8 230

열왕기하
4:33 416

시편
2:4 460
8편 83, 111
8:5 113
27:8 370
37:2 165
37:6 164
73:19 165
82편 230
95:11 126
96:10, 13 125
97:5 246
104:5 246
119편 344
119:89 344

전도서
2:13 157
3:1 이하 157

7:12 157
8:1 157
8:16-17 157
9:16 157

이사야
6:5 405
26:20 416
43:19 133, 254

예레미야
1:5 429

에스겔
18:21 이하 462
20:25 296

다니엘
12:2-3 166

호세아
6:6 362 이하

스가랴
4:10 116

마태복음
4:17 288
5:28 352, 371
6:1 415
6:2, 5 415
6:5-6 415
6:16 415
7:1 382, 403, 464
7:15 372
7:15-20 373
7:21 434
9:13 363
10:40-42 435
12:1-8 363
12:33-37 373
16:19 324
18:5 435
18:15-20 325
19:4-5 140
19:8 56, 243
19:10-12 143
22:30 141
22:35-40 365
22:36 409
22:37-40 364
23:23 363
23:25-26 374
25:31-46 434, 435
26:6-13 435

마가복음
1:15 48

1:22, 27 254
2:27 363
2:28 62
3:21, 31-35 94
7:19 62
7:21-23 370
10:5-9 296
12:1-12 291
12:10 267
12:28-34 365
12:30 410

누가복음
1-2장 230
2:41-52 94
3:10 이하 331
6:43-45 373
7:42 463
9:35 280
9:52-56 294, 326
9:60 264
10:25-28 365
10:29 431-432
11:39-41 374
11:42 363
17:7 이하 313
17:10 420
23:34 150

요한복음
1:3 274
1:11 183
5:17, 19, 21 127
7:23 128
13:20 435

13:34 432, 436, 437, 444
14:8-11 434
14:15 434, 438
14:15-16 433
14:21 433
14:23 434
14:22-23 199
15:27 199
16:2 199
16:8-11 198
16:13 199
16:13-15 262
16:24 199
17:22 417
19:11 276
20:17 117
20:22-23 324

사도행전
2:37-38 331
4:32 이하 417
5:1-11 325
15:10 61
15:19-29 296

로마서
1:5 207
1:17 458
1:18 154
1:20 172
3:28 457
4:25 119, 457, 459
5:16 457
5:18 457
6:16 207

7장 215
7:7-13 61
7:13 453
8:3 45, 61, 149
8:15-16 289
8:19 이하 114
8:20-21 65
8:23, 29 279
8:24 443
8:38 230
9:3 452
12:6 397
13:1-2 230
13:8-9 365
14장 216
14:23 216
16:26 207

고린도전서
2:6, 8 230
2:16 63
3:9 317
5:5 326
5:7-8 324
5:9-10 186
7:1-7 143
7:9-35 143
8장 216
8:10 217
10장 216
10:29 215
12:3-6 400
13:1-2 401
13:4-7 403
13:12 444

13:13 441
15:14 442
15:20 44
15:22 44, 46
15:23 46
15:24 230
15:45 44, 117

고린도후서
1-7장 317
1:19 460
1:20-21, 24 317
3장 305
3:4-4:6 283-284, 305, 317
3:9 40
4:5 317
5:10 317
5:11 318
5:20-6:1 316
5:21 460
6:2 318
7:2-3 318

갈라디아서
2:16, 20 41
2:21 59
3:2 58, 207
3:3 41, 58
3:5 207
3:19 283
3:19-25 59
3:23-4:7 63
4:3 59, 237
4:8-9 59

4:13-14, 23 41
4:29 41, 58
5:1 204
5:5 456
5:6 65, 208
5:13 42, 203
5:14 59, 365
5:16, 18 42
5:16-26 58
5:17 464
5:18 59
5:22 331
5:22-24 59
6:2 290
6:13-14 42

에베소서
1:14 445
1:21 230
3:8-9 131
4장 43
6:12 230

빌립보서
2:1 43
2:2-4 417
2:5 43
2:13 61, 193, 200

골로새서
1:15-20 73-75
1:16 230
2:3 167
2:10, 15 230
2:20 43

3:1 42, 45
3:3 445
3:5 185, 287
3:14 329

디모데후서
2:13 254

히브리서
1:2 112, 291
1:10 이하 112
2:5-9 111, 113
2:10 112
2:10-3:6 280-281
2:11-13 113
2:17 280
3:1 280
3:6 281
4:3-11 126
10:13 445
11:1 155, 253, 443, 456

11:4 148
12:24 149

야고보서
1:17 97
1:22 207
2:8 365
2:14-26 207
4:17 210

베드로전서
1:3 43
1:13 119
1:22 208
2:13 이하 119
3:22 230

베드로후서
3:9 474

요한1서
1:1 437
2:7 436, 437
2:7-9 437
2:13-14 437
2:15 408
3:1-12 468-470
3:2 445
3:12, 17 438
4:1-3 263
5:1 438

요한2서
5절 437

요한계시록
4-5장 166
6:9-10 166
20:12 이하 475
21:1 116
21:2 301

저자 찾아보기

가다머(H.-G. Gadamer) 300
거스타프슨, 제임스(James Gustafson) 385-387, 453
그랜트, 조지(George Grant) 136
그로티우스, 후고(Hugo Grotius) 169

누넌, 존(John T. Noonan) 385
니그렌, 안데르스(Anders Nygren) 64, 412
니부어, 라인홀드(Reinhold Niebuhr) 149
니체, 프리드리히(Friedrich Nietzsche) 128, 162

다시, 에릭(Eric D'Arcy) 220-221
데카르트, 르네(René Descartes) 249
도이어베르트, 헤르만(Herman Dooyeweerd) 106 이하

라너, 카를(Karl Rahner) 105-107
라일, 길버트(Gilbert Ryle) 376-377
라코스트, 장-이브(Jean-Yves Lacoste) 17

램지, 폴(Paul Ramsey) 14, 145, 351, 354-357
롬바르두스, 페트루스(Peter Lombard) 88, 90
루셀로, 피에르(Pierre Rousselot) 452
루터, 마르틴(Martin Luther) 24, 270, 281, 285-286, 287, 405, 473

막시모스, 고백자(Maximus Confessor) 50-51
만, 토마스(Thomas Mann) 213-214
매클렌던, 제임스(James McClendon) 30-31
매킨타이어, 알래스데어(Alisdair MacIntyre) 51-52, 341, 398-400
맥나마라(J. V. MacNamara) 55
멜랑히톤, 필립(Philip Melanchthon) 286, 295
몰트만, 위르겐(Jürgen Moltmann) 134-136
밀뱅크, 존(John Milbank) 26
밀턴, 존(John Milton) 209

바르트, 카를(Karl Barth) 24, 30-32, 35, 118-119, 169-170, 175-176, 193, 287, 357
바스케스, 가브리엘(Gabriel Vasquez) 169
바실레이오스(Basil) 81, 133, 424
버니언, 존(John Bunyan) 182
버렐, 데이비드(David Burrell) 385-386
버클리, 조지(George Berkeley) 80
버틀러, 조지프(Joseph Butler) 221
베르나르(Bernard) 452
베이컨, 프랜시스(Francis Bacon) 97
보나벤투라(Bonaventure) 88
보쉬에(J. B. Bossuet) 452
보에티우스(Boethius) 429
불트만, 루돌프(Rudolph Bultmann) 29, 119
브루너, 에밀(Emil Brunner) 170, 176
블레이크, 윌리엄(William Blake) 127

수아레스, 프란치스코 디(Francisco di Suarez) 169
슐라이어마허(F. D. E. Schleiermacher) 155-156
스코투스, 둔스(Duns Scotus) 88, 90, 104, 249
스트라우스, 레오(Leo Strauss) 52, 123, 131
스펜서, 에드먼드(Edmund Spenser) 439

아렌트, 한나(Hannah Arendt) 136
아리스토텔레스(Aristotle) 20, 21, 42, 50-53, 76, 77, 103, 210, 220, 251, 302, 375, 381, 388, 391-393, 397-400, 404, 407
아벨라르, 피에르(Peter Abelard) 453
아우구스티누스(Augustine) 50-52, 81, 82, 88, 173, 192, 208, 235, 301-302, 401-402, 407, 410, 413, 421, 422-423, 425, 430, 432, 435, 447, 450, 452
아웃카, 진(Gene Outka) 392
아인슈타인, 앨버트(Albert Einstein) 153
아타나시우스(Athanasius) 117
에드워즈, 조너선(Jonathan Edwards) 410-411, 454-455
오리게네스(Origen) 117, 434
오컴의 윌리엄(William of Ockham) 88, 90-91, 104, 249-252
요나스, 한스(Hans Jonas) 53
워즈워스, 크리스토퍼(Christopher Wordsworth) 443-444
유스티노스, 순교자(Justin Martyr) 295-296
융한스(H. Junghans) 90
이레나이우스(Irenaeus) 117, 130, 132, 296

조이스, 제임스(James Joyce) 124

체스터턴(G. K. Chesterton) 389

카이퍼, 아브라함(Abraham Kuyper) 106
칸트, 임마누엘(Immanuel Kant) 99-101, 224, 250, 256-259, 273-274, 278, 308, 422, 423, 424, 428, 429,

451-452, 472-474
칼뱅, 장(John Calvin)　36, 37, 286, 296, 465
커크, 케네스(Kenneth Kirk)　305-308, 451 이하
크랜머, 토머스(Thomas Cranmer)　296
크리소스토모스(Chrysostom)　217, 317
클레멘스, 알렉산드리아의(Clement of Alexandria)　117, 434
키르케고르, 쇠렌(Søren Kierkegaard)　48, 94, 95, 195-196, 265, 315, 323, 370, 407, 419, 431, 473-474

테이야르 드 샤르댕, 피에르(Pierre Teilhard de Chardin)　120, 163
테일러, 제러미(Jeremy Taylor)　222
템플, 윌리엄(William Temple)　177
토런스(T. F. Torrance)　87-89, 152-153
토마스 아퀴나스(Thomas Aquinas)　20, 53, 89, 105, 168-169, 218 이하, 248, 295, 306-308, 352, 375, 376, 402, 452
트뢸치, 에른스트(Ernst Troeltsch)　126
틸리케, 헬무트(Helmut Thielicke)　266, 268 이하, 286-287
틸리히, 폴(Paul Tillich)　177

파스칼, 블레즈(Blaise Pascal)　347
판넨베르크, 볼프하르트(Wolfhart Pannenberg)　121 이하
페넬롱, 프랑수아(François Fénelon)　452
펠라기우스(Pelagius)　192-193
폰 휘겔, 프리드리히(Friedrich von Hügel)　451
푹스, 요제프(Josef Fuchs)　23
프란치스코, 아시시의(Francis of Assisi)　275
플라톤(Plato)　50, 77, 87, 117, 121-122, 242, 391, 394 이하
플레처, 조지프(Joseph Fletcher)　337-338
피니스, 존(John Finnis)　15, 19-22, 168-169, 227
피어스(C. A. Pierce)　216

하우어워스, 스탠리(Stanley Hauerwas)　15, 28-30, 34-35, 385-386, 391-393
하이데거, 마르틴(Martin Heidegger)　52
헤겔(G. W. F. Hegel)　79-80, 100, 120, 196, 429
헤어(R. M. Hare)　99
호네커, 마르틴(Martin Honecker)　23-27
홉스, 토머스(Thomas Hobbes)　169
흄, 데이비드(David Hume)　79-80, 98, 99, 222
히르슈, 에마누엘(Emmanuel Hirsch)　175

주제 찾아보기

가정 규범 266, 432
가족(가정) 172-173, 286, 442
간음 48, 346, 352, 355, 370-371
개신교 35-36, 87, 178-179, 303-304, 308-311, 321-322, 330, 347, 404, 452, 456-458
개인 92-93, 100-101, 142-145, 173, 178, 185, 188, 196, 201, 233, 242, 264, 282-283, 289, 301-304, 309-315, 318-319, 322-323, 326, 336, 399-403, 414-417, 428-430, 467
  도덕적 실재로서의 371, 379
  …의 자유 303, 310-319
객관성 49, 59-62, 79, 99, 104, 138-139, 151, 193, 205-206, 223, 329, 332, 342, 383, 392, 397, 450, 465
거짓말 213-214, 338
결과주의 256-257, 339-341
결의론 170, 186-187, 335, 345-357, 370, 383-385
결정 48, 183, 187, 198-208, 223, 304, 310, 315, 322, 334, 341-345, 355, 358, 366, 381-394, 395-397, 462-463, 467-475
결정론 161, 229
결혼 31, 48-49, 56-57, 76, 94, 119, 140-144, 185, 203, 296, 309, 355, 359, 379-380
  체외 수정 82, 158, 180
경험주의 19, 79, 154, 158-159
계시 24-25, 53-60, 158, 162-174, 237, 247, 252-254, 277, 293, 308, 315-322, 343, 453-455, 459, 473-474
고통 33, 113, 135, 165, 184
공과 사 100, 145, 187-188, 240-241, 263-264, 275, 283, 309-315, 319-326, 345-346, 359, 371, 393, 415, 450-451, 464
공동체 14, 34-36, 142, 187-188, 201-202, 282-283, 289-290, 301-309, 311-324, 336, 385, 414-417, 436-438
공리주의 257, 330-331, 339, 430
과학 97-98, 102-110, 152-156, 161-163, 178, 181, 236
관념론 33, 46, 79-80, 104, 130, 138,

193, 200-201, 236, 268, 428-429, 446
교회 29, 34-36, 40, 48, 56-58, 67, 74, 107, 142-144, 176-179, 192, 197-202, 262-263, 294-298, 303-326, 414-418, 441-448
   신약 320, 325-326, 417
      …의 가르치는 직분 304-306, 310, 316-320
      …의 권위 35-37, 238, 303, 315-316
      …의 권징 303-304, 311-312, 320-326
      …의 사목적 직분 304, 312
교회법 57, 304-307
구속 23, 30-31, 54, 60-65, 73-75, 81, 92, 111-120, 114, 127, 131-134, 191-198, 206, 211, 227, 250, 254, 262, 266-267, 275, 282-283, 288-290, 297, 303, 319, 329, 332-333, 345, 369, 404, 414-416, 436-439, 448, 454-455, 466-467
구약 59-62, 83, 93, 116, 126, 164-165, 230, 284, 289, 292-297, 343-344, 362, 369
국가 35, 57, 100, 107, 120, 145-149, 231, 240-244, 318
권리(올바름) 168-169, 188, 233, 239-243, 253-254, 283
권위 53, 62-67, 111-118, 160, 175-185, 193-198, 206, 227-259, 267-268, 277-278, 290-300, 306-307
   교회의 35-37, 238, 301-303, 310-326, 400-401, 408
   말씀의 36
   신적 231-232, 237-238, 243-255, 256-259, 261-281, 302-303, 344
   실재의 227-229
   양심의 35, 221-222
   역사적 290-294
   예수의 35, 272-281, 288, 297-298, 304
   …의 목적론적 구조 229
   …의 보편성 272, 300
   자연적 232-238, 245-248, 258, 265, 345-346, 412
   정치적 36-37, 227-230, 238-243, 281, 318-322
   진리의 37, 232-238
   행동을 위한 근거로서의 228-230, 232, 263-264
   행위자의 228
규범 187, 307-308, 314, 338, 346, 350, 353, 355-357, 400
규범주의 256, 287, 330
규칙 64, 67, 186, 316-319, 325, 335-340, 350-356, 366-367, 407, 427
그리스도 본받기(*imitatio Christi*) 185, 194, 272, 276
근대(성) 20, 299, 400
근친상간 53-54
금식 415
긍휼 173, 387, 390, 395, 438
기도 33, 55, 199, 232, 289, 414-419
기술 110, 175, 180-181, 298
기억 194, 335-337, 346, 465

난제 335, 358
낭만주의 46, 155, 308, 472
네스토리우스주의 436

다원성(복수성) 333-345, 353, 366-367, 394-400, 414, 418
단성론 274, 436
덕과 덕들 50-51, 173, 233, 273, 375, 378-380, 389-390, 393-405, 407-411, 462, 464, 468, 474
도덕 장 329-336, 346, 359-360, 366, 382-383, 385, 389, 391, 397, 407
도덕주의 40, 458, 472
동성애 141
딜레마 358-367
로고스 273-274
로마 가톨릭 19, 23, 36, 55, 304-306, 309, 350-351, 379, 404

마르크스주의 120, 146
마음 370-373, 381, 417-418
말(언어) 76, 84, 233-234, 256, 264, 299, 373-374, 405-406
명령/권고 313-322
모세 242, 280-290, 295-296, 305, 317-318
모티머 위원회 56
모호성, 도덕적 463-468
목적 74-78, 83, 85, 115-116, 120-124, 129-136, 139, 204, 231, 246, 267, 290-292, 301, 334, 349, 398-399, 411-414, 422, 441-443, 446-447, 467
목적론 52, 97-105, 108-109, 120-122, 129-132, 168, 204, 229, 255-258, 265, 334, 340, 357, 397-400, 449
몬타누스주의 62, 194, 263
문화 138-141, 146-148, 172-178, 188, 231-234, 346, 366, 400

믿음(신앙) 23, 33, 39, 48, 55-56, 59, 65, 105, 119, 134, 148, 154-156, 178, 188, 195-196, 207-208, 212-216, 253-254, 259, 261, 276, 286-289, 293, 303, 310, 317, 319-320, 343, 400-401, 438, 441-445, 455-462, 465, 468, 473-474

바울, 성 24, 58-65, 114, 119, 142-144, 172, 186, 193, 200-204, 206-208, 211, 215-217, 230-232, 281-290, 305, 316, 331, 365, 400-403, 417, 441-444, 452, 456-458, 464
바티칸 공의회, 제2차 310
반율법주의 40, 286, 473
배움, 도덕적 178-181, 197, 304, 345, 353-357, 361
법 23-30, 57-58, 99, 107, 146, 237-243, 243-245, 248, 271, 277, 285-288, 305-306, 357-358
　도덕법 97, 161, 166, 219, 224, 242, 245, 249, 255-259, 271, 278-279, 286-287, 296-297, 332, 345-346, 350-352, 356-364, 367, 369, 376, 403-407, 472
　성경의 40-43, 48, 52, 58-63, 207, 263, 270-272, 281-290, 295-297, 331, 343-344, 363-367, 426-427
　자연법 20, 28, 39, 58, 90-91, 97-98, 168-170, 217, 237-239, 242, 248-249, 306-307, 311
　하나님의 244, 248-254, 306-308, 405, 409, 462-463, 468-469, 471
법학 107

보수주의 337-341
보편적인 것과 보편성 86-87, 92, 99-101, 122-123, 158-159, 167-168, 177, 224, 236, 267-268, 272, 278-279, 282, 297, 332, 351, 365, 416, 428, 434-435, 437-439, 472
보편주의 134-137, 262, 399
보편화 가능성, 원칙의 99, 356
복수 233, 239-242
복음 25-28, 39-45, 49, 55, 58-67, 80, 167, 175-177, 191, 204, 207, 213, 264, 269-271, 282-290, 294, 311-312, 317-326, 331-333, 435, 441, 458, 467, 475
비율 348-351

사랑 51, 64-67, 73, 82-83, 86, 142-143, 171, 207-209, 212, 231, 251, 313, 318, 329-330, 338, 364-365, 380, 401-403, 407-413, 416-427, 430-462, 468-470, 474
   이웃 94, 411, 416, 421, 424-428, 430-438, 444-447
   자기애 421, 430-431, 449-454, 461
   하나님에 대한 412-413, 419-421, 424-427, 430, 434, 446-455, 466
   하나님의 86, 183, 425, 432, 442, 450-451
사랑(charity) 346-347, 434
사벨리우스주의 418
사실-가치 구분 223
사탄 209-211
사회 31, 56, 100, 138, 145-149, 187-188, 232, 239-243, 248, 298, 301-302, 309, 316, 318-319, 325, 412
살인 48, 348-353
상급(보상) 313, 446-452, 455
상대주의 24, 27, 54, 396-400
새로움(새로운 것) 175, 180, 254-255, 262, 279-280, 298, 334-343, 369, 432-435, 444, 448, 468
서사 387-388
   이야기 291-297
   회심 462-467
선 97, 121-122, 145-146, 163-164, 168, 183-186, 205, 209-210, 212-213, 217, 220-221, 223, 235, 242, 249, 256-258, 281, 292-293, 302, 313, 330, 335-336, 349-352, 359, 373-374, 398, 402, 412-413, 449, 468-472
   이웃의 420-421
   인간 선 302, 398-401
   자연적 선 140, 145
   창조된 선 326, 446, 457, 468
선택 92, 227, 283, 293-297, 344
섭리 91, 95-97, 124-127, 134-135, 171, 232, 242, 340
성경 52, 114, 161, 178, 229-230, 246, 283-285, 295-298, 307-311, 316, 360-364, 381, 432
성령 32-34, 41-45, 58-67, 116-118, 133, 191-211, 227, 261-263, 276, 283-286, 289, 301, 307, 309-310, 323-326, 373-374, 400-401, 425, 445, 455, 466
성례전 34, 194, 269
성품 67, 172, 333, 370-376, 380-406, 407, 457-467

성화 179, 197, 458
세계(세상) 34, 42, 55, 60, 86-94, 96, 100, 104-105, 109, 111-117, 119, 124-134, 136-138, 144-145, 150, 154-155, 160, 164, 174, 180-187, 191
    창조된 53-54, 71-81, 218, 224-225, 228, 234-235, 248, 264-271, 290-294, 298-299, 330-343, 354, 357, 376-377, 408-409, 426, 430-431, 437-438, 442-443, 450, 457, 467
    타락한 198-199, 213-214, 264-267, 286, 312, 318-320, 408, 468
    현상학적 196-197, 206, 218, 223, 233, 343-344
세례 28, 331-332, 466-467
소망 119-120, 125, 135-136, 142, 164, 214, 258-259, 281-282, 289, 403, 441-451, 455-456
소명(부르심) 92-95, 142-144, 171, 264, 291, 312-315, 397, 400-403, 413-414, 429
소크라테스 242, 272-278, 280, 302, 473-474
숙고, 도덕적 186-187, 223-225, 298, 303, 335, 345, 352, 358, 382-391, 396-397, 403-406
순종(복종) 43, 55-58, 61-63, 80, 84, 90, 99, 143, 151, 161, 167, 171, 184, 197, 207-208, 233-234, 239, 246-256, 261-265, 276, 283, 311, 315-323, 414, 430, 438, 453, 471
스콜라주의 77, 88, 307, 346-350
스토아주의 50-53, 204, 274, 472-474
습관 374-376, 391, 397

승천 30, 43-46, 118-119
신아리스토텔레스주의 381, 388, 391
신플라톤주의 52, 73, 77, 87, 117, 121-122, 231, 246, 274, 302, 414
실재(현실) 137, 191, 196-198, 205-206, 209-214, 218, 224-225, 245-247, 253, 257, 270, 281, 322, 350, 354, 360, 369-375, 379-380, 391, 394, 402, 409-412, 425-428, 436, 449, 463-468
    구속의 191-193, 200, 206, 227, 261-264, 275, 291, 323, 332-333, 369
실재론 18, 22, 28, 52, 137, 153, 168-169, 281
실존주의 170, 331
심리학 40, 60, 105, 165, 185, 193, 208-209, 215-216, 218, 375
심판 17, 45, 67, 145, 166, 184, 197-201, 211, 268, 293, 313, 317-322, 324-326, 456-460, 464, 467-475
심판(판단), 도덕적 20, 23, 49, 98, 215, 222-225, 241, 244, 255-256, 304, 345-348, 354-360, 381-383, 386-390, 396-397, 403-406, 463-466

아리우스주의 274
아파르트헤이트 347
악 95, 129, 163-166, 183, 187, 209, 217, 221, 348-352, 370-373, 433
안락사 321
안식일 32, 125-128, 363, 367
약속 41, 60, 135, 282-283, 286, 317, 451-453
양심 35, 197, 214-225, 306-310, 347-357

언어, 도덕적 255-259
역사 26, 45-46, 62-65, 73, 79-82, 90-97, 100, 111-150, 156-167, 174-182, 196, 231, 237, 246, 263, 267-272, 276, 290-291, 297-300, 303, 326, 337-343, 369, 402, 441-442, 465
　구원 역사(구속사) 91-93, 131-132, 196-198, 282, 291-295, 455
　기독교의 역사 195, 263, 267-268, 291-294, 335-339, 467-470
　세계사 195-196, 225, 247, 262-263, 292, 341, 467
　…에 관한 히브리적 관념 340-345
역사주의 27-28, 79, 104, 120-148, 162-164, 291, 300, 310, 338
예수 그리스도 32-35, 39-47, 53-67, 71-75, 95, 108, 111-120, 127-128, 133-136, 141-150, 167, 170, 174-176, 179, 182-188, 191-201, 204-205, 211, 217, 227-231, 236, 243, 254, 261-285, 288-299, 301, 304-311, 315-318, 428, 432-438, 441-445, 459-463, 466-470, 475
　…의 가르침 57, 266, 270, 273-278, 285-288, 291, 294, 298, 306-310, 315, 320-321, 351, 361-366, 371-374, 419-420, 430-434, 438, 444, 448-452, 463, 471
　…의 강림 30-33
　…의 권위 33, 35, 62, 66, 198, 227-228, 236, 254, 261-285, 288, 291-292, 294-297, 301, 304, 320, 325, 438
　…의 부활 17, 21, 28-33, 42-47, 53, 58, 66, 71, 74, 95, 117-119, 135, 150, 184, 194, 198, 214, 261-262, 275, 324, 439, 448, 459
　…의 성육신 32, 46, 113, 167, 266-273, 277, 293, 473
　…의 십자가 30, 33, 42, 46, 148, 183-184, 187-188, 198, 230, 292, 325, 462
　…의 죽음 33, 43-45, 66, 112, 149-150, 183, 194, 230, 276, 324, 439
완전주의 468, 473
용서 67, 197, 288-290, 311-312, 324, 331, 453, 463, 474
우연성 82-95, 98, 125, 158, 172, 248-249, 294-295, 353, 432-433
우주 72-73, 79-84, 87-90, 98, 100, 104-105, 109, 112, 127-129, 151-152, 154, 156, 160-166, 170-174, 205, 229, 247-250, 258, 274, 333, 335, 339-343, 360, 369, 408-411, 416, 426, 431, 450
원죄 106
유대교 52
유명론 103-105, 107, 228
육체 40-45, 58-59, 65, 204, 293, 326, 464
윤리 13-35, 334, 358, 372, 396, 405, 420
　상황 윤리 64, 337-338, 354-355, 366-367
　신앙-윤리 48, 55
　자연 윤리 47, 53-56
　창조 윤리 28, 46-47
　하나님 나라 윤리 28, 48, 264-265
율법주의 41-42, 62-65, 170, 329, 345, 366-367, 471-473

은사(영적) 142-144, 397-403, 441-444
은총(은혜) 17, 59, 92, 96, 131, 179, 192, 207, 211, 259, 267, 290, 304, 316, 367, 376, 390, 397, 405-406, 453-459, 463, 475
은폐성 315, 322-323, 373, 393, 414-416, 445, 448, 464-466
의도 348-352, 388, 390, 392-394, 397-400, 465, 472
의례 294-296
의로움 198-201, 283, 286-288, 295, 316, 415, 455-462
의무 48, 56, 85, 91-94, 187, 218-219, 222, 239-240, 243-244, 258-259, 264-266, 286, 306-307, 351, 364, 408, 413, 427, 431, 434-436, 451, 472
의무론 197, 255-259, 340, 345
의지(뜻) 20, 44, 47-48, 61, 79, 85-90, 97-101, 110, 116, 161, 197, 200-201, 208-221, 242-244, 248-252, 256-258, 389, 396-398, 424-425, 429, 434, 444, 463, 472-474
이데올로기 27, 173-175
이성 19-22, 26, 48, 59, 77-78, 82, 88-89, 101, 154-156, 168-169, 197, 208-212, 214-215, 217-225, 244-248, 251-253, 256-259, 264, 281, 306, 349-350, 354-356, 391, 425, 428-429
이웃 407-428, 430-436, 438, 447
이중 효과 원칙 348-350
이혼 56-57, 140-143, 243, 296, 309
인격 178, 426-433
인류(인간됨, 인간) 18, 32, 56, 59-63, 71, 75, 78-79, 82-84, 92, 101-102, 110, 111-118, 130-131, 137-142, 149, 170-171, 183-185, 191, 204-206, 236, 246-249, 272, 281, 284-285, 294, 299, 301-303, 333, 414, 419, 428-430, 435-438, 441-443, 457-460, 468-471, 473
인본주의 57, 83, 246, 428, 436
인식론 53-55, 67, 79, 151-171, 278, 310, 380, 388-389
일 31-32
임신 중지 56, 381-387

자녀 384-386
자비(긍휼) 145, 171-172, 213-214, 288, 363-367, 407-418, 435
자살 204
자연(본성) 49, 53-55, 66, 77, 97-101, 109-110, 116, 120-124, 133, 138-140, 144, 148-150, 155, 162-168, 232, 248, 298, 369
  인간 본성 47-51, 55, 99-100, 110, 118, 140, 168, 204, 247
자유 35, 41, 51, 58-67, 80-81, 85-97, 125, 132, 143, 151, 173, 184, 191-193, 200-206, 209-211, 215, 218, 222-225, 228, 232, 241, 251-254, 256, 261, 282, 285, 289, 312-313, 333, 339, 392, 403
  개인적 304, 310-315, 318
  복음적 303-304, 310-315, 318, 473
  하나님의 85-97, 132, 253
자유주의 121, 126, 144, 146-149, 175, 314
자율, 도덕적 23, 54-55, 214-225, 250,

318-322
전체주의 144-148, 174, 362, 412, 430
전통 37, 53-56, 80, 177-179, 182, 188, 236, 238-243, 254, 262-264, 271, 304-309, 341, 400
정결 380
정언 명령 99-100, 428-429
정의 58, 76, 95, 98, 102, 123, 145, 148-150, 164-165, 172-177, 233, 239-242, 309, 312, 359, 364, 390, 395, 401-402, 419-420, 457
정의주의(emotivism) 330
정체성 336
정치 51, 100, 144-147, 169, 177, 185, 188, 228, 230, 236, 242-245, 314, 442
제도(기관) 119, 123, 140, 172, 232, 239-242, 244, 289-290, 308, 318, 324, 336, 367, 413, 419
존재(임재, 현존) 193-202, 254, 261, 272, 400, 415-419, 448, 466-467
존재론 54, 77, 79, 102-103, 168-170, 193, 218, 246, 278-279, 411-412, 421-425
종교개혁, 종교개혁자 36, 60-61, 83, 131, 179, 271, 281, 295-296, 311-313
종류, 자연적 102
종말(에스카톤)/종말론 30-31, 47, 58-60, 67, 111-117, 126, 130-133, 142-150, 194-200, 209-211, 253, 259, 269-271, 279, 288-289, 301-302, 312-313, 320-326, 415, 436-437, 441-447, 456-475
죄 42-45, 51, 112, 118, 129-130, 142, 161, 198-201, 204-212, 215-216, 237, 281, 288-290, 309-316, 323-325, 331, 351, 358, 403, 408, 436, 467-474
죄책 149, 174, 210-211, 215-216, 224
주관주의 100, 137-138, 223
주의주의 18-19, 47-48, 52-53, 55-56, 88-89, 98-99, 103-104, 138, 169, 218-224, 237, 244-256, 264, 281, 354, 391-394, 396-399, 449-450, 472
주체 118-119, 369-372, 399, 407, 416, 423-424, 449-451
주체성 60-62, 67, 101, 151, 154, 192-193, 200-202, 212, 229, 256, 301-302, 329, 332-333, 414-418, 423-424
죽음 44-45, 75, 95-96, 111-112, 117-119, 127, 146, 149-150, 183, 194, 198, 211, 230, 263, 265, 273, 283, 344
지식
  도덕적 22, 171-188, 202, 207, 217, 221-222, 352-355, 366-367
  자연적 53-54, 103-105, 168-169, 176-177
지혜 66, 89, 157-158, 178, 233, 235-236, 239, 248, 342-346, 356-357, 361, 378-379, 404, 462
직관, 도덕적 306-308, 330, 347-349
진리(참) 37, 76-77, 123, 145, 161-162, 170-172, 174, 178-186, 199, 208, 222, 228, 233-237, 242-249, 261-262, 265, 272, 300, 304, 307-310, 313, 316-326, 350, 357, 381, 400-

403, 425-426, 455
진화론 82, 129, 137-142, 162-163
질서
　도덕적 28, 63, 95, 167, 175-180, 224, 239-240, 242-243, 272-279, 281, 285-287, 293-297, 332-333, 350, 353, 359-364, 407
　목적론적 72-80, 84-87, 97-105, 109, 115, 121, 129, 161, 172, 229, 246, 255-259, 267, 357, 411-412, 414, 424
　세계 33, 91, 182, 191, 196, 210, 225, 247, 262-267, 270-272, 281, 290-294, 332, 342-343, 357
　종류적 72-80, 85-90, 93-104, 122, 158-161, 172, 264-267, 276-277, 290-291, 343-345, 350, 352-359, 369, 378, 403, 411, 414, 428-429
　창조된 44-55, 58-66, 71-84, 89-90, 100, 104, 111-133, 137, 142, 151-152, 156-174, 182-188, 194, 210, 230-237, 246, 249, 265-267, 274, 279, 294-297, 332, 341-345, 352-353, 366, 369, 403, 414, 423, 437, 442-446, 457-461, 467-468

창조(피조물) 18, 28-33, 42-47, 48-55, 58-59, 64-67, 71-84, 86-90, 97, 109, 111-136, 140-144, 160, 166-167, 172-174, 182-185, 194, 198, 205, 230, 237, 246-254, 265, 273, 294-295, 344, 357, 408-416, 437, 442, 447, 457-460
　새 창조 197, 205-206, 266-267, 279, 287, 301, 443, 447-448, 461, 468
　…의 질서 28-30, 202, 206, 237, 246-250, 285, 294, 447
책임 41, 192, 223, 286, 312, 332, 339, 344, 367, 384, 392, 412-414, 472
천사 111-113, 116, 127, 133, 141, 230, 250-251, 270, 283, 303-304, 318, 400
청교도주의 452-454
출교 37, 304, 311, 319-325
칭의 33, 41, 67, 119, 179, 197, 269-271, 283, 455-462, 473

칼케돈 공의회 428-429, 436

타락 106, 112-117, 130, 161-163, 170-172, 185, 205, 207-208, 267-270, 312
타협, 도덕적 177, 181, 185-188, 243, 270
토라 24, 27, 52, 343-344, 362-363, 369
특수성 332
특수성 76, 85-86, 90-94, 96-99, 104, 122, 156-160, 167, 170-171, 264-267, 272, 276-277, 297, 342-347, 349-359, 376, 389, 391-392, 401, 438

펠라기우스주의 50-51, 192, 329
평등, 인간의 410-414, 425
폭력, 정치적 149, 239, 294
프란치스코회 36-37
피임 379-380

필연성(필요) 86, 99, 106, 132, 204, 264

하나님 74-75, 133, 192-193, 200, 207-209, 261-263, 400-401, 418-419, 425-426, 428-429
하나님 나라 28-30, 46-47, 67, 121, 134-137, 140, 143-145, 259, 261-265, 270, 288, 301-304, 312-313, 319, 325, 415-416, 444, 448-450, 455
하나님의 도성(도시) 144, 301-302, 414, 437
하나님의 선택(arbitrium) 91-97, 165, 244, 281-283, 343-344
합리성 100, 425-430
합리주의 138, 147, 169, 218-221, 223-224, 245-257, 310
해방신학 177
해석학 276-277, 295-296, 300
행동 분석 370-380
행동, 인간의
　…과 성품 380-393, 464
　…분석 348-354, 369-380, 392
　…에 대한 공적 해석 393
　…에 대한 마지막 심판 467
　…원칙 376
　…의 모호성 464-465
　…정당화 459

행동주의 374-376
행위 능력, 도덕적 58-64, 80-81, 95, 125, 138, 168, 171, 181-188, 191-193, 200-206, 207-211, 214-225, 253, 258-259, 266-267, 281, 288, 301, 333-336, 370-373, 418, 425
행위(활동, works) 41, 179, 207, 289, 408, 419, 434, 457-458, 461
행위자 345, 360, 369-393, 396, 404
　결정 471-473
　숙고적 질서 424
　…와 이성 218, 221-222
　…의 도덕적 성향 333-345
　…의 시간을 통한 정체성 333-334
　…의 정당화 461
　행동 주체 336
　행위자 관점 385-391
형이상학 50, 57, 79, 110, 128, 154, 168, 174, 253, 306, 375, 410, 428
화해 30-32, 73-74, 145-146, 149-150, 210, 319-320, 322-325
회개 179-182, 197, 211-213, 292, 312, 331-332, 390, 404-406, 461-466, 474
회심(전환) 92, 179-181, 194-197, 206, 212, 390, 394, 454, 458-459, 461-466

저자 연보

1945	6월 28일에 영국 런던에서 태어나다. 아버지는 아일랜드의 작가 마이클 프랜시스 오도너번(필명 프랭크 오코너), 어머니는 작가 조앤 네이프. 유년기에 존 스토트가 교구 사제로 있던 올 소울즈 교회에 출석하다. 옥스퍼드 대학교 베일리얼 칼리지에서 고전학을, 이후 위클리프 홀에서 신학을 공부하다.
1972	옥스퍼드 대학교 위클리프 홀에서 강사로 가르치다(-1977).
1972	잉글랜드 국교회에서 부제 서품을 받다.
1972	애빙던 세인트 헬렌 교회 보좌 신부로 사역하다(-1976).
1973	사제 서품을 받다.
1975	"성 아우구스티누스에게서 자기애의 문제"로 옥스퍼드 대학교에서 박사 학위를 받다. 지도 교수는 옥스퍼드 대학교의 헨리 채드윅과 프린스턴 대학교의 폴 램지.
1976	잉글랜드 국교회 사회책임위원회 위원으로 위촉되다(-1977).
1977	캐나다 토론토 대학교 위클리프 칼리지의 조직신학 조교수로 임용되다(-1981).
1978	신학자 조앤 록우드와 결혼하다. 이후 슬하에 매슈, 폴 두 아들을 두다.

1979	캐나다 성공회-로마 가톨릭 대화 위원회 위원으로 위촉되다(-1982).
1980	박사 학위 논문을 단행본으로 출간하다.
1981	위클리프 칼리지의 조직신학 부교수가 되다(-1982).
1982	옥스퍼드 대학교 도덕 및 목회 신학 흠정 교수로 임용되다(-2006).
1982	옥스퍼드 대학교 크라이스트 처치 대성당 참사회원으로 임명되다(-2006).
1982	잉글랜드 국교회 사회책임위원회 위원으로 위촉되다(-1985).
1982	잉글랜드 국교회 "인간 수정 및 배아 연구" 실무단 위원으로 위촉되다(-1985).
1982	성공회-정교회 합동 교리 토론회 위원으로 활동하다(-1984).
1984	『낳았는가, 만들어졌는가?』를 출간하다.
1985	성공회-로마 가톨릭 국제위원회 위원으로 위촉되다(-1990).
1986	『부활과 도덕 질서』를 출간하다.
1990	옥스퍼드 대학교 신학부 이사회 의장을 역임하다(-1992).
1994	케임브리지 대학교 헐시언 강연에서 "열방의 갈망"이라는 주제를 강연하다.
1995	옥스퍼드 대학교 신학부 대학원 과정 디렉터를 역임하다(-1999).
1996	잉글랜드 국교회 주교회의 "이혼 후 교회 내 결혼" 실무단 위원으로 위촉되다(-1998).
1996	잉글랜드 국교회 교리위원회 위원으로 위촉되다(-1997).
1996	『열방의 갈망』을 출간하다.
1997	기독교윤리학회(Society of Study of Christian Ethics) 회장을 역임하다(-2000).
1999	아내 조앤 록우드 오도너번과 편집한 『이레나이우스에서 그로티우스까지: 기독교 정치사상 자료집, 100-1625』를 출간하다.
2000	영국 학술원 회원으로 선출되다.

2003	『정당 전쟁론 재고』를 출간하다.
2003	옥스퍼드 대학교 뱀턴 강연에서 "심판의 길들"이라는 주제를 강연하다.
2004	대주교 협의회 신앙과 직제 자문단 위원으로 위촉되다.
2005	잉글랜드 국교회 총회 대의원을 역임하다(-2006).
2005	『심판의 길들』을 출간하다.
2006	스코틀랜드 에든버러 대학교 기독교 윤리 및 실천신학 교수로 임용되다(-2012).
2008	프린스턴 신학교에서 주는 아브라함 카이퍼 상을 수상하다.
2009	에든버러 왕립학회 회원으로 선출되다.
2013	세인트앤드루스 대학교 명예 신학 교수가 되다.
2013	"신학으로서의 윤리학" 3부작 중 첫 번째 책『자아, 세계, 시간』을 출간하다.
2014	"신학으로서의 윤리학" 두 번째 책『발견하기와 탐색하기』를 출간하다.
2015	요크 관구의 관구 참사회원 및 관구 신학자로 임명되다(현재는 아님).
2016	"신학으로서의 윤리학" 세 번째 책『안식에 들어가기』를 출간하다.
2021	세인트앤드루스 대학교의 기포드 강연자로 "윤리학의 실종"이라는 주제를 강연하다.
2024	『윤리학의 실종』을 출간하다.

옮긴이 박세혁은 서울대학교 서양사학과를 졸업하고 연세대학교와 미국 에모리 대학교에서 신학을, GTU(Graduate Theological Union)에서 미국 종교사를 공부했다. 『하나님 나라를 욕망하라』, 『하나님 나라를 상상하라』, 『왕을 기다리며』, 『천상에 참여하다』, 『배제와 포용』, 『복음주의자의 불편한 양심』, 『복음주의 지성의 스캔들』, 『가치란 무엇인가』, 『하나님 편에 서라』, 『과학신학』, 『하나님 나라의 모략』(이상 IVP), 『습관이 영성이다』, 『아우구스티누스와 함께 떠나는 여정』, 『종교성과 세속주의 사이』(이상 비아토르), 『들음과 행함』, 『조직신학』(이상 복있는사람), 『예수의 발자취를 따라서』(CUP), 『목회자란 무엇인가』(포이에마), 『예수 왕의 복음』(새물결플러스), 『원.라이프』(성서유니온선교회), 『거룩함』(터치북스) 등을 우리말로 옮겼다.

부활과 도덕 질서

초판 발행 2025년 7월 25일

지은이 올리버 오도너번
옮긴이 박세혁
펴낸이 정모세

편집 이성민 이혜영 심혜인 설요한 박예찬
디자인 한현아 서린나 │ 마케팅 오인표 │ 영업·제작 정성운 이은주 조수영
경영지원 이혜선 이은희 │ 물류 박세율 정용탁 김대훈

펴낸곳 한국기독학생회출판부 │ 등록번호 제2001-000198호(1978.6.1)
주소 04031 서울시 마포구 동교로 156-10
대표 전화 (02) 337-2257 │ 팩스 (02) 337-2258
영업 전화 (02) 338-2282 │ 팩스 080-915-1515
홈페이지 http://www.ivp.co.kr │ 이메일 ivp@ivp.co.kr
ISBN 978-89-328-2364-5

ⓒ 한국기독학생회출판부 2025

책값은 뒤표지에 있습니다.
무단 전재와 복제를 금합니다.